21世纪全国高职高专院校公共通识课教材

现代实用文体写作教程

Modern Practical Writing Course

主　　审：刘敬瑞

主　　编：厉向君

副 主 编：辛　科　赵永泉　邓翔军

参编人员：（按姓氏笔画排序）

邓翔军　厉向君　厉小励　成积广

辛　科　邵燕燕　张　良　张美丽

孟　瑶　赵永泉　夏丛丛　崔　芹

中国石油大学出版社
CHINA UNIVERSITY OF PETROLEUM PRESS

图书在版编目(CIP)数据

现代实用文体写作教程 / 厉向君主编 . —东营:
中国石油大学出版社,2015.7
ISBN 978-7-5636-4844-3

Ⅰ. ①现…　Ⅱ. ①厉…　Ⅲ. ①汉语—应用文—写作—
教材　Ⅳ. ① H152.3

中国版本图书馆 CIP 数据核字(2015)第 171389 号

书　　名:现代实用文体写作教程
主　　编:厉向君

责任编辑:杨海连

出 版 者:中国石油大学出版社(山东 东营,邮编 257061)
网　　址:http://www.uppbook.com.cn
电子信箱:cbsyhl@163.com
印 刷 者:沂南县汶凤印刷有限公司
发 行 者:中国石油大学出版社(电话 0532—86983566)
开　　本:185 mm × 260 mm　印张:19.25　字数:493 千字
版　　次:2015 年 8 月第 1 版第 1 次印刷
定　　价:44.50 元

前 言 Preface

刘敬瑞[①]

　　实用写作是指人们在社会交往、经济建设、科技发展以及工作实际中,为处理某些事务和实际问题等而进行的写作活动。它是作者反映客观事物、表达认识和感受的一种精神劳动,这种劳动的结果是各种类别的文章。

　　写作都具有鲜明的目的性。随着社会物质文明、精神文明的发展,为了满足人们多样化的不同需求,写作逐步分成了与艺术欣赏紧密联系的文学写作和与实际功利密切联系的实用写作两个大类。文学写作是作者主要运用形象思维方式,通过塑造艺术形象来反映社会生活、实现审美愉悦目的的一种写作,审美功用是其本质的属性之一,其他功用均融于审美功用之中;实用写作则是人们为了达到某种实用目的,为了解决实际问题而进行的写作,实用是它本质的属性。现代实用写作主要指进入 21 世纪后,人们在丰富多彩的社会交往、复杂精细的经济建设、日新月异的科技发展以及严肃纷繁的行政管理中,为进行交际、处理事务而进行的写作活动,大学应用写作是其重要的组成部分。如此理解,实用写作的内涵就远非过去的"应用写作"所能包容得了的:它既包括了原来应用写作中以处理公务和私人事务为目的的,有一定格式、行文简约的有关文种,又包括了原应用写作没有包括的新闻文体、科技文体、经济文体、司法文体、广告宣传文体等。这些文体在写作时,不仅要以理服人,而且还可适当地讲究以情动人,在行文时,一般比前一类文章要活泼得多,表达方法和技法也更灵活一些。

　　在现代社会里,实用写作作为管理的一种手段、交际的一种工具,越来越突显出它的多方面功能:

　　首先是感应时代发展。"文章合为时而著",写作乃"经国之大业"。对于 21 世纪每一个大学生和任何一个组织来说,要立足社会、获取生存、寻求发展,写作特别是实用写作是一项不可或缺的本领。今天,我们重视和加强各类人才写作能力的培养、训练和提升,无疑是为了更好地适应面向世界、面向未来、加快推进社会主义现代化的新的发展、提高全民整体素质和综合水平的需要。经过长年的不断历练和在理论上的深入探究,应用文实用性强、使用面宽,有利于加强物质文明与精神文明建设和人际交往的优势越来越突显,成为今天我们维护和保障国家机器正常运转的工具,成为人们观察世界、反映世界,促进经济发展、科技进步和文化

[①] 刘敬瑞,临沂大学教授,现任中国写作学会理事、全国高师写作研究中心副主任、山东写作学会副会长。

1

繁荣，在社会活动中须臾不能缺少的利器。

综观古今中外，在各个民族、各个国度，在各个历史发展的不同阶段，实用写作都无不与当时社会的政治、经济、文化生活紧密相连，各类应用文体所反映的内容，都无不与当时的社会政治制度、经济基础、生产、军事、思想、文化、科技等方面息息相关：当史前社会发展到需要符号记载劳动过程和传递劳动经验的时候，原始的"结绳记事"就产生了；当社会发展到建立国家，并随之需要政治管理的时候，公牍文书就出现了；当国家的统治发展到需要依法治理的时候，诉状、判词等法律文书就诞生了；当社会出现了商品交换的时候，买卖凭据、契约文书就流行了；当社会生产力发展到一定水平，需要技术的传授和交流的时候，科技应用文便萌发了；当社会生产力发展到需要大众传播媒介迅速传递信息的时候，新闻文体就随之蓬蓬勃勃地发展了起来……应用写作就是这样地应运而生，又这样地与时俱进。今天，现代实用写作更是时时感应着时代脉搏的跳动，传达着时代发展的声音，反映着时代运行的变化，记载着时代前进的脚印。

其次是引导大众前行。实用写作在现代社会政治、经济、文化生活中，对于社会大众具有明显地引导和指导作用。比如，国家各级各类机关、团体、企事业单位，上级部门要向下级部门实施领导和指导，通常都要以发文形式来进行。上级机关通过发文，传达领导意图和决策，部署安排工作任务，实施对下级机关的领导，把所属机关及相关人员的工作置于自己制定的目标之下，形成一个为共同目标而统一行动的整体，履行着领导、导向的职责。再如，消息、通讯、评论、调研报告等新闻文体，它们通过传播政治军事消息、市场动态、商业行情、典型人物、典型事件、工作经验等，在现实生活中形成一股强大的舆论力量。这种舆论力量，就时时在引导人们正确地认识客观形势，时时指导人们明确当前首要任务，看清未来走势，时时促使人们在前行的过程中发挥更大的主动性、积极性和创造性。今天，人类已经进入了知识经济时代，要把创造的经验和知识特别是现代科技知识广为传播，以迅速地把科技知识转化为生产力，科研应用文体的写作就更有其广阔天地了。

第三是促进人际沟通。社会是人类生活的共同体，是人们相互交流、沟通的产物。在这个极其复杂的社会群体里，组织与组织、组织与个人、个人与个人之间，无不具有千丝万缕的联系。而今天，经济全球化，全球信息化，国与国之间、人与人之间的交流、沟通就更为频繁了。人们之间的交往、沟通，形式多种多样，而实用写作无疑是一座重要的桥梁，它通过文字的形式，加强了人们之间的交往，使国家与国家之间、上下级之间、部门与部门之间、领导班子成员之间、组织与群众之间、单位与社区之间及时认真地交流沟通与协调。例如，对于一个学校来说，无论是整个学校还是各院系、每位师生，无论是内部沟通还是外部沟通，正式沟通还是非正式沟通，能离得开实用写作吗？社团成立要拟定章程，制定规章制度；平时管理中，单位、个人都要制订年度计划、月度计划，每项工作要制定实施方案等。正是通过这些书面的沟通形式，上情下达或下情上传，让人人都相互了解，相互协作，达成共识，共谋发展。对外部而言，实用写作使用得也相当普遍，如财务报告、市场调研报告、营销决策方案、宣传广告等，这些成了企业与其生存环境之间紧密相连的纽带。即便在非正式的沟通中，实用写作也常常具有其他沟通形式所无法替代的作用，倘若这类形式运用得恰当，还能收到意想不到的效果。

第四是规范社会。无论是国家还是组织都需要制定各种法律和规章制度，它们一经有关权力机关通过并发布实施，便立即在其有效的范围内对各项工作、社会活动以及个人行为起着规范的作用，任何组织与个人都必须严格遵守，不得违反。比如，凡是中华人民共和国境内上市公司,都必须严格遵照《中华人民共和国公司法》《中华人民共和国证券法》和中国证监会有关法律、法规的要求,完善公司法人治理结构,建立现代企业制度,规范公司运作,并按照《上市公司治理准则》规范性文件的要求,制定《公司章程》《总经理工作细则》《董事会议事规则》《监事会议事规则》和《规章制度汇编》等一系列内部控制制度。再如,为了规范规章制定的程序,保证规章的质量,根据立法的有关规定,国务院在专门颁布的《规章制定程序条例》中明确指出:制定规章"应当遵循立法法确定的立法原则""应当切实保障公民、法人和其他组织的合法权益""应当体现行政机关的职权与责任相统一的原则""应当体现改革精神,科学规范行政行为,促进政府职能向经济调节、社会管理和公共服务转变""应当符合精简、统一、效能的原则"。同时对规章的立项、起草、审查、决定、公布、解释等环节还一一做了详尽的规定。

实用写作的规范功能也突出地表现在新闻文体的写作中。比如在写作消息、通讯时,作者往往通过有选择、有目的地报道新闻人物、新闻事件,告诉人们应当怎样做和不应当怎样做。这种做法无疑对人们的行为和道德具有较大的影响力和约束力,成为社会大众判断是非、善恶、美丑的标准,规范着人们的行为。

本书正是作者在充分意识到实用写作的重要作用与多方面功能的基础上,为适应广大青年的迫切需要而编写的。本书以"实用"为指导思想,以引导青年学生写出"合体"的各种应用文体为目的,突出了以下三方面特色:

一是文种相对齐全。目前各高校编写的应用写作教材,大都根据自己的需要,在文种的选取、内容的组织、体例的安排等方面各有特点。本书组织了一个实力强大的编写队伍,选取了11类近百种实用文体作为讲述对象。与其他同类教材相比较,本书的文种是比较齐全的。编写者既选取了使用范围较广、使用频率较高的文种,也选取了一些虽然适用范围不是很广、使用频率不是很高,但实用价值较高的文种,例如法律类的"遗嘱"、公关类的"悼词"、科技类的"产品说明书"等。另外,本书突出了博客、微博、短信、微信和电子邮件等新媒体的写作,它们与传统媒体既有联系又有区别,而且使用的人数越来越多,使用的频率越来越高,发展的空间很大。虽然在文体分类方面有交叉现象,却表现出编写者的现代意识与创新思想。

二是体例合理。本着系统性与实用性结合的原则,本书确立了概述、写作要点、范文训练"三位一体"的基本体例,全书每节均由三部分内容组成:第一,概述。运用简明的语言,将文体的概念、特点、分类以及与其他类似文体的联系与区别表述清楚。第二,理论阐述。以较大篇幅,结合范文有重点地介绍有关写作格式、方法与写作要求以及写作注意事项等。第三,例文。紧紧围绕重点精选有代表性的名家名篇及部分学生的成功习作,从正面显示"应该怎么写"。另外,在每一章的结尾还根据写作意图设计了思考与练习,虽然在训练题的数量以及训练题的类型上还需要丰富与完善,但它对调动学生积极性,培养学生实际写作能力的作用是不容小觑的。上述几部分内容互相关联、紧密配合,共同围绕中心形成了一个有机的系统,尤其正面例文在本书中具有重要地位,它是某种文体特点的具体体现,又是理论技巧阐述的验证,还是写作训练的范例和依据。本书的各位编写者在写作例文的选取上下了很大功夫。各文种的例文作为示范,给学生以极大启发与点拨,在一定程度上弥补了本书因文种较多导致各文种篇幅相对较少、阐述难以深入的不足。

三是语言简明。一本书的容量是有限的,文种增加了,对语言表述的要求相应的就高了。编写者在编写过程中充分注意到这个问题,妥善处理文种多与篇幅少的矛盾,以尽可能简明的语言表达尽可能丰富的内容,从而达到培养学生提高写作"合体"能力的目标。

随着市场经济的发展,在管理工作科学化、书写工具电脑化、经济全球化、全球信息化的今天,对实用写作的要求越来越高,使用的范围也越来越广泛。相信本书能够在激发读者的写作兴趣、提高读者的实用写作水平方面起到积极的促进作用,以帮助青年一代逐步掌握应用写作技能技巧,适应社会、求职、工作的需求,跟上时代前进的步伐。

目 录 Contents

绪　论

教学目标与学习要求

一、教学目标

通过绪论的学习,使学生了解实用文体写作的概念、特点和写作要求,让学生掌握提高实用文体写作水平的主要途径,培养学生对实用文体的兴趣。

二、学习要求

1.重点掌握实用文体的特点和写作的要求以及提高实用文体写作水平的主要途径。

2.一般了解实用文体写作的概念。

一、实用文体写作概述

(一)实用文体写作的概念

实用文体写作,顾名思义,即各类实用型文章的写作,是指在社会生活中为解决实际问题而使用的具有特定用途的文章的写作,也就是通常所说的应用文写作。由于社会生活丰富多彩,社会需求多种多样,实用型文章在不同的社会领域往往具有不同的格式和要求。正因为如此,实用型文章的种类极为繁多,甚至无法将其一一列举出来。目前,国内出版的《应用文大全》之类的工具书,也不能说就真的收全了。所以,各高校编写的应用文写作教材也都偏重于某一方面,都具有自己的特点,选取自己认为需要讲的内容。本教材所讲述的各种文体也不是最全的,但是相对其他教材,还是较全面一些。其中有一些文种使用范围较广、使用频率较高,有一些文种虽然适用范围不是很广、使用频率不是很高,但在实际生活中也会经常用到,本教材也一一做了介绍,例如法律类的"遗嘱"、公关类的"悼词"、科技类的"产品说明书"等应用文文种。另外,本教材突出了新媒体的写作,新媒体包括博客、微博、短信、微信和电子邮件等,这些新媒体与传统媒体既有联系又有区别,虽然目前还无法对此进行归类,但使用的频率越来越高,发展的空间很大,也需要我们好好进行研究。由于教材篇幅所限,有些文种也常用,但也只能忍痛割爱了,在实际生活中需要参考其他的资料。总之,本教材力求简明扼要地阐述实用文体写作的概念、特点、写作格式和要求,请老师在教学中结合例文进行分析。

实用文体写作,就是应用文写作。本教材冠以"现代"并非就是具有现代性了,它虽有现代传播媒体的介绍,也有国家规定的公文文种的要求,但之所以称"现代",最主要的目的是区

1

别于其他的应用文写作教材。实用文体写作关键在于应用,但必要的基础知识理论也是需要掌握的。

（二）实用文体的特点和写作要求

1. 实用文体的特点

在长期生活和实践中,实用文体形成了自己的一些特点,概括起来,主要有以下几点:

（1）实用性。实用文体与其他文体之间最主要的区别就是在于它的实用性,它具有明显的实用价值和使用价值。

（2）真实性。实用文体写作必须具有真实性。它不像艺术作品那样可以虚构,可以夸张,它不需要华丽的语言和辞藻,它必须实话实说,真实可靠,必须准确无误,有根有据。

（3）规范性。实用文体形成了一套固定的格式,这些格式不能随便更改,只能遵从。如《党政机关公文处理工作条例》中的规定、专用书信的称谓、每个文种的标题与正文和落款的写法,都有规范化的要求。

（4）时效性。实用文是针对现实工作中的具体事务而写的,这就要求必须在规定的时间内写成,否则时过境迁,实用文就失去了它的实际用途和作用,也会造成严重后果。

（5）简明性。实用文体一般篇幅都比较短,简单明了,干净利落,要言不烦,明白晓畅,所以简明性也是它的一个重要特征。

（6）对象性。实用文具有明确的读者对象,它不是给所有人阅读的,它的作者和读者都是确定的,这是与其他文章或文学作品不一样的地方。

2. 实用文体的写作要求

从实用文体写作的角度来看,它具有以下要求:

（1）主旨单一、集中、明确。

主旨是文章的中心意思,是作者的意图、主张或看法在文章中的体现。单一、集中和明确是实用型文章主旨的最主要的特点。

主旨单一就是说一篇文章只能有一个中心,围绕一个主题去写,而不能把关系不大甚至毫不相关的问题写到一篇文章中去。它在法定公文中体现得最为突出,其实,其他应用文中也是这样要求的。"一文一事"是撰写实用文体必须依循的原则。

主旨集中就是说一篇实用型文章只能有一个中心,而这个中心应是全文的统帅,应对文章内容有制约作用,全文要紧扣中心。如果在文章中东拉西扯,写入一些与主旨无关的话,就会使文章内容芜杂,头绪纷繁,主旨就会被淹没或得不到充分表述。

主旨明确就是说文章的中心意思、作者的意图和主张要明确,使读者一看便知。而不能像文艺作品那样讲求曲折与含蓄,需要读者自己去揣摩观点,归纳中心。

（2）材料真实、典型、新颖。

真实是文章的生命,实用文体写作尤其如此。实用文体写作必须从材料出发,注意用真实的材料说话,让事实说话,这样才能言之有理,论之有据,写出的文章才会有较强的说服力。

一般来说,材料可分为事实材料和理论材料两大类。事实材料就是具体的事件与情况、事实与现象,如精确的数字。理论材料包括古今中外的著名人物的理论和研究著作及概念、原理、学说等,也包括党和国家的方针、政策、规定等。

实用型文章的真实不同于艺术的真实,要求所用材料完全与客观情况相符合,而不能随意编造,不能有任何虚构和夸张。选用材料要严格考察它与现实的一致性,而不能按照个人意愿歪曲事实真相,也不能以偏概全,孤立、片面地看待个别事实,把不具有整体或本质事实的事例或细节作为材料使用。

　　材料不但要真实,还要典型和新颖。典型材料就是指有代表性的、能反映实用文主旨的本质和事物规律性的材料。作者只有从大量的材料中选取具有典型意义的材料,才能深刻有力地表达主题。不仅如此,还要提取和选择能反映时代特点的新材料、新经验,并给以科学的总结和概括,这样才能引人关注。

　　(3)结构完整、严谨、固定。

　　实用文体写作在结构上有严格的要求。结构就是根据表达的需要,合理地谋篇布局,组织材料。结构合理就是指结构的安排符合客观事物的构成和发展规律。比如,文章段落的划分要同事物的发展步骤或事物的组织层次相一致,而不能不顾写作对象本身的阶段性,随意分段。同时,结构合理也是指结构的安排服从主旨表述的需要,从材料的取舍到排列次序都以有利于说明主旨、有助于读者理解文章内容为原则。

　　实用型文章的结构形式主要有三种:一是纵式结构,即按照事物发展的先后顺序排列材料,确定表达的次序。采用这种结构形式,可以体现事物的阶段性特点,脉络比较清楚。二是横式结构,即按照事物的性质和特征对材料加以归类,从不同的角度反映问题。采用这种结构形式,可以较好地体现事物的逻辑关系,条理性较强。三是混合式结构,也称横纵混用结构,即以一种结构形式为主,兼用另一种结构形式,既考虑事物的发展脉络,又照顾事物的分类特征,以不同的结构形式安排不同的材料。

　　实用型文章讲求严谨性和固定性。所谓严谨,就是不能前后矛盾,次序混乱。而首尾圆合、衔接紧密、层次清楚、段落分明,则是文章结构严谨的最起码的条件,也是对实用型文章结构的最基本的要求。所谓固定,就是在长期的写作实践中,各类实用型文章大都形成了它自己的统一的构成格式,一篇文章包括哪几个部分、各个部分应当如何排列,都已有固定的"模式"。遵照固定的"模式"写作,容易把文章写得规范,会使写出的文章便于阅读,易于发挥实际效用。例如,2012年4月中共中央办公厅、国务院办公厅联合印发的《党政机关公文处理工作条例》对法定公文的构成格式有详尽的说明。再如,《中华人民共和国合同法》以法规的形式明确了合同的主要条款,依循这些条款签订合同,是合同合法、生效的前提之一。

　　总之,实用文体的写作要求结构固定、格式规范。

　　(4)语言准确、简明、庄重。

　　语言准确是实用文体写作的重要要求之一。它主要体现在:第一,除了一般性的要求语言的准确外,还要有专业术语和行业用语的大量使用;第二,合理地使用一些经核查无误的数据,可以精确地描述各种数量关系,增加文章的说服力。

　　语言的简明性也是实用文体写作的要求之一。语言简明是指用尽可能少的语言材料,把尽可能多的信息明明白白地传递给读者。这就要求作者精心锤炼词语,做到用词精当,语句凝练,摒弃一切不必要的重复,剔除一切与主旨无关或关系不大的语句,杜绝一切空话、套话等。另外,适当地使用一些成语、文言词语,能够收到言简意赅的表达效果,也有助于增强语言的简明性。

　　实用文体的语言还要求平实自然、明白晓畅、朴实庄重。实用文体写作要直陈其事、直截了当,明明白白地把事情告诉别人。要用实实在在、朴实无华的语言,深入浅出地阐明事理,而不可堆砌华丽的辞藻或故意使用生僻的词语。语言的庄重感也是实用文体写作要注意的问题。严格把握用词的分寸和界限,会为语言增添庄重感,也会为文章增加庄重感。

二、提高实用文体写作水平的主要途径

实用文体包括诸多文种,这些文种的写作有些有共同的格式要求,也有些有各自的特殊格式要求。因为在本书中都做了各自阐述,在此就不多叙述了。下面主要围绕着如何提高实用文体写作水平,以及提高写作水平有哪些途径,进行探讨,以作抛砖引玉。

(一)要熟悉领会有关政策、规定和写作格式的要求

实用文体写作很重要的一点就是要熟悉党和国家制定并发布的一些方针、政策和规定。正确的方针、政策是对工作规律深刻认识的产物,代表着广大人民群众的愿望和需要,预示着社会生活发展的方向,社会各行业或部门都应当把相关的方针、政策作为在一定时期内做好各项工作的指针。各项规定更是规范人们的行为、维护正常的工作和生活秩序的重要保障,对任何与党和国家的有关规定相背离的行为都应当予以杜绝。因此,实用文体写作要有效地服务于社会,就必须符合党和国家的方针、政策和规定,有利于方针、政策的贯彻和落实,有利于各项规定的有效施行,否则,就会适得其反,引起种种不良后果。也正因为如此,领会政策实施精神,熟悉相关规定,对实用文体写作来说,是非常重要的准备工作。不仅如此,对于实用文体写作的作者来说,领会了党和国家的方针、政策和规定还不够,还必须学习和掌握实用文体写作的理论知识,了解各种文体的特点和写法,掌握各种文体的写作体式。可以说,这是确保文章质量、提高写作水平的保证之一。

(二)要善于学习、勤于实践和不断研究新的问题

实用文体写作与其他文学创作相比来说还是比较容易的,但如果不认真学习,不掌握它的有关理论知识和写作要求也是写不好的。要写好实用文,最简单的要求如下:

1. 要善于学习

学习的内容很广泛,但首先要学习党和国家的方针、政策和规定。其次,要学习实用文体写作的理论知识,学习前人的经验,也要学习新的研究成果。不学习就会落后,不学习就会跟不上社会前进的步伐。当今的世界是一个知识爆炸的时代,由于时间、精力和其他因素,每个人都不可能把所有的知识掌握起来,那就只能把与工作有关的知识,把与生活有关的知识熟练地掌握起来。

2. 要勤于实践

勤写多练,在写作实践中把握写作技巧,自古至今一直是备受推崇的学习写作的方法。理论来自实践,又在实践中反复应用。再好的理论不和实践相结合,也不会产生效益。写文章没有更好的方法,只有不断实践,多阅读,多动笔,才能把文章写好。实用型文章大都是针对某些实际情况、为解决某个具体问题而撰写的,所以,实用文体写作的内容就是实际情况和具体问题的反映。因此,要求写作者对问题进行研究,对情况做详细的了解,否则,即便勉强成文,写出的文章也会言之无物,甚至不会有任何实际作用。实用型文章的价值就在于"实用"两字,缺乏实际用途的应用文,也就从根本上失去了写作的意义和存在的必要。写作是一种能力,而能力的获得仅靠知识的学习是不够的,知识向能力的转化必须凭借实践的环节。只有通过写作实践,人们才能把自己所掌握的写作知识演化为写作能力,形成良好的写作习惯和熟练的写作技巧。人们常说的"熟能生巧",就是这个道理。

3. 要不断研究新问题、新情况

社会的快速发展,知识的不断更新,生活的千变万化,新问题、新情况的不断涌现,要求我们跟上时代的步伐,要跟上时代的步伐,就必须对出现的新问题、新情况进行研究。鲁迅说"凡

事总要研究才会明白"。实用文体写作中的新问题并不少,如过去把"请示报告"作为一个文种,后来,把"请示"和"报告"作为两个文种,这是有明文规定的。可生活中,有的人还是把它们混淆起来,当作一个文种对待。现在的新媒体写作已经在生活中发挥了重要的作用,它的优势越来越突出:传播快、便捷等,实用文体写作与新媒体的结合越来越密切。这一切都需要我们好好研究。在研究的基础上发现新的问题,然后想出解决的办法。可以说,研究问题、把握情况是写好实用型文章并使实用型文章发挥应有功用的前提和提高实用型文章写作水平的途径。

总之,善于学习、勤于实践、勇于探索是提高实用文体写作水平的主要途径。

本教材编写体例主要有三部分:一是文种概述,包括文种的概念、特点、分类、作用等;二是文种的写作,包括文种的写作格式、写作要求等;三是例文。对例文部分没有展开分析,这需要教师在讲课时结合例文进行分析,也可以另外找一些例文让学生学会分析,模仿例文学会写作。每章开头部分设有"教学目标与学习要求",让学生明确学习的目标,也明确应重点掌握和一般了解的内容。实用文体的学习重点就是学会应用,但愿此目的能够达到。

本教材不仅适合全国各高职高专院校的学生,同样也适合其他全日制高校的学生和社会有关工作人员。

思考与练习 ● ● ●

1. 实用文体的特点有哪些?
2. 从实用文体写作的角度来看,它还有哪些要求?
3. 提高实用文体写作水平的主要途径有哪些?

第一章
法定公文写作

教学目标与学习要求

一、教学目标

通过法定公文写作的学习,使学生了解法定公文写作的基本概念、特点、种类、适用范围以及写作要求,培养学生掌握法定公文的基本写作方法。

二、学习要求

1. 重点掌握通知、通报、报告、请示、函、意见、会议纪要等几种文体的使用。
2. 一般了解决议、决定、命令、公报、公告、通告、批复、议案等几种文体的使用。

第一节 法定公文概述

一、法定公文的概念

法定公文即 2012 年 4 月中共中央办公厅、国务院办公厅联合印发的《党政机关公文处理工作条例》里所说的党政机关公文,是公文的一种,指法定机关与组织按照特定的体式,经过一定处理程序制成的书面文字材料。公文可分为专用公文与通用公文两大类。通用公文指在机关、企事业单位、人民团体等组织内普遍使用的文种。它适用于各种机关团体单位的内部和相互之间,适用范围十分广泛,人们平常所说的"公文"即通用公文。通用公文又分为法定公文与事务文书两大类。

法定公文是党政机关实施领导、履行职能、处理公务的具有特定效力和规范体式的文书,是传达贯彻党和国家的方针政策,公布法规和规章,指导、布置和商洽工作,请示和答复问题,报告、通报和交流情况等的重要工具。

二、法定公文的特点

（一）公文由法定作者制发

法定作者指依法成立并能以自己名义享有权利、承担义务的社会组织及其领导人。

（二）公文的制发具有程序性

收文和发文均有一定的处理程序,各环节皆有顺序性和规范性,不得自行其是。

（三）公文具有法定效力

公文在法定时间和空间范围内能够对受文者的行为产生一定程度的强制性影响,在其内容所针对的现行公务活动中直接发挥实际效力,具有依据和凭证功能。

（四）公文具有规范的体式

公文的规范体式是指公文的文体和格式必须符合国家的统一规定。

三、法定公文的分类

法定公文从不同的角度,可以有不同的分类。根据《党政机关公文处理工作条例》,按适用范围划分为决议、决定、命令、公报、公告、通告、意见、通知、通报、报告、请示、批复、议案、函、纪要等15种;按行文方向可分为下行文、上行文和平行文;按缓急程度可分为特急、急件、一般文件;按保密级别可分为绝密、机密和秘密。

四、法定公文的作用

（一）颁布法规

大到国家的宪法、刑法、民法、诉讼法等各种法律,小到办理某一具体事务的规定、办法,在制定出来后,都要通过法定公文予以颁布实施。

（二）指挥管理

党政机关、企事业单位、群众团体,都在特定的范围内担负着组织、指挥、管理的职责,而实施这些职责的基本工具就是公文。在党政公文中,命令、决定、决议、指示、批复等文种就属于指挥、管理性的下行文。这些公文一经下发,下级机关必须执行。大到国家机器的运转,小到一个企事业单位内部工作有秩序地开展,都跟公文的指挥管理作用密切相关,离开了公文的这一作用,各方面的管理工作很可能陷入混乱状态。因此,我们应该意识到,相当多的公文的起草、定稿过程,实质上就是管理工作的实施过程。

（三）交流信息

公文还有一个重要的作用是交流信息。下行文中的公告、通告、公报、通知、通报,上行文中的报告、请示,还有作为平行文的函,都有交流信息的基本功能。交流信息,一方面是上情下达,一方面是下情上达,另一方面是友邻单位互通情报。有了公文作为信息流通的渠道,上下级机关都有可能做到耳聪目明,不至于闭目塞听。

（四）宣传教育

决议、公报、公告、通报、会议纪要等文体,还有着很明显的宣传教育作用。针对现实生活中普遍存在的某一问题或认识的偏差,摆事实,讲道理,进行启发诱导,使大家明白应该确立什么立场,应该坚持什么原则,进而知道自己应该做什么、怎样做。

（五）商洽协调

很多工作单凭一个单位很难顺利完成,往往需要相关单位给以配合、帮助。这样,地区与地区、单位与单位、团体与团体之间,就需要加强联系,互相协商,互相帮助,协调工作。公文实现这一功能的主要文种是函,它可以在没有隶属关系的机关之间起到沟通、协调的作用,使各个机关形成一个有机的整体,协同处理、协作完成某项公务。

（六）凭证依据

公文还有明显的凭证和依据作用。上级发布的下行文,是下级机关开展工作的依据;下级上报的公文,是上级决策的依据;一个机关自己制作的公文,是自己履行职能、开展工作的真实记录和凭证。在日常工作中常会遇到这样的情况:对一个具体的事务该如何处理没有把握,就查找相关的公文,看上级或有关职能部门在这方面有哪些规定,然后按照规定行事;对某次会议的有关情况不够了解,就查找那次会议的纪要,即可获得清晰可靠的材料。这些都是公文依据和凭证作用的具体表现。因此,许多重要的公文都需要归档保存很长时间,以便需要时查找。

第二节 决议和决定

决 议

一、决议概述

（一）决议的概念

决议是经过会议讨论通过,对某些重大事项做出决策,并要求贯彻执行的公文文件。

（二）决议的特点

1. 决策性

决议是针对重大问题和重大事项所做出的决策,一经形成,就会在较大范围内具有较大影响。例如《中国共产党第十八次全国代表大会关于〈中国共产党章程(修正案)〉的决议》,对全党就有较大影响。

2. 权威性

决议作为经常被党的领导机关用于重要决策事项的公文,是在党的高级领导机构会议上研究、讨论后形成的,代表着发文机关的意志,一经发布,其下属机关必须严格遵守,认真落实,具有很强的权威性。

3. 程序性

决议必须经会议讨论,并经表决通过之后才能形成,有严格的程序性。

（三）决议的分类

决议分为事项性决议和重大问题决议两种:事项性决议是对会议讨论通过的具体事项的决议;重大问题决议是对会议关于重大问题讨论后做出的总结性决议。

二、决议的写作

（一）标题

决议的标题有以下三种写法:

第一种是由发文机关、主要内容、文种组成。如《中共山东省委关于认真学习、坚决贯彻〈中共中央关于加强党同人民群众联系的决定〉的决议》。

第二种是由会议名称、主要内容、文种组成。如《中国共产党第十一届中央委员会第五次全体会议关于为刘少奇同志平反的决议》。

第三种是省略发文机关,由主要内容和文种组成。如《关于确认十一届三中、四中全会增补中央委员的决定的决议》。

（二）成文日期

决议的成文日期不像一般公文那样标写在公文正文之后,而是加括号标写于标题之下居中位置。具体写法有两种情况:如果公文标题中已包括会议名称,括号内只需写明"××××年××月××日通过"即可;如果公文标题中没有会议名称,括号内要写明"××委员会第

×次会议××××年××月××日通过"。

（三）正文

正文一般都由前言、主体和结尾三个部分组成。

1. 前言

前言是会议决议的根据（缘由）。

2. 主体

主体是会议决议的事项（内容）。它主要包括：写明会议通过的决议事项，或对有关文件、事项做出论断，或对有关问题、事件做出评价、决定，或对有关工作做出部署安排和要求。

3. 结尾

一般紧扣决议事项有针对性地提出希望、号召和执行要求。

三、例文

中国共产党第十八次全国代表大会

关于《中国共产党章程（修正案）》的决议

（2012年11月14日中国共产党第十八次全国代表大会通过）

中国共产党第十八次全国代表大会审议并一致通过十七届中央委员会提出的《中国共产党章程（修正案）》，决定这一修正案自通过之日起生效。

大会认为，十六大以来，以胡锦涛同志为主要代表的中国共产党人，坚持以邓小平理论和"三个代表"重要思想为指导，根据新的发展要求，深刻认识和回答了新形势下实现什么样的发展、怎样发展等重大问题，形成了以人为本、全面协调可持续发展的科学发展观。

…………

大会要求，党的各级组织和全党同志高举中国特色社会主义伟大旗帜，以马克思列宁主义、毛泽东思想、邓小平理论、"三个代表"重要思想和科学发展观为指导，更好学习党章、遵守党章、贯彻党章、维护党章，坚持党要管党、从严治党，进一步加强党的执政能力建设、先进性和纯洁性建设，以改革创新精神全面推进党的建设新的伟大工程，全面提高党的建设科学化水平，坚定不移沿着中国特色社会主义道路前进，为全面建成小康社会而奋斗。

决 定

一、决定概述

（一）决定的概念

决定是党政机关及其他部门对某些重大问题或重要事项，经过一定会议讨论研究表决通过后要求贯彻执行的文体。

（二）决定的特点

1. 权威性

经过会议认真讨论或者领导班子反复研究才做出安排。一经做出，在所属范围内具有很强的约束力，都必须遵照执行。

2. 广泛性

决定的使用范围比较广泛,不仅党政机关使用,群众团体、基层企事业单位也可以使用。

3. 决断性

决定是在自己职权范围内做出的安排。在决断的过程中,不受其他因素的制约,因而具有很强的决断性。

（三）决定的分类

1. 决策性决定

用于对重要事项或者重大行动的决定。

2. 奖惩性决定

用于奖励或处罚有关单位及人员。

3. 变更性决定

用于变更或者撤销下级机关不适当的决定事项。

（四）决议与决定的异同

决议与决定同属一个文体类别,二者既有相同之处,也有区别。

1. 相同之处

第一,都是决策性文种;第二,都是上级机关对某些重要事项的处理或对重要工作的安排意见;第三,都属于下行文;第四,都要求下级机关贯彻执行。

2. 不同之处

第一,决议是党的公文文种,决定则党政都可以用;第二,决议必须在正式会议上按法定程序表决通过生效,决定经集体讨论通过即可以执行;第三,决议涉及的是全局性的重大事项,一般是方针、政策、原则的决定精神,决定可以是重大的,也可是具体事项的决定;第四,决议的发文机关是会议,成文日期在题下标注,决定可以用决议的相同方式,也可以用正式公文的格式。

二、决定的写作

决定一般由标题和日期、正文、结尾三个部分组成。

（一）标题和日期

标题包括发文机关、决定事由和文种。在决定事由前一般用"关于"连接。决定的日期一般放在正文之后,如果是会议通过的决定,则注明何年何月何种会议通过,并用括号标示,置于标题之下居中。如《中共中央关于全面深化改革若干重大问题的决定》（2013年11月12日中国共产党第十八届中央委员会第三次全体会议通过）。

（二）正文

正文在结构上可分为开头、主体、结语三部分。

1. 开头

用以说明目前形势,分析或阐述做出此决定的原因、目的及意义。用"特决定如下"或"特做如下决定"与主体部分衔接。

2. 主体

常采用条文式写法,这些表现具体内容的"条""项"之间可以是明显的并列关系。

3. 结语

在这一部分中提出希望、号召和要求。

（三）结尾

在决定的正文之后，可写"本决定自发布之日起施行"。

三、例文

例文一

山东省人民政府
关于 2014 年度山东省科学技术奖励的决定
鲁政发〔2015〕3 号

各市人民政府，各县(市、区)人民政府，省政府各部门、各直属机构，各大企业，各高等院校：

为全面贯彻党的十八大和十八届三中、四中全会精神，深入实施科教兴鲁战略、人才强省战略和创新驱动发展战略，根据《山东省科学技术奖励办法》规定，经山东省科学技术奖励评审委员会严格评审，省政府决定：

授予×××研究员山东省科学技术最高奖；

············

希望获奖单位和个人再接再厉，勇攀高峰，再创新业绩。全省科学技术工作者要向获奖科技人员学习，科学务实，积极作为，团结协作，勇于创新，不断提高自主创新能力，大力实施创新驱动发展战略，为加快建设经济文化强省、全面建成小康社会做出新的更大贡献。

山东省人民政府

2015 年 1 月 20 日

例文二

关于李 × 违犯学校纪律的处分决定

李×，男，现年 28 岁，为本校××教研室教师。该同志到校四年来，一直不安于本职工作。经同志、领导多次耐心教育，不但不改，还变本加厉。近几个月来，曾多次不给学生上课，使教学工作受到严重影响。近一个月以来，甚至拒绝上课，还先后两次殴打热情关怀并耐心帮助他的教师，影响极坏。为维护校纪，加强对本人的教育，经校务委员会通过、报请市教委批准，决定给予李 × 以×××××处分。

本决定自公布之日起生效。

××学校（公章）

××××年××月××日

第三节　命令和公报

命令（令）

一、命令概述

（一）命令的概念

命令是一种非常庄严的指挥性下行文，适用于公布行政法规和规章、宣布实行重大强制性行政措施、批准授予和晋升衔级、嘉奖有关单位和人员。它要求所属机关坚决执行，是强制性的领导与指挥文件。命令有时简称为令。

命令与令是一种文体的两个名称。如果标题中包含主要内容，如《国务院中央军委关于授予钱学森同志"国家杰出贡献科学家"荣誉称号的命令》，用命令；如果标题中不包含主要内容，如《中华人民共和国建设部令》，用令。

（二）命令的特点

由于命令是国家领导机关依照有关法律发布行政法规和规章、宣布施行重大强制性行政措施等重要事项时使用的公文，它直接体现了国家或某级行政领导机关的意志，集中反映了国家或某级行政机关在某个方面的政策要求。在发令机关的职权范围内，命令起着对有关工作实行强制干预和约束、强行统一思想和行动的作用。它具有以下三个特点：

1. 强制性

命令一经发布，有关下级机关或人员必须无条件地执行和服从，不能讨价还价。玩忽职守，延误或干扰命令的执行，都会受到严肃的处理；有意违抗，拒不执行，必将受到严厉的惩罚。

2. 权威性

命令作为指挥性下行文，具有法定公文的权威性和约束力。虽不是法律、法规本身，但它可以确定法律、法规的生效日期、施行范围等。它具有法律的效力和法规的约束作用。

3. 严肃性

命令的强制性、权威性和不可逆转性要求制发命令的机关必须极其慎重。人们常说"军令如山倒"，令出了就不可收回了。在使用这一公文时，必须严肃对待，既不能随意发布，更不能朝令夕改。行文要求使用指挥性语言、态度严肃、结构严谨、文字简洁准确，语气坚决肯定，不允许任意更改和变通。

（三）命令的作用

命令常用于国家最高权力机关或政府元首根据国家最高权力机关的决定，颁布宪法、法律、法令等法规性文件，宣布为执行法规文件而采取的强制性措施，部署重大任务和下达重要指示。也可用于其他行政机关宣布下属的任免、奖惩。

党的领导机关一般不单独使用命令，如需使用常与国家或政府领导机关联名。

二、命令的写作

（一）标题

标题可以直接标明什么命令，也可在命令的前面标明发布命令的机关名称或领导人的职务。

（二）正文

命令的正文多由原因和使命指挥构成。前者说明为什么要发布该项命令，后者要说明命令所属机关必须遵照执行的事项、生效与执行的时限。

（三）签署

标示签发此项命令的机关或法定作者、签发的日期，并盖上印章。

命令的撰写，要求文字非常简明扼要，篇幅简短，主要传达领导机关的决定，不必做具体意义的阐述。行文结构要严谨，文句要精练准确，语气要坚决肯定，不能使用商量或模棱两可的口吻。

三、例文

例文一

国务院、中央军委冬季征兵命令

国发〔1985〕99号

各省、自治区、直辖市人民政府，各大军区、省军区，北京卫戌区，上海、天津警备区：

一、征集对象和范围（略）

二、征集年龄（略）

三、征集条件（略）

四、应征青年在户口所在地报名（略）

五、征集时间（略）

六、要切实加强领导（略）

为武装警察部队征集的新兵所需经费，按照省、自治区、直辖市规定的标准，由接收新兵的武装警察总队负责拨给。

国务院

中央军委

一九八五年八月十五日

例文二

山东省人民政府令

第283号

《山东省国有土地储备办法》已经2014年12月17日省政府第44次常务会议修订通过，现将修订后的《山东省国有土地储备办法》公布，自2015年3月1日起施行。

省长 ×××

2015年1月7日

公报

一、公报概述

(一)公报的概念

公报也称新闻公报,是党政机关和人民团体公开发布重大事件或重要决定事项的报道性公文,是党和国家经常使用的重要文种。

(二)公报的特点

公报具有权威性、指导性和新闻性。

(三)公报的分类

依据发文主体的不同,分为新闻公报与联合公报:新闻公报是指党政机关或团体以新闻的形式,向党内外、国内外发布重大事件、重要决定的公报;联合公报是指用于两个或两个以上国家政府、政党、团体代表就会谈、访问等事宜所发表的公报。

依据内容的不同,分为事件性公报和会议公报。

二、公报的写作

会议公报一般由三部分组成:标题、题注、正文。

(一)标题

标题一般由会议名称和文种(会议公报)组成,如《中国共产党十三届中央委员会第三次全体会议公报》。

(二)题注

由于会议公报必须是经会议讨论通过,所以要在标题之下标明公报通过的会议名称和通过时间,前后加括号。

(三)正文

会议公报的正文包括开头、主体和结尾三部分。

1. 开头

会议公报的开头应写明会议的基本情况。具体包括:(1)时间、地点;(2)出席人员;(3)主持人、党的领导人的重要讲话等;(4)会议的主要议题和主要内容。

2. 主体

主体是会议公报的核心内容,包括四个部分:(1)对过去工作的回顾和总结;(2)对当前的国内外形势进行分析;(3)会议的议题及其意义;(4)会议的主要精神。

3. 结尾

如果标题包含了会议的名称及发文单位,落款可以省略。

三、例文

中国共产党第十五届中央委员会第三次全体会议公报

(1998 年 10 月 14 日)

中国共产党第十五届中央委员会第三次全体会议,于 1998 年 10 月 12 日至 14 日在北京举行。

出席这次会议的中央委员 185 人,中央候补委员 148 人。中央纪律检查委员会常务委员会委员和有关方面的负责同志列席会议。

全会由中央政治局主持。中央委员会总书记江泽民同志作了重要讲话。

全会认为……

全会强调……

全会指出……

全会号召，全党动员起来，团结全国各族人民，在以江泽民同志为核心的党中央领导下，高举邓小平理论伟大旗帜，认真贯彻党的十五大精神，艰苦奋斗，扎实工作，努力开创我国农业和农村工作新局面，全面推进建设有中国特色社会主义伟大事业。

第四节　公告和通告

公　告

一、公告概述

（一）公告的概念

公告是向国内外宣布重要事项或法定事项时使用的一种公文。

（二）公告的特点

1. 范围的广泛性

公告的内容不只是在国内，还要在世界范围内公布。也就是说，公布的事项必须是国内外所了解的，必须在国内外构成影响。

2. 内容的庄重性

宣告的事项自身性质突出、分量重大、庄严凝重，须为国内外所关注，要公开告知并郑重宣布，其内容和形式都是庄重的。

3. 事件的单一性

强调"一文一事"，不能将几件事列于同一篇公告之中。

4. 传播的公开性

公告虽为一种公文，但其发表方式都不用红头公文，不在党政机关之间运行，而是通过新闻媒介，如报纸、电台、电视台等公开宣布。

5. 作者的限定性

公告通常由党和国家行政机关或领导人制发，基层单位及其领导人不能发布公告。党和国家授权的党政机关可以发布公告，如"新华社授权公告"。

（三）公告的分类

按照内容的不同，公告可以分为四类：

1. 要事性公告

国家党政机关向国内外宣布重大事项、重要事件时使用的公告，如宣布重大国事活动、重大科技成果、答谢国外有关部门对我国重大活动的祝贺等。

2. 政策性公告

国家行政机关向国内外发布方针、政策时使用的公告。

3. 任免性公告

向国内外宣布人员职务任免事宜时使用的公告。这类人员多系国家领导人和政府重要官员。

4. 法定性公告

向国内外宣布法定事项或颁布法律、法规而使用的公告。

（四）公告与通告的异同

1. 相同之处

第一，都是行政机关常用的告知性文种；第二，都可以通过媒介或广为张贴加以公布；第三，都是法定公文（党的系统不用公告）。

2. 不同之处

第一，制发者不同。公告的制发者是行政领导机关，通告可以是各级各类行政机关。第二，重要程度不同。公告用来向国内外宣布重要或法定事项，通告是一定范围内公布事项或法规。第三，告之范围不同。公告告之范围更广。

（五）公报与公告的异同

1. 相同之处

第一，都是高级领导机关或授权机关使用的文种；第二，都是用于向国内外发布重大事项的文种；第三，内容都要求庄重严肃。

2. 不同之处

第一，公报列于党内行文文种，公告列于行政机关行文文种。党的机关发文一般不用公告，而行政领导机关有时也用公报告之事项。第二，公告的内容一般比较简要，用于宣布重大消息或法定事项；公报的内容一般比较详细具体，用于宣布重要会议内容或重大事件。

二、公告的写作

公告包括标题、正文、签署、日期四个部分。

（一）标题

公告的标题一般由以下几种形式构成：

一是由发文机关加事由、加文种构成，如《中共中央、全国人大常委会、国务院关于宋庆龄副委员长病情的公告》；

二是由发文机关名称加文种构成，如《中华人民共和国国务院公告》；

三是由事由加文种构成，前加"关于"；

四是只写"公告"。

（二）正文

直述公告缘由，宣布事项。内容必须是真正的要事，要高度概括；大多是消息性，一般不提出执行要求。

（三）签署

写明公告发布机关全称。公告标题系发文机关名称加文种的，也可不写公告发布机关名称。

（四）日期

公告的日期一般标在签署的下一行。

三、例文

例文一 --

中华人民共和国最高人民法院公告

《最高人民法院关于如何处理农村五保对象遗产问题的批复》已于 2000 年 6 月 30 日由最高人民法院审判委员会第 1121 次会议通过。现予公布,自 2000 年 8 月 3 日起施行。

2000 年 7 月 25 日

例文二 --

2015 年度地方标准制修订项目立项计划公告

根据《四川省地方标准管理办法》(省政府令第 232 号)有关规定,现将 2015 年度地方标准制修订项目立项计划予以公告。如有意见,请于 2015 年 3 月 31 日前以书面材料形式向省质量技术监督局提出。

联系人:×××

电话:028-××××××××

四川省质量技术监督局

2015 年 3 月 10 日

通　告

一、通告概述

(一)通告的概念

通告适用于在一定范围内公布应当遵守或者周知的事项。

(二)通告的特点

(1)用于宣布一般性事项,有别于公告宣布重大事项。

(2)通告只在国内一定范围内公布,有别于公告向国内也向国外公布。

(3)通告可以由各级机关、人民团体、企业或事业单位发布,有别于公告只能由地位较高的机关发布。

(4)通告不写抬头,无主送单位。

(三)通告的种类

1. 周知类通告

主要是使受文者了解重要情况、重要消息。因此,文中不提直接的执行要求。

2. 执行类通告

主要向受文者交代需要遵守、执行的政策、措施以及其他行为规范,具有一定的强制力。

二、通告的写作

通告一般由标题、正文、落款和日期组成。

（一）标题

一般由发文机关、事由、文种构成;根据具体情况,也可使用发文机关加文种或事由加文种;还可以只写"通告"二字。

（二）正文

一般由缘由和通告事项两部分组成。缘由为发布通告的原因和根据,事项为须知和遵守的内容。两部分用"特通告如下"转承连接。通告事项是面对大众的,应简洁明了,叙述清楚,通俗易懂,便于掌握。结尾部分可提出要求或希望,并用"特此通告"作为结束。有时也可不写,形式比较灵活。

（三）落款和日期

正文后签署发布通告的机关名称和日期。

三、例文

关于公布 2015 年度四川省

建筑业新技术应用示范工程名单的通告

四川省住房城乡建设厅组织有关专家评审,东瑞金融中心工程等 5 项工程被列为 2015 年度四川省建筑业新技术应用示范工程,现予以公布。

希望示范工程的执行单位要加强管理,精心组织,严格按照新技术应用示范工程申报书中所列的新技术应用项目和内容认真实施。积极开展科技攻关与创新,促进建筑业新技术的应用和推广,优质高效地完成示范工程建设任务。

四川省住房和城乡建设厅

2015 年 4 月 10 日

第五节　通知和通报

通　知

一、通知概述

（一）通知的概念

通知适用于批转下级机关的公文、转发上级机关和不相隶属机关的公文、发布文件、传达要求下级机关办理和需要有关单位周知或者执行的事项、任免人员。

（二）通知的特点

1. 使用范围的广泛性

通知是公文中使用范围最广、使用频率最高的文种。在发文机关方面,从党政机关到企事业单位,上至最高领导机关,下到基层单位,都可以用通知行文。在内容方面,大到国家大事,小到单位内部的具体事项,都可以用通知行文。

2.功能的多样性

在下行文中,通知的功能最为丰富,可以用它来布置工作、传达指示、晓谕事项、发布规章、批转和转发文件、任免干部等。

3.明显的时效性

通知是一种制发比较快捷、运用比较灵便的公文文种,在所有的公文中,通知的时间性最强,它所告知的事项或要求办理的事情一般都有比较明确的时间限制,受文机关要在规定时间内办理完毕,不能拖延。

（三）通知的分类

通知按内容可分为告知性通知、指示性通知、批示性通知、会议通知、任免通知和一般性通知。

1.告知性通知

上级机关一般发布行政法规、条例、办法等规章时,用告知性通知。如1991年3月29日国务院学位委员会《关于发布〈国务院学位委员会关于授予具有研究生毕业同等学力的在职人员硕士、博士学位暂行规定〉及其实施细则的通知》。

2.指示性通知

上级机关对下级机关的某项工作有所指示,要求办理或执行,而根据公文内容又不适合用命令或指示时,可以用指示性通知。如1991年5月7日《国务院关于严格控制农业生产资料价格的通知》。

3.批示性通知

批转下级机关的公文,或者转发上级机关、同级机关和不相隶属机关的公文,可用批示性通知。如1991年6月23日《国务院办公厅转发财政部关于进一步实施〈会计法〉加强会计工作请示的通知》。

4.会议通知

上级机关召开比较重要的会议,不宜用电话或其他形式通知,可提前向所属有关单位发会议通知。

5.任免通知

上级机关在任免下级机关的领导人或上级机关的有关任免事项需要下级机关知道时,要发任免通知。

6.一般性通知

上级机关的有关事项需要使下级机关知道或办理时,用一般性的通知。

二、通知的写作

各种类型的通知各有不同的写法。以下介绍各类通知标题和正文的一般写法:

（一）标题

通知的标题有完全式和省略式两种:完全式标题是发文机关、事由、文种齐全的标题;省略式标题则是根据需要省去其中的一项或两项的标题。省略式标题有三种:(1)省略发文机关;(2)省略"关于";(3)省略发文机关和事由。

（二）正文

通知的正文主要包括开头、主体、结尾三部分。

1.开头

一般是说明为什么要发此通知,目的是什么。

2. 主体

即事项部分,把布置的工作或需要周知的事项,一项一项列出。

3. 结尾

多提出贯彻执行要求,如"请遵照执行""请认真贯彻执行""请研究贯彻"等习惯用语。

三、例文

例文一

国务院办公厅

关于印发机关事业单位职业年金办法的通知

国办发〔2015〕18 号

各省、自治区、直辖市人民政府,国务院各部委、各直属机构:

《机关事业单位职业年金办法》已经国务院同意,现印发给你们,请认真贯彻执行。

国务院办公厅

2015 年 3 月 27 日

例文二

山东省人民政府

关于任免×××等工作人员职务的通知

鲁政任〔2015〕28 号

省国资委:

山东省人民政府决定,任命:

×××为山东省人民政府国有资产监督管理委员会主任。

免去:

×××的山东省人民政府国有资产监督管理委员会主任职务。

山东省人民政府

2015 年 2 月 15 日

通 报

一、通报概述

（一）通报的概念

通报是用于表彰先进、批评错误、传达重要精神或者情况的公文。

（二）通报的种类

根据通报的适用范围,通报可以分为以下三类:

1. **表彰性通报**

用于表彰、奖励先进单位或先进人物,教育各有关单位和人员,激励广大干部群众的工作积极性。如《关于表彰2013年全省春运工作先进单位的通报》。

2. **批评性通报**

用于批评、处分犯错误的人员或单位,纠正不正之风,教育各有关单位和人员,防止类似错误的发生。如《国务院办公厅关于四川山东两省部分市(县)乱集资收费问题的通报》。

3. **传达性通报**

用于传达重要的工作情况或上级机关的指示精神,指出带有倾向性的问题以引起有关方面的重视,对全局工作提出指导性意见。如《中共山东省委山东省人民政府关于全省安全生产大检查的情况通报》。

二、通报的写作

通报由标题、受文单位、正文、落款组成。

(一)标题

由发文机关、事由、文种或事由、文种构成。标题有两种写法:一是公文式标题;二是新闻式双标题,多为正标题加副标题,也可是眉题加正标题。

(二)受文单位

一般通报都有受文单位,少数普及性通报可以没有受文单位。

(三)正文

主要包括原因、事项、处理意见、经验教训、要求及希望、号召等内容。

表彰性通报和批评性通报的正文一般由以下三部分构成:

1. **主要事实**

表彰性通报要突出主要的先进事迹,批评性通报要抓住主要错误事实。

2. **分析指出事例的教育意义**

表彰性通报是在阐述先进事迹的基础上,提炼出主要经验、意义和值得学习与发扬的精神;批评性通报要分析错误的性质、危害,产生的根源和责任,指出应吸取的主要教训等。

3. **提出要求**

情况通报有两种形式:一种只对有关事实做客观叙述;另一种还对有关情况加以分析说明,有时还针对具体问题提出应采取何种对策的指导性意见。

(四)落款

写上发文机关名称及发文日期。

三、例文

山东省人民政府

关于授予×××等11名同志荣誉称号的通报

鲁政字〔2015〕29号

各市人民政府,各县(市、区)人民政府,省政府各部门、各直属机构,各大企业,各高等院校:

近年来,全省广大科技工作者认真贯彻落实党的十八大和十八届三中、四中全会精神,深入实施创新驱动发展战略,不断提高自主创新能力,为促进我省经济发展方式转变、建设经济文化强省做出了积极贡献。为大力弘扬尊重劳动、尊重知识、尊重人才、尊重创造的良好风尚,授予山东大学×××……等 11 位同志"山东省先进工作者"荣誉称号。

希望受表彰的同志谦虚谨慎,戒骄戒躁,再接再厉,不断取得新的更大成绩。全省广大科技工作者要以先进模范人物为榜样,科学务实,潜心钻研,勇于创新,大力推进创新型省份建设,为加快建设经济文化强省、全面建成小康社会做出新的更大贡献。

山东省人民政府

2015 年 2 月 5 日

第六节　报告和请示

报　告

一、报告概述

（一）报告的概念

报告是向上级机关报告工作、反映情况、提出建议和答复询问的公文。

（二）报告的特点

作为国家行政机关公文的报告,它不同于调查报告、考察报告、会议报告、评估报告等一些专业部门从事业务工作时所使用的、标题中也带有"报告"二字的行业文书,具有自己的特点:

1. 行文的单向性

报告是下级机关向上级机关汇报工作、反映情况、提出建议时使用的单向上行文,一般不需要上级机关的批复和反馈;即使是上级机关根据具体情况对报告给予批转,但也并非一定要对报告做出批复。

2. 行文时间的灵活性

报告的行文时间较为灵活,可在事前、事中、事后行文。当然,大多数的报告都是在工作开展了一段时间之后,或者某种情况发生之后,才向上级机关做出汇报。

3. 表达的陈述性

报告用于向上级机关汇报工作、反映情况、答复询问,它通常采用叙述和说明的表达方式,一般不做议论或理论阐述,所以体现出陈述性的特征。

（三）报告的分类

根据报告的性质、用途分,可分为以下五类:

1. 工作报告

向上级机关汇报本单位、本部门、本地区的有关工作的进展情况、做法、取得的成绩、积累的经验、存在的问题及下一步的打算等的报告。工作报告又可以分为例行工作报告和专题工作报告。例行工作报告是定期向上级汇报,专题工作报告是就某一特定情况向上级汇报。

2. 情况报告

向上级机关汇报在正常工作运转中出现的新情况、新问题,特别是突发事件、特殊情况、意外事故、个别问题的处理情况的报告。

3. 答复报告

对上级机关所询问的事项做出答复的报告。

4. 报送报告

向上级机关报送文件资料或物件时,随文随物而写的报告。

5. 建议报告

就某项工作和某个问题向上级机关提出意见和建议的报告。

按照其他标准,报告还可以有不同的分法,如按内容可分为专题报告、综合报告、总结报告;按时间可分为年度报告、季度报告、月份报告和工作进程报告等。

二、报告的写作

(一)综合性报告的写法

1. 标题

一类由事由加文种组成,如《关于 1999 年上半年工作情况的报告》;另一类由报告单位、事由加文种组成,如《××市人民政府关于 1999 年度工作情况的报告》。

2. 正文

(1)开头。概括说明全文,开门见山,点明主旨。

(2)主体。将工作的主要情况、主要做法、取得的经验、效果等分段加以表述,要用数据和材料说话。

3. 结尾

写工作上存在的问题,提出下一步工作的具体意见。最后可写"请审阅"或"特此报告"等语句做结尾。

(二)专题报告的写法

1. 标题

由事由加文种组成,如《关于招商工作有关政策的报告》。

2. 正文

可采用"三段式"结构法。以反映情况为主的专题工作报告,主要写情况、存在的问题、今后的打算和意见;以总结经验为主的专题工作报告,主要写情况、经验;因工作失误向上级写的检查报告,主要写错误的事实、产生错误的主客观原因、造成错误的责任、处理意见及改进措施等。

3. 结尾

通常以"请审核""请审示"等语句做结尾。

(三)答复报告的写法

1. 标题

标题与前两种报告大体相同。

2. 正文

正文根据上级机关或领导的查询、提问,有针对性地做出报告,要突出专一性、时效性。

三、例文

政府工作报告

——2014年1月17日在山东省第十二届
人民代表大会第三次会议上
山东省省长　×××

各位代表：

现在，我代表省人民政府向大会报告工作，请予审议，并请省政协各位委员提出意见。

一、关于2013年工作回顾（略）

二、关于2014年政府工作总体安排（略）

三、关于全面深化经济体制改革（略）

四、关于产业结构调整升级（略）

五、关于社会事业和民生保障（略）

六、关于政府自身建设（略）

各位代表，实现凤凰涅槃、浴火重生，谱写山东人民美好生活新篇章，关键在脚踏实地、真抓实干。让我们紧密团结在以习近平同志为总书记的党中央周围，高举中国特色社会主义伟大旗帜，以邓小平理论、"三个代表"重要思想、科学发展观为指导，在中共山东省委的坚强领导下，同心协力，顽强拼搏，为加快建设经济文化强省，实现中华民族伟大复兴的中国梦而努力奋斗！

请 示

一、请示概述

（一）请示的概念

请示是一种适用于向上级机关请求指示、批准的法定公文。

（二）请示的特点

1. 行文对象的唯一性

行文对象必须是上级机关，而且是上级主管机关，请示的行文对象是单一的。

2. 明确的回复性

请示是一个必须予以及时回复的文种，不论是做出肯定性回复还是否定性回复。

（三）请示的分类

根据其内容特点，我们可以把请示分为以下三种类型：

1. 求示性请示

求示性请示就是请求上级机关给予指示、裁决和解释的请示。其内容主要涉及超出了发文机关职权范围的综合性问题、工作中遇到的无章可循的问题、意见分歧的问题、难以解决的问题等。

2. 求助性请示

求助性请示就是请求上级机关给予帮助、支持的请示。如《关于购买办公用车的请示》。

3. 求准性请示

求准性请示就是请求上级机关予以批准的请示。其内容主要涉及超出本机关、本单位处理范围的问题。

（四）报告与请示的区别

它们的区别主要在于批转的重点不同。报告与请示的区别如下：

1. 具体功用不同

报告是呈阅性公文，主要作用是向上级机关汇报工作、反映情况、提出建议，属于陈述性公文；请示是呈批性公文，主要作用是向上级机关请求指示批准。

2. 内容含量不同

报告的内容含量大、篇幅长，请示强调一文一事。

3. 行文时机不同

报告可在工作进行之前行文，也可以在工作进行当中行文，而最多的是在工作完成之后行文；请示必须事前行文。

二、请示的写作

（一）请示的写作格式

请示由标题、主送单位、正文、落款和日期构成。

1. 标题

标题要写明请示的问题。一般有两种形式：一种由事由和文种组成；另一种由发文机关、事由和文种三部分组成。

2. 主送单位

请示的主送单位只有一个。如果需要同时报送其他机关，应用抄报形式。

3. 正文

正文一般由三个部分组成：

（1）请示缘由。提出请示的原因和理由。

（2）请示事项。提出有关问题要求上级指示或批准，有的要求提出解决问题的建议和意见，供上级机关参考。提出的请示要符合有关方针、政策，切实可行，不可矛盾上交。

（3）请示要求。应明确提出要求解决问题的方法或途径，常用"是否妥当，请批示""妥否，请批示""如无不妥，请批转有关单位执行"等。

4. 落款和日期

正文后写上报送单位，如果几个机关联合请示，将主要机关写在前面，并写上发文日期。

（二）请示的写作要求

1. 要一文一事

在一份公文中，不能请示两个或几个互不相关的问题，也不能请示不是同时由一个上级机关批复的几个问题。如果这样，不利于请示事项的及时解决，会贻误工作。

2. 不要多头请示

属于受双重领导的单位，哪个机关对所请示的问题负主要责任，就主送哪个上级机关，同时抄报另一上级机关。多头请示会造成互相推诿或上级机关批复意见不一，下级单位难以执行的现象。

3. 不能越级请示

下级单位需要请示的事项应按隶属关系向直接的主管上级请示。若直接主管机关决定不了，再由其逐级向上请示。如有特殊情况且又事项重大，必须越级行文时，应抄报越过的机关。

4. 不要多头抄送

不宜将请示抄送同级或下级机关。

5. 语言要简洁

行文的语言既要具体，又要简明扼要，并要注意用语谦敬，分寸得当。

（三）请示写作的注意事项

必须一文一事；事项必须明确；避免多头主送；避免矛盾上交；避免越级请示；不得抄送下级；作为上行公文，请示必须有签发人；禁止先斩后奏。

三、例文

关于帮助解决我院幼儿入托问题的请示

市教育局：

近年来，随着我院的快速发展，招聘的教师数量也大量增加，目前我院年轻教师数量已达400余人。伴随着年轻教师的增多，幼儿园适龄幼儿也随之增多。按照××市幼儿教育划片规定，我学院幼儿教育归属于××市×××学校幼儿园。2014年我院有多名适龄幼儿需要入托，但因各种原因，部分幼儿尚无法入托，给幼儿家长带来了很大的心理负担，严重影响到他们的工作积极性。为解除这部分青年教师的后顾之忧，使他们更加安心地工作，请教育局领导帮助我院解决适龄幼儿到××市×××学校入托的问题。

以上请示，请批示。

××职业学院
2014 年 10 月 13 日

第七节　意见和批复

意　见

一、意见概述

（一）意见的概念

意见是上级领导机关对下级机关部署工作，指导下级机关工作活动的原则、步骤和方法的一种文体。

（二）意见的特点

1. 内容的多样性

它既可以对工作做出指导，提出要求，又可以对工作提出建议，或者对工作做出评估，提出批评。主要用于党政机关，但也可用于人民团体、企事业单位。

2. 行文方向的多向性

既可以用作下行文，又可以用作上行文，还可以用作平行文。

3. 内容的针对性

意见的制发往往是针对工作中急需解决的问题或必须克服的情形，因此，它提出问题要及时，分析问题要结合实际，提出见解、办法要对症下药，具有可操作性。

4. 作用的多重性

有的意见具有指导、规范作用,有的具有建议、参考作用,有的具有评估、鉴定作用。

（三）意见的分类

1. 指导性意见

用于上级机关对下级机关进行工作指导。

2. 建设性意见

是下级机关向上级机关提出工作建议、设想的上行文。

3. 规定性意见

用于对所属机关、组织和人员提出规范性的要求和措施。

4. 评估性意见

业务职能部门或专业机构就某项专门工作、业务工作经过调查、研究或者鉴定、评审后,把商定的鉴定、评估结果写成意见送交有关部门。它可以分为鉴定性意见和批评性意见两种。

5. 规划性意见

对某一时期的某一方面的工作提出的大体构想。

6. 实施性意见

为贯彻落实某一重要决定或中心工作所制定的实施方案。

7. 具体工作意见

对如何做好某项工作提出意见,所涉及的内容比较具体,有时还会有一些可操作性的办法、措施等。行政机关的一些意见可以更具体地指向某项工作。

二、意见的写作

（一）标题

意见的标题有两种形式:一种由发文机关、主要内容和文种组成,如《中共××省委××省人民政府关于〈关于中国教育改革和发展纲要〉的实施意见》;另一种由主要内容加文种组成,如《关于提高县以上党和国家机关党员领导干部民主生活会质量的意见》。

（二）主送机关

有两种情况:需要转发的意见,没有主送机关这一项,但转发该意见的通知,要把主送机关写清楚;直接发布的意见,要有主送机关,主送机关的排列方法和一般公文相同。

（三）正文

1. 发文缘由

主要写发布意见的背景、根据、目的、意义等,最后以"现提出以下意见""特制定本实施意见"等过渡性语句转入下文。

2. 意见条文

这是意见的主体,要把对重要问题的见解或处理办法一一写明。

3. 执行要求

有些意见需要对贯彻执行提出一些要求,可以列入条款,也可单独在正文最后写一段简练的文字予以说明。

（四）落款

署上发文机关名称及发文日期。

三、例文

国务院关于支持农业产业化龙头企业发展的意见

国发〔2012〕10号

各省、自治区、直辖市人民政府,国务院各部委、各直属机构:

农业产业化是我国农业经营体制机制的创新,是现代农业发展的方向。农业产业化龙头企业(以下简称龙头企业)集成利用资本、技术、人才等生产要素,带动农户发展专业化、标准化、规模化、集约化生产,是构建现代农业产业体系的重要主体,是推进农业产业化经营的关键。支持龙头企业发展,对于提高农业组织化程度、加快转变农业发展方式、促进现代农业建设和农民就业增收具有十分重要的作用。为加快发展农业产业化经营,做大做强龙头企业,现提出如下意见:

一、总体思路、基本原则和主要目标(略)

二、加强标准化生产基地建设,保障农产品有效供给和质量安全(略)

三、大力发展农产品加工,促进产业优化升级(略)

四、创新流通方式,完善农产品市场体系(略)

五、推动龙头企业集聚,增强区域经济发展实力(略)

六、加快技术创新,增强农业整体竞争力(略)

七、完善利益联结机制,带动农户增收致富(略)

八、开拓国际市场,提高农业对外开放水平(略)

九、狠抓落实,健全农业产业化工作推进机制(略)

国务院

2012 年 3 月 6 日

批 复

一、批复概述

（一）批复的概念

批复是一种下行文,是上级机关答复下级机关某一请示时使用的公文。

（二）批复的特点

1. 被动性

批复一般是上级专门就某一事、某一问题的答复,内容都比较单一,而且是先有来自下级的请示,才有上级的批复。

2. 针对性

批复的核心内容是就请示的内容、问题表明上级机关态度,是同意还是反对,有不同意见等,都要在批复中直接申明。

3. 政策性

批复对请示事项所做的任何答复,都要以党和国家的方针政策为依据,原则性很强。

4. 权威性

批复是上级的结论性意见,下级必须遵照执行。

5. 结论性

上级机关在批复中,对于批复的内容要做出明确的、总结性的结论,不能用模棱两可的语言,使得请示单位无所适从。

（三）批复的分类

根据批复的内容不同,可分为审批式批复和阐发式批复。审批式批复又包括审批事项批复和审批法规批复,这类批复通常内容简要,篇幅较短,只针对请示事项表明同意与否的态度;阐发式批复通常针对重大而有长远影响的事项,在明确表态的基础上,进一步阐发指示性意见,指导下级更好地处理好有关问题。

按照批复内容的性质,可分为肯定性批复、否定性批复、解答性批复三种类型。肯定性批复,即同意下级请示事项;否定性批复,即不同意下级请示事项;解答性批复,即针对下级请示事项,给予明确解答的批复。

二、批复的写作

批复由标题、主送单位、正文、结尾、发文机关及日期五部分组成。

（一）标题

标题一般包括批复机关、批复事项和批复文种三个部分;也可只写批复事项及文种两部分,如《关于建立 ×× 职业学院工会委员会的批复》。

（二）主送单位

即来文请示的单位。其位置在标题之下,正文之上。批复是有针对性的,所以不可缺少主送单位。

（三）正文

1. 开头

一般注明批复的依据,用以说明是针对哪个请示所做的批复,要求写得严谨、明确。一般写"经研究,批复如下:"等。注意:不可简单写成"×××× 年 ×× 月 ×× 日来文收悉",许多来文,究竟是哪份,很不清楚。

2. 内容

请示的内容决定批复的写法。下级机关只就某个具体事项请示,批复的内容亦简单明了,可直接表态,同意的就写肯定意见,不同意的要提出有根据的、有针对性的缘由。

（四）结尾

多用"此复""特此批复"等习惯用语。

（五）发文机关及日期

这是不可遗漏和忽视的部分,并且要书写完整。

三、例文

山东省人民政府

关于举办第五届中国画节的批复

鲁政字〔2015〕50 号

潍坊市人民政府:

你市《关于申请举办中国画节的请示》(潍政呈〔2014〕35 号)收悉。现批复如下:

同意于 2015 年 4 月 17 日至 21 日在潍坊市举办第五届中国画节,主办单位为潍坊市政府。自 2016 年起中国画节改由相关社会组织举办。你市要按照《省委办公厅省政府办公厅关于印发〈山东省节庆论坛展会活动管理实施办法(试行)〉的通知》(鲁办发〔2014〕19 号)相关规定,严格控制规模和经费支出,厉行勤俭节约,反对铺张浪费,做到简朴、务实、高效。活动结束 1 个月内,将第五届中国画节活动内容、规模、费用总额和支出等情况,以及是否存在违规违纪问题的自查情况报全省清理和规范庆典研讨会论坛活动工作领导小组。

山东省人民政府
2015 年 3 月 16 日

第八节　议案和函

议　案

一、议案概述

（一）议案的概念

议案是由具有法定提案权的国家机关、会议常设或临时设立的机构和组织,以及一定数量的个人,向权力机构提出进行审议并做出决定的议事原案。

（二）议案的特点

1. 制发机关的法定性

议案的制发机关只能是各级人民政府,政府的职能部门无权制发。

2. 内容的特定性

人民政府所提议案的内容,必须属于该人民代表大会或常务委员会职权范围内的有关事项。

3. 时效的规定性

各级人民政府的议案,应当而且必须在同级人民代表大会或其常务委员会举行会议规定的限期前提出。提交大会审议的议案,必须限期审议表决或提出处理意见。

4. 行文的定向性

议案只能由各级人民政府向同级人民代表大会或其常务委员会行文,不能向其他部门单位行文,主送机关也只有一个。

5. 事项的必要性和可行性

适合提交人大议案审议的事项,必须是重要事项,也必须是切实可行的,才有可能获得通过。

（三）议案的分类

1. 立法案

国家行政机关提请国家权力机关审议法律、法规而提出的议案。

2. 人事任免案

国家行政机关提请国家权力机关审议任免国家机关工作人员的议案。

3. 机构变动案

国家行政机关就国家行政机构组织的设立或变动情况提请国家权力机关进行审议的议

案。

　　4.重大事项案

　　国家行政机关就本行政区域内的某个重大事项提请国家权力机关进行审议并做出决定或解释的议案。

二、议案的写作

　　议案一般由标题、主送机关、正文、落款四部分组成,落款亦分上、下款。

　　（一）标题

　　议案的标题有两种写法:一种由发文机关、案由和文种组成,如《国务院关于提请审议〈中华人民共和国劳动法(草案)的议案〉的议案》;另一种是省略发文机关,由案由和文种组成,如《关于提请审议修改后的国务院机构改革方案的议案》。

　　（二）主送机关

　　只能是同级人民代表大会及其常务委员会,不能有其他并列机关。要采用全称或规范化简称,不得随意简化。

　　（三）正文

　　内容由提请审议的内容、说明和要求组成。从形式上看,除多以要求结尾外,可以以提出审议事项开头,然后加以说明;也可以在开头说明议案的缘由、目的、意义、形成过程,然后再提出审议事项,再结尾。

　　1.案据

　　案据是议案的第一部分,提供提出议案的根据。

　　2.方案

　　方案是对提请审议的事项或问题提出解决的途径、方法的部分。

　　3.结语

　　结语是议案的结尾部分,主要用于提出审议请求。一般都采用模式化写法,言简意赅。如"这个草案已经市政府同意,现提请审议"。

　　（四）落款

　　一般法定公文,最后签署的都是发文机关的名称,而议案有所不同,要由政府首长签署。国务院提交给全国人大的议案,要由总理签署;各省、市、自治区提交给同级人民代表大会的议案,要由省长、市长或自治区主席签署。另外,如标题中已写明发文机关,则落款中的发文机关可写可不写。

三、例文

例文一

成都市人民政府关于提请审议

《成都市建筑施工现场监督管理规定(草案)》的议案

市人大常委会:

　　《成都市建筑施工现场监督管理规定(草案)》已经市人民政府同意,现送上,请予审议。

2012 年 6 月 22 日

例文二 --

沈阳市人民政府关于组织动员全市人民

综合治理开发建设浑河沈阳城市段的议案

沈阳市第一届人大第三次常委会：

浑河是辽宁省第二大河,流经沈阳规划城市段50公里。长期以来由于种种原因,造成浑河沈阳城市段河槽乱采乱挖,河障杂乱繁多,不仅直接影响城市防汛安全,而且严重污染城市环境。

为了认真贯彻国家关于浑河综合治理的重大决策,提高城市防洪能力,缓解地表和地下水缺乏的矛盾,促进生态平衡,改善城市功能,适应改革开放和市场经济发展的需要,建设高科技、大生产、大流通、现代化、国际化的沈阳,根据外地经验和近几年的充分准备,组织动员全市人民对浑河进行综合治理和开发建设的条件已经成熟。

为此,市政府向市十一届人大第三次常委会提出此议案,请大会审议并做出相应的决议：

一、综合治理的范围(略)

二、综合治理的目标(略)

三、综合治理的主要措施(略)

沈阳市市长　××

2012 年 5 月 27 日

函

一、函的概述

(一)函的概念

函是不相隶属机关之间相互洽谈工作、询问和答复问题,或者向有关主管部门请求批准事项时所使用的公文。

(二)函的特点

1. 沟通性

函用于不相隶属机关之间相互洽谈工作、询问和答复问题,起着沟通作用,充分显示了平行文种的功能,这是其他公文所不具备的特点。

2. 灵活性

函是公文中唯一的一种平行文种,但是它除了平行行文外,还可以向上行文或向下行文,格式灵活方便。

3. 单一性

函的主体内容应该具备单一性的特点,一份函只宜写一件事项。

(三)函的分类

1. 按性质分

可以分为公函和便函两种。

2. 按发文方向分

可以分为发函和复函两种。

3. 从内容和用途上分

（1）商洽函。用于请求协助、商洽解决某一问题的函。

（2）申请函。向有关主管部门请求批准事项的函。如果向上级机关请求批准则用请示。

（3）询问函。上级机关向下级机关询问工作情况或某一具体事情，或向有关单位询问有关方针政策和工作中遇到界限不明确的问题时所用到的函。

（4）答复函。上级答复下级询问或主管部门批复申请事宜时使用的函。

（5）告知函。平级或不相隶属单位之间相互通知事情时使用的函。

（四）写函的注意事项

1. 一函一事

函是正式公文文种，使用范围广泛，运用起来方便、灵活、快捷，为更好地发挥这种功能，要求一函一事。

2. 语气要平等

作为唯一的平行文种，要体现平等坦诚精神，用语谦和有礼。

3. 语言要庄重简洁

作为正式的行政机关公文文种，要注意语言的庄重及简洁。

二、函的写作

函一般由标题、主送机关、正文、落款四部分组成。

（一）标题

函的标题一般有两种形式：一种是由发文机关名称、事由和文种构成；另一种是由事由和文种构成。

（二）主送机关

即受文并办理来函事项的机关单位，于文首顶格写明全称或者规范化简称，其后用冒号。

（三）正文

正文一般由开头、主体、结尾、结语四部分组成。

1. 开头

主要说明发函的缘由。一般要求概括交代发函的目的、根据、原因等内容，然后用"现将有关问题说明如下："或"现将有关事项函复如下："等过渡语转入下文。

2. 主体

主要说明致函事项。

3. 结尾

一般用礼貌性语言向对方提出希望。或请对方协助解决某一问题，或请对方及时复函，或请对方提出意见，或请主管部门批准等。

4. 结语

通常应根据函询、函告、函或函复的事项，选择运用不同的结束语。如"特此函询""请即复函""特此函告""特此函复"等。

（四）落款

一般包括署名和成文时间两项内容。

此部分需要签署机关单位名称,写明成文日期,并加盖公章。

三、例文

关于赴××学院参观学习的函

××学院:

欣闻贵校在学生教育管理方面特色显著,成绩斐然,在省内高校具有较高知名度。为学习贵校在学生教育管理方面的先进经验,促进两校交流合作,近期我院安排部分人员赴贵院参观学习。现将有关事宜函告如下:

一、参观学习组成员

学生工作处处长、后勤处处长、××学院副书记、李××、马××、夏××、刘××等7人。

二、参观学习时间

2014年10月16日上午10点半(星期四)。

三、参观学习内容

1. 学生教育管理先进做法及特色。

2. 加强学风建设、调动学生学习积极性的有效举措。

3. 参观学习学生公寓管理情况。

敬请贵校给予支持、接洽为盼。

××职业学院
2014年10月8日

第九节　会议纪要

一、会议纪要概述

(一)会议纪要的概念

会议纪要是根据会议记录和会议文件以及其他有关材料加工整理而成的,是反映会议基本情况和精神的纪实性公文,是会议议定的事项和重要精神,并要求有关单位执行的一种文体。

(二)会议纪要的特点

1. 内容的纪实性

要如实地反映会议内容,不能离开会议实际搞再创作,不能搞人为的拔高、深化和填平补齐。

2. 表达的要点性

撰写会议纪要应围绕会议主旨及主要成果来整理、提炼和概括。重点应放在介绍会议成果上。

3. 称谓的特殊性

会议纪要一般采用第三人称的语气来书写。常以"会议"作为表述主体,如"会议认为"

"会议指出""会议决定""会议要求""会议号召"等。

（三）会议纪要的分类

根据性质的不同,会议纪要可以分为以下三种:

1. 决议性纪要

与会人员经过商议,对某些事项或问题做出一致决定,需要共同遵守执行时用纪要形式写下的文字依据。在例行性会议中,经常使用这种纪要。决议性纪要具有较强的权威性。

2. 周知性纪要

通过如实传达会议情况,以达到传递信息、交流经验的目的的一种纪实性纪要。这种纪要多用于讨论会或座谈会,实际上只起到信息传播的作用,但是比新闻报道郑重。

3. 研讨性纪要

是一种侧重于汇集情况、交流经验的纪要,带有研究、探索的性质,多用于联席会、座谈会以及学术性、研讨性会议。与决议性纪要的不同之处在于它不要求贯彻执行,也不具备行政约束力。

二、会议纪要的写作

（一）会议纪要的写作格式

会议纪要通常由标题和正文构成。

1. 标题

标题有两种形式:一是由会议名称和文种构成,如《全国农村工作会议纪要》;二是由召开会议的机关、内容和文种构成,如《省经贸委关于企业扭亏会议纪要》。

2. 正文

一般由两部分组成:一是会议概况。主要包括会议时间、地点、名称、主持人、与会人员、基本议程。二是会议的精神和议定事项。常务会、办公会、日常工作例会的纪要一般包括会议内容、议定事项,有的还可概述议定事项的意义;工作会议、专业会议和座谈会的纪要往往还要写出经验、做法、今后工作的意见、措施和要求。

（二）会议纪要的常见写法

根据会议性质、规模、议题等不同,大致可以分为以下三个类型的写法:

1. 集中概述法

把会议的基本情况、讨论研究的主要问题、与会人员的认识、议定的有关事项,用概括叙述的方法,进行整体的阐述和说明。

2. 分项叙述法

把会议的主要内容分成几个大的问题,然后另加上标号或小标题,分项来写。

3. 发言提要法

把具有典型性、代表性的发言加以整理,提炼出内容要点和精神实质,然后按照发言顺序或不同内容,分别加以阐述说明。

三、例文

××学院 2014 年第九次院长办公会议纪要

11 月 22 日上午,××院长主持召开了院长办公会议,研究部署了当前工作。学院领导

××、××、××、×× 参加会议，×× 出差请假，××、×× 列席会议。现纪要如下：

一、关于《×× 学院学生违纪处分条例》修订的问题

会议听取了学团工作处 ×× 同志关于进一步深化从严治校、加强学生管理意见的汇报，就《×× 学院学生违纪处分条例》修订的问题进行了讨论、研究。×× 院长强调，学生违纪处分规定原则上既要与教育部《普通高等学校学生管理规定》及其他有关法律、法规相吻合，又要结合学院的实际情况。一些处分规定可以从严处理，但一定要慎重。会议审议并通过了《关于进一步深化从严治校、加强学生管理的实施意见》。

二、关于实验实训室建设实施意见的问题

会议听取了教务科研处 ×× 同志关于实验实训室建设实施意见的汇报。会议就实验实训中心的设置、实验实训室建设项目以及组织管理、招标、财务、消防等方面的建设意见和建议进行了讨论、研究。会议决定：1. 同意设置实验实训中心管理机构；2. 原则上同意教务科研处提出的实验实训室的建设项目方案；3. 各二级学院要抓紧修改方案，报院务委员会审议；4. 采购招标要参考专业教师的意见，使实验实训室建设达到实用性、先进性和综合性的标准。

会议强调，分管领导、各部门要做好各项工作的工作梳理、总结，确保全年工作任务的圆满完成。

思考与练习 ●●●

1. 法定公文中有哪几种类型可以用作平行文？

2. 某学校在今年组织的统一考试中，有多名学生作弊，严重违反了考风考纪，造成了十分恶劣的影响，请代某学校写一份通报。

3. 某班级由于组织得力等原因，在学院春季运动会中取得了较好的名次，学院准备推广该班级的成功做法。请以该班级的名义，向学院写一份有关春季运动会组织工作的报告。

4. 一班缺少一张桌子，而二班正好多出一张桌子。假如你是一班班长，请用函的形式向二班做出书面申请。

事务文书写作

一、教学目标

通过事务文书写作的学习,使学生了解事务文书写作的基本概念、特点、种类、适用范围以及写作要求,培养学生掌握事务文书的基本写作方法。

二、学习要求

1. 重点掌握各种事务文书的写作格式与写作思路,特别是会议记录、简报、调查报告、计划、总结、工作方案、工作要点、述职报告等。

2. 一般了解各种事务文书文体的概念、特点、适用范围,以及会议提案、工作研究、规章制度等几种文体的使用。

第一节　事务文书概述

一、事务文书的概念

事务文书是指国家机关、企事业单位、社会团体在日常工作中使用的一种应用文体,主要用来处理沟通信息、部署工作、研究问题等日常事务。

事务文书较之一般的法定公文,使用频率更高,覆盖范围更广。会议相关的记录、计划、总结、调查报告、简报、大事记等,都属于事务文书。

二、事务文书的特点

事务文书与一般的法定公文相比,具有自身鲜明的特点:

(一)广泛的制发者

除了各级各类机关可以制发事务文书之外,各级各类机关下属的部门或单位、各级各类机关的领导者也可以各自的名义制发事务文书,企事业单位、社会团体及其所属部门、领导者,普通群众个人都可以适当的名义制发事务文书。

(二)制发灵活简便

与法定公文的严格制发程序不同,事务文书在制发过程中只需按照上下隶属关系签署行文即可,没有严格的制发规定。

（三）行文关系自由

事务文书的制发者非常广泛,所以也决定了它的行文关系非常灵活,上行、平行、下行、越级行文都属于正常行文关系,个别事务文书比如会议记录、大事记等甚至因为不具有周知性,仅作为档案资料留存,可以不外发。

（四）格式灵便

大部分事务文书对格式没有严格的要求,在制作过程中只要具备基本的要件,符合一般的事务文书的写作思路和框架就可以。

三、事务文书的作用

事务文书在我们的工作和生活中有很大的作用:

（一）贯彻落实政策,指导督促工作

有些事务文书比如计划、总结等本身就是体现党政机关、企事业单位、社会团体等的政策、措施,是指导督促人们做好本职工作的重要形式。

（二）有效沟通情况,密切联系工作

部门或单位相互间、部门或单位的内部在工作上沟通有关情况,联系协商有关事宜,往往借助一些常规手段,比如用事务文书中的简报来实现。

（三）大量积累资料,提供查阅服务

有些事务文书比如调查报告具有凭证资料的作用,可以供人们事后进行查阅确认。

（四）加强宣传教育,激发大众热情

有些事务文书比如计划可以通过分析当前的形势,申明部门、单位等的政策。如典型材料既可以宣传模范,推广先进经验,也可以针砭丑恶,教育大众引以为戒。

（五）规范工作行为,提升工作水平

有些事务文书比如计划、总结、会议提案等通过认真思考提出的目标任务、问题不足、解决措施等,能有效地规范我们的行为,提升工作的水平。

四、事务文书的写作要求

在制作事务文书的过程中,要注意以下几个问题:

（一）拟制标题

事务文书的标题要求简练、准确,能够较好地呈现正文所叙述的内容。同时,事务文书的标题还要做到美观、得体。或者讲求标题字数的对称整齐,或者讲求通过标题的语气语势增强表现力。

（二）把握结构

事务文书制作过程中,对文章结构的要求有以下三点:

第一是要注重内容的条理性。主要表达的内容、次要表达的内容,先写哪些内容、后写哪些内容、最后写哪些内容,都要考虑清楚,把握主次,合理布局。

第二是要注重材料的梳理、选择、提炼。在具体制作的过程中要做到详略得当,收放自如。

第三是要注重运用结构技巧。常见的有点面结合、正反结合等。

（三）突出重点

要做到突出重点,最主要的就是提炼主题句,也就是能概括文章或段落的主要观点的语句。同时主题句也是梳理公文结构的一种有效方法。主题句提炼出来以后,我们可以对其按照一定的次序进行排列,以确定公文的最佳结构。

(四)注意过渡

撰写事务类公文的过程中要注意段落、层次之间的过渡和照应,确保文章的行文顺畅。过渡是概括前面的,提示接下来要讲的,这些过渡语或过渡段就像向导,可以起到总结强调、理清思路、巩固文体结构的作用。过渡有过渡词、过渡短语、过渡句、过渡段,用于表明相关词语、短语或句子之间的关系。

(五)词句准确

具体形象、准确简洁的词汇可以使语句清晰。注意总结提炼,用有新意的句式来整合词句或以旧词新用去替代陈旧词句,使语句的表述更加准确、清晰、形象、具体。

五、事务文书的注意事项

(一)选题

选题要选有实际价值和实际意义的内容,抓住当前的新情况、新事物、新趋势,解决当前的问题或为当前提供科学的措施或建议。

(二)材料

选择的材料要客观、典型、具体,写出的事务类公文才能真正起到应有的作用。切记虚构材料,浮夸事实,导致事务类公文失实,不能发挥作用。

(三)格式

大部分事务类公文对格式的规范性要求不高,但是基本的格式规范还是需要注意的。

(四)语言

事务类公文的语言要平实、简洁、准确,不能含糊。

第二节　会议提案

一、会议提案概述

(一)会议提案的概念

会议提案一般由拥有法定提案权的党政机关、会议常设机构或临时机构、选举出的个人代表向有关会议提出提案,进行审议并做出决定的议事文件。

(二)会议提案的分类

从提案的性质来分,可分为立法性提案、重大事项的决策性提案、任免性提案、建议性提案;从提案的形成时间区分,可分为平日提案和会上提案。

(三)会议提案的特点

1. 制发机关的规定性

拥有法定提案权的党政机关、会议常设机构或临时机构、选举出的个人代表等有权制发。

2. 内容的针对性

提案内容必须属于会议议题范围内的有关事项。

3. 时效的特定性

提案必须在会议规定的限期前提出,如果超过规定的期限提交提案,则按照建议对待,或者转到下次会议举行时处理。

4. 行文的固定性

提案只能向会议或其常设机构、临时机构提交,主送机关只有一个。

5. 事项的价值性

提案中所陈述的内容,要具有极强的必要性和可行性,有利于经济社会发展和人民群众的利益。

二、会议提案的写作

会议提案一般由以下四部分内容构成:

(一)标题

提案的标题一般采用常规标题,有两种写法:一种由发文机关、案由和文种构成,如《××市人民政府关于提请审议〈××市房地产企业条例〉的提案》;另一种是省略发文机关,保留案由与文种,如《关于提请审议修改后的乡镇机构改革方案的提案》。提案标题一般不能采用发文机关加文种或者只有文种的写法。

(二)提案的主送机关

提案的主送机关只能是相关机关,不能有其他并列机关。要采用全称或规范化简称,不得随意简化。

(三)提案的正文

1. 案据

叙述提出提案的根据。由于内容不同,这部分的篇幅长短在不同提案中会有很大差异。

2. 方案

对提请审议的事项或问题提出解决的途径、方法的部分。

3. 结语

结语是提案的结尾部分,主要用于提出审议请求。一般采用"现提请审议"此类的格式化语言。

(四)签署和日期

日期格式与一般法定公文相同。

三、例文

会议提案

案由:让老百姓吃上放心食品

提案人:××

提案内容:随着我市经济腾飞,芦淞商圈市场群等一批商业领域迅速扩大,株洲由工业制造型逐步拓展为商业发展型,饭店、超市、夜宵摊越来越多。可是环境卫生情况不容乐观,"无名粉店"事件的曝光让人们对于食品卫生的安全更加担忧。

为了保证株洲市市民的健康与食品安全,个人提出如下建议:

一、进一步强化食品安全分段监管工作中的协调与配合(略)

二、政府应当继续加大对食品安全监管的投入(略)

××

××××年××月××日

第三节　会议记录和简报

会议记录

一、会议记录概述

（一）会议记录的概念

召开会议的过程中，一般都有专门人员负责将会议的组织情况和进行情况等具体内容记录下来。这种记录就被称为会议记录。

会议记录有详有略，其差别在于会议内容的记录方式。详细的会议记录除了将会议组织情况比如时间、地点、主持人、出席人、记录人、议题等内容记录下来之外，还要对会议进行过程中每一项会议议程的具体情况记录下来，包括每一位发言人的发言内容。简略的会议记录则是除了会议组织情况的记录之外，对会议的进行情况特别是每一位发言人的发言内容，只记录发言的主要观点、大概情况，不要求逐字逐句记录。

（二）会议记录的特点

会议记录是对会议内容的如实记录，它具有以下特点：

1. 整体性

会议记录是把与会议有关的各种文件资料、与会人员的发言以及编写的会议简报等内容进行搜集、整理、分析、综合、归纳、总结之后形成的，体现的是会议的整体面貌，具有整体性。

2. 指导性

会议记录虽然不具有周知性，不外发，但是对与会的单位和人员同样具有较强的约束力，它指导着与会单位和人员按照会议记录中所记录的内容开展工作。另外，会议记录也可以作为与会人员向上汇报、向下传达的文字根据。

3. 备查性

会议记录是对会议整体情况的记录，一般作为会议召开单位的资料留存。必要时可以作为查证之用。

（三）会议记录的分类

会议记录按照会议性质可以分为办公会议记录、专题会议记录、联席（协调）会议记录、座谈会议记录等。

（四）会议记录与会议纪要的区别

1. 两者的性质不同

会议记录是对会议讨论发言的实际记录，一般来说记得越详细越好；而会议纪要只记会议内容的要点，择其要点进行记录，比会议记录要简略。另外，会议记录属于事务文书；而会议纪要属于法定公文。

2. 两者的作用不同

会议记录不具有周知性，不公开外发，一般情况下不必向上或向下传阅，单纯作为凭证资料存档；会议纪要则必须在一定的范围内公开进行传达、传阅，而且要求与会单位和人员严格按照会议纪要的内容贯彻执行。

二、会议记录的写作

会议记录的格式包括两部分：第一部分是会议的组织情况，要求写明会议的名称、时间、地点、出席人数、缺席人数、列席人数、主持人、记录人、议题等;第二部分是会议的内容,要写明会议的发言内容、决定、尚未解决的问题等,是会议记录的核心部分。

记录会议的发言内容,一般按照发言顺序记录。对于发言的内容,一是按照如实记录的原则具体详细地记录,这种记录是客观的,记录者不能对记录内容做个人主观的修改,强调记录的真实性。这种记录方式主要针对比较重要的会议和重要的发言所采用。二是概括地记录摘要,就是只记录会议内容的要点和中心内容。这种记录方式多用于一般性的非重要会议。

会议记录正文之后,要另起一行空两格写"散会"两字,表示会议记录至此结束。

需要注意的是,会议记录的落款要按照会议主持人、记录人、成文时间的顺序从上往下排列。

三、例文

×××有限公司办公室会议记录

会议时间:2015年4月3日(星期二)上午9:00

会议地点:公司二楼会议室

会议主持人:副总经理赵××

会议记录人:王××

出席人:公司各部门人员

缺席:3人

会议内容:

公司召开了业务会议,为了公司的良好发展,提出了以下内容。

钱××经理提出(略)

孙××经理提出(略)

李××提出(略)

最后,赵副总经理总结了今天的会议内容,提出每一个员工都需要用心投入,付出与收获是成正比的,公司的发展离不开每一位员工的努力。

散会。

主持人(签名)
记录人(签名)
2015年4月3日

简 报

一、简报概述

(一)简报的概念

简报是党政机关、企事业单位、社会团体之间用来上情下达、下情上报、互通情况、交流信息的一种常用文体。

(二)简报的特点

简报除了具有一般报纸新闻性的特点之外,还具有自身的一些特点:

1. 内容专业性较强

简报一般由党政机关、单位、团体、部门主办,内容基本都是与本单位、本部门工作相关的或者是在自身职权范围内的情况,带有较强的专业性。

2.篇幅简短

简报的简,即要求这种文体的语言必须精练简明,内容短小扼要,不宜太长。

3.传播范围仅限于内部

因为简报的内容具有鲜明的专业特色,而且一般不为外部所了解、熟悉,所以简报的交流范围窄小,仅限于主办单位、部门之间内部交流使用,不公开发行。

（三）简报的分类

简报从工作性质、内容等角度,可以分为以下几种:

1.日常工作简报

也称业务简报,主要反映本单位、本部门、本系统等内部日常工作情况或发现问题的常态性简报。

2.中心工作简报

也称专题简报,是本单位、本部门、本系统等就某一阶段、某一时期的某项中心工作或中心任务而编写的专门性简报。

3.会议简报

一些大型会议的会期较长,会议组织者根据某一个时间段内的会议进行情况,临时编写反映会议内容的简报。

4.动态简报

一般主要是就某一时期、某一阶段内遇到的新情况、新问题、新发现、新思考而编写的相关简报,反映工作情况、思想情况。这类简报对时效性要求比较高,突出内容的"新"。

二、简报的写作

简报主要包括报头、报体和报尾三个部分。有的简报还会在正文之前加编者按。

（一）报头

简报报头一般包括简报名称、期号、编发单位、编发日期,部分简报还会加上保密等级和编号。

1.简报名称

位于简报第一页上方的正中央位置。

2.期号

位于简报名称的正下方,按年度依次排列期号,有的还可以标出累计的总期号。

3.编发单位

简报的编发单位位于期号的左下方,注意单位名称要写全称。

4.编发日期

标明具体的日期,位于期号的右下方。

5.密级

密级即简报的保密要求,一般用"机密""绝密"等字样来标明。密级要印在报头的左上方顶格处。

6.编号

一般是保密性的简报才用编号,编号位于报头右上方。对保密没有要求的一般性简报不用编号。

（二）报体

报头以下就是报体部分。其区分标志是用一条粗线把报头部分与其他部分隔开。

简报的标题和正文就是一般的文体形式。

（三）报尾

标题和正文之后是报尾，区分标志就是再用一条粗线将标题和正文与报尾隔开。报尾主要包括简报的传播范围和印数。传播范围主要是指简报的报、发、送的单位。报是指简报呈报到上级机关、单位或部门；发是指简报下发给简报编发单位所属的下级单位；送是指简报送给与简报编发单位平级的机关、单位或部门，以及不相隶属的机关、单位或部门。如果简报需要临时增加印发单位，一般还要在基本的报、发、送单位之外，注明"本期简报增发×××"。报尾还要标明简报的印刷份数，以方便管理、查对。

报尾的传播范围位于报尾的左端，印数位于报尾的右端。有的简报还将印数印在报尾的下端。

三、例文

共青团××大学委员会团学工作简报

二〇一五年下学期第三期

（总第 112 期）

共青团××大学委员会编　　　　　　　　　　　　　　　　2015 年 4 月 5 日

目　录

团学快讯

2015 年秋季学期校团委学生干部干事述职报告会

首届校园模拟招聘大赛圆满结束

××大学首届校园导游大赛落幕

园区简讯

2015—2016 学年上学期学生自律委员会干部补选报道

"欢庆中秋·文明校风"系列活动

学院巡礼

商学院学生会艺术团为第四届中国旅游论坛添彩

发送单位：×××××　　　　　　　　　　　　　　　　　　　　共印：×× 份

第四节　调查报告

一、调查报告概述

（一）调查报告的概念

调查报告是针对遇到的某项工作、某个现象、某个事件、某个问题,采取一定的方式方法开展深入细致的调查,最后把调查收集到的数据材料进行系统地整理,并加以分析研究,形成书面报告的一种文体。

（二）调查报告的特点

1. 真实性

调查报告的调查对象是现实中发现的具体问题、具体现象、具体事件,本身就必须是真实的。而且在调查过程中,调查所得的数据和资料必须是真实有效的。形成调查研究报告时,必须使用陈述性的语言,实事求是地阐述分析和建议,客观反映调查研究的结果。

2. 明确性

调查报告的调查对象,往往是在调查活动之前就已经选定的,是针对特定的问题、现象、事件等开展的,所以调查报告的意向非常明确,针对性很强。

3. 逻辑性

调查报告要对获得的数据和资料进行科学的逻辑分析,分析产生的原因,预测发展趋势,揭示发展规律,从而总结出科学的结论,在此基础上提出合理的建议和措施。

4. 实效性

调查报告的建议、措施和结论必须对当前的经济、社会、政治生活有实际的意义和促进作用,而且调查报告的形成不能比现实情况滞后太久,否则调查报告就失去了自身的意义。

（三）调查报告的分类

一般来说,调查报告可以分为以下四种类型:

1. 典型经验调查报告

对在工作中做出显著成绩的单位、部门或个人,开展专门的调查研究,以期能够将他们的先进经验、有效做法反映出来,推广给更广泛的单位、部门或个人。

2. 揭示问题调查报告

对在工作、生活中集中暴露出的某一个问题开展调查研究,重点是研究分析问题产生的原因、根源,提出解决问题的思路、办法或措施。

3. 新事物(新现象)调查报告

对新生的事物、现象进行调查研究,探究它产生的背景,分析它的特点、性质和意义,预测它的发展趋势和前景。

4. 社会情况调查报告

对社会中的风俗、风气、群众诉求、衣食住行等方方面面的情况进行调查研究,为党政机关、单位、团体做决策提供科学依据。

二、调查报告的写作

调查报告一般由标题、前言、主体、结尾四部分组成。

（一）标题

调查报告的标题有两种：单标题、双标题。

1. 单标题

单标题又可以分为以下两种：

（1）公式化标题。

标题由被调查对象、调查内容和文种名称组成，如《一个贫困县的吃饭财政调查》，其中"一个贫困县"是被调查的对象，"吃饭财政"是调查的内容，"调查"则表明文种是调查报告。

（2）文章式标题。

这种标题的构成方式比较灵活。比如提出一个问题作为标题，如《当代大学生究竟需要什么娱乐？》；也可以在标题中直接表明作者自己的观点和立场，如《农村留守者，生活多辛苦》；还可以直接在标题中陈述一个事实、一个现象，如《打工者子女求学》；甚至可以用形象生动的语言勾勒一个景象来表明文章的内容，如《"航运巨舰"扬帆蓝色世界》。

2. 双标题

调查报告的另一种标题构成方式就是双标题。一般来讲，调查报告的双标题都由正副两个标题构成，其中的正标题采用文章式标题构成，而副标题则采用公式化标题构成，如《女大学生缘何频频遇害？——对××市女大学生安全教育现状的调查》。

（二）前言

调查报告的前言一般根据主体组织材料的结构顺序进行安排，常见的有以下三种类型：

1. 概要式

概要式就是把被调查对象的最主要的情况概括地写在开头，帮助读者一开始就对调查报告的整体内容有一个基本了解。

2. 介绍式

介绍式就是在开头部分简单地交代开展调查活动的背景、目的、时间、调查方法、调查的范围等，帮助读者了解调查的过程和基本情况。

3. 提问式

提出一个问题，引起读者的思考，促使读者关注调查所涉及的内容，让读者跟随调查者的思路深入到调查报告中。

（三）主体

调查报告的主体部分主要有三种结构形式：

1. 用观点组织材料

一篇调查报告有一个中心观点，这个中心观点可以分别从数个不同的方面进行阐释。这数个不同方面的阐释就是组织调查报告材料的线索，按照层次把材料组织起来。

2. 按照材料的性质确定层次

如果调查报告所涉及的内容比较单一，调查获得的材料又比较零散，相互间的逻辑关系不是很密切，一般可以按照材料的性质确定报告的层次。首先对材料的性质进行分析、归纳，总结出不同的类型，将属于同一类型的材料集中起来表达相应的观点，陈述相应的内容，从而形成一个层次。为了使每一个层次更清楚醒目，我们可以在每一个层次前面用小标题或序号的形式进行标注。

3. 按照开展调查活动的时间阶段确定层次

对于调查活动所涉及的内容比较单一但是调查过程比较突出的调查报告，我们可以按照开展调查活动的不同阶段的时间顺序确定报告的层次。这种按照时间顺序撰写的调查报告，层次明确，条理清晰，过程清楚，非常方便读者的阅读和思考。

（四）结尾

调查报告通常在结尾部分再次阐明观点，概括、升华报告的正文内容。

三、例文

2014年大学生网购调查报告[①]

我一直都对网购很感兴趣，很好奇，在今年春天我开始了我的"网购生涯"。从那以后，身边的同学也纷纷开始了网购。后来网购成了我生活中的一部分，什么东西都喜欢从网上买。像我这样喜欢网购的大学生有多少呢？因此，我选择了这个主题。

一、调查目的

大学生是新新人类，对新鲜事物比较好奇，为了揭开网购的真实面目，让更多的人了解网购，对在校大学生进行此次调查。

二、调查对象及方法

1. 调查对象：××学院（由于调查的困难性，选取了本学院进行调查）

2. 资料收集方法：采用问卷调查方法调查。向所取得的样本中的个体发放《大学生网上购物问卷调查》，了解学生关于上网购物基本情形和情况。

3. 调查方法：对××学院的全部学生（限三年级以下）进行分层，分成大一、大二、大三，在总体中抽取容量为60的样本，在每层中进行系统抽样，根据每层样本量占总体的比重，在三层中分别抽取容量为22、22、16的样本。随机选定某一学号后，间隔10进行抽样，得到样本。

三、调查的内容

（调查问卷附在最后一页）

四、调查结果分析

1. 通过对样本中网购人数的调查，得到以下数据：

大一学生样本中有9人进行网购，在该层中的比例为56.25%；大二的有15人，占该层的68.18%；大三的有11人，占该层的50%。

以95%的把握推断××学院中网购人数比例范围为45.36%～70.44%。

2. 在没有在网上购物的同学中，有近50%的同学认为网购不安全，而在有过网购行为的同学中有97%的同学觉得网购值得信任。另外，在前者中有92%的人会尝试网上购物。

3. 在网购人群中，因为节约费用而选择网购的占网购人数的62%，还有一部分同学是出于好奇和寻找新奇商品而选择网购。在众多的购物网站中，消费者该如何选择呢？有48.57%的网购者会把网站商品是否齐全作为他们选择购物网站的主要标准。其中，淘宝网名列前茅，有87.3%的同学选择在淘宝购物。

4. 大家都在网上买些什么呢？经调查，数码产品位居榜首，占到总消费的37.7%；其次是服装，占27.87%；在网上买书也是个不错的选择，占19.67%。相比之下，由于食品的特殊性（保鲜等问题），几乎无人在网上购买食品。

---

① 选自 http://www.cnrencai.com/diaochabaogao/44477.html.

五、调查结果总结

上述的调查报告说明大学生在网上购物还不是很普及,但潜在很大的发展空间。阻碍他们开始网购的主要是安全因素,只要他们认为网购值得信任了,网购的方便、省时、商品齐全等优点一定会吸引绝大多数人开始网购。目前,人们在网上消费的商品种类具有一定的局限性,网购要想得到更快更好的发展,就要优化购物体系,打破这种局限。

第五节　工作研究和规章制度

工作研究

一、工作研究概述

(一)工作研究的概念

工作研究是针对在实际工作中发现的新情况、新问题、新现象进行背景、原因探究,分析新情况、新问题、新现象出现的意义,提出个人独特见解的一种文体。

工作研究与新事物调查报告类似,都是对新情况、新问题、新现象进行研究的应用文体。但是两者的区别在于:工作研究仅限于研究者工作职权范围内遇到的新情况、新问题、新现象;新事物调查报告涉及的领域更广泛,不仅在工作领域,在生活领域、社会领域等其他领域都可以针对所关注的、感兴趣的、与自身相关的内容展开调查研究活动,最终形成调查报告。

(二)工作研究的特点

1. 研究内容的限定性

工作研究所讨论、研究的问题、现象、情况都是在实际工作过程中遇到的具体事务。

2. 观点见解的客观性

研究者在工作研究中通过分析、归纳所提出的对研究内容的观点、见解、主张都是对实际工作或现实情况的真实而客观的反映,而不是主观地、随意地表达个人的看法。

3. 逻辑性

工作研究的撰写对逻辑性要求非常高。一份逻辑性较差的工作研究,应用价值也大大降低。

(三)工作研究的分类

工作研究一般分为原因分析工作研究、性质判定工作研究、影响评估工作研究与对策论证的工作研究。

二、工作研究的写作

工作研究报告主要包括标题、署名、正文三个部分,其中正文部分又分为前言、主体和结语。

(一)标题

工作研究的标题构成形式多样化,可以用研究的问题作为标题,或用主要观点作为标题,或用提出问题的方式作为标题,还可用陈述核心内容的方式作为标题。无论是哪一种标题的构成方式,标题都要直截了当、简洁明确、引人注意。

(二)署名

工作研究的署名一般标注于标题的正下方或右下方,写明工作研究作者所属的单位及姓名。

（三）正文

工作研究的正文一般是按照提出问题、分析问题、解决问题的思路撰写。主要包括前言、主体和结语三个部分。

1. 前言

工作研究的前言一般是叙述开展研究的背景、形势以及对背景形势的分析,概括提出所要研究的课题,简要介绍该课题研究的现状情况,阐述开展该课题研究的必要性、意义和价值、可行性,概括提出课题研究的核心观点等内容。前言部分一般要求简明扼要,概括性强。

2. 主体

主体部分是工作研究的核心部分。主体部分的撰写主要是按照提出问题、分析问题、解决问题的"三段式"思路展开阐述。

3. 结语

工作研究的结语一般是再次强化,突出文章的主题,概括全文,重申观点。个别的工作研究甚至可以不写结语。

三、例文

进一步做好文书工作的调研报告

为适应新形势对文书工作提出的新要求,提高机关服务质量,×× 月 ×× 日至 ×× 日,×× 同志带领文书处调研员 ××、××、×× 等 8 位同志赴广东、福建等省份学习调研公文运转、办公自动化、档案业务及印刷厂的经营管理等工作。通过实地调研,学到了不少好经验、好做法,拓宽了进一步做好文书工作的思路。现将有关情况报告如下:

一、基本情况

我们重点学习调研了 ××××、×××× 等单位的文书工作。每到一个地方,我们都利用各种机会积极与有关同志进行交流,并到办公室、档案室、印刷车间进行实地参观、学习。通过交流学习,我们总结了所到单位的文书工作有以下几个特点。

（一）业务制度完善并向精细化方向发展（略）

（二）办公自动化程度较高（略）

（三）业务培训和交流的力度大（略）

（四）学习经常化且方式多样（略）

（五）文印工作得到办公厅(室)的高度重视和大力支持（略）

二、改进工作的打算

（一）加强学习（略）

（二）健全业务制度（略）

（三）改进档案管理和印刷厂经营管理（略）

三、几点建议

（一）继续加强电子政务建设（略）

（二）积极开展业务培训和交流（略）

（三）更新印刷设备和改善工人队伍结构（略）

规章制度

一、规章制度的概述

（一）规章制度的概念

规章制度是党政机关、企事业单位及社会团体等按照国家的法律法规，根据自身的实际情况，依照一定的程序制定出的旨在规范管理成员的言行的应用文体。规章制度从本质上讲就是一种在一定范围内建立起的工作、学习、生活的规范性秩序。

（二）规章制度的特点

1. 严肃性

无论是何种制发主体制定何种规章制度，其制定的依据必须符合国家的法律法规，不能与国家的法律法规、方针政策等相违背。因此，规章制度的内容、语言风格，以及制定过程、执行过程都具有极强的严肃性，不能语意模糊，表达含糊。

2. 权威性

规章制度都是制发主体根据国家法律法规的规定要求，按照一定的程序制定出来的，是集体意志的集中体现，具有不容置疑的权威性，成员的一切言行不能与之相违背。

3. 指导性

规章制度是制发主体为了在一定范围内建立起一种规范的工作、学习、生活秩序而发布的应用文体，对范围内成员的言行具有极强的指导性，指导成员按照规定的要求开展活动。

4. 强制性

规章制度要求所有成员必须严格遵守，不能违背，更不能抵触。如果违背了规章制度的规定，就必须受到相应的处罚。

（三）规章制度的分类

规章制度是一个类型名称，条例、章程、规定、规则、须知、办法、守则、细则等都属于规章制度的范畴。下面简要介绍几种规章制度的类型：

1. 条例

条例是由我国的最高权力机关、最高行政机关即全国人大及其常委会、国务院对国家的政治、经济、文化、社会等某一方面的工作制定出的法规性文书。如《党政机关厉行节约反对浪费条例》。

2. 章程

章程是政党组织或社会团体就自身的名称、性质、宗旨、任务、组织结构、管理体制、运行机制、成员的权利和义务等做出的详细规定。如《中国共产党章程》。

3. 规定

规定是人员开展某项具体工作或活动的行为标准，它对一定范围内的工作或活动开展做出了具体的要求。如《关于改进工作作风密切联系群众的八项规定》。

4. 办法

办法是制发主体就某一方面的工作或某一项任务提出来的详细具体的执行措施、要求等。如《互联网信息服务管理办法》。

5. 须知

须知一般是提醒人员在某一特定场合下开展某项活动、某项工作时必须遵守的注意事项。如《考场须知》。

6. 守则

守则是某一个单位、部门制定的要求成员共同遵守的行为准则。它在本单位、本部门内部具有鲜明的强制性和约束力,所有成员必须按照准则开展工作或活动。如《中国人民解放军保密守则》。

二、规章制度的写作

制定科学合理、切实可行的规章制度,除了要做好前期调研、全盘考虑、系统组织之外,很重要的一点是制定出的各类规章制度要有规范的格式。一份规范的规章制度会使自身的严肃性和权威性自然而然地显现出来。虽然规章制度的种类较多,每一种类型的规章制度的写作格式也有细微的差别,但是在总体格式上是有共同之处的,主要包括标题、正文、落款三个部分。

（一）标题

规章制度的标题主要有两种形式:一种是公文式标题,制发单位、事由和文种三要素齐全的,如《国务院关于职工工作时间规定》;另一种是简略式标题,或省略事由如《××大学章程》,或省略制发单位如《娱乐设施使用须知》。

需要注意的是,有些规章制度的标题中还带有试行、暂行等字样。试行表明规章制度的实施带有实验性质,简单的理解就是尝试执行的意思。暂行表明规章制度的实施带有不确定性,即暂时实施的意思,这种规章制度一般有两种结果,或者实施一段时间之后进行完善、补充,作为正式的规章制度继续实施,或者实施一段时间之后因为不适应、不符合现实情况而停止实施。

有的规章制度要在标题之下用括号标明该规章制度通过的时间、会议名称等。

（二）正文

规章制度的正文一般采用条目式的结构,优点就是条理清晰,结构清楚,能够将细分内容较多、表述比较烦琐的规章制度清楚地表述出来。在具体内容的组织上,可以采取先一般后个别、先原则后例外、先总则后分项的思路。具体地讲,就是在起草规章制度的内容时,先叙述原则性的内容,比如制定规章制度的依据、目的、意义、作用等,然后叙述具体的细分内容。在叙述具体的内容的时候,先叙述带有共性的内容,即所有成员在任何情况都必须遵守的内容,然后再叙述特定情况的对待与处理措施。

条目式结构,最少可以是一级"条"或"项",也可以是三级"章""条""款",最多可以是六级"章""节""目""条""款""项"。

（三）落款

在正文的右下方署上规章制度的制发单位名称和发文时间。

三、例文

国务院关于职工探亲待遇的规定 [①]

（1981 年 3 月 6 日第五届全国人民代表大会常务委员会第十七次会议批准,
1981 年 3 月 14 日国务院公布施行）

第一条　为了适当地解决职工同亲属长期远居两地的探亲问题,特制定本规定。

[①] 选自 http://baike. haosou. com/doc/4808810-5025185. html,有删减。

第二条 凡在国家机关、人民团体和全民所有制企业、事业单位工作满一年的固定职工，与配偶不住在一起，又不能在公休假日团聚的，可以享受本规定探望配偶的待遇；与父亲、母亲都不住在一起，又不能在公休假日团聚的，可以享受本规定探望父母的待遇。但是，职工与父亲或与母亲一方能够在公休假日团聚的，不能享受本规定探望父母的待遇。

第三条 职工探亲假期：

（一）职工探望配偶的，每年给予一方探亲假一次，假期为三十天。

（二）未婚职工探望父母，原则上每年给假一次，假期为二十天。如果因为工作需要，本单位当年不能给予假期，或者职工自愿两年探亲一次的，可以两年给假一次，假期为四十五天。

（三）已婚职工探望父母的，每四年给假一次，假期为二十天。

探亲假期是指职工与配偶、父母团聚的时间，另外，根据实际需要给予路程假。上述假期均包括公休假日和法定节日在内。

第四条 凡实行休假制度的职工（例如学校的教职工），应该在休假期间探亲；如果休假期较短，可由本单位适当安排，补足其探亲假的天数。

第五条 职工在规定的探亲假期和路程假期内，按照本人的标准工资发给工资。

第六条 职工探望配偶和未婚职工探望父母的往返路费，由所在单位负担。已婚职工探望父母的往返路费，在本人月标准工资百分之三十以内的，由本人自理，超过部分由所在单位负担。

第七条 本规定自发布之日起施行。1958 年 2 月 9 日《国务院关于工人、职员回家探亲的假期和工资待遇的暂行规定》同时废止。

国务院

1981 年 3 月 14 日

第六节 计划和总结

计　划

一、计划概述

（一）计划的概念

计划是党政机关、企事业单位、社会团体以及个人，在工作、生活、学习等过程中，为了更好地完成某项任务，提前设定预期目标、实施措施、完成步骤、任务要求以及规定时限等要素，并将这些要素以文字或表格的形式呈现出来的一种应用文体。

（二）计划的特点

计划是一种常用的应用文体，具有以下特点：

1. 合理性

计划应当在党和国家制定的路线、方针和政策的指导下，在有关法律法规的指导下，按照事物的发展规律提出相应的目标、措施、步骤、方法等，目标、措施、步骤、方法等都要写得明确具体，并形成正式文本。在制订计划的过程中，要尊重科学，尊重事物发展规律，还要注意与上下级单位的计划的有效衔接，与本单位工作的延续融合。

2. 超前性

计划是在对事物过往发展情况的总结,对事物未来发展趋势的预判的基础上形成的。它是对当前工作情况的可预测性的设想,高于当前情况。

3. 可行性

计划设定的目标应高于当前的实际情况,但是并不意味着计划设定的目标越高越好。相反,计划提出的目标、措施、步骤、方法要具有可行性、可操作性,好大喜功、急躁冒进、急功近利对计划的顺利执行有害无益。换言之,要把预测性和可行性很好地结合起来。

4. 可变性

计划是在对事物未来发展趋势的预测基础上制订出来的,在具体执行的过程中可能会因为个别内容与实际情况不相符,或者因为客观情况发生了变化,而导致与计划的预期出现偏差。这种情况下切忌保守僵化,应该及时根据实际情况做出相应调整,完善计划。特殊情况下甚至应该停止原计划的执行。

(三)计划的分类

按时间分,可为年度计划、季度计划、月度计划、短期计划和长期规划;按性质分,可为工作计划、学习计划和生产计划;按范围分,可为个人计划、部门计划、单位计划、系统计划、国家规划。

二、计划的写作

计划主要包括标题、正文、结语三部分。

(一)标题

计划的标题一般有以下三种构成方式:

1. 完全式标题

由制订计划的单位、计划的执行时限、计划的核心内容、文种构成,如《××市民政局2014年工作计划》。

2. 简略式标题

完全式标题中的四个要素可以根据实际情况省略个别要素:可以省略计划的执行时限,如《××厂销售计划》;可以省略计划的制订单位名称,如《2010年学生工作计划》;可以将单位名称和执行时限都省略,如《新生报到工作计划》。需要注意的是,如果标题中省略了制定计划的单位名称,就要在计划正文之后署名。

3. 公式化标题

计划的标题由计划的制订单位名称、计划内容、文种组成,如《××公司关于2009年生产管理工作的计划》。

(二)正文

1. 前言

计划的前言部分一般是简明扼要地叙述清楚制订计划的根据;概述计划制订单位的基本情况,分析完成计划的主客观条件;陈述制订计划的目的,完成任务的重要意义;明确提出任务和要求。前言一般用"特制订本计划"作为过渡语,引出计划的主体部分。

2. 主体

一般要阐述三方面的内容:第一方面的内容是计划的目标任务,即某一时限内要完成的工作任务是什么;第二方面的内容是完成目标任务的措施,要写清楚完成目标任务所要采用的方法、负责人等;第三方面的内容是完成计划的程序步骤,即写清楚完成计划要分几个步骤或几个阶段。

（三）结语

一般是阐明执行计划的要求,也可以提出号召或希望。有的计划以正文作为结束标志,不再写结语。

三、例文

大学生学习计划

过去的一年,在我的努力之下,学习取得了一定的成绩,在本年的学习中我将继承优点,改正不足,争取把学习做得更好。本学年工作计划如下:

一、主要学习目标

争取获得优良成绩,能切实在大学里学到丰富的专业知识和基础常识。增加文化素养,提升自身能力,端正学习态度,培养积极勤奋的学风。

二、具体安排

1. 坚持预习,主动复习。（略）

2. 每天早起一个小时背诵英语。（略）

3. 每天坚持到自习室上两个小时晚自习。（略）

4. 每个月进行一次学习清算,反思自己这个月是否完成了学习计划,有哪一些做得不足的地方,下个月要注意改进。（略）

5. 在这学期通过全国大学生英语四级考试。（略）

6. 平时多写一些练笔,提高英文的写作能力。（略）

7. 培养良好的学习兴趣。（略）

×××
2011 年 2 月 22 日

总　结

一、总结概述

（一）总结的概念

总结是党政机关、企事业单位、社会团体、个人对某一时期、某一阶段已经开展的工作进行回顾、梳理、分析,从中找出有效经验,吸取错误教训,为今后的工作提供指导的一种应用文体。

（二）总结的特点

总结作为对过去工作、活动的回顾,它具有鲜明的特点:

1. 自我指称性

总结是以自身过去开展的相关工作为基础材料而撰写的,一般采用第一人称的语气,即"我"或"我们"。这个"我"或"我们"可以是个人或群体,也可以是一个单位、一个部门、一个系统、一个地区的代指。在总结中反映出来的成绩、经验、问题、改进措施等,都是基于"我"

或"我们"的工作实践而得出的,带有强烈的自指性特征。

2. 全面回顾性

总结是对过去工作的全面的、系统的"回头看",认真回顾、反思过去工作取得了哪些成绩,存在哪些不足,有哪些环节可以改进提高,其最终目的就在于为下一步的工作提供指导和借鉴作用。全面回顾最重要的是条理要清楚。总结是写给人看的,条理不清,人们就看不下去,即使看了也不知其所以然,这样就达不到总结的目的。

3. 真实客观性

虽然总结是基于"我"或"我们"的工作实践撰写而成的,但是因为总结对于下一步的工作具有指导作用,因此,撰写总结的内容必须是客观实际的,特别是其中引用的事例和数据必须是真实有效的。一定要实事求是,成绩不夸大,缺点不缩小,更不能弄虚作假,否则就会对下一步的工作产生误导。

4. 理论指导性

总结中反映出来的成功经验和错误教训必须是高度概括出来的理论,这样才能具有普遍的指导意义和借鉴作用。

(三)总结的分类

按范围分,可分为班组部门总结、单位总结、个人总结;按内容分,可分为工作总结、学习总结、思想总结、销售总结;按时间分,可分为年度总结、季度总结、月度总结、周总结;按性质分,可分为综合总结、专题总结。

(四)总结与计划的区别

总结与计划一样,也是我们在工作、生活中经常使用的一种文体。它与计划截然相反,计划是典型的前置性文体,即超前安排下一步的工作;而总结是典型的后置性文体,即对之前开展的工作进行系统回顾。总结可以看作是对计划执行情况、完成情况的检查、对照,是计划的"另一种形式"的延伸。

二、总结的写作

总结主要包括标题、正文、落款三个部分。

(一)标题

总结的标题一般有三种构成形式:

一是直接性标题,如《××部门2012年信访工作总结》;

二是间接性标题,如《电子商务加快生鲜农产品销售速度》;

三是复合式标题,如《向管理要成绩——××学校2013年高考工作总结》。

(二)正文

总结的正文一般包括前言、主体、结尾三个部分。

1. 前言

总结的前言部分一般概述撰写总结的基本情况,主要是撰写总结单位的情况,包括单位名称、工作性质、某一时期的主要任务以及总结的目的、总结内容概括等。概括总结的内容要简明扼要地写明对取得的成绩的评价。

2. 主体

主体是总结的主要部分,这一部分的内容主要叙述过去工作取得的成绩、有效的做法和成功的经验、存在的问题和不足、要吸取的教训、下一步的工作打算等。

主体部分常采用的结构形式有以下三种：

一是纵式结构。就是按照工作的开展顺序组织材料，将工作的进程分解成数个阶段，分别叙述每个阶段的工作情况、成绩、经验、问题、体会等。这种结构的优点就是条理清晰，易于撰写。

二是横式结构。就是按照工作的性质进行分类，然后按照工作分类分段叙述工作情况、成绩、经验、问题、体会等。每个段落之间是并列关系，相互间的逻辑关系较弱。这种结构的优点就是能够全面展现工作的全貌，易于掌握。

三是综合式结构。就是组织材料的时候，先按照工作实践的时间顺序，整体展现工作的概貌和发展过程，再按照内容相互间的逻辑性，归纳、总结经验教训。即先用横式结构总结经验或教训，后用纵式结构叙述工作的各个阶段的情况或问题，使叙述工作的情况或问题部分成为对经验教训进行总结的事例支撑，让总结更加充实。

3. 结尾

总结的结尾一般是照应前言，简要地说明今后工作的努力方向，表明工作的态度、决心等。如果这些内容在正文中已经表述了，也可以不写结尾。

（三）落款

总结的最后是落款，在正文右下方写明总结单位的名称和时间。

三、例文

××师范学校第九届艺术节总结

××市××师范学校第九届艺术节已于 2013 年 5 月 7 日至 18 日举行，历时 12 天。本届艺术节在全校师生的共同努力下取得了圆满成功。主要表现在以下几个方面：

一、思想统一，组织有力（略）

二、内容丰富，推陈出新（略）

三、参与面广，质量高（略）

四、宣传力度大，社会影响好（略）

我们深信，本届艺术节的成功经验一定能成为把我校艺术节越办越好的重要基础，勇于创新的××师范人一定会在以后的艺术节中收获更多的成果！

××师范学校
2013 年 9 月 15 日

第七节　工作方案和工作要点

工作方案

一、工作方案概述

（一）工作方案的概念

工作方案一般是针对某项重要的具体工作做出的详细安排，具有较强的指导性的一种应用文体。

工作方案从性质上来讲,也是属于计划的一种,但是工作方案往往针对某项具体工作展开,因此,可以看作是专题性工作计划。

（二）工作方案的特点

1. 应用范围广泛

工作方案的制发单位既可以是各级党政机关,也可以是企事业单位,还可以是各类社会团体。方案的内容多样化,涉及政治、经济、文化、社会、生活等方方面面的内容。

2. 内容具体明确

工作方案要对某项工作的相关要素比如指导思想、工作原则、任务目标、采取措施、实施步骤等各个环节的内容都做出具体明确的安排,具有极强的可操作性和指导性。

二、工作方案的写作

工作方案主要包括标题、正文和落款三个部分。

（一）标题

工作方案的标题可分为公式化和简略式两种,其中公式化标题占大多数。公式化标题由工作方案的制作单位、事由、文种三个要素构成;简略式标题由事由、文种两个要素构成,省略了工作方案的制作单位要素。

（二）正文

工作方案的正文一般是先写前言部分,简明扼要地说明制定方案的目的、意义、根据,其固定的格式用语一般是"为了……特制定此方案"。

前言之后再写主体部分。工作方案的主体部分主要包括以下三个方面的内容:

第一个方面说明方案的基本情况。比如某项工作、某项活动开展的时间、地点、方式、主题等,都要明确具体,不能模糊。

第二个方面具体部署安排相关活动、相关工作的进程。主要包括各个阶段要完成的具体工作的任务目标、详细内容、措施手段、方法步骤,甚至要明确每个阶段工作所需要的人力、物力、财力的支持程度。

第三个方面则是对可能出现的问题的预定处理与解决方法。一项重大的工作或活动,开展过程中往往会遇到种种问题,对这些问题应事先做出明确的安排,如如何处理、如何解决、如何顺利推动工作或活动的顺利进行等。

（三）落款

正文结束之后,工作方案一般要落款署名。落款一般位于正文的右下方,也可以列在标题之下的正中央位置。

三、例文

××学院 2011 年迎新晚会活动方案

为扎实稳妥地搞好 2011 年迎新晚会庆祝活动,根据学院安排,拟定于 2011 年 10 月 10 日举办大型庆祝晚会,为保证晚会的顺利进行,特制定本方案。

一、指导思想（略）

二、晚会主题（略）

三、组织机构（略）

四、活动时间（略）

五、成立工作领导小组及职责分工（略）

六、车辆安排（略）

附件：××学院 2011 年迎新晚会经费预算表

××学院团委

2011 年 10 月 10 日

工作要点

一、工作要点概述

（一）工作要点的概念

从性质上讲，工作要点属于计划的一种。它是为了完成某一项工作任务，达成某一个目的，而对计划的具体内容如步骤、方式、措施等提出概括性要点的一种应用文体。

（二）工作要点的特点

1. 内容有较强的针对性

工作要点主要是对工作的中心内容进行阐述，集中地反映出主要的工作内容。它的内容高度概括，既包括全盘工作，又突出重点任务，但不展开观点，只择其要者而述之。

2. 行文有较强的灵活性

工作要点的行文具有灵活性，可以根据工作需要和实际情况进行取舍增删。

3. 时间有较大的模糊性

工作要点在总体上对完成工作任务有时限要求，但是具体到每一个阶段、每一项工作内容的完成上时限比较模糊。

（三）工作要点与工作计划的区别

从时间跨度看，工作要点的时限一般是一年；工作计划的时限不定，从一天、一周到一月、一年都可以。

从详略程度看，工作要点主要提出总的任务目标、完成任务的要求、任务目标具体分解、整体的完成时间等；工作计划则比工作要点更具体，更细致。

从衔接关系看，工作要点涉及的内容大多是某一项工作的整体思路与各项主要的任务、任务的大概时间安排等；工作计划则是具体工作的详细内容、分解步骤、完成程序、质量要求等内容。

从可操作性看，工作要点是对一年的中心工作的简略安排，具有一定的可操作性；工作计划是对某项工作的具体安排，可操作性较强，强调要按照时限规定完成任务。

二、工作要点的写作

工作要点一般包括标题和正文两个部分。

1. 标题

工作要点的标题主要包括制文机关、事由和文种三个要素。因为工作要点属于计划的一种，所以标题中的事由一定要写明要点执行的时限，如年度、季度与月度。

2. 正文

工作要点的正文一般分为两个部分:第一部分陈述某一个时段内工作总的目标或总的要求;第二部分分条分项列出了为了完成目标而采取的主要措施、方法等内容。措施要有创新性、可操作性,简明实用,每个事项的做法、程序、要求要交代清楚。

三、例文

××大学 2012 年工作要点

2012 年学校行政工作总的要求是:以党的十五届六中全会精神为指导,认真贯彻落实校第八次党代会和学校"八五"事业发展计划纲要所提出的各项工作任务,进一步解放思想,加快改革步伐,加强教学、科研两个中心的建设,大力发展校办产业,振奋精神,求实创新,努力提高教育质量和办学水平。

一、进一步解放思想,加快综合改革试点步伐(略)

二、认真做好以教学、科研为中心的各项工作(略)

三、实行科技兴校,大力发展校办产业(略)

四、发扬优良传统,认真办好校庆(略)

五、多渠道筹措教育经费,逐步改善办学与师生生活条件(略)

六、转变观念,改进作风,加强管理(略)

××大学
2012 年 3 月 5 日

第八节 述职报告

一、述职报告概述

(一)述职报告的概念

述职报告是党政机关、企事业单位、社会团体的领导班子或工作人员向上级有关部门或所属群体陈述自己在一定时期内的任职履职情况的一种应用文书。

(二)述职报告的特点

1. 自我述评性

述职报告是报告者本人向有关部门或群体陈述个人的履职情况,必须以第一人称的语气对自己的工作情况做出评述。应该充分反映出自己任期内的工作成绩和问题,即写出自身在岗位上办了什么实事,结果怎么样,有哪些贡献,还有哪些不足,包括工作效率、完成任务的指标、取得的效益等。

2. 内容特定性

述职报告的内容是一定的,一般根据个人的岗位职责,按照"德、能、勤、绩"四个方面进行叙述,着重叙述个人在履职过程中这四个方面的情况。表述的内容应抓住重点,将最能显示工作实绩的大事件或关键事写入述职报告。

（三）述职报告的分类

述职报告按照不同的标准可以分成不同的类型：从内容上，可分为综合性述职报告、专题性述职报告、单项工作述职报告；从时间上，可分为任期述职报告、年度述职报告、临时性述职报告；从表达形式上，可分为口头述职报告、书面述职报告。

（四）述职报告与总结的区别

述职报告与总结很相似，二者的陈述语气都是第一人称，都是对过去一个时期的工作的回顾。但是二者也有区别。述职报告是在规定的时间内由规定的人员按照规定的内容向有关部门或群体的工作情况报告，侧重"个人"的工作实践，一般是一年一次；总结则可以随时按照工作的进展情况撰写，写作时间相对灵活自由，而且总结的内容侧重"整体"的工作实践。

二、述职报告的写作

述职报告一般由标题、正文和落款三个部分组成。

（一）标题

述职报告的标题构成方式比较灵活，最简单的可以只写"述职报告"四个字；也可以按照述职人、任职时间、文种的格式构成标题，如《××同志2014年述职报告》；个别的述职报告还采用正副标题的形式构成标题，如《建章立制规范管理——××经理2013年述职报告》。

（二）正文

述职报告的正文由前言、主体、结尾三个部分组成。

1. 前言

前言部分一般先标明听取或呈送述职报告的对象的称呼，然后叙述述职者的基本情况，包括任职的时间、职务、岗位职责、整体自我评价等内容。

2. 主体

主体部分一般写四方面的内容：一是任职期间开展的主要工作以及取得的主要成绩；二是目前工作中还存在的问题或缺点；三是工作实践中个人获得的经验、教训；四是对今后工作的设想、意见和建议。

3. 结尾

结尾部分一般用"以上汇报，有不当之处，敬请领导和同志们批评指正"等习惯用语来结束。

（三）落款

述职报告的落款，要注明述职者的姓名、述职时间。述职者的姓名可以写在正文右下方，也可以标在标题之下正中央的位置。

三、例文

2012年度个人述职报告

尊敬的各位领导、同事们：

本人李××，行政部保安员，2012年3月2日入职，至今已在单位工作了三个多月的时间。在这个充满关怀、充满愉悦氛围的大家庭中，我感到很荣幸。在这三个多月的工作中，我努力适应新的环境，接受正规专业的管理，使我受益匪浅，学到了很多知识，得到了很大的提高，基本掌握了作为一个保安员的工作职责。现将我这几个月来的工作情况做如下汇报：

一、努力提高自身整体素质

1. 在日常的工作中严格遵守保安员的纪律，按照领导和主管的指挥认真完成工作。

2. 虚心向老员工学习，不断完善和提高自己的各项素质。

3. 熟悉并且熟练地掌握了工作流程，做到了仔细认真，不出差错。

4. 听从领导以及主管的工作安排，并且做到无纰漏，良好地完成了工作任务。

5. 注重自身仪容仪表，在岗期间端正态度，对于顾客的提问做到有求必应，耐心解释。

二、熟练地掌握启闭店的流程

1. 每天按时到岗，在员工进场前到达指定地点进行开门启店。

2. 启店过程中严格要求，并且检查工牌的佩戴情况，禁止其他人进入卖场。及时做好相关的记录，并上报主管。

3. 每天闭店按时对各个楼层的门进行锁闭，确认无误后方可继续闭店，以确保夜间商场的安全。

4. 闭店时做到确定楼层无顾客时方可继续至下一层，如有专柜盘点人员，及时通知夜间值班人员看守。

三、按时检查商场消防安全隐患

1. 每周定期在主管的带领下对商场进行消防安全检查，并及时做好记录。

2. 巡场期间随时发现问题随时进行通知并整改。

3. 定期对商场的消防设施设备进行检验并登记。

4. 遇到消防设施设备损坏时及时向主管汇报。

四、在岗期间发现的不足以及改正的方向

经过这几个月的工作和磨炼，虽然做出了些许的贡献，但依然存在着很多不足，需要及时的改正。严格按照公司的要求规范自己，努力改正懒惰懒散的现象。认真听从领导和主管的工作安排，并且迅速地去完成工作任务。在岗期间规范自己的仪容仪表和言行举止，做到礼貌、得体、大方，做到眼疾手快。做好自己分内工作的同时，协助其他部门做好工作。在接下来的一年中，我会努力学习，不断改进自己的不足之处，请领导和主管对我进行监督。如有不对之处，请领导和主管对我进行批评、教育，我一定虚心接受。

以上报告，请审查。

述职人：李××

2013 年 1 月 12 日

思考与练习 •••

1. 假设你的家庭要召开年度总结会议，需要你将过去一年的学习、生活情况向父母做述职报告。请以刚刚过去的一年为例，撰写一份个人述职报告。

2. 请结合本班或本系部，或社会上的某个问题或某种现象，开展一次工作研究活动，撰写一份工作研究。

3. 过去的一个学期，从课堂学习到日常生活，每一位同学都付出了很多心血。请你根据自己学习、生活的情况，写一篇对过去一学期的总结，字数为 800～1 000 字。

第三章

财经文书写作

第一节　财经文书概述

财经文书也称经济公文,是指社会经济部门(包括经济主管部门和经营部门)在经济业务活动中形成并使用的公文。

在各类专业文书中,财经文书称得上是文种较多的一类,这主要是国民经济部门的众多和社会经济活动的复杂所决定的。经济形势的飞速发展,使得财经文书不断变化,其中比较突出的变化是文种的更替。如资产评估报告、招股说明书就是在股份制的推行中出现的新文种。由于新的文种是在新的经济形势下应运而生的,往往同现实经济工作有着十分密切的联系,因此,了解这类文种的写作知识,对于从事经济工作的人员来说,是非常必要的。

同时,有些文种虽然已广为人们所用,但从写作的角度而言,尚有不够成熟之处。比如,对其功用、结构形式等方面,人们有着不同的认识,还有待于进一步探讨。总之,面向实际、立足实用、求新和求准并重,是财经文书写作时进行文体选择所应依循的基本准则。

除此之外,考虑到各类财经文书的复杂程度和写作难度的差别较大,结合文种的适用范围及使用频率,本章只选择市场预测报告、经济合同、招标书、投标书、经济诉讼文书、审计报告、股份制文书、商业广告等文种进行介绍。

第二节　市场预测报告

一、市场预测报告概述

(一)市场预测报告的概念

市场预测报告是指在对一定时期的客观经济活动过程进行深入调查的基础上,运用各种科学方法,对掌握的经济信息加以分析研究后,所写出的评估和预测未来经济发展变化趋势的报告。市场预测报告实际上是调查报告的一种特殊形式。

(二)市场预测报告的特点

1.预见性

市场预测报告就是在深入分析市场的既往历史和现状的基础上,对市场的发展趋势进行合理判断,将市场需求的不确定性降低到最小化。

2.科学性

市场预测报告必须针对充分详实的资料进行科学预测,才能找出市场的客观运行规律,得出合乎实际的结论,从而有效指导实践。

3.针对性

每一次的市场调查和预测只能针对某一具体的经济活动或某一产品的发展前景,因此,市场预测报告的针对性极强。选定的预测对象越明确,市场预测报告就越具有现实指导意义。

(三)市场预测报告的分类

1.按预测期限不同划分

市场预测报告可分为短期、中期和长期三种:短期预测报告是指对一年内市场发展情况的预测报告;中期预测报告是指对未来两年至五年内市场发展前景的预测报告;长期预测报告是指对超过五年期限的市场前景的预测报告。

2.按预测范围不同划分

市场预测报告可分为宏观和微观两种:宏观市场预测报告是对大范围或整体现象的未来进行综合预测,常与国民经济乃至世界范围内的各种全局性、整体性、综合性的经济问题有关;微观市场预测报告是某一部门或某一经济实体对特定市场供需变化情况、新产品开发前景等进行的预测报告。

3.按预测方法不同划分

市场预测报告可分为定性和定量两种:定性预测报告是对影响需求量的各种因素进行调查、分析,并在此基础上预测市场的需求量而形成的报告;定量预测报告包括数字预测法预测报告和经济计量法预测报告。数字预测法预测报告是指对某一商品已有的大量数据进行分析研究,并用统计数字表达商品的发展趋势的报告;经济计量法预测报告是根据各种因素的制约关系,用数学方法加以预测而写成的报告。

二、市场预测报告的写作

(一)市场预测报告的写作格式

就结构而言,市场预测报告一般包括标题、正文和结尾三个部分。

1.标题

一般由预测时限、范围、对象、展望和文种构成,如《2012—2017年中国挂面市场竞争格局及投资前景预测报告》。

2. 正文

该部分是市场预测报告的主体部分,一般由前言、现状、预测和建议等部分组成:

(1)前言。正文的开头部分,主要概括介绍全文的主要内容或交代预测的时限、范围和缘由,也可以将预测的结论提到该部分来写。

(2)现状。预测必须立足市场现状,以真实、具体、典型的材料为依据展开分析,以此为基础形成的预测结果才会具有科学性及现实指导意义。

(3)预测。这是预测报告的核心部分。在该部分中,要对经济活动的前景进行分析和判断,并由此提出预测结果。撰写这一部分必须做到全面分析、科学推断、结论无误。

(4)建议。该部分须根据预测结果,对发展生产、改善经营提出具体建议,建议要切实可行。它是决策部门重要的决策依据和参考。

3. 结尾

主要是对预测结论进行归纳,并提出展望,以鼓舞人心,也可以照应前言或重申观点。有的市场预测报告没有结尾部分。

市场预测报告没有固定的模式,可以根据企业自身情况增加或减少预测内容,重点在于完整收集预测所需的相关信息,进行科学统计、分析,并形成切实可行的结论和建议。

(二)市场预测报告的写作要求

撰写市场预测报告,应当遵循以下三方面的要求:

1. 分析要注重系统性

进行市场预测,要对影响市场活动的各种因素进行系统性的科学分析,否则,就难以得出准确的结论。

2. 写作要注重预见性

市场预测报告的主要目的是对市场经济活动的未来趋势进行分析和判断,因此,预见性是其"灵魂"。

3. 建议要有实效性

市场预测报告是为现实经济活动服务的,是为提高经济效益提供切实指导和帮助的,必须要注重实效性。缺乏实际应用价值的预测报告是不合格的预测报告。

三、例文

2015年国内新能源汽车市场预测报告

近年来,新能源汽车越来越成为社会重点关注的产业,进入2015年后,随着新一轮新能源汽车补贴标准的落地,在一系列良好因素的刺激下,新能源汽车市场已出现破冰迹象。

一、国内新能源汽车市场现状概述

当前,在多重良好政策的刺激下,国内新能源汽车市场迅速发展。(数据略)下一阶段,国家鼓励新能源汽车发展的主基调不会发生改变,中央财政将继续补贴购买新能源汽车的消费者。因此,国内企业应加快技术研发,以保持在行业内健康稳定的发展。

二、国内新能源汽车市场趋势预测

(一)自主品牌新能源汽车有望在竞争中实现"弯道超车"(数据略)

(二)插电式混合动力汽车将唱响市场"主旋律"(数据略)

（三）紧凑型实用家庭轿车需求趋势不减（数据略）

总体来看，新能源未来市场规划侧重点各有不同，各家企业在根据自身特点和发展阶段采取着不同的策略巩固市场优势。

三、建议

综合各方面情况，国内新能源汽车市场将会精彩纷呈，下一阶段，要在保证现有市场的基础上，采用多种方法扩大市场占有量。

（一）实现全产业链布局

在新能源汽车的上、中、下游全产业链中实现全覆盖布局，有望在新能源汽车推广方面获得最大程度的受益。

（二）注重技术研发，增加产品种类

在新能源汽车市场布局上，未来应重技术研发，推出更多车型，特别是插电式混合动力车型，以满足市场对该车型的偏好，进一步提升新能源汽车销量。

四、展望

2015 年将是新能源汽车销量高速增长的一年，新能源汽车市场必将迎来繁荣期。

第三节　经济合同

一、经济合同概述

（一）经济合同的概念

经济合同是合同的一个重要种类，是指平等民事主体的法人、其他经济组织、个体工商户、农村承包经营户相互之间，为实现一定经济目的，明确相互间权利与义务的关系而订立的合同。

（二）经济合同的特点

1. 内容的合法性

经济合同是具有法律效力的文书，其作用的发挥要以合法为前提，内容不合法，应被视为无效合同。

2. 格式的规范性

经济合同不能随意撰写，经济合同的主要条款及不同种类的经济合同所应具备的主要内容，《中华人民共和国经济合同法》都有明确的规定。

3. 条款的完备性

在合同中，当事人双方的权利、义务、责任都要写清楚，要顾及任何一种可能出现的情况。条款要全面、周详，不能有遗漏。无论哪类合同，如果条款不够完备，应说明的事项没有写入，都有可能直接引发日后的经济纠纷。

4. 措辞的严密性

为避免在合同的履行中产生不必要的争执，也为了避免留下漏洞，使别有用心者找到钻空子的机会，经济合同的语言要十分准确、严密，不能有模棱两可或含糊不清的情况出现。

（三）经济合同的分类

按有效期限划分，经济合同可分为长期合同、中期合同和短期合同；按订立方式划分，经济合同可分为口头合同和书面合同；按写作形式划分，经济合同可分为条款式合同和表格式合同。

目前,用得比较多的分类方法是按照业务性质的不同对经济合同加以分类,主要包括购销合同、建设工程承包合同、加工承揽合同、货物运输合同、供用电合同、仓储保管合同、财产租赁合同、借款合同、财产保险合同等。

二、经济合同的写作

(一)经济合同的写作格式

无论哪类经济合同,一般都应包括标题、当事人、正文、落款四个部分。

1. 标题

主要用以明确合同的业务性质,即写明这是哪一类合同,如《建筑安装施工合同》《粮油定购合同》等。

2. 当事人

也叫立合同人,在这个部分,应写明签订合同的当事人名称,有的合同还应写上各方负责人的姓名。名称应按营业执照上核准的全称来写,不应写简称,更不能写外人不了解的代称、代号。为了正文部分行文方便,可在括号中注明一方为"甲方",另一方为"乙方",如有第三方可称"丙方"。无论哪一类合同,都不能将当事人称作"我方"和"你方"。

3. 正文

通常是由开头、主体、结尾三部分构成。

(1)开头。简单说明签订合同的目的或依据。许多合同不单列这个部分,只在写明条款之前,用一两句话点明这项内容。

(2)主体。这是反映合同内容的核心部分,在此要逐条写明双方协定的各项条款。按照《中华人民共和国经济合同法》的规定,经济合同应具备的主要条款有:

① 标的。这是合同双方的权利和义务所共同指向的对象。它可以是某种实物或货币,也可以是某项工程、劳务、科技成果或专利权等。没有标的或标的不明确,当事人的权利和义务就失去了指向和依据,合同就没有意义,因此也就不能成立。

② 数量和质量。在合同中详细写明标的质量的技术要求和标准等,对于保证和检验标的质量有着重要的意义。

③ 价款或者酬金。取得对方产品或接受对方劳务等所支付的代价,通常以货币的数量来表示。除法律或行政法规另有规定外,以货币履行义务时,必须用人民币计算和支付;除国家允许使用现金履行义务的以外,必须通过银行转账或者票据结算。

④ 履行的期限、地点和方式。这是合同当事人的权利、义务和责任的有机组成部分,必须认真写清楚。履行的期限要写具体日期,履行的地点和方式中应包括包装要求、费用负担、运输方式等各项内容。

⑤ 违约责任,又称"罚则"。由于当事人一方的过错,造成经济合同不能履行或者不能完全履行,要由有过错的一方承担违约责任;如属双方的过错,应根据实际情况,由双方分别承担各自应付的违约责任。在此要将制裁措施及违约金、赔偿金的数额写清楚。

(3)结尾。在这个部分主要写明合同的份数、保管人以及需报送的主管机关,有的还需说明合同的有效期限、附件及如有争议应由哪个机构仲裁等问题。如果这些内容已作为条款列出,就不需要单设一个结尾部分了。

4. 落款

在落款处,主要应有以下两项内容:

(1)署名。当事人分别签署各自的名称,并加盖印章。如有签证机关,也应署名,并加盖印章。通常人们认为,经济合同在加盖单位公章或合同专用章后,才算生效。

(2)日期。在署名的下方,应注明合同签订的日期。

（二）经济合同的写作要求

1. 要熟悉有关法律法规和方针政策

经济合同的内容具有合法性,签订者要熟悉有关法律法规,深入领会有关方针政策的精神。

2. 要精通业务,全面了解情况

经济合同的签订是一项业务活动,只有熟悉了业务,对生产、经营及市场情况有全面的了解,才能掌握合同谈判的主动权,才能确保自己的利益不受侵犯。

3. 要在平等协商、取得一致意见的基础上确定各项条款

合同内容应是当事人意愿的共同体现,采取欺诈、胁迫等手段所签订的经济合同,应被视作无效合同。

4. 要认真书写,不得随意涂改

书写合同要严肃认真,书写工具不合乎要求或字迹潦草,都会给合同的保存和履行带来不便,因而是不允许的。合同如有错误或遇到特殊情况确实需要修改时,应将双方都认可的修改意见作为附件附上。如在原件上修改,应加盖双方印章。

三、例文

经济中介服务合同

项目名称:_____   合同编号:_____

签订地点:_____   签订日期:_____

委托人(甲方):_____   有效期限:_____

服务人(乙方):_____

依据《中华人民共和国合同法》及有关法规的规定,经双方协商一致,就×××服务项目,签订本合同。

一、乙方受甲方委托就_____进行×××(中介)服务。服务内容、形式、要求:
_____

二、甲方应提供给乙方的文件、期限及其他应予协作的事项_____

三、乙方应提供给甲方的文件、期限及其他应予协作的事项_____

四、乙方履行服务的期限、地点和方式_____

五、乙方提供服务的标准和验收方法_____

六、报酬及其支付方式

1. 甲方支付给乙方的报酬为_____元。

2. 支付方式(按以下第_____种方式)

① 一次总付:_____元   时间:_____

② 分期支付:_____元   时间:_____

③其他方式：_____   时间：_____

七、保密内容_____

八、违约责任_____

九、争议的解决方式

本合同在履行过程中发生的争议，由双方当事人协商解决，也可由当地工商行政管理部门调解；协商或调解不成的，按下列第_____种方式解决：

1. 提交_____仲裁委员会仲裁。

2. 依法向人民法院起诉。

十、本合同生效的条件_____

十一、其他约定事项_____

委托人（甲方）：（章）   服务人（乙方）：（章）

法定代表人：（章）   法定代表人：（章）

委托代理人：（章）   委托代理人：（章）

单位地址：   单位地址：

开户银行：   开户银行：

账　号：   账　号：

电　话：   电　话：

邮　编：   邮　编：

第四节　招标书

一、招标书概述

（一）招标书的概念

招标书是指由招标人或招标代理机构编制的，并向潜在投标人发售的，有明确资格条件、合同条款、评标方法和投标文件相应格式的一种告知性文书。

（二）招标书的特点

1. 竞争性

招标书利用投标者之间的竞争来达到优选投标者的目的，因此，招标书具有相当强的竞争性。

2. 公开性

招标书是吸引竞争者加入的一种告知性文书，具有公开发布、公开审阅的特点。

3. 紧迫性

招标书要求在短时间内获得结果，因此，又具有时间的紧迫性。

（三）招标书的分类

按方式划分，招标书可分为公开招标、邀请招标；按时间划分，招标书可分为长期招标书和短期招标书；按内容及性质划分，招标书可分为企业承包招标书、工程招标书、大宗商品交易招标书；按招标范围划分，招标书又可分为国际招标书和国内招标书。

二、招标书的写作

（一）招标书的写作格式

招标书一般由标题、正文、落款三个部分构成：

1. 标题

一般由招标单位、标的名称、事由、文种构成，如《×× 市 ×× 公司承包招标书》；有的标题只写招标单位和文种，如《×× 公司招标书》；有的标题只写事由和文种，如《修建图书馆楼的招标书》；有的标题则只写文种，如《招标书》或《招标说明书》。

2. 正文

通常包括导语、主体两个部分。

（1）导语。应写明招标活动的基本情况，一般包含招标的原因、目的、依据及招标项目名称等方面。

（2）主体。主体是招标书的核心内容。根据招标书内容及性质的不同，该部分一般需写明标的概况、招标范围、投标方法、投标资格、质量及技术要求、合同规则、开标时间和地点等。除文字说明外，还可以配合图表说明。

3. 落款

文末应签署招标人（或者委托代理机构）的名称、地址、邮编、电话、联系人姓名、发布日期等。

（二）招标书的写作要求

1. 注重调查研究

招标者要在众多的投标者中通过比较确定最佳投标者，就必须事先充分做好市场调查工作，了解和掌握市场信息，深入分析市场形势及其发展趋势。

2. 招标要求应实事求是

所有招标是为了在保质保量的前提下尽量节约资金，做到与市场状况相协调。各项指标的提出既不能过高而使投标者不敢投标，也不能过低而影响项目质量。

3. 要遵循法律规定

招标书的编制既要遵守国内外的法律法规，又要认真贯彻执行党和国家有关方针、政策，遵守有关招标工作的规定和办法，做到解决纠纷有法可依、有章可循。

4. 表述要准确、规范

在招标书中，文字、数据、图表均应准确无误，语义不能有任何歧义。用语要讲求标准、合乎规定，对于技术规格和质量标准，如果没有现行标准，则应注明是按图纸加工，还是按样品加工。若表述不够准确、规范，如发生技术规格不符或质量事故，招标人则要承担经济赔偿责任。

三、例文

房屋建筑安装工程招标书

为提高 ×× 营地房屋建筑安装工程的建设速度，提高经济效益，经 ×× 部门批准，现以公开招标的方式邀请具有合格资质的投标人参加投标，现公告如下：

一、工程概述

本招标工程项目为 ×× 营地房屋建筑安装工程。工程位于 ×× 地区，行政区划属 ×× 市 ×× 区 ×× 村，距市区约 90 千米，海拔为 1 268 米，×× 公路从场地附近通过，对外交通比较便利。目前该营地范围的场地平整工作已经完成,具备施工条件。

二、项目业主与资金来源

1. 项目业主:××开发有限责任公司

2. 资金来源:企业自筹

三、招标范围

本项目招标范围包括:_____

四、投标人的最低资格标准:_____

五、工程供料方式和主要材料价格,工程价款结算办法:_____

六、招标安排

1. 报名、投标期限、招标文件发送方式:_____

2. 组织投标人进行工程现场勘查、说明:_____

3. 招标文件格式要求:_____

4. 投标函件投送时间、地点:_____

七、开标、评标时间及方式,中标依据及通知

1. 开标时间:_____

2. 评标时间:_____

3. 开标、评标方式:_____

4. 中标依据及通知:_____

八、其他_____

本招标方承诺,本招标书一经发出,不得改变原定招标文件内容,否则,将赔偿由此给投标者造成的损失。投标者按招标文件的要求,自费参加投标准备工作和投标。投标书应按规定格式填写,字迹清晰,并加盖单位的印章。投标书必须密封,不得逾期寄达。投标书一经发出,不得以任何理由要求取回或更改。

在招标过程中发生争议,如双方自行协商不成,由负责招标管理工作的部门调解仲裁,对仲裁不服,可诉诸法院。

建设单位(即招标单位):(签字并盖章)

地址:

联系人:

电话:

邮政编码:

××××年××月××日

第五节　投标书

一、投标书概述

(一)投标书的概念

投标书是指投标单位按照招标书的条件和要求,向招标单位提交报价并填具标单的文书。它要求密封后邮寄或派专人送到招标单位,因此又称为标函。

（二）投标书的特点

1. 竞争性

投标书的编制和提出就是一个比实力、比信誉、比策略的竞争过程，因此，应突出其竞争性。

2. 公开性

投标书一经提出，便应当能够公开发布、公开审阅、公开评判，而且投标过程是公开进行的，要接受公证机关或其他有关机构的监督。

3. 针对性

投标书作为对招标要约的一种承诺，是投标者为了中标而按照招标者的要求，向招标者表示合作意愿并提供备选方案的说明性材料，内容具有极强的针对性。

（三）投标书的分类

按招标的范围划分，投标书可分为国际投标书和国内投标书。国际投标书要求有中英文两种版本，按国际惯例以英文版本为准。

按招标的标的物划分，投标书又可分为货物、工程和服务三大类。根据具体标的物的不同还可以进一步细分，如工程类可进一步分为施工工程、装饰工程、水利工程、道路工程、化学工程等。

二、投标书的写作

（一）投标书的写作格式

投标书通常是由标题、主送单位、正文、落款、附件五部分组成。

1. 标题

标题有四种形式：一是由投标单位、投标项目和文种构成，如《××公司承包××学校餐厅的投标书》；二是只写明项目和文种，如《××工程项目投标书》；三是只写投标单位和文种，如《××公司投标书》；四是只写文种，如《投标书》或《投标说明书》。

2. 主送单位

即招标单位的名称，写在正文的第一行顶格处，应写全称，如"××大厦建筑工程招标办公室"。

3. 正文

主要包含导语和主体两部分。

（1）导语。应简要说明投标的依据、目的和指导思想以及投标人在此次竞争中的态度，该部分要能起到统领全篇的作用。

（2）主体。这是投标书的核心，应当根据招标书提出的目标、要求，具体介绍投标者现状，明确投标期限及投标形式，拟定标价，提供依据，阐明达到目标的办法和措施等。

4. 落款

应写明投标单位的名称、地址、邮编、负责人、联系人等，签署日期，加盖公章。有的还要由上级业务主管部门和公证监督机关签名盖章。

如果是国际投标，则应将投标书译成外文，写明国别、付款方式及以何种货币付款等。

5. 附件

投标书一般都加有附件，对有关标价、承包（租赁、合作）形式、工期、质量、服务以及企业的级别、技术力量、设备状况、安全措施和业绩等做详细说明。如有必要，还应附上单位的担保书。

（二）投标书的写作要求

1. 要实事求是

投标者必须在认真研究招标书的基础上，实事求是地填写标单和撰写投标书，不可弄虚作假。因一旦中标，就要在规定的期限内与招标方签订合同，并严格履行合同，如与事实不符，则会为合同的履行留下后患。

2. 要有针对性

投标书应针对招标书的具体内容，如目标、造价、技术、设备、质量等级、安全措施等，明确地表达投标意愿、投标能力等。如果内容笼统，表述不明，则无法使招标单位认可，也就难以中标。

3. 要讲求时效

招标都有明确的时限规定，投标一定要讲究时效，要在规定的时限内编制并送交投标书，这样才有中标的可能性。

三、例文

新建铁路××××至××××线投标书

××市铁路局：

我公司详细地研究了招标文件，进行了周密的现场勘察，并做了符合工期要求的施工安排，愿意以总包方式承担全部工程的施工任务。经报请上级主管部门同意并取得了投标保证书（见附件一）。

按招标文件规定的工程内容，经详细计算填报了报价单，总包价为人民币××××（大写）元（详见报价单）。其他有关的技术组织措施及必要的文字说明已按要求填写附件。

如能中标，我公司保证及时签订并认真执行合同，保证于××××年××月××日前开工，于××××年××月××日竣工。

投标单位：（签字并盖章）
负责人：（签字并盖章）
地址：×××××××
电话：××××××
××××年××月××日

投标书附件清单：

附件一　投标保证书（略）

附件二　报价单（略）

附件三　主要工程的施工方法、施工顺序和总施工进度安排（略）

附件四　施工中保证工程质量的主要措施（略）

附件五　本工程跨越公路施工时采取的措施（略）

附件六　跨越××铁路的特大桥施工时对行车及施工安全的具体措施（略）

附件七　重载路基施工的具体措施（略）

附件八　钢材、木材、水泥的总需量估算及垫用能力(略)

附件九　主要临时工程的项目、数量及需要租用土地的数量(略)

附件十　投标单位认为必要的其他文字说明(略)

第六节　经济诉讼文书

一、经济诉讼书概述

(一)经济诉讼文书的概念

经济诉讼文书是指在经济活动中,当事人的合法权益受到侵害或与他方当事人发生权益争议时,为了维护自己的经济权益,向人民法院提出诉讼请求或进行辩驳时所书写的法律文书。它属于民事诉讼文书的类别。

(二)经济诉讼文书的特点

1. 实用性

许多经济纠纷需要通过法律的渠道和手段加以解决,经济诉讼文书正是以法律的渠道和手段解决问题的必备工具。随着经济活动的复杂化和规范化,经济诉讼文书的实用性越来越强。

2. 法律性

制作经济诉讼文书必须要有法律依据,既要符合有关法律的精神,又要准确援引有关法律条文,以体现其合法性。

3. 历史凭证性

各类经济诉讼文书忠实地记录了某一特定时期社会经济和法律实践活动的内容,有着一定的文献价值,可对以后的经济法律工作起到借鉴和指导作用,不可忽视其历史凭证作用。

(三)经济诉讼文书的分类

1. 起诉状

起诉状是原告当事人依法向人民法院提出诉讼请求及其理由和根据,从而引起诉讼程序发生的一种书状。

2. 答辩状

答辩状是指被告人或者被上诉人,针对原告人或者上诉人提出的诉讼请求及其理由,向人民法院进行答复或辩驳的一种书状。

3. 上诉状

上诉状是指诉讼当事人对一审法院的判决或裁定不服,依照法律规定的期限和程序,向上一级人民法院提起上诉,请求重新审判的书状。

4. 申诉状

申诉状是指诉讼当事人及其诉讼代理人或其他公民,对已经发生法律效力的法院判决或裁定不服,认为存在错误,向人民法院请求重新审查案件的书状。

5. 申请书

申请书是在诉讼过程中当事人为解决某一具体问题,向司法机关提出请求而写的文书。申请书具有内容单一、使用广泛的特点,贯穿于诉讼的全过程。

二、经济诉讼文书的写作

（一）经济诉讼文书的写作格式

经济诉讼文书通常包括首部、请求事项、事实和理由、尾部及附项五个部分。

1. 首部

该部分主要写明以下两方面的内容：

（1）标题。这是诉讼文书的名称，一般要反映案件类别和文种，如可直接写"经济纠纷起诉状"或"民事诉状"等。

（2）当事人的基本情况。按照先原告后被告的顺序，依次写清各方当事人的姓名、性别、年龄、民族、籍贯、职业、工作单位、住址等自然情况。凡属单位起诉的，应注明单位全称、地址及其法定代表人的姓名、职务等自然情况。如有诉讼代理人，应注明代理人姓名、单位、代理权限等情况；如有两个以上的原告或被告，应按其在经济纠纷案件的地位，从重要到一般的顺序依次列出。

2. 请求事项

该部分是原告的诉讼意图和目的的体现。写请求事项应注意两点：一是内容明确、具体，例如，请求事项为履行合同，就应写明是请求法院判决履行合同的全部条款，还是部分条款；二是要求合理适度，不仅要依循有关法律条文，而且要考虑被告的经济状况和负担能力。

3. 事实和理由

这是经济诉讼文书的核心内容，是请求人民法院受理案件，裁决当事人之间的权益纠纷或争议的重要依据。该部分的内容主要有：

（1）介绍情况。写明经济纠纷发生的原因、时间、地点、经过、结果等，并注意分清责任，明确当事人各方争执的焦点和实质性分歧。

（2）列举证据。要把证明被告人侵权行为的证据一一列出。此外，还要说明各种证据的来源及证人的姓名、职业、住址等情况。

（3）阐明道理。根据事实和证据，认定被告侵权行为的性质、危害、后果及责任。引用法律条文，说明提起诉讼、提出请求的理由和根据。

4. 尾部

该部分主要包括三项内容：一是经济诉讼文书所送交的人民法院，分两行写"此致"和"×× 法院"；二是具状人签名并盖章；三是注明具状的具体日期。

5. 附项

该部分写明诉状副本多少份，物证多少件，书证多少件。

（二）经济诉讼文书的写作要求

1. 写作体式要合乎规范

诉讼文书属于司法文书，撰写诉讼文书要严格依循有关格式的规定，语言表达要得体。

2. 诉讼事实要真实可靠

在撰写诉讼文书时，必须实事求是地反映情况，力求做到实事求是、具体清楚、抓住重点、证据确凿。

3. 诉讼证据要确凿无误

在诉讼中，列举证据是为证明事实，各类证据要在认真查对后使用，在提出时要对其可信度做必要说明，提供伪证要受到法律的制裁。

4. 诉讼理由要有根据

阐明理由,讲清道理,提出主张,必须依照有关法律或政策规定。引用具体法律条款或政策条文,一定要确切、适应,不能断章取义或牵强附会。

5. 诉讼请求或案由要明确具体

这部分内容是否明确具体,常常直接关系到案件的审理和裁决情况。

三、例文

经济纠纷起诉状

原告方:单位全称、地址(如系个人,则写明姓名、性别、年龄、民族、职业、工作单位、住址)

法定代理人:姓名、职务

委托代理人:姓名、性别、职务(以及与被代理人的关系)

被告方:(写法同上)

案由:_____

诉讼请求:_____

诉讼理由(或事实和理由):_____

此致

××××人民法院

起诉人:(签字并盖章)
法定代表人:(签字并盖章)
××××年××月××日

附件:1. 本状副本×份

  2. 书证×件

  3. 物证×件

  4. 证人×××,住××省××市××区××路××号

第七节　审计报告

一、审计报告概述

(一)审计报告的概念

审计报告是审计人员根据审计任务完成情况和审计的结果,向委托者或授权者提交的全面反映审计情况、分析结论、评价结果及处理意见等的书面报告。

(二)审计报告的特点

1. 合法性

依法审计是审计监督的基本原则。审计工作的实施者及审计报告的撰写人必须是专业人员,审计活动的进行必须以法律法规为准绳。

2. 客观性

审计报告要求内容真实、结论可靠,写入审计报告的看法和结论,必须以事实为依据。

3. 权威性

审计结论带有强制性和指令性,特别是由国家审计机关制发的审计报告,有关单位和人员必须认真对待和执行,如有异议,可按特定程序提出复审要求,但不能置之不理。

4. 公正性

审计人员要对大量的财务资料加以核查,保证审计报告内容的可信度和明确性,使之能够发挥证明的效用。

5. 回复性

审计工作通常是受特定机关的委托进行的,审计范围、审计内容等的确定,必须遵从委托机关的要求,把委托机关最想了解的情况写得详细、具体,为委托机关处理问题创造便利条件。

(三)审计报告的分类

1. 按内容划分

审计报告可分为经济效益审计报告、财经法纪审计报告、财政财务报表审计报告三类:经济效益审计报告是审计人员对被审计单位经济活动的有效性、合理性进行审计后写成的报告;财经法纪审计报告是审计人员对被审计单位各项财经纪律的遵守情况进行审查后写成的报告;财政财务报表审计报告是审计人员对被审计单位财政收支情况、财务核算情况及经营计划的实施情况等进行审计后写出的报告。

2. 按性质划分

审计报告可分为内部审计报告和外部审计报告两类:内部审计报告是有关单位对本部门、本单位进行审查后写成的报告;外部审计报告是由国家审计机关或社会审计机构对被审计单位审查后写成的报告。

3. 按详略程度划分

审计报告可分为内容简略的审计报告和内容详实的审计报告两类:前者大多对外公布,写作特点是简要说明审计过程、审计结果、审计结论等;后者在写作时要对审计过程、结果、结论做详细的说明。

二、审计报告的写作

(一)审计报告的写作格式

审计报告一般由以下五部分构成:

1. 标题

一般由审计机关、审计项目和文种构成,如"××市审计局关于××公司财务决算的审计报告";有的审计报告省去审计机关,由审计项目和文种构成,如"关于××省××公司违反财经纪律的审计报告";有的审计报告省去审计项目,由审计机关和文种构成,如"××审计局审计报告"。

2. 主送机关

审计工作的委托机关或单位是审计报告的主送机关,其名称要在标题之下、正文之上写明。有的审计报告此项可以省略。

3. 正文

正文主要包括:

(1)前言。主要是对审计工作的概况加以介绍。

（2）情况。集中写明被审计单位的情况,通常要用精确的数字反映各项经济指标。

（3）问题。需详细写明在审计中发现的问题,这是审计报告中非常重要的一项,是结论、意见、建议提出的出发点。

（4）结论。主要是根据事实,明确对审计对象的看法,得出结论。

（5）意见。主要是指对问题提出的处理意见。

（6）建议。主要是针对问题提出工作措施或办法。

（7）附件说明。在审计报告之后附有其他材料的,要在正文的最后标明其名称、份数。

4. 落款

审计人员签名盖章,注明撰写审计报告的日期。

5. 抄送单位

除主送机关外,如有其他需了解审计报告内容的单位或部门,则应在最后注明。

（二）审计报告的写作要求

1. 实事求是

立场公正、评价客观、实事求是地反映情况、研究问题,是使审计报告具有客观性和权威性的首要前提。

2. 有较强的法制观念和较高的政策水平

审计报告具有一定的法律效应,撰写审计报告必须做到依法办事,照章办事;要熟练地掌握政策法规的尺度,准确地确定问题的性质。

3. 具备足够的业务知识

审计工作是一项专业性极强的工作,工作人员除了要掌握审计专业知识以外,还必须掌握充足的财务会计、经营管理及调查研究、专业写作等方面的业务知识。

三、例文

××银行××××年度资产负债损益审计报告

按照《中华人民共和国审计法》规定,审计署××××年××月至××月对××银行××××年度资产负债损益情况进行审计,重点审计了总行及7家分行,涉及资产总额××××亿元,占全行资产总额的32%。对审计范围内的重大事项做了必要延伸。

一、基本情况及审计评价意见

（一）银行概况（略）

（二）财务报表反映情况（略）

（三）审计结果概述（略）

二、审计发现的主要问题

（一）违规发放贷款（数据略）

（二）违规处置不良贷款（数据略）

此外,该行还存在参加由与本行有业务往来的企业组织付费的海外培训和考察活动、违反财务审批程序列支费用等问题。

三、审计处理及整改情况

对审计发现的问题，××银行正在组织进行整改，目前已完善规章制度××项，并对相关责任人进行了处理。具体整改结果由该行向社会公告。

附件：证明材料

审计组组长：×××

审计组成员：×××　×××

××××年××月××日

第八节　股份制文书

一、股份制文书概述

（一）股份制文书的概念

股份制文书是专门由股份制企业在其经营活动中制作和使用的各类文书的总称，是股份制企业用以处理其经营事务，反映其经营状况的专用文书。

（二）股份制文书的特点

1. 专业性

股份制文书的写作，要求有关机构或人员必须具备专业知识，具有较强的专业性。

2. 准确性

股份制文书中所用材料必须绝对真实可靠，没有任何虚假成分；股份制文书的内容必须全面详尽，应当写人的事项不能有任何遗漏。

3. 时效性

股份制文书按时报送和公布，才能发挥其特定效用，对股份制文书的时效性的规定，直接关系到文书本身的效用性和经营活动的合法性。

（三）股份制文书的分类

1. 设立股份公司的申请书

应写明的事项通常有：发起人的名称、住所及法定代表人，拟设公司的名称及宗旨，公司设立后的资金投向和经营范围，公司设立的方法，股本总额及发起人认购数额所占的比重，股份募集范围及途径，公司的股权结构，发起人的情况及其资信证明等。

2. 设立股份公司的可行性研究报告

这是设立股份公司需要提交的重要文件，要在真实反映情况的基础上，做恰当的分析和科学的预测。

3. 公司章程

就内容而言，公司章程是明确公司组织机构和经营活动的基本规则的文件；就实际效用而言，公司章程则是当事人之间（或与涉及的第三者之间）约定各自行业的带有法律意义的契约性文书。

4. 发起人协议书

其作用在于明确各发起人在设立公司过程中的权利和义务，制约各发起人的行为，并用作申办设立公司的有关手续的有效凭据和解决发起人之间的矛盾与纠纷的法律依据。

5. 出资证明书

应写明的事项主要有：公司名称、公司登记日期、公司注册资本、股东的姓名或者名称、缴纳的出资额和出资日期、出资证明书的编号和核发日期。

6. 招股说明书

股份有限公司发行股票，应按照规定编制招股说明书。发行人必须将一切对投资者进行投资判读有重大影响的信息予以披露，以利于投资者更好地做出投资决策，是编制招股说明书的基本原则。

7. 上市公告书

股票上市公告书是按照"股票获准在证券交易所交易后，上市公司应当公布上市公告"的规定，向公众披露有关上市、发行情况，以利于公众对此有进一步了解，帮助投资者做出投资抉择。

8. 定期报告

主要包括中期报告和年度报告：中期报告又称为中期业绩报告、半年度报告，是反映公司经营情况及具体财务数据的，具有小结和汇报功能的材料，应"在每个会计年度的前 6 个月结束后 60 日内提交"；年度报告又称年度财务报告，与中期报告的性质和功能相同，应"在每个会计年度结束后 120 日内提交经注册会计师审计的年度报告"。

9. 临时报告

主要有两种：一是重大事件公告。公司发生重大事件，应当编制重大事件公告书，对可能对公司的股票价格产生重大影响的事件真相及其实质进行说明。二是公司收购公告。

临时报送公告的报送和公布方法同定期报告大致相同。

10. 股票发售通告或股票认购申请表发售通告

股份有限公司在股票获准公开上市发售时，应发布股票发售通告，说明股票发售办法。

二、几种常用的股份制文书的写作

（一）招股说明书的写作格式

招股说明书既是企业发行股票必备的申报文件之一，又是股票获准发行后必须披露的信息材料之一，按照中国证监会颁布的《招股说明书的内容与格式》中的规定，招股说明书一般由以下五部分构成：

1. 封面

封面主要包括发行人的名称及公司住所、"招股说明书"字样、发行股票的类型、重要提示、股票信息、发行方式及发行期、拟上市证券交易场所、主承销商、推荐人、签署日期等信息。

2. 目录

目录包括每一节的标题及相应的页数。

3. 正文

正文主要包括：关键内容摘要，释义（对特定词语的解释说明），绪言（旨在提醒投资人自行负担买卖该发行人股票产生的后果及所应支付的税款），发售新股的有关当事人，风险因素与对策，募集资金的运用，股利分配政策，验资报告，承销，发行人情况，发行人公司章程或公司章程草案的摘录，董事、监事、高级管理人员及重要职员，经营业绩，股本，债项，主要固定资产，财务会计资料，资产评估，盈利预测，公司发展规划，董事会成员及承销团成员对重要合同及重大事项的签署意见。

4. 附录

附录主要包括:财务报表差异调节表、盈利预测报告和注册会计的意见、验资报告、法律意见书、发行人的公司章程细则、发行人的营业执照、关于本次发行的股东大会公告及决议。

5. 备查文件

备查文件主要包括:审计报告、财务报表及附注,发行人成立的注册登记文件,主管部门和证券交易所批准发行上市的文件,承销协议,国家资产管理部门关于资产评估的确认报告,发行人改组的其他有关资料,重要合同,证监会要求的其他文件。

（二）年度报告的写作格式

1. 封面及目录

封面应标明公司的正式名称、"年度报告"字样及报告的年份,也可标上公司的外文名称、徽章或其他标记的图案。

2. 正文

主要内容包括公司简介、会计数据和业务数据摘要、董事长和总经理的业务报告、董事会报告、财务报告、公司在报告年度内发生的重大事件及其披露情况简介、关联企业、有关本公司的参考消息等。

3. 备查文件

在披露年度报告后公司在办公地点备置的有关文件,在报告中应明确备查文件是否齐备、完整。

（三）中期报告的写作格式

1. 标题

一般包括公司名称、年度和文种几个要素。

2. 题注

主要用以注明报告所反映的经营情况的时限。

3. 说明

主要写明制发报告的根据,解释报告内容,明确对其真实性、准确性、完整性负责的责任和义务。

4. 正文

该部分主要包括以下两部分内容:

（1）财务报告。一般包括财务报表和财务报表附注两项内容。财务报表应包括资产负债表和损益表,财务报表附注主要对一些情况的变化进行说明。

（2）重大事件的说明。公司须列出在报告期内发生的须予披露的重大事件,如已公告,此处可将重大事件的主要内容及披露情况简要介绍;如无重大事件,应明确说明"本报告期内公司无重大诉讼、仲裁事项"。

5. 备查文件

在报告中应明确说明备查文件是否齐备、完整。备查文件是在披露中期报告后公司在办公地点备置的有关文件,主要包括:

（1）载有法定代表人签字的中期报告原本;

（2）载有单位负责人、主管会计负责人、会计机构负责人签名并盖章的财务报告文本;

（3）载有会计师事务所盖章、注册会计师签名并盖章的审计报告文本（如有）;

（4）报告期内在中国证监会指定报刊上公开披露过的所有文件的正本及公告的原稿;

（5）在其他证券市场披露的中期报告文本；

（6）其他有关文件。

（四）股份制文书的写作要求

1. 必须深入了解并严格遵守国家法规

股份制文书是规范化程度较强的文种，一定要认真阅读国家相关法规及有关规定，严格按照要求去写。

2. 要注意发挥证券中介机构的作用

证券中介机构在股份制运作中有着不可或缺的作用，因此，在制作股份制文书时一定要注意与其合作，发挥其作用，以保证股份制文书的有效性和高质量。

三、例文

×× 股份有限公司 2014 年度报告

第一节　重要提示、目录和释义（略）

第二节　公司简介

一、公司信息

二、联系人及联系方式

三、信息披露及备置地点

四、公司历史沿革

第三节　会计数据和财务指标摘要

一、主要会计数据和财务指标

二、境内外会计准则下会计数据差异

三、非经常性损益的项目及金额

四、重大风险提示

第四节　董事会报告

一、管理层的讨论与分析

二、公司未来发展的展望

三、董事会对会计师事务所本报告期"非标准审计报告"的说明

四、董事会关于本报告期会计政策、会计估计变更或重要前期差错更正的说明

五、公司利润分配及分红派息情况

六、内幕信息知情人管理制度的建立和执行情况

七、报告期内接待调研、沟通、采访等活动登记表

第五节　重要事项

一、重大诉讼仲裁事项

二、上市公司发生控股股东及其关联方非经营性占用资金情况

三、破产重整相关事项

四、资产交易事项

五、公司股权激励的实施情况及影响

六、重大关联交易

七、重大合同及其履行情况

八、承诺事项履行情况

九、聘任、解聘会计师事务所情况

十、上市公司及其董事、监事、高级管理人员、公司股东、实际控制人和收购人处罚及整改情况

第六节　股份变动及股东情况(略)

第七节　董事、监事、高级管理人员和员工情况(略)

第八节　公司治理(略)

第九节　财务报告(略)

第十节　备查文件目录(略)

第九节　商业广告

一、商业广告概述

(一)商业广告的概念

商业广告又称营利性广告或经济广告,是以销售为导向,以付费的方式,通过一定的媒介,向受众人群介绍商品的质量、功能、价格、品牌、生产厂家、销售地点等信息,以期达到一定目的的有责任的信息传播活动。

(二)商业广告的特点

1. 信息性

商业广告必须介绍商品的相关信息,才能让人们了解该商品,以达到商品推介、扩大知名度、获取经济效益的宣传目的。内容的信息性是一切广告的共性。

2. 营利性

商业广告通过大众传播媒介所进行的有关商品、劳务、观念等方面信息的有说服力的销售促进活动,是以营利为主的广告。

3. 竞争性

商业广告作为竞争性的商业行为,其目的是争取消费者,满足其需要,促成其购买行为。因此,具有良好竞争性的商业广告堪称成功的广告,而成功的广告是开拓市场、占据市场的第一步。

(三)商业广告的分类

1. 按传播媒介划分

商业广告可分为四大传媒广告、印刷招贴广告、户外广告、售点广告、邮寄广告、网络广告等。

2. 按传播范围划分

商业广告可分为国际广告、全国性广告、地区性广告、商场广告等。

3. 按诉求形态划分

商业广告可分为情感性广告、说明性广告、悬念性广告、趣味性广告等。

4. 按照进入市场的周期划分

商业广告可分为导入期广告、成长期广告、成熟期广告、衰退期广告等。

二、商业广告的构成要素

它包含广告内容的构成要素和广告造型的构成要素两个方面。

（一）广告内容的构成要素

1. 标题

该部分包括主标题和副标题，是对广告文案命名或表现广告主题的短文或题目，是广告文案主要内容的高度概括。广告标题一般在最上方或最显著的位置以特别字体或特别语气进行突出表现。有些广告没有标题。

2. 标语

标语也称口号，是表达商品性质和企业风格的短句。成功的广告标语能够打动消费者，让人在情感上产生共鸣，从而产生认同、接受的心理，甚至会主动传播。因此，广告标语应写得幽默、自然，既有真情，又兼具趣味，让人回味无穷。有些广告口号与标题合二为一。

3. 正文

正文是指广告文案中处于主体地位的语言、文字，主要作用是对商品展开解释或说明广告主题，对广告信息进行较详细地介绍，对目标消费者展开细部诉求，使其了解到各种希望了解的信息，产生购买兴趣，促进购买行为。有些广告没有正文只有标题。

4. 企业名

该部分包括企业全名、地址和电话。

（二）广告造型的构成要素

1. 商标

商标是指生产者、经营者为使自己的商品或服务与他人的商品或服务相区别，而使用的一种用于商品及其包装上的一种可视性标志，一般由文字、图形、字母、数字、三维标志和色彩组成。

2. 商品名

商品名是指为了区别于其他商品而使用的商品的称呼，可分为通用名称和特定名称。

3. 插图

插图主要包括摄影、插图、版面及图表等。

4. 轮廓

轮廓即外框，也叫边框，是指文字、表格或图片的外围框线。

三、商业广告的设计要求

（一）要具有感染力

广告标题要精当凝练，语言不能过于含蓄，也不能过于平淡，要吸引消费者的注意，激发消费者的想象。如"人类失去联想，世界将会怎样？"（联想计算机），这则标题就耐人寻味、引人深思，具有较强的感染力。

（二）要出奇制胜

商业广告要善于出新、出奇，拾人牙慧、人云亦云的广告很难吸引消费者的注意，且容易让人生厌，而新颖生动的广告则很容易引人注意，唤起消费者的购买欲望。

（三）商品信息要真实

神化或捏造商品功能的广告都可视为虚假广告，成功的商业广告既擅长在煽情的语言中如实地概括商品功能，也注重在求新的创意中形象地展现商品特点，而不是过度夸大甚至是虚构。

三、例文

雀巢咖啡广告文案（报纸系列）

文案要求：突出雀巢咖啡的味道

【系列一】

（一）标题：萎靡

（二）正文：昨晚那个 case 折腾到凌晨 3 点才睡觉，早上 7 点半还要准时起床上班。现在眼睛都不想睁开了。还好，我昨天买了雀巢咖啡，有了它可以让我精神倍增。每天早上，好的开始，是希望的味道，味道好极了。

（三）广告语：希望的味道，味道好极了

【系列二】

（一）标题：郁闷

（二）正文：一个上午的事情总算忙完，我慢慢搅动这杯雀巢，想着我的 TA，想 TA 在身边就好了，不自觉郁闷了。还好，有 TA 送的雀巢和我为伴，也很满足。雀巢咖啡，给我恋爱的味道，味道好极了。

（三）广告语：恋爱的味道，味道好极了

【系列三】

（一）标题：头痛

（二）正文：忙碌的一天结束了，回到我的小家，泡一杯雀巢咖啡消去我所有的琐碎问题，品味我充实的每一天。雀巢咖啡，伴我每一刻，给我生活的味道，味道好极了。

（三）广告语：生活的味道，味道好极了

思考与练习 ●●●

1. 掌握市场预测报告的写作格式及要求。

2. 模拟成立公司，以小组为单位完成投标书的写作。

3. 写一个"伊利牛奶"的广告文案，重点突出商品的味道。

第四章

法律文书写作

第一节　法律文书概述

一、法律文书的概念

法律文书是指我国公安机关(含国家安全机关)、检察院、法院、监狱或劳改机关以及公证机关、仲裁机关依法制作的处理各类诉讼案件和非诉讼案件的法律文书和案件当事人、律师及律师事务所自书或代书的具有法律效力或法律意义的文书的总称,亦即指规范性法律文书(国家立法机关颁布的各种法律)以外,所有非规范性的法律文书的总称。

二、法律文书的特点

(一)适用法律的严肃性

适用法律的严肃性主要表现在两个方面:一方面法律文书的制作,必须严格依法办事,事实必须真实、清楚,证据必须确凿、充分,论证必须严密、理由充足,结论必须正确、符合法律要求,语言必须严谨、明确,切忌模棱两可、含糊其辞;另一方面法律文书的制作,必须严格依照法定程序进行。

(二)事实认定的客观性

认定事实的客观性包括三个方面:一是要准确揭示案件的本来面貌;二是要全面阐述案

件的各个侧面；三是要准确表达案件关键部分的事实。

（三）生效执行的权威性

这种权威性具体表现在法律文书制作的合法性、执行的强制性和解释的单一性三个方面：第一，制作法律文书的主体必须具有相应的合法资格；第二，法律是依靠国家的强制力保证实施的，法律文书的许多文种都具有法律强制执行的效力，以此来保证法律实施的权威性；第三，法律文书的解释必须是单一性的，不能有任何词语的歧义和模棱两可的提法。

（四）行文格式的规范性

法律文书在长期的法律实践过程中逐步形成了相对稳定的行文格式，依照法律的规定，按照一定的格式，把特定的内容和项目简明扼要、条理清晰地表达出来，不仅是形式上的需要，便于制作、查阅、管理和执行，而且还是法律文书管理的规范化和科学化的需要，唯有规范的法律文书，才能保证其完整、准确和有效。

（五）语言文字的准确性

法律文书的语言表述必须与法律的精神相一致，必须与法律规定的提法相同。语言风格力求朴实简练、通俗易懂，不用或少用各种修辞手法，不能滥用文言文；造句多用肯定、陈述、判断句式，少用或不用反问、设问、疑问、感叹等加强语气和感情色彩的句式。

第二节　起诉书

一、起诉书概述

（一）起诉书的概念

起诉书也叫起诉状，是指在诉讼过程中，公民、法人和非法人团体向法院提起诉讼的法律文书。起诉状俗称"状子"，它是司法公文中使用频率最高的一个文种。别人侵犯了自身的合法权益，依法提起诉讼，要"告状"，就必须写起诉状。

（二）起诉书的分类

根据诉讼性质和目的不同，起诉书可以分为民事起诉书、行政起诉书和刑事自诉书三类。

二、起诉书的写作

起诉书通常是由首部、正文和尾部三部分组成。

（一）首部

1. 注明文书名称

在首页正上方标明"起诉书"或"起诉状"。

2. 当事人的基本情况

当事人是公民的，写明其姓名、性别、年龄、民族、籍贯、工作单位和住址。如果当事人不具有民事诉讼行为能力，应写明法定代理人的基本情况，并写明其与当事人的关系；当事人是法人或其他组织的，应写明其全称、地址、法定代表人姓名、职务、电话、企业性质、工商登记核准号、经营范围和方式、开户银行及账号等内容。当事人应依次写明原告、被告、第三人，如果有数个原告、被告、第三人，则依据他们在案件中的地位和作用，分别依次排列。当事人委托了诉讼代理人，应在各自委托人后写明其姓名及所在律师事务所名称。

（二）正文

正文包括诉讼请求、依据的事实和理由及有关证据材料。

1. 诉讼请求

诉讼请求是当事人通过人民法院向对方当事人所主张的具体权利,在起诉状中则表现为原告请求法院审理的具体事项。诉讼请求的提出应当明确、合法、具体,应根据事实和法律,慎重、周密地提出请求,切忌含糊、笼统,更不可无视事实和法律提出无理或非法的要求。

2. 事实和理由

这是起诉状的核心部分,是请求人民法院裁决当事人之间权益纠纷和争议的重要依据。首先,应针对诉讼请求,全面、客观、详细地阐明当事人双方争议的事实或被告侵权的事实。主要写清当事人之间的法律关系,双方纠纷的发生和发展情况,当事人之间争执的主要焦点和双方对民事权益争执的具体内容,与案件有直接关联的客观情况和实质性分歧意见。然后,依据事实,分析出双方纠纷的性质,被告所应承担的责任,根据有关法律规定阐明理由,分清是非责任,以论证其诉讼请求的合情、合理、合法。

阐明事实和理由时,应注意:第一,事实、理由的陈述要与诉讼要求一致,不能相互矛盾,也不可脱离诉讼请求无目的地讲事实。第二,事实的叙述应具体、清晰、层次分明、详略得当,交代清楚与争议有关的关键情节,以便使法院迅速了解双方争议焦点所在,明确调查、审理的重点。第三,阐明理由时,应以事实为依据,以法律为准绳。针对所述事实阐明理由,并以法律规定为依据,证明其诉讼请求的合理性和合法性,从事实和法律上有力地支持其诉讼请求,切不可胡编乱造,强词夺理。第四,案情简单的,事实和理由可以合写,边叙述事实边阐述理由。

3. 证据

写明向人民法院提供的能够证明案情的证据的名称、件数或证据线索,并写明证据来源。有证人的,则应写明证人的姓名和住址。

（三）尾部

1. 写明提交机关

写致送单位名称,如"此致 ××× 人民法院"。

2. 原告签名及起诉日期

如果原告是法人或其他组织应加盖公章;如果起诉状是委托律师代书,则在起诉日期下写明代书律师姓名及其所在律师事务所名称。

3. 附项

应附上本起诉状副本,副本份数应按被告(包括第三人)的人数提交。随起诉状一起提交证据的,列明证据的名称、数量。

三、例文

民事起诉书

原告:杨 ×,男,1963 年 6 月 12 日出生,现住 ×× 市甲区 ×× 街道 12 组 97 号。

被告:李 ×,男,1954 年 3 月 12 日出生,现住 ×× 市乙区 ×× 街道 18 组 12 号。

诉讼请求:

1. 李 × 返还杨 × 欠款 18 000 元人民币。

2. 诉讼费 ×× 元由李 × 承担。

事实与理由：

2014 年 4 月 1 日,李 × 因经营资金紧张向杨 × 借款 18 000 元用于周转,写下借条并约定 6 个月后一次还清欠款,利息按照银行同期贷款利息支付。到期后,李 × 以没钱为由拒绝归还。

证据和证据来源、证人姓名和住址：

1. 李 × 所写欠条一张。

2. 见证人王 ×,×× 市甲区 ×× 街道司法所长。

此致

×× 人民法院

起诉人:杨 ×

2015 年 3 月 5 日

附:本诉状副本 1 份

第三节　答辩书

一、答辩书概述

（一）答辩书的概念

答辩书也称为答辩状,是被告人、被上诉人针对起诉书、上诉书的内容,在法定期限内根据事实和法律进行回答和辩驳的文书。

（二）答辩书的分类

根据法律适用范围,可分为民事答辩书、行政答辩书、刑事答辩书。

根据法律审判程序的不同,可分为起诉答辩书、上诉答辩书。其中,针对起诉书提出的答辩书称为起诉答辩书,又叫一审答辩书;针对上诉书提出的答辩书称为上诉答辩书,又叫二审答辩书。

二、答辩书的写作

答辩书通常是由首部、正文和尾部三部分组成。

（一）首部

1. 标题

居中写明"答辩书"或"民事答辩书"等。

2. 答辩人的基本情况

写明答辩人的姓名、性别、出生日期、民族、职业、工作单位和职务、住址等。如答辩人系无诉讼行为能力人,应在其项后写明其法定代理人的姓名、性别、出生日期、民族、职业、工作单位和职务、住址、与答辩人的关系;答辩人是法人或其他组织的,应写明其名称和所在地址、法定代表人(或主要负责人)的姓名和职务。如答辩人委托律师代理诉讼,应在其项后写明代理律师的姓名及所在律师事务所名称。

（二）正文

正文部分一般包括答辩缘由、答辩理由、答辩请求、证据等内容构成。

1. 答辩缘由

一般用"答辩人因××××一案,提出答辩如下:"作为过渡,下接理由部分。

2. 答辩理由

应针对原告或上诉人的诉讼请求及其所依据的事实与理由进行反驳与辩解。被上诉人的答辩主要从实际方面针对上诉人的事实、理由、证据和请求事项进行答辩,全面否定或部分否定其所依据的事实和证据,从而否定其理由和诉讼请求。

一审被告的答辩还可以从程序方面进行答辩,如提出原告不是正当的原告,或原告起诉的案件不属于受诉法院管辖,或原告的起诉不符合法定的起诉条件,说明原告无权起诉或起诉不合法,从而否定案件。无论一审被告,还是二审被上诉人提出答辩理由,都要实事求是,要有证据。

3. 答辩请求

答辩请求是答辩人在阐明答辩理由的基础上,针对原告的诉讼请求,向人民法院提出应根据有关法律规定保护答辩人的合法权益的请求。

4. 证据

答辩中有关举证事项,应写明证据的名称、件数、来源或证据线索。有证人的,应写明证人的姓名、住址。

(三)尾部

1. 写明提交机关

写致送单位名称,如"此致×××人民法院"。

2. 答辩人签名及答辩时间

答辩人是法人或其他组织的,应写明全称,并加盖单位公章。

3. 附项

主要应当写明答辩状副本份数和有关证据情况。

三、例文

刑事答辩状

答辩人:何××,女,36岁,汉族,××省××市人,××省××市××局干部,住××市政府机关宿舍××栋××号。

被答辩人:陈××,男,35岁,汉族,××省××市人,××省××市××局干部,住××市政府机关宿舍××栋××号。

答辩人因陈××指控答辩人犯诽谤罪一案,现提出如下答辩:

一、答辩人的行为不构成诽谤罪

依照《中华人民共和国刑法》第一百四十五条的规定,诽谤罪指故意捏造事实并加以散布,公然损害他人人格和名誉,情节严重的行为。构成诽谤罪的主要条件:一是要有捏造并公然散布有损于他人名誉、人格的事实;二是出于故意,目的在于损害他人名誉和人格;三是必须情节严重。

从本案情况来看,首先,我没有捏造有损陈××名誉和人格的事实。2012年6月17日,陈××在办公室内与他人发生两性关系,是我单位同事刘××、胡××亲眼所见,后来向我和我处王××处长做了反映,还有胡××、王××处长的证言为证,并非我的捏造。其次,我没有有意损害陈××的名誉和人格。我是在6月28日单位党组织生活会上对陈××的生活作风问题提出批评的,目的在于希望陈××引以为戒,能够吸取教训,加以改正,做一名合格的共产党员,这是很正常的同志式的批评意见,怎能被视为故意损害他人名誉和人格呢?难道陈××犯了错误,就不能在组织内部进行批评教育吗?由于我的所作所为并不具备诽谤罪成立的条件,所以不构成犯罪。

二、陈××的行为应当受到舆论和道德的谴责,人民法院应当驳回其诉讼请求

陈××犯了错误,本应吸取教训,注意改正,但陈××却采取恶人先告状的错误做法,向人民法院提起诉讼,请求人民法院追究我的"刑事责任",并对他给予"精神损失赔偿"。我认为,对陈××这种知错不改、拒绝批评、一错再错的行为,应当给予舆论和道德的谴责。在这里,我请求人民法院查明事实真相,驳回陈××的诉讼请求,并给予相应的处罚,以寻求司法公正和对公民合法权益的保护。

证据和证据来源、证人姓名和住所:

1. 证人胡××证言;

2. 证人王××处长证言;

3. 证人刘××证言;

4. 胡××,住××市××区××路××号;王××,住××市××区××路××号;刘××,住××市××区××路××号。

此致

××省××市××区人民法院

答辩人:何××
××年××月××日

附:本状副本1份

第四节　上诉书

一、上诉书概述

(一)上诉书的概念

上诉书是指当事人对一审法院的判决书或裁定不服时,在拿到判决书的一定期限内(民事案件是十五天,刑事案件是十天),判决生效前,当事人所要履行的上诉程序中向上一级法院递交的说明情况并提出上诉,要求上一级法院对案件进行二审审理的法律文书。

(二)上诉书的分类

上诉书一般分为民事上诉书、行政上诉书、刑事上诉书等。

二、上诉书的写作

上诉书通常由首部、正文和尾部三部分组成。

(一)首部

1. 注明文书名称

在首页正上方标明"上诉书"。

2. 当事人的基本情况

应当分别写明上诉人、被上诉人的姓名、性别、年龄、民族、籍贯、工作单位和住址等,并注明上诉人、被上诉人在一审程序中的诉讼地位。当事人是法人或其他组织的,应写明其全称、

地址、法定代表人姓名、职务、电话、企业性质、工商登记核准号、经营范围和方式、开户银行及账号等项内容。

3. 案由

这是一段具有承上启下作用的文字,包括案由、原审人民法院名称、判决或裁定的年月日、文书字号等。按文书格式的规定,应当表述为:"上诉人因××××一案,不服××××人民法院××××年××月××日×法民初字第×号判决(裁定),现提出上诉。"

(二)正文

正文是文书的核心内容,包括上诉请求和上诉理由。

1. 上诉请求

上诉请求是指上诉人请求上一级人民法院解决的具体问题。书写上诉请求应当明确、具体、详尽,写明上诉人请求二审人民法院依法撤销或者变更原审判决,以及如何解决本案民事权益争议的具体要求。

2. 上诉理由

上诉理由是文书的核心内容,应当作为重点进行论述。

阐明上诉理由应当突出重点,抓住要害,一般从下述几个方面进行论述:

一是针对原审认定事实的错误进行论证。事实是人民法院对案件做出裁决的基础,一审认定的事实如有错误或有出入,或者遗漏了重要事实,或者缺乏证据,做出的裁决就可能不正确。书写上诉状应当首先从事实入手,提出与原审认定的事实相对抗的客观事实真相,并列举确凿充分的证据加以证实。

二是针对原审适用法律的错误进行论证。人民法院审理案件,以事实为依据,以法律为准绳。原审法院适用的法律如果与事实不相适应,或者引用的法律条文不全面,或者曲解了法律条款等,都会导致裁决的错误。

三是针对原审违反法定程序进行论证。《中华人民共和国民事诉讼法》第一百五十三条规定:原判决违反法定程序,可能影响案件正确判决的,裁定撤销原判,发回原审人民法院重审。根据这一规定,原审法院在案件审理过程中如果违反了法律规定的诉讼程序,造成案件处理不当,在上诉理由中可以据实提出,作为要求改变原审判决的理由。

(三)尾部

1. 写明提交机关

写致送单位名称,如"此致×××人民法院"。

2. 上诉人签名及上诉时间

上诉人是法人或其他组织的,应写明全称,并加盖单位公章。

3. 附项

主要应当写明上诉状副本份数和有关证据情况。

三、例文

行政上诉书

上诉人(一审原告):王××,男,汉族,××××年××月××日出生,现住××县××镇××村。

被上诉人(一审被告):××县××镇人民政府,现住××县××镇×××××。

法定代表人:董××,镇长。

委托代理人:李××,副镇长。

案由:上诉人因不服××县人民法院(2010)×法行初字第22号行政判决,现提出上诉。上诉的请求和理由如下:

请求:因被上诉人的工作人员失职及在执行职务中给上诉人造成的损失,应由被上诉人承担行政侵权责任,并赔偿一切经济损失。

理由:上诉人与田××与1995年6月在福建省福州市务工时认识,1995年11月23日在被告处办理结婚登记。婚后双方感情不和。2000年1月6日,双方在××镇民政办办理离婚手续未果,第二日各自外出务工,后田××便杳无音讯。2010年××月,上诉人向××县人民法院××法庭起诉,要求与田××离婚。××法庭经调查发现,结婚证上田××的身份证号码系无效号码,由此上诉人才知道田××是用虚假身份办理结婚登记。被上诉人在办理结婚登记时,由于当时办理结婚登记工作人员的失误对田××的身份审核不严,导致原告之妻田××身份不明。其行为违反了国务院《婚姻登记管理条例》第九条"婚姻登记应当由当事人提交户口证明、居民身份证、所在单位、村民委员会或居民委员会出具的婚姻状况证明"的规定,给上诉人造成了间接经济损失。

《中华人民共和国宪法》第四十一条第三款规定:"由于国家机关和国家工作人员侵犯公民权利而受到损失的人,有依照法律规定取得赔偿的权利。"《中华人民共和国行政诉讼法》第六十七条第一款规定:"公民、法人或其他组织的合法权益受到行政机关或行政机关工作人员做出的具体行政行为侵犯造成损害的,有权请求赔偿。"

为了维护上诉人的合法权益,依法追究被上诉人及其工作人员的行政侵权赔偿责任,纠正其错误,特依据《中华人民共和国行政诉讼法》第五十八条之规定,向你院上诉,请求依法公正地审理此案,责成被上诉人赔偿所造成的经济损失。

此致

××市第二中级人民法院

上诉人:王××

××××年××月××日

附:上诉状副本1份

第五节　申诉书

一、申诉书概述

(一)申诉书的概念

申诉书指公民或法人因自身合法权益遭受侵害而向人民法院提起诉讼请求的文书。申诉书是诉讼当事人对已生效的裁定书、判决书、调解书,认为有错误,请求原审人民法院或上级法院给予复查纠正而书写的司法文书。

(二)申诉书的分类

申诉书可分为民事申诉书、行政申诉书、刑事申诉书。

（三）申诉书与上诉状的区别

申诉书的性质、作用、格式、内容以及写法与上诉状基本相同，只是写作程序和要求不同：申诉书的提出要经过受理案件的司法机关审查，认为原裁判确有错误，申诉合理合法，即通过审判监督程序对案件进行再审；上诉状的提出不管是否合理，二审人民法院都要进行审理，依法做出裁定。

二、申诉书的写作

申诉书一般由首部、正文、尾部三部分组成。

（一）首部

1. 注明文书名称

在首页正上方标明"申诉书"。

2. 申诉人和被申诉人基本情况

在其身份或有关基本事项之后，应注明其在原审或终审中的诉讼地位。

3. 案由

写明申诉的案件名称，做出生效判决（裁定）的人民法院的名称，判决（裁定）编号及制作日期，并表明对该裁判不服，提出申诉的态度。

（二）正文

1. 请求事项

概括写出请求人民法院解决什么问题，从原则上说明要求达到的目的。

2. 案件来源

写明申诉人不服的判决（裁定）的案件来源。如："申诉人因×××一案，不服人民法院于20××年×月×日〔20××〕××字第××字民事判决（裁定），现提出申诉。"

3. 申诉请求

主要写明请求重新审理。

4. 申诉理由

这是申诉书中的核心部分。通常从原判决或裁定认定的事实、引用法律和诉讼程序是否合法等方面进行辩驳，并写明请求再审的法律依据。

（三）尾部

1. 写明提交机关

写致送单位名称，如"此致×××人民法院"。

2. 申诉人署名或盖章

申诉人是法人或其他组织的，应写明全称，加盖单位公章，并注明具状的日期。

3. 附项

写明本状副本×份、物证×件、书证×件等。

三、例文

民事申诉书

申诉人（一审被告、二审上诉人）：××县××广播电视网络有限责任公司。

地址：××省××县××大楼。

法定代表人:宋××,总经理。

申诉人因触电人身损害赔偿纠纷一案,不服××省××县人民法院于 2006 年 6 月 22 日做出的(2006)×民初字第 92 号民事判决和××省××市中级人民法院于 2006 年 11 月 8 日做出的(2006)×民终字第 456 号民事判决,特依法提起申诉。

申诉事项:按照审判监督程序对上述两级法院做出的一、二审判决提出抗诉。

申诉的事实和理由:

两级法院一、二审判决以"××广电网络公司有责任对闭路电视线和闭路承载线与电力线同杆架设的问题进行整改,但未及时整改,同时在闭路电视线和闭路承载线被他人移动后,未及时维护管理,形成重大安全隐患,对事故的发生较之××电力公司的责任更大些"为由,判令上诉人承担 30%的赔偿责任,并承担连带责任,其认定事实的主要证据不足,适用法律确有错误。具体理由如下:

一、二审判决以"同杆架设形成重大安全隐患和未对同杆架设进行限期或及时整改"为由要××公司承担责任,其认定事实的主要证据不足,适用法律确有错误。

二、一、二审判决以"闭路电视线和闭路承载线被他人移动后,未及时维护管理,形成重大安全隐患"为由要××公司承担责任,其适用法律确有错误。

三、对本案的主要责任人之一××电力公司,一、二审判决均回避了其存在的另两项违章行为及其一连串违章行为在本案中所起的关键作用,反而认定"××公司对事故的发生较之××电力公司的责任更大些",其认定事实的主要证据不足;一、二审判决要××公司承担 30%的赔偿责任,仅判令××电力公司承担 20%的赔偿责任,其适用法律确有错误,且明显有袒护××电力公司之嫌。

综上所述,一、二审判决认定事实的主要证据不足,适用法律确有错误,对××公司做出了错误的裁决。为此,特根据《民事诉讼法》第十四条和第一百八十五条之规定提起申诉,请求贵院依法提出抗诉,实施法律监督。

此致
××市人民检察院

申请人:××县××广播电视网络有限责任公司
2006 年 12 月 1 日

附:1.(2006)×民初字第 92 号民事判决书
  2.(2006)×民终字第 456 号民事判决书

第六节 授权委托书

一、授权委托书概述

(一)授权委托书的概念

授权委托书是指当事人把代理权授予代理人的证明文书。

(二)授权委托书的分类

授权委托书可分为民事诉讼代理的授权委托书和民事代理的授权委托书。

（三）授权委托书的特点

1. 民事诉讼代理的授权委托书的特点

（1）它是当事人、第三人、法定代理人委托他人代书诉讼的一种文书，是委托代理人为被代理人进行诉讼活动的依据。只有委托人签名或盖章的授权委托书才能生效。

（2）它是根据被代理人在诉讼中的授权而成立的文书，规定了委托代理人的代理权限。委托代理人有了诉讼代理权，才能在代理权的范围内为被代理人行使诉讼行为，如查阅案卷、陈述辩论、审查证据等。被代理人授予的权限有多大，委托代理人就行使多大权限，受委托人无权行使没有授予的权限。委托代理人在代理权限内的诉讼行为，和当事人自己实施的诉讼行为有同等效力。委托代理人根据代理权所实施的一切诉讼行为，其法律上的后果一概由被代理人承担。

（3）它是被代理人向人民法院送交的文书。委托代理人的代理权确定之后，就可书写授权委托书。被代理人应当向受理案件的人民法院送交这种文书，以证明代理权的确定及其范围。变更或解除代理权时，被代理人应当书面报告人民法院，并通知有关当事人。案件在审结、裁判或双方和解后，授权委托书的效力即告终结，代理权也同时消失。

2. 民事代理的授权委托书的特点

（1）它是非诉讼性的委托代理文书。由被代理人委托代理人在一定权限范围内进行民事法律行为，如委托他人出卖、管理房屋等。由甲委托乙代理与丙订立房屋买卖契约，即是民事代理委托。

（2）它同样是根据被代理人的授权而成立的文书。被代理人授予的权限有多大，委托代理人就行使多大权限。委托人委托的权限，应当依法进行，不得违反法律、法令的规定。代理人必须出于被代理人的自愿，不得强行要求代理。委托人委托的代理权限应具体明确，不能笼统含糊。

（3）被代理人授权代理之后，应给予代理人授权委托书，作为代理的凭据。

二、授权委托书的写作

（一）民事诉讼代理的授权委托书

民事诉讼代理的授权委托书由以下四个部分组成：

1. 名称

应写明"诉讼委托书"。

2. 委托人和受委托人的个人基本情况

个人基本情况包括：姓名、性别、年龄、民族、籍贯、职业、住址等。

受委托人可以是当事人的近亲属，即夫妻、父母、成年子女和同胞兄弟姐妹；也可以是法律顾问处的律师、人民团体和当事人所在单位推荐的人；或者人民法院许可的其他公民。未成年或被剥夺政治权利的人，不能担任受委托人；参与案件审理的审判人员以及他们的近亲属，不能担任本案的受委托人。

3. 诉讼委托书的实质内容

包括三个方面的内容：

（1）委托代理案件的名称，如继承案、经济合同纠纷案等。

（2）根据法律规定，写明"委托人×××自愿委托×××，并经其同意为受委托人"。

（3）必须具体说明委托的事项和权限。委托人所委托代理的事项和权限根据委托人的授权而有所不同,诉讼委托书应说明是全权委托还是部分委托。如果是部分委托,则应说明具体的部分事项和权限。不论是何种委托,对于全部或部分放弃诉讼请求、承认诉讼请求、变更诉讼目的、与对方和解、不服判决提起上诉、领取所判财产等,都必须在诉讼委托书中特别予以说明,其目的是明确责任,以便受委托人按委托人明确的委托权限进行诉讼。如有超越代理权限的行为,对委托人不发生效力。按照诉讼委托书所规定的代理权所实施的一切诉讼行为,其法律后果均由委托人承担。因此,诉讼委托书在具体说明委托事项和权限时,其法律用语的含义应十分明确,不能笼统,如"给予法律上的帮助""部分诉讼代理"等含义不清的用语应当忌用。

4. 结尾

委托人、受委托人分别签名盖章,注明具体时间。

（二）民事代理的委托书

民事代理的委托书由以下四个部分组成:

1. 名称

应写明"委托书"或者"×××委托书"。

2. 委托人和受委托人的个人基本情况

个人基本情况包括:姓名、性别、年龄、民族、籍贯、职业、住址等。

3. 所规定的权限内容和范围

这是委托书的主体部分,应根据具体情况表述。如果是一次性有效的委托书,应当规定实施某一特定行为的权限;如果是专门委托书,应当规定在某一时期内实施同一行为的权限(如某企业委托某人出卖产品的委托书);如果是全权委托书,应当规定实施由于经营财产所产生的各种法律行为的权限(如全权代理处理房产的委托书)。

4. 结尾

委托人、受委托人分别签名、盖章,注明具体时间。

三、例文

例文一 --

诉讼委托书

委托人:姓名、性别、年龄、民族、籍贯、职业、工作单位、住址。

受委托人:姓名、性别、年龄、民族、籍贯、职业、工作单位、住址。

为××××一案,根据法律规定,×××自愿委托×××,并经其同意为受委托人,全权代表委托人出庭进行一切诉讼事宜。

委托人:×××(签名并盖章)

受委托人:×××(签名并盖章)

××××年××月××日

例文

委托书

委托人：姓名、性别、年龄、民族、籍贯、职业、工作单位、住址。

受委托人：姓名、性别、年龄、民族、籍贯、职业、工作单位、住址。

委托人×××自愿将其本人名下坐落在××路××巷××号二层楼一幢，委托×××全权代为处理有关房屋的租赁、居住、看管、使用、修缮、缴付房地产税等一切事宜，包括在委托人愿意出售该房屋时，代办出售过户手续。

委托人：×××（签名并盖章）

受委托人：×××（签名并盖章）

××××年××月××日

第七节　辩护词

一、辩护词概述

（一）辩护词的概念

辩护词是被告人及其辩护人在诉讼过程中根据事实和法律所提出的有利于被告人的材料和意见，部分或全部地对控诉的内容进行申述、辩解、反驳控诉，以证明被告人无罪、罪轻或提出应当减轻、甚至免除刑事责任的文书。

（二）辩护词的特点

辩护词的特点主要有以下几个方面：

1. 辩护词是由法定的人书写的一种文书

《中华人民共和国刑事诉讼法》第二十六条规定：被告人除自己行使辩护权以外，还可以委托律师、人民团体或被告人所在单位推荐的人、经人民法院许可的公民以及被告人的近亲属、监护人，为被告人进行辩护。这一规定说明了辩护词由法定的人书写。为保证侦查工作的顺利进行，在侦查阶段，被告人的辩护权只能由他自己行使。受被告人委托或经法院指定的辩护人，只能在案件的审判阶段，书写辩护词和在辩论中为被告辩护。

2. 辩护词是辩护人受被告人委托或经人民法院指定行使诉讼权利时所使用的文书

辩护人用辩护词为被告人辩护，是法律所赋予的一项诉讼权利。《中华人民共和国宪法》《中华人民共和国人民法院组织法》《中华人民共和国刑事诉讼法》都明确规定：被告人有权获得辩护，依法享有辩护权。辩护词正是这种辩护权的具体运用和体现。

3. 辩护词是辩护人根据事实和法律，维护被告人合法权益，履行职责的一种文书

辩护人在辩护中的责任，是证明被告人无罪、罪轻，或提出减轻、免除其刑事责任的材料和意见，以达到维护其合法权益的目的。辩护人并不一定保护被告人的一切利益，而只保护其合法权益。

4. 辩护词是辩护人在法庭上对一个案件提出意见和建议的文书

这种意见和建议是辩护人在认真分析案情真实的基础上提出的,要详述被告人的犯罪事实和个人情况,提出如何认定案件的性质和罪名,如何运用法律和适用的刑罚等。

二、辩护词的写作

在辩护的实践中,辩护词大体上已形成了一种较为固定的形式。但是由于案件是千差万别的,在辩护时又要根据审理的情况随时补充和修正辩护的内容,因此,其表述又比较灵活。

一般来说,辩护词有以下六个组成部分:

(一)名称

应标明"辩护词"或"×××××案的辩护词"。

(二)写明辩护人在法庭上进行辩护时向何人申述

一审案件的辩护词应在第一行顶格写"审判长、陪审员";二审案件应在第一行顶格写"审判长、审判员"。这不仅说明一、二审合议庭的组成人员不同,而且说明辩护人员是依法在合议庭、审判长的统一指挥下进行辩护的。

(三)辩护人出庭进行辩护的法律依据和表明对本案态度的基本观点

1. 写明辩护人出庭辩护的法律依据

《中华人民共和国宪法》规定:被告人有权获得辩护。辩护人可根据自己是经过法院指定、被告同意、被告委托、法院许可等情况,援引有关的法律规定,以表明辩护人是以法定身份进行辩护的。

2. 写明对本案的基本观点

在援引法律依据之后,概括地说明辩护人在辩护前为辩护所做的工作,如查阅案卷、了解案情、会见被告、必要查访、与相关人员谈话、研究起诉书、听法庭调查等,然后表明对本案的基本观点。这可在被告无罪、被告罪轻、减轻处罚、免除刑事责任这四个方面选择其一作为辩护人的结论性意见。写这一段内容时,观点要鲜明,用词要简练、准确。

(四)辩护理由

这是辩护词的主体部分,主要包括:

1. 根据辩护人阅卷、查访所掌握的确凿事实,找出起诉书中对事实认定的不当之处

起诉书中认定事实的不当,是指事实上的不准确、证据上的不确实等,辩护词就是要把这些不当之处列为反驳的依据,进而反驳事实认定上的错误,有针对性地运用案卷中的有关材料和调查所得的客观事实、新证据,揭露谬误,反驳错误,证明自己所论证的理由是正确的。在反驳事实认定上的错误时,一定要坚持摆事实、讲道理,依法论证,以理服人。引证的事实、证据都要经过核实,使论证有理有力。

2. 依据辩护人所掌握的法律知识,对起诉书中所援引法律的不当之处进行揭露和反驳

辩护人应当依法在辩护词中阐明应当怎样理解和援引法律才是正确的,并提出自己对援引法律的意见。在辩护时要注意:

(1)必须根据起诉书中所控告的罪名,抓住可以决定犯罪性质的关键,依据犯罪构成的理论和经过核实的证据,说明本案所定的罪名不确切。

(2)抓准案件中法定的可以从轻的情节,把所有能够减轻或免除刑罚的一切理由都阐述清楚。如成年人犯罪还是未成年人犯罪,故意还是过失,危害严重还是较轻,有无自首、立功表现等。

（3）使用法律要有根有据，准确无误。

3. 阐明辩护理由，还可以联系被告人的一贯表现、犯罪起因、认罪态度、悔罪表现等，全面地分析，充分地说理

在辩护词中既要肯定绳之以法的正确性，又要一分为二，全面地、历史地加以分析，才能有利于对被告的从宽处理。

总之，辩护人要想使辩护成功，关键在于辩护的理由必须真实、充足、有力。写好辩护理由的原则是：必须尊重事实和法律，必须善于有针对性地运用事实和法律，切忌模棱两可和提出无理要求，更不能颠倒事实，歪曲法律。

（五）结尾

写明辩护人的最后要求与意见。这一段是辩护词的结束语，一般应写两方面的内容：要求法庭对辩护人的辩护理由给予充分的考虑和足够的重视；根据事实，援引法律，要求法庭判决被告无罪或请法庭从轻判决、免除刑事责任。

（六）署名及日期

写明辩护人的姓名，并注明具体时间。

三、例文

辩护词

尊敬的审判长、审判员：

山东 ×× 律师事务所接受被告人赵 ×× 家属委托，并经赵 ×× 同意，指派我为被告人赵 ×× 的辩护人。接受案件后通过阅卷，会见了当事人，特别是通过了刚才的法庭调查，使辩护人对本案有了更加全面、客观的认识，现依据本案事实和相关法律规定发表辩护意见如下：

一、对起诉书指控被告人赵 ×× 构成盗窃罪没有异议

根据我国现行法律对盗窃罪的规定及本案有关证据来看，被告人已经涉嫌构成盗窃罪。因此，对指控盗窃罪没有异议。

二、被告人有法定从轻减轻情节

1. 犯罪行为社会危害性不大，被告人积极认罪，如实供述自己罪行，可以从轻处罚。

从犯罪数额上来看，被告人赵 ×× 盗窃数额为 5 500 元。按照《中华人民共和国刑法》第二百六十四条和最高院的《关于办理盗窃刑事案件适用法律若干问题的解释》，5 500 元的盗窃数额属于盗窃罪的最低层次。在被公安机关控制后，被告人积极配合公安机关将赃物退还给受害人。受害人在整个过程中没有实际损失。因此，可以说其犯罪情节轻微，危害不大，应该从轻处罚。

被告人赵 ×× 在公安机关的讯问过程中，如实供述自己的罪行，积极认罪。符合《中华人民共和国刑法》六十七条第三款规定的："犯罪嫌疑人虽不具有前两款规定的自首情节，但是如实供述自己罪行的，可以从轻处罚。"

2. 犯罪人的主观恶意较轻，且属于偶犯、初犯。

根据案卷笔录及被告人供述的行为过程，赵 ×× 进入值班室的目的是拿回自己的驾驶证，开始并没有盗窃的主观故意。在进入值班室拿回驾驶证的过程中，因酒精的刺激和金钱的诱惑才产生盗窃想法。因此，从《中华人民共和国刑法》理论上说，其属于偶发性犯罪，且赵 ×× 在被发现这次盗窃行为之前，并没有违法犯罪记录，可见其平时行为表现良好，其做人的

本质是好的,并不具有一贯的犯罪恶性。偶发性犯罪相比其他类型的犯罪来说,其改善的可能性更高。因此,对于被告人赵××,社会需要给他一个改善的时间和宽容的环境以引导其向善。

3. 被告人自愿认罪,具有悔罪表现,愿意痛改前非,重新做人。

从案件的整个过程来看,被告人能够积极、如实坦白自己的罪行,证明被告人已经认识到自己的错误,且配合司法机关积极退还赃物,证明被告人有改过自新、重新做人的良好愿望。在看守所羁押期间,被告人服从管理,在辩护人会见时多次表示后悔。今天,在庭审中被告人认罪态度良好。按照最高人民法院、最高人民检察院、司法部《关于适用普通程序审理"被告人认罪案件"的若干意见》第九条的规定:"人民法院对自愿认罪的被告人,酌情予以从轻处罚。"

综上所述,纵然被告人赵××所犯罪行触犯了《中华人民共和国刑法》,理应处罚,但念其能够自愿认罪,并有悔改表现,结合我国刑罚惩罚和教育结合的方针,辩护人请求法庭对被告人赵××宽大处理,以引导其积极向善,以达到感化教育的功效,促使被告人迷途知返,浪子回头,重新做一个对社会有用的人。

此致
××××× 人民法院

辩护人:山东×× 律师事务所律师 ×××

×××× 年 ×× 月 ×× 日

第八节　申请执行书

一、申请执行书概述

(一)申请执行书的概念

发生法律效力的民事判决书、裁定书、调解书,以及法律规定由人民法院执行的其他法律文书,诉讼当事人都应执行。如果败诉或者负有义务的当事人不履行或拒绝履行法律文书中所确定的义务,对方当事人按照法律规定,可向人民法院提出要求执行,为此而制作的文书,叫申请执行书。

(二)申请执行书的特点

申请执行书的主要特点有以下几个方面:

1. 它是由申请执行人提出的一种诉讼文书

简单来说,申请执行人就是民事诉讼中胜诉的人,包括仲裁机构的裁决在发生法律效力后,一方当事人不履行义务而要求执行的对方当事人;公证机关已依法赋予了强制执行效力的债权文书,因一方当事人不履行而要求执行的对方当事人。

2. 申请执行书的依据

申请执行书的依据,必须是已经发生法律效力的人民法院民事判决书、裁定书、调解书和刑事判决书、裁定书中的有关财产部分,以及依法由人民法院执行的其他机关的法律文书。在这些法律文书生效之后,负有义务的一方当事人,如故意逃避或者拒绝履行义务,申请执行人可书写申请执行书,向人民法院申请执行。

3. 申请执行书必须采用书面形式,并应遵守法定的期限

申请执行书的法定期限,双方当事人或一方当事人是个人的,为期一年;双方是企业事业

单位、机关、团体的,为期六个月。申请执行书只有在法定期限内提出才有效,期满而不提出申请执行书的,就丧失了申请执行的权利。

二、申请执行书的写作

申请执行书由五部分组成:

（一）名称

应写明"申请执行书"。

（二）申请执行人的基本情况

基本情况包括:姓名、性别、年龄、民族、籍贯、住址等。

（三）申请执行人的具体要求和理由

这是申请执行书的主体部分之一。

1. 申请执行人的具体要求

申请执行人提出具体要求的依据,应当是发生法律效力的法律文书。要求执行的内容要根据本案裁判、调解或其他法律文书的规定项目提出,但提出的项目必须具有给付性质。申请执行书要写明对方当事人应当给付申请执行人以何种财物或者票证,如要求给付房租、维修房屋或迁出房屋,要求退出土地或者提供何种劳务,要求清偿债务、交付金钱或者赔偿损失（归还原物或恢复原状,赔偿必要的医疗费用和误工费用、残疾者生活补助费等）。

2. 申请执行的理由

申请执行书要写出申请执行的理由,应当注意以下几点:

（1）合法。申请执行的要求应是依照法律文书规定的内容和期限提出的。

（2）明确。申请执行的项目应当明确清晰地提出,不能笼统含糊、似是而非。

（3）具体。应把要求执行的具体内容和理由写充分,并说明这些具体要求的正当性和法律依据。

（四）被申请执行人的基本情况和拒不履行判决、裁定或其他法律文书的情况,及其经济状况、偿还能力、财产所在地等

这也是申请执行书的主要部分之一,要具体写明以下两方面内容:

1. 被申请执行人拒不执行判决、裁定或其他法律文书的情况

即被申请执行人不履行法律文书所确定的何种义务以及不履行义务的原因。

2. 被申请执行人的经济状况、偿还能力和财产所在地

如果被申请执行人是公民,应写清其财产和收入情况,以便据以确定其偿还能力,如偿还一部分还是全部,并说明其财产的特点,以便采取查证、扣押、冻结、拍卖或变卖等民事强制措施;如果被申请执行人是法人或其他的企业团体,可以写清其流动资金和固定资金。

（五）尾部

应写明所送人民法院的名称,如"此致 ×××人民法院",并由申请执行人署名并盖章,注明书写时间。

三、例文

申请执行书

申请人:×××,男,汉族,××××年××月××日出生,中专,个体经营户,住

×××××，身份证号为 ××××××××××××××××××××。

被申请人：×××，男，汉族，××岁，××中学教师，住 ××××××××，身份证号为 ××××××××××××××××××。

申请请求：

1. 依法强制被申请人归还申请人本金 ×××× 元；

2. 依法强制执行被申请人的逾期付款利息 ×××× 元（自 ×××× 年 ×× 月 ×× 日至判决生效之日，按银行同期贷款利息计算）；

3. 依法强制被申请人加倍支付延迟履行期间的债务利息直至债务清偿完毕；

4. 依法强制被申请人支付本案的执行费用。

申请依据：

×× 民初字第 ×× 号民事判决书

事实与理由：

申请人与被申请人因民间借贷纠纷一案，已经 ×× 人民法院审理，并于 ×××× 年 ×× 月 ×× 日做出 ×× 民初字第 ×× 号民事判决书。现该判决书已生效，但被申请人拒绝执行该判决内容。为维护申请人的合法权益，特向贵院申请强制执行。

此致

×××× 人民法院

申请人：×××

×××× 年 ×× 月 ×× 日

第九节　公证书

一、公证书概述

（一）公证书的概念

公证是指公证组织接受当事人申请公证后，依法对当事人所申请的公证法律行为或具有法律意义的文件和事实予以证明，以确认其真实性与合法性。公证书就是这种证明的具有法律意义的非诉讼性质的文书，如公证遗嘱的遗嘱证明书、公证委托的委托证明书等。

（二）公证书的特点

公证书的特点主要有以下几个方面：

1. 具有法律效力

公证机关代表国家行使公证职能，归司法行政部门领导，它所制作的公证书具有法律权威和法律效力。

2. 是一种非诉讼意义的法律文书

它的主要任务是为国家机关、企事业单位、社会团体、公民、华侨、出国人员和在我国的外国人证明遗嘱、赠予、继承、转让、合同、委托、房屋买卖等的各种法律行为，证明结婚、离婚、学历、经历、出生、死亡、失踪、亲属关系等各种具有法律意义的文书和事实。这些经国家公证机关证明的文书是非诉讼性的，和审判机关所制作的诉讼文书是不相同的。

3. 一切公证文书都产生证据上的效力

文书和事实经过公证,可以确认真实性,证明合法性,使其具有法律上的可靠性,从而产生证据上的效力。

二、公证书的写作

(一)名称

根据所公证的各种法律行为与事实内容,写明"遗嘱证明书""委托证明书""亲属关系证明书""出生证明书"等。

(二)公证书编号

应写明"〔20××〕× 证字第 ×× 号"。

(三)当事人的基本情况

介绍当事人的基本情况。

(四)公证证词

其内容包括:公证证明的对象,公证证明的范围和内容,证明所依据的法律、法规等。公证证明对象、范围不同,公证的条件、内容和适用的法律也不同,这些都要在证词中有所反映。公证证词所涉及的组织名称第一次出现时必须使用全称,所涉及的日期要采用公历,需涉及农历时应采用括号注明。

(五)签章

指承办公证员的签名或签名章、公证处印章。

(六)出证日期

出证日期以公证处审批人审核批准的日期为准。

此外,具有强制执行效力的公证书应在公证证词中注明,并注明债务人履行债务的期限。公证证词中注明的文件也是公证书的组成部分。

三、例文

合同公证书

〔2015〕×× 证字第 ×× 号

兹证明 ××××(单位全称)的法定代表人(或法定代表人的代理人)×× 与 ××××(单位全称)的法定代表人(或法定代表人的代理人)××× 于 ××××年 ×× 月 ×× 日,在 ××(签约地点或本公证处),在我的面前,签订了前面的《×××× 合同》。

经查,上述双方当事人的签约行为符合《中华人民共和国民法通则》第五十五条的规定,合同上双方当事人的签字、印章属实,合同内容符合《中华人民共和国 ×× 法》的规定。

中华人民共和国 ×× 省 ×× 市(县)公证处

公证员(签名)

×××× 年 ×× 月 ×× 日

第十节 遗 嘱

一、遗嘱概述

（一）遗嘱的概念

遗嘱是指立遗嘱人按照法律所规定的方式处理遗产或其他事务，并于死亡后发生效力的法律行为。

（二）遗嘱的特点

遗嘱的特点主要有以下几个方面：

1. 遗嘱是单方法律行为

遗嘱是基于遗嘱人单方面的意愿，无须经他人同意即可生效的法律行为。

2. 立遗嘱人必须具备完全民事行为能力

限制行为能力人和无民事行为能力人不具有立遗嘱能力，不能设立遗嘱。

3. 设立遗嘱不能进行代理

遗嘱的内容必须是遗嘱人的真实意思表示，应由遗嘱人本人亲自做出，不能由他人代理。如是代书遗嘱，也必须由本人在遗嘱上签名。

4. 紧急情况下，才能采用口头形式

口头遗嘱要求有两个以上的见证人在场见证，危急情况解除后，遗嘱人能够以书面形式或录音形式立遗嘱的，所立口头遗嘱因此失效。

5. 遗嘱是遗嘱人死亡后才发生法律效力的行为

因为遗嘱是遗嘱人生前以遗嘱方式对其死亡后的财产归属问题所做的处分，死亡前还可以加以变更、撤销，因此，遗嘱必须以遗嘱人的死亡作为生效的条件。

二、遗嘱的写作

（一）遗嘱的写作内容

1. 名称

应写明"×××遗嘱"。

2. 立遗嘱人个人基本情况的说明

个人基本情况主要包括：姓名、性别、年龄、籍贯、身份证号码、住所、近亲属情况等。

3. 本人委托的遗嘱执行人情况说明

主要包括：遗嘱执行人的身份证号码、授权委托书、住所、与本人的关系，如有任何利害关系应注明不影响其执行人效力，或指定后备执行人。

4. 本人遗嘱法律效力的说明

主要包括：法律依据，身体状况、精神状况、行为能力，遗嘱人的真实意思表示，未受胁迫、欺骗所立，遗嘱内容要真实、合法，所处分的财产为个人所有，给缺乏劳动能力又没有生活来源的继承人保留了必要的份额，遗嘱人所提供的遗嘱或者遗嘱草稿的形成时间、地点和过程，是自书还是代书，有无修改、补充，对遗产的处分是否附有条件，代书人的情况，遗嘱或者遗嘱草稿上的签名、盖章或者手印是否其本人所为。

5. 本人财产的说明

如项目、房产、存款、股票、汽车、现金、投资、债权等，相关合同、产权证及凭证，以前是否曾以遗嘱或者遗赠扶养协议等方式进行过处分,有无已设立担保、已被查封、扣押等限制所有权的情况。

6. 财产分配

本人遗产由谁继承或无偿赠予谁及其他的一些要求。

7. 以前订立遗嘱的情况

数份遗嘱,内容有抵触的,以最后的遗嘱进行有效的声明。

8. 立遗嘱人签名盖章

有证明人或代书人的,均应签名、盖章,注明日期。

（二）立遗嘱应注意的事项

1. 遗嘱人须有遗嘱能力

遗嘱能力是指自然人依法享有的设立遗嘱、依法自由处分其财产的行为能力。遗嘱为民事行为,设立人必须有相应的民事行为能力。

2. 遗嘱须是遗嘱人的真实意思表示

遗嘱必须是遗嘱人处分其财产的真实的意思表示,因为意思表示真实是民事行为有效的必要条件。受胁迫、欺骗所立的遗嘱无效;伪造的遗嘱无效;遗嘱被篡改的,篡改的内容无效。

（三）遗嘱不得取消缺乏劳动能力又没有生活来源的继承人的继承权

《中华人民共和国继承法》第十九条规定:遗嘱应当对缺乏劳动能力又没有生活来源的继承人保留必要的遗产份额。这一规定属于强行性规定,遗嘱取消缺乏劳动能力又没有生活来源的继承人的继承权的,不能有效。

（四）遗嘱中所处分的财产须为遗嘱人的个人财产

遗嘱是遗嘱人处分其个人财产的民事行为,因此,只能就遗嘱人个人的合法财产做出处置。遗嘱人以遗嘱处分了属于国家、集体或者他人所有的财产的,遗嘱的该部分内容应认定无效。

（五）遗嘱须不违反社会公共利益和社会公德

违反社会公共利益和社会公德的民事行为无效。遗嘱若损害了社会公共利益或者其内容违反社会公德,则也不能有效。

三、例文

遗　嘱

立遗嘱人:姓名、性别、出生日期、民族、工作单位、住所、身份证号码等。

我患有××××病症,身体随时可能发生意外,故特立此遗嘱,表明我对自己所有的财产在去世之后的处理意愿。

我和我妻共有财产如下:

1. 房产一套,坐落于××市××街××号(评估值××万元);

2. 汽车两辆,车牌号分别为××××××、×××××××;

3. 股票××,分别为××、××、××,各××股(去世当日市值××万元);

4. 银行存款××万元,存于××银行××支行××分理处(储蓄所),账号为×××××;

5. 家具及家用电器,分别为××、××、××(列举并注明产品品牌、规格等),价值共计××万元。

留有债务如下:

欠××(债权人姓名)××万元,到期日为××××年××月××日。

现对归我所有的份额,做出如下处理:

1. **房产由妻子××继承**;

2. **汽车由儿子××继承**;

3. **股票由妻子××继承**;

4. **家具及家用电器由××继承**;

5. **存款归还我对××的债务后,由女儿××继承**;

6. **骨灰由女儿××负责保管**。

遗嘱由××执行,执行人性别、出生日期、民族、住所。

立遗嘱人:×××

证明人:×××

××××年××月××日

思考与练习 ●●●

1. 根据龙威贸易公司负责人的口述材料,写一份起诉书。

龙威贸易公司负责人口述材料:今年3月5日,我单位通过招标与华远公司签订了安装单位内部局域网的合同。所需的50台电脑和1台服务器以及安装网线、设备调试运行等工作均由该公司负责,总计费用60万元。但是,自4月中旬开始,设备问题频出,刚开始打电话,华远公司还上门来修理、调整,后来干脆不来,让我们自己解决。可合同上说"设备硬件保修一年,一年内无偿更换"。我们找了电脑专业人员,大家都认为是原件质量太差,因此,我们要求退货,但该公司不肯。我们觉得损失太大,所以要起诉他们,不但要退货,还有赔偿误工费等。

2. 根据上面的材料和下面的材料,为华远公司写一份答辩书。

华远认为龙威公司所述理由不实。龙威认定设备存在质量问题不是事实,其设备经常出现故障,是其使用不当和软件错误操作造成的,对此类问题本公司不能承担责任。以上问题有公司维修记录为证。

3. 公证书的基本要求有哪些?

4. 立遗嘱时应注意哪些问题?

第五章

公关文书写作

教学目标与学习要求

一、教学目标

通过公关文书写作的学习,使学生了解公关文书写作的基本概念、特点、种类以及写作要求,掌握公关文书写作的基本写作方法。

二、学习要求

1. 重点掌握贺电和贺信、慰问电和慰问信、邀请电和邀请函、开幕词和闭幕词的写作要求。

2. 一般了解感谢信和表扬信、欢迎词和欢送词、祝酒词和答谢词的特点。

第一节　公关文书概述

一、公关文书的概念

公关文书是为实现公共关系目的和开展公共关系活动而制作使用的各种书面材料。

二、公关文书的分类

按照内容分,可为事务性公关文书、传播性公关文书和礼仪性公关文书。

事务性公关文书就是为了正常开展公关工作而编制的文书,如简报、公关计划、公关调查报告等。

传播性公关文书就是为了宣传组织良好形象,为组织的正常运作和发展创造有利的内外部环境而制作的文书,如广告、新闻、演讲等。

礼仪性公关文书就是在日常工作中组织与组织、组织与个人之间为达到一定的公关目的而编制的文书,如请柬、祝词、答谢词等。

由于有些文种在本书的某些章节中已叙述,因此,下面主要讲礼仪性公关文书中的函电类和致辞类公关文书。函电类公关文书包括贺电和贺信、唁电和唁函、请柬和聘书、慰问电和慰问信、邀请电和邀请函、感谢信和表扬信等;致辞类公关文书包括欢迎词和欢送词、祝酒词和答谢词、开幕词和闭幕词、讣告和悼词等。

三、公关文书的特点

公关文书的特点：目的明确、格式规范、用语得体。

第二节　贺电和贺信

一、贺电和贺信概述

（一）贺电和贺信的概念

贺电和贺信，是指为庆贺重大胜利、喜庆节日、寿辰、重要会议等而写的文章，其表现形式为电文和信函。

（二）贺电和贺信的特点

贺电和贺信的主要内容是表达祝贺、祝愿或祝寿的感情，有时也根据需要，表达互相慰藉或互相勉励的心愿。贺电和贺信的主要特点表现在感情色彩较为浓烈，措辞热情、庄重。

二、贺电和贺信的写作

贺电和贺信主要由标题、称呼、正文、结尾、落款五部分构成。先写明祝贺的事由，再表达祝贺之情，是贺电和贺信正文的一般写法。

（一）标题

贺电和贺信的标题可直接由文种构成，如在第一行正中写"贺电"二字；有的标题也可由文种和发电双方名称共同构成，如"国务院致中国体操队的贺电"；有的还用副标题，即以发电单位、受电单位和文种作为主标题，而用副标题说明内容。

（二）称呼

称呼要写上收电单位或个人的名称、姓名，是个人的还应在姓名后加上"同志""先生"或职务名称等称呼。要顶格写，称呼后加冒号。

（三）正文

贺电和贺信的正文要根据内容而定，若发给单位或某一地区庆祝活动的，宜在表示祝贺的同时，对其各种成绩、取得的巨大成就给以充分肯定，并给以鼓舞，提出希望。一般私人之间的交往，则一般把内容放在祝贺上就可以了。

（四）结尾

贺电和贺信的结尾要表达热烈的祝贺和祝福之意，有的也提出希望。

（五）落款

在正文右下方署上发电单位或个人的姓名，并写上发电日期。

三、例文

例文一--

贺　电

××集团有限责任公司：

欣闻贵集团于 11 月 18 日提前实现年销售额突破 100 亿元的目标，成功跻身百亿企业行列，特向贵集团表示最热烈的祝贺！

　　九年来,贵集团高速稳健的发展为我们提供了广阔和优质的平台,贵我双方荣辱与共,共谋发展,共同创造了优异的业绩,结下了深厚的友谊! 能与贵集团成为长久的战略合作伙伴,是我们的愿望。

　　再次向贵集团表示热烈的祝贺,并愿与贵集团精诚合作、风雨同舟、携手共创新的辉煌!

周××(手写)

青岛××电器股份有限公司(加盖公章)

2009 年 11 月 20 日

例文二--

贺　信

××市××中学:

　　欣闻贵校即将举行建校 50 周年庆典,谨致以热烈的祝贺!

　　建校 50 周年来,贵校秉承优良的办学传统,齐心协力,努力奋斗,为社会培养了一大批优秀人才,办学成绩卓著。我们相信,以建校 50 周年庆典为契机,贵校定能开拓创新,再创辉煌。

　　目前××大学正朝着建设世界知名的高水平研究型大学的奋斗目标迈进,我们热烈欢迎贵校学生到××大学学习深造,也衷心希望贵校能将更多优秀的学子推荐给我校。

　　预祝贵校各项庆祝活动圆满成功!

××大学(加盖公章)

二〇〇八年十二月二日

第三节　唁电和唁函

一、唁电和唁函概述

(一)唁电和唁函概念

　　唁电、唁函是发给治丧委员会或逝者家属的,对逝者表示哀悼、对逝者家属表示慰问的电报、信件。

(二)唁电和唁函的特点及用途

　　唁电、唁函的特点:文字简短、语言精炼,有时可以使用一些文言词汇。

　　哀悼逝者、安慰生者是唁电和唁函的主要用途,也是唁电和唁函所要表达的主要内容。

二、唁电和唁函的写作

(一)唁电和唁函的写作格式

　　第一行正中写"唁电"或"唁函",也可以写"致×××的唁电"或"致×××的唁函"。

　　第二行顶格写收唁电、唁函的单位名称或逝者家属的姓名。姓名后边加称呼,如"同志""先生"或职务之类,称呼后边加冒号。

第三行空两格起写正文。一般是写得到噩耗以后的悲痛心情,追述和赞颂逝者的生平和业绩,表示化悲痛为力量的决心,向逝者家属表示问候。

结尾一般写"特此电达""肃此电达""此致敬礼"等。

（二）唁电和唁函与悼词的区别

唁电和唁函比悼词更言简意赅。写逝者的生平事迹,要抓住最要点,突出中心,不要铺陈。对逝者的评价和赞颂,要三言两语,要言不烦。全篇要浸透沉痛悼念的感情,但基调还是要积极向上的。"惊悉""倾悉""惊闻"及"悲痛至极""不胜哀痛""节哀顺变""节哀自珍""尚希珍重""特电吊唁,并致慰问""特致电唁,已志哀忱"等,都是唁电和唁函常用的字眼。需要注意的是,唁电和唁函及后面还将讲到的悼词,都不用"死"字,可用"仙逝""作古""不幸逝世""溘然长逝""与世长辞"等说法。

三、例文

唁　电

××市公安局××分局:

　　惊悉贵局民警王××、辅警曹××在执行追捕犯罪嫌疑车辆过程中不幸以身殉职,我局党员成员及全体民警深感震惊和悲痛!悲痛之际,我们亦被王××、曹××两位同志临危不惧、不怕牺牲、乐于奉献的崇高精神,危险关头不忘保护群众的公仆本色所震撼和感染。王××、曹××两位同志是××分局培养出来的英雄代表,我们为有这样的英雄战友而感到骄傲!谨以至诚电唁,对英勇殉职的王××、曹××表示沉痛悼念!并向两位英雄的家属们敬以真挚的问候!

　　肃此电达

××市公安局（公章）

二〇一一年一月十八日

第四节　慰问电和慰问信

一、慰问电和慰问信概述

（一）慰问电和慰问信的概念

慰问电和慰问信是向有关集体或个人表示安慰和问候的电报和信件。

（二）慰问电和慰问信的特点及要求

同贺电和贺信的情况相同,慰问电和慰问信在写法上也没太大的区别,只是慰问电的篇幅大都非常简短,语言极为精练,内容高度概括。

慰问电和慰问信可以在多种场合应用,例如,向在工作中取得突出成绩的集体或个人表示慰问,向辛勤工作的劳动者、勤奋学习的学生或某一特殊人群表示慰问,向遭遇自然灾害、亲人亡故等不幸事件的人表示慰问,等等。

二、慰问电和慰问信的写作

慰问电和慰问信一般由以下四部分构成:

(一)标题

标题的形式有多种,如可写成"慰问信""写给×××的慰问信"或者"××××致××××的慰问信"。

(二)称谓

称谓应表示尊敬。

(三)正文

用简要文字讲述原因、背景,提起下文;较全面具体地叙述事实、表示慰问或学习;结合形势提出希望,表示共同的愿望和决心,以勉励的话结束全文。

(四)署名和日期

一般写在右下角,先写署名,在署名下写日期。

三、例文

致奋战在高温战线上员工的慰问信

各位员工:

高温给大家的工作和生活带来了困难与不便,广大干部员工坚守在自己的岗位上,努力工作,克服了各种各样的困难,为公司生产、经营和各个项目的建设做出了努力。在此,我仅代表公司向大家表示感谢,并致以崇高的敬意!

各分公司及部门领导要把防暑降温工作摆在重要位置,要关心与爱护员工的身体健康,广大干部员工也要时刻注意安全生产,做到劳逸结合,科学安排工作和休息时间,保证充足睡眠。

上半年,广大干部员工团结一心,努力拼搏,以高昂的工作热情和认真负责的工作态度坚守在采购、生产、销售、管理等各条战线上,公司的各项工作取得了较好成绩。面对复杂多变的外部环境,下半年我们的任务依然艰巨,希望大家不怕艰苦,克服困难,不断突破,抓质量、拓市场,敬业爱岗,创新求变,再创佳绩。

衷心祝愿全体员工身体健康,工作愉快!

总经理×××

2015 年 8 月 10 日

这是一封向奋战在高温战线上的一线员工表示问候的慰问信。称颂慰问对象的杰出表现和贡献,表示敬意和问候,提出希望和号召,是这封慰问信的主要内容。

第五节 邀请电和邀请信

一、邀请电和邀请信概述

(一)邀请电和邀请信的概念

邀请电和邀请信是专门为邀请有关人员出席某项活动或参加某项工作而发出的电报或信

件。

（二）邀请电和邀请信的特点

目前邀请电用的不是很多,用得较多的是邀请信,邀请信又称邀请函、邀请书。

邀请信一般是请柬的形式,请柬的形式要美观大方,不能用书信纸或单位的信函纸草草了事,而应用红纸或特制的请柬书写。所用语言应恳切、热诚,文字须准确、简练、文雅。

二、邀请信的写作

邀请信一般由以下四部分构成:

（一）标题

标题可只写"邀请信"三个字,也可以写明活动名称。

（二）称谓

称谓指邀请对象的名称。如果邀请书是专发性的,即专门发给某个特定的邀请对象,称谓则为邀请对象的专有名称;如果邀请信是普发性的,寄发给某个群体的,则可以选用一个统称作为称谓。

（三）正文

正文写明活动或工作的内容及意义,表明盛情邀请对方参加的意愿,交代相关须知事项,是邀请信的正文常写的几项内容。另外,称谓之下、正文之前,通常要有问候语,正文的最后还常有祝颂性结语。

（四）落款

落款要有邀请者署名和写信日期。

三、例文:

邀请信

尊敬的×××校友:

春华秋实,桃李芬芳。

多年前,青春的梦想从××大学材料学院起航;多年来,"材料人"成为我们的第一称呼。时光荏苒,曾经的羞涩青年如今笑傲职场,但对于母校悠远的思念和恒久的记忆却上心头。

2014年5月21日上午9:30,亲爱的校友们,在这春意盎然的时节,"同学心·母校情·材料人·上大行"××大学材料学院校友理事会成立大会暨"院友日"活动将在绿树青葱的××大学新校区国际会议中心举行。

××大学校友会材料学院分会热诚地期待您一起回××大学,走一走校园林荫路,讲一讲过去的老故事,听一听同学的新消息,让时间稍稍停脚,因为我们今天要回"材料",这个我们共同的家!

联系人:周××　131××××××××

××大学材料科学与工程学院

院长:张××

书记:朱××

2014年4月30日

第六节　感谢信和表扬信

感谢信

一、感谢信概述

（一）感谢信的概念

感谢信是向帮助、关心和支持过自己的集体（党政机关、企事业单位、社会团体等）或个人表示感谢的专业书信，有感谢和表扬双重意思。

（二）感谢信的特点

感谢信既要中肯，又要热情洋溢；既要详实，又不琐碎。感谢信要避免内容空洞、套话连篇、虚情假意。

二、感谢信的写作

感谢信一般由标题、称谓、正文、结语、署名与日期五部分构成。

（一）标题

可只写"感谢信"三字；也可加上感谢对象，如"致张×同学的感谢信"；还可再加上感谢者，如"赵×× 全家致 ×× 社区居委会的感谢信"。

（二）称谓

写感谢对象的单位名称或个人姓名，如"×× 交警大队""×× 同志"。

（三）正文

主要写两层意思：一是写感谢对方的理由，即"为什么感谢"；二是直接表达感谢之意。

1. 感谢理由

首先，准确、具体、生动地叙述对方的帮助，交代清楚人物、时间、地点、事迹、过程、结果等基本情况；然后，在叙事基础上对对方的帮助做恰贴、诚恳的评价，以揭示其精神实质、肯定对方的行为。在叙述和评价的字里行间要自然渗透感激之情。

2. 表达谢意

在叙事和评论的基础上直接对对方表达感谢之意，根据情况也可在表达谢意之后表示以实际行动向对方学习的态度。

（四）结语

一般用"此致敬礼"或"再次表示诚挚的感谢"之类的话，也可自然结束正文，不写结语。

（五）署名与日期

写感谢者的单位名称或个人姓名以及写信的时间。

三、例文

感谢信

×× 空管局：

首先感谢贵局对 ×× 机场的鼎力支持和帮助。民航系统作为一个大家庭，相互传承民航优良传统，当 ×× 机场信标出现故障后，获悉 ×× 空管局具备过硬的技术骨干队伍，经邀请后贵局及时派出人员，不计得失，不计利益，千里驰援，义务帮忙 ×× 机场维修设备，传承精湛技艺等。特别是贵局员工王××顶着高原恶劣的气候条件,克服强烈的高原反应,每天与××机场员工一同赴台站查找、维修故障,历经 10 天时间,在困难面前迎难而上,反复检查故障点,并确定故障点,贵局技术人员精湛的业务技能和严谨负责的工作态度深受大家的敬佩。从王工身上也充分体现出贵局"一方有难,八方支援"的深情厚谊,谨此××机场深表谢意,希望与贵局加强合作与联系,并祝愿贵局全体同仁工作顺利,扎西德勒!

××机场分公司(加盖公章)

2014 年 8 月 17 日

表扬信

一、表扬信概述

(一)表扬信的概念

表扬信是向特定受信者表达对被表扬者优秀品行颂扬之情的一种专用书信。表扬信的作者可以是单位,也可以是个人。同样,表扬对象可以是集体,也可以是个人。表扬信有多种发布形式,比如有的通过媒体发布,有的张贴在某处,有的送交单位领导,而以不同的形式发布的表扬信在写法上没有什么区别。

(二)表扬信和感谢信的区别

表扬信和感谢信虽然都包含称颂、感激之词,但二者的区别还是比较明显的。表扬信有的是以公众为读者对象的,有的是写给单位领导的,但不能直接写给表扬对象;感谢信则可以直接写给感谢对象。表扬信大都是针对某一具体事件的,内容相对单一;感谢信则既可以针对一件具体的事情,也可以针对一项工作或一个时期的工作,带有一定的综合性。表扬信重在宣传好人好事,感谢信重在表达感激之情,二者的写作目的、写作重点均有不同。

二、表扬信的写作

表扬信一般由标题、称谓、正文、落款四部分构成。

(一)标题

标题写成"表扬信"即可。

(二)称谓

一般写给被表扬人的上级领导单位。

(三)正文

首先,概述事迹经过;其次,要表达感激和赞颂之情。有的还要在最后表达对表扬对象的良好祝愿及学习好人好事的决心。

(四)落款

包括署名和日期两项内容。如果表扬信是以单位的名义撰写的,则要加盖单位印章。

三、例文

表扬信

学校领导:

2013 年 1 月 3 日下午 4:30,我在中国移动通信集团上海有限公司××营业厅办理手机充值之事。当时由于移动公司在搞"贺岁欢乐"活动，又加上天空中飘着迷漫的小雪，所以营业厅里的人甚多，我不小心丢失了带在手指上的一枚钻石戒指。一位女生捡到后交给营业厅的保安，经过营业厅领导的商量、核对，我的钻石戒指终于完璧归赵，失而复得！

我由衷地感谢那位女士。在我的反复追问下才知，她是上海××学院艺术设计学院09级视觉2班的陆×同学。她那种急人所急、想人所想、拾金不昧的崇高品德，我深表敬意。这与贵校和其家庭的教育和熏陶是分不开的，我真诚地感谢贵校对学生综合素质的培养，能培养出这样优秀的孩子，踏上社会后她必将成为社会的有功之材，国家的栋梁之材！

在这物欲横流的社会里，她的拾金不昧确实是难能可贵的。陆×同学拾金不昧的行为充分体现了她高尚的道德情操和精神风貌、高尚品质和良好的社会公德。她的行为也是对精神文明建设的成果的肯定！陆×同学拾金不昧，是我们每个人的楷模！

再次表达我衷心的感谢！

此致

敬礼

胡××

2013年1月4日

第七节　欢迎词和欢送词

欢迎词

一、欢迎词概述

（一）欢迎词的概念

欢迎词是指在宾客光临时，主人为表示欢迎，在欢迎仪式或酒会、宴会等公开聚会场合发表的演讲词。

（二）欢迎词的特点

庄重、得体、简洁、明快，富有文采，富有感染力和韵律美，带有一定的感情色彩和口语色彩，是欢迎词的主要特点。

二、欢迎词的写作

欢迎词一般由标题、称谓、正文三项内容构成。

（一）标题

标题写法一般有两种：一种是单独以文种命名，如"欢迎词"；另一种是由活动内容和文种共同构成，如"在××学术讨论会上的欢迎词"。

（二）称谓

要求写在开头顶格处，要写明来宾的姓名称呼。例如，在姓名之前冠以"尊敬的""亲爱的"等修饰语，在姓名之后加上来宾的头衔或"先生""女士""夫人"等尊称。

（三）正文

欢迎词的正文一般由开头、中段、结尾三部分构成。

1. 开头

开头通常应说明现场举行的是何种仪式,发言者代表什么人向哪些来宾表示欢迎。

2. 中段

欢迎词在这一部分一般要阐述和回顾宾主双方在共同的领域所持的共同的立场、观点、目标、原则等内容,较具体地介绍来宾在各方面的成就及在某些方面做出的突出贡献,同时要指出来宾本次到访或光临对增加宾主友谊及合作交流所具有的现实意义和历史意义。

3. 结尾

通常在结尾处再次向来宾表示欢迎,并表达自己对今后合作的良好祝愿。如"祝来宾身体健康""祝访问取得圆满成功"等。如果欢迎词是在酒会上或宴会上发表的,则要加上祝酒的内容,即"为……干杯"。

三、例文

在 A 公司成立 20 周年庆典酒宴上的欢迎词

尊敬的市政府领导、各方合作伙伴代表:

大家晚上好!欢迎你们参加本公司成立 20 周年庆典酒宴。在此,我谨代表本公司,向各位领导和各方合作伙伴代表,表示热烈的欢迎和衷心的感谢!

本公司是一家中外合资的企业,20 年来的风雨历程,造就了 20 年来的辉煌业绩。此次庆典活动我们将以"为企业创造价值"为主题,让我们共同回顾本公司在 20 年来所经历的风风雨雨、所取得的辉煌成绩。

我们十分珍惜市政府领导与合作伙伴 B 公司、C 公司、D 公司对我们公司的资助和支持,我们将不懈地努力,借鉴以往成功的经验,努力将本公司办成一家具有综合性、文化性、技术性兼备的企业,为推动广州市企业的发展做出积极的贡献。

现在,我提议:

为本公司成立 20 周年庆典酒宴圆满成功,

为各位领导、代表的幸福安康,

为我们的友谊地久天长,

干杯!

例文的正文部分着重表达欢迎和感谢之情,表达同来宾发展友好合作关系的意愿,语言庄重典雅,同时又充满激情。祝酒词有助于营造喜庆、友好的气氛,也有助于强化活动的主题。

欢送词

一、欢送词概述

(一)欢送词的概念

欢送词是客人应邀参加了活动,在即将离去时,主人为表达对客人的欢送之意,在一些会议或重大庆典活动、参观访问等结束时的讲话。

来时要"迎",走时要"送",迎来送往是非常重要的礼仪活动。在比较正规的礼仪活动中,欢送词往往是一项不可缺少的内容。

（二）欢送词的特点

1. 惜别性

欢送词是用来表达亲朋好友离别远行时的感受，所以依依惜别的深情要溢于言表。但格调不要太低沉，要注意把握好分别时所用言词的分寸，要恰到好处。

2. 口语化

同欢迎词一样，口语化也是欢送词的一个显著特点。遣词造句一定要注意使用生活化的语言，使欢送词既富有情趣又自然得体。

二、欢送词的写作

（一）欢送词的写作格式

欢送词一般由称谓、正文两项内容构成。

1. 称谓

称谓与欢迎词相同。

2. 正文

欢送词的正文一般由开头、中段、结尾三部分构成。

（1）开头。

要对宾客的离去表示欢送，有的还要表达惜别之情。

（2）中段。

简述此次宾客来访的主要活动内容及其成效和意义所在。

（3）结尾。

展望双方友好合作或交往的前景，表达对宾客再次来访的期盼。最后，通常要加上人们送行时常用的祝颂语，如"祝×××归途平安，身体健康"等。如果欢送词是在酒会或宴会上发表的，则要加上祝酒的内容，即"为……干杯"。

（二）欢送词的写作要求

（1）称呼用尊称，注意客人的身份，致辞要恰到好处，感情要真挚、诚恳。

（2）措词要慎重，不要信口开河，还要尊重对方的习惯，以免发生不必要的误会。

（3）语言要精练、热情、友好、温和、礼貌。要言简意赅、短小精悍，篇幅不宜过长。

三、例文

欢送词

尊敬的女士们、先生们：

首先，我代表×××，对你们访问的圆满成功表示热烈的祝贺。

明天，你们就要离开××了，在即将分别的时刻，我们的心情依依不舍。大家相处的时间是短暂的，但我们之间的友好情谊是长久的。我国有句古语："来日方长，后会有期。"我们欢迎各位女士、先生在方便的时候再次来××做客，相信我们的友好合作会日益加强。

祝大家一路顺风，万事如意！

第八节　祝酒词和答谢词

祝酒词

一、祝酒词概述

（一）祝酒词的概念

祝酒词是在比较正规的酒会、宴会开始时，主人表示热烈欢迎、亲切问候、诚挚感谢，客人进行答谢并表示衷心的祝愿的应酬之辞，是招待宾客的一种礼仪形式。

（二）祝酒词的特点

祝酒词要以"酒"为媒介物来表达美好的祝愿之情，所以只有在"酒"的场合才能发表祝酒词，这就是祝酒词的最大特点。

二、祝酒词的写作

祝酒词可在各种类型的酒会或宴会上发表，如庆贺宴会、招待酒会以及欢迎宴会、欢送宴会和答谢宴会等。在不同的场合发表的祝酒词，虽然都由称谓、正文和祝颂语几部分构成，但其正文部分的写法还是具有一定的区别。一般来说，在欢迎宴会上发表的祝酒词也就相当于欢迎词；在欢送宴会上发表的祝酒词也就相当于欢送词；在答谢宴会上发表的祝酒词相当于答谢词，也称送别词。在庆贺宴会或招待酒会上发表的祝酒词，开头要点明宴会或酒会的主题，然后是祝愿、祝福的语句。中间部分可以根据宴会或酒会的性质及来宾的特点，选择恰当的内容。内容可以有所不同，但都必须与喜庆、友好的气氛和谐一致，或者说，都必须有助于营造喜庆、友好的气氛。结尾是祝颂语和祝酒的内容。在祝酒词中，祝酒的内容是不能缺少的一项。

三、例文

祝酒词

女士们、先生们：

晚上好！"中国国际××展览会"今天开幕了。今晚，我们有机会同各界朋友欢聚，感到很高兴。我谨代表中国国际××促进委员会××市分会，对各位朋友光临我们的招待会，表示热烈欢迎！

"中国国际××展览会"自上午开幕以来，已引起了我市及外地科技人员的浓厚兴趣。这次展览会在上海举行，为来自全国各地的科技人员提供了经济技术交流的好机会。我相信，展览会在推动这一领域的技术进步以及经济贸易的发展方面将起到积极作用。

今晚，各国朋友欢聚一堂，我希望中外同行广交朋友，寻求合作，共同度过一个愉快的夜晚。

最后，请大家举杯，

为"中国国际××展览会"的圆满成功，

为朋友们的健康，

干杯！

答谢词

一、答谢词概述

（一）答谢词的概念

答谢词是指在特定的公共礼仪场合，主人致欢迎词或欢送词之后，宾客所发表的对主人的热情接待和多方关照表示感谢的演讲词。

（二）答谢词的特点

答谢词一般在主人致欢迎词或欢送词之后发表，有时也在专门举办的答谢活动中发表。答谢词要求：开门见山、简明扼要、感情真挚、充满谢意。

二、答谢词的写作

答谢词一般由标题、称谓、正文三部分构成。

（一）标题

在第一行居中的位置上写上"答谢词"。

（二）称谓

另起一行顶格写致辞对方的姓名、头衔，既可以是广泛对象，也可以是具体对象。称呼后加"："，以引领全文。

（三）正文

答谢词的正文一般由开头、中段、结尾三部分构成。

1. 开头

开头应当开门见山，简明扼要地向主人表示诚挚的谢意，这是答谢词的写作重点。

2. 中段

中段即主体部分，应当对主人所做的安排及访问的意义予以肯定，并表达自己的感受和心情。

3. 结尾

最后对双方关系的发展及双方的发展前景表示良好的祝愿，并再次表示感谢。

三、例文

答谢词

尊敬的朋友们：

今天，对于上海××电子设备有限公司，对于全体××人来说是历史性的，也是难以忘怀的。感谢各位新老客户朋友们给予××公司的长期支持，您选购我们的产品给了我们全体××人以极大的鼓舞。

15年前，我们载着实践研究所体制改革、振兴国家先进制造业的光荣，怀着创建一流高新技术企业的梦想，开始了艰难而执着的历程。一路走来，有过公司初建时的辉煌，也经历过发展期的艰辛，但××人始终坚守"团结、求实、拼搏、进取"的敬业精神，尤其在困难面前广大股东不离不弃、广大员工努力工作、广大客户始终信赖，终于在这个年代的初夏，迎来了属于大家的节日。

公司的成长离不开国家宏观政策的惠顾，离不开各级领导的关怀和呵护，离不开股东的投资，离不开所有方方面面的支持，也离不开广大员工的辛勤劳动，更离不开广大客户的一贯理解和支持。值此公司十五周年之际，××人怀着真挚的感恩之心，向支持××公司发展的各位朋友表示衷心的感谢！

十五年已定格为历史。××公司又将面临新的挑战，我们不会忘记我们的梦想和追求，或许这需要几代人的努力，或许需要××人一辈子的奋斗，更需要您的理解和支持！

××——与您共创未来！

第九节　开幕词和闭幕词

开幕词

一、开幕词概述

（一）开幕词的概念

开幕词是在重要会议或者重大活动开幕式上，举办单位的主要领导人所做的宣告性或纲领性讲话。

（二）开幕词的特点和要求

开幕词旨在阐明会议的指导思想、宗旨、重要意义，向与会者提出开好会议的中心任务和要求。

开幕词以简洁、明快、热情的语言阐明大会的宗旨、性质、目的、任务、议程和要求等，对会议起着重要的指导作用。开幕词具有宣告性、提示性和指导性的特点，在语言上要具有简明性、口语化等特点，即通俗、明快、上口。

二、开幕词的写作

开幕词由标题、称谓、正文三部分构成。

（一）标题

一般由事由和文种构成，如《中国共产党第十二次全国人民代表大会开幕词》；有的标题由致辞人、事由和文种构成，如《×××同志在××××会上的开幕词》；有的采用复式标题，主标题揭示会议的宗旨、中心内容，副标题与前两种标题的构成形式相同，如《我们的文学应该站在世界的前列——中国作家协会第四次会员代表大会开幕词》；也有的只写文种《开幕词》。开幕时间在标题之下，用括号注明会议开幕的日期。

（二）称谓

一般根据会议的性质及与会者的身份确定称谓，如"同志们""各位代表""各位来宾""运动员同志们"等是开幕词常用的称谓。

（三）正文

正文主要由开头、主体、结尾三部分构成。

1. 开头

开头写宣布开幕之类的话。

2. 主体

主体部分一般包括：会议的筹备和出席会议人员情况，会议召开的背景和意义，会议的性质、目的及主要任务，会议的主要议程及要求，会议的奋斗目标及深远影响等。

3. 结尾

一般都是"祝……圆满成功"之类的表示祝愿的语句。书面刊载的开幕词要有致辞人署名和日期,署名和日期可以放在标题下,也可以作为落款放在正文后。

三、例文

校运会开幕词

各位裁判、各位运动员、老师们、同学们:

天高气爽,金桂飘香。在举世瞩目的神舟五号载人飞船胜利升空的大喜日子里,我们豪情满怀地迎来了第八届学校田径运动会。首先,我谨代表本届运动会组委会向全体运动员、裁判员、教练员和大会工作人员致以崇高的敬意和亲切的问候!体育是一个国家精神文明建设的重要方面,是民族素质、人民精神面貌的集中体现,而学校体育则是一个国家体育工作的基础和重点。

办学几年来,我校全面贯彻党的教育方针,积极推进素质教育,切实采取有效措施,把体育摆到了学校工作的重要位置。教师队伍充满生机,体育设施不断完善,推动着学校体育工作的蓬勃发展。在开发区第二届中小学田径运动会上,我校夺取了初中组团体总分第一名和广播操比赛第一名的成绩;在金华市首届中小学生定向运动赛上,我校获得了初中组团体第二名和体育道德风尚奖。

上个月,我校参加金华市"田歌杯"体育传统项目中学生健美操比赛,又荣获了市级第一名的优异成绩,让我们以热烈的掌声,向为我校争光的体操健儿和教练员,表示衷心的感谢和祝贺!本届校运会场地小,赛程短,任务重,参赛运动员共有 1 221 名,分 9 个单项 6 个组别,赛前还将举行入场式的评比和广播操比赛。

希望全体运动员发扬"团结、友谊、奋进"的优良传统,弘扬"更高、更快、更强"的体育精神,严格遵守竞赛规程,自觉服从裁判,顽强拼搏,赛出风格,赛出水平。希望裁判员以严谨、公正的态度自始至终做好裁判工作,大会工作人员各尽其职、通力合作,为大家提供优质服务。同时更希望全体同学提高安全意识,做文明观众,使本届校运会开得安全、文明、有序、高效。

最后,预祝本届校运会圆满成功! 谢谢大家!

闭幕词

一、闭幕词概述

(一)闭幕词的概念

闭幕词是在比较正式的大型会议或活动的闭幕式上,举办单位的主要领导人或其他有关人员所做的总结性讲话。

(二)闭幕词的特点

闭幕词在内容上具有总结性、评估性和号召性等特点。在语言表达上,闭幕词与开幕词一样,具有简明性和口语化的特点。

开幕词和闭幕词要首尾衔接、前后呼应,在比较正式的大型会议或活动中有着非常重要的作用。

二、闭幕词的写作

闭幕词主要由标题、称谓和正文三部分构成。标题和称谓的写法与开幕词相同。正文主要由开头、主体、结尾三部分构成:正文的开头部分一般要宣布会议或活动闭幕,指明其成果和意义;主体部分概述会议或活动的情况和内容,评价会议或活动的收获和意义,并发出号召,提出希望;结尾部分是对各有关方面表示感谢和祝愿,再次宣布会议或活动圆满结束。

三、例文

中小学生秋季运动会闭幕词

各位裁判员、教练员、运动员,各位来宾,老师们,同学们:

××中学××××年秋季田径运动会,在组委会的精心组织下,经过全体工作人员、裁判员的辛勤工作和全体运动员的奋力拼搏,圆满地完成了各项比赛任务,取得了预期的效果。比赛进程井然有序,组织得非常成功,这充分体现了大会组委会的高度重视和全校师生员工积极配合、团结协作的集体主义精神。在此,我代表学校,向为这次运动会做出了不懈努力的全校师生表示深深的谢意!向取得优异成绩的运动员和获奖的班级表示衷心的祝贺!

在县委、县政府的重视和关心下,在组委会的精心组织下,在全体裁判员、教练员、运动员和全体工作人员的共同努力下,在县职教中心的大力支持下,本届运动会开得很成功,很圆满。整个运动会准备充分,组织周密,纪律严明,秩序井然,充分体现了"团结、拼搏、创新、和谐"的主题,达到了激情与和谐的统一,赛出了风格,赛出了友谊,赛出了水平。这是一次团结的盛会,友谊的盛会,创新的盛会。

运动会期间,裁判员坚持原则,公正裁判;工作人员恪尽职守,认真负责;教练员精心策划,科学指导;运动员顽强拼搏,奋勇争先,取得了辉煌的战果。在比赛中,有××人次刷新了××项田径记录,有××人次达三级运动员标准。这些成绩的取得,是我县中小学全面贯彻党的教育方针、落实《学校体育工作条例》、认真实施"科教兴县"战略的结果,是我县积极发展群众体育健身事业、弘扬"绩溪牛"精神、加强社会主义精神文明建设的体现,是全体教练员、运动员辛勤汗水的结晶。这次运动会的圆满成功,为弘扬奥运精神做出了积极的贡献,为我县体育事业的发展谱写了新的篇章!

激情点燃梦想,奋进铸就辉煌。在今后的征途上,我们肩负的历史使命更光荣而神圣,面临的任务更艰巨。让我们以这次运动会为新的起点,全面贯彻党的十七届五中全会精神,全面贯彻落实《国家中长期教育改革和发展规划纲要》,以科学发展观为指导,团结拼搏、奋力争先,以创新为目标,迎着朝阳创一流业绩,昂首阔步迈向更加辉煌的明天!

最后,再次向取得优异成绩的同学和班级表示祝贺!向默默无闻为本次运动会召开辛勤工作的老师表示敬意!向所有热爱运动积极参与的教师和同学们表示感谢!老师们,同学们,祝愿大家永葆年轻之心,健康快乐!

同学们,谚语说"海阔凭鱼跃,天高任鸟飞",我们能在运动场上一展雄姿,就一定能在学习中、生活中同样自信地呐喊出"谁持彩练当空舞,且看今朝五中人"!

祝各位领导、各位来宾,全体教练员、裁判员、运动员工作顺利、身体健康、万事如意!

思考与练习 ●●●

　　1. 某公司刚成立,请你写一份贺电表示祝贺。

　　2. 简述表扬信与感谢信的异同。

　　3. 假如国际著名物理学家、诺贝尔奖获得者丁肇中教授将于××月××日到你所在的学校参观考察。请你代学校办公室起草一份欢迎词。

　　4. 假如甲学校要举办十周年校庆活动,需要向乙学校发出邀请。请你代甲校办公室起草一份邀请信给乙校。

第六章

传播文书写作

教学目标与学习要求

一、教学目标

通过传播文书写作的学习,使学生了解传播文书的基本概念、特点、种类和写作要求,培养学生掌握传播文书的基本写作方法。

二、学习要求

1. 重点掌握消息、通讯、广播稿、演讲稿的特点和写作要求。

2. 一般了解新闻评论、电视新闻稿、解说词的使用。

第一节　传播文书概述

一、传播文书的概念

根据使用的符号不同,传播行为可分为语言传播(包括口语、文字)和非语言传播(包括图像、实物)两大类。本章所讲的传播文书写作主要针对的是语言传播中所涉及的文书,它指的是根据不同需要,借助各种媒介,以恰当的语言表达传递一定信息和意义的应用文体。它与其他文种的主要不同之处就在于其写作目的以及传播的媒介、方式不同。

二、传播文书的特点

(一)亲民性

亲民性是传播文书的一大特点和优势。传播文书往往从读者或受众的角度出发,其传递的信息都是贴近普通民众的,其内容和形式往往都是大众喜闻乐见的,最能引起人们的兴趣和共鸣。而且受众也有选择和参与的权利,随着新媒体的深入,传播形成了一种平等、互动的关系,这也是传播文书特有的优势。

(二)灵活性

传播文书的写法灵活多样,可以采用句、段、篇或合编方式;表达上也不拘一格,根据需要可以叙述、议论、说明、描写、抒情相结合;传播媒介和方式也多种多样,可以是报纸、电视、广播、网络等。

（三）开放性

把有关信息公开向社会宣传，使受众知晓所传播的内容，是传播文书的又一特点。信息文书的公开性表现为：通过负责任的公开传播以达到一定的社会目的，收到一定的信息效应。可以说，信息传播的公开范围越大，知晓人越多，影响就越大，效果就越好。

三、传播文书的种类

传播文书因其媒介的发布方式不同，可分为以下几种：

（一）新闻类传播文书

新闻写作是以新闻传播为核心的一种叙事写作，与其他应用文有着明显的区别，它有自身的特殊规律和要求。本章主要介绍消息、通讯及新闻评论等几种应用最为广泛的文体写作。

（二）广播类传播文书

它主要是指一些以诉诸听觉的方式来传播信息、打动听众为目的的文本底稿。和其他的文书不同，它并非直接呈现给受众，而只是一种底稿。本章主要介绍广播稿、演讲稿等文体。

（三）新媒体传播文书

新媒体写作是基于电脑、手机及其他移动终端等写作发展而来的一种新的写作方式，是一种全新的现代化的写作方式和写作行为。如博客、微博、短信、微信等新媒体，由于其独特的传播方式，也导致了它与传统的大众传播文书的写作有着明显的区别。

第二节 消 息

一、消息概述

（一）消息的概念

消息是简要而迅速地报道国内外新近发生的重要事实的一种新闻体裁，即人们常说的"新闻报道"。它主要告诉人们发生了什么事情，往往只报道事情的概貌而不详述经过和情节。它是新闻体裁的重要形式，是报纸、广播、电视、网络新闻的主角，其他新闻报道如通讯、新闻评论等是它的发展和补充。

（二）消息的特点

1. 真实

真实是消息的生命。消息所要报道的就是事实，其内容要求真实、可靠，对事件的叙述也要客观，有一说一、分寸得当，尽可能准确无误地写出客观存在的事实，不带任何主观倾向或偏见。

2. 快速

消息相较于其他新闻体裁，最大的特点就是快，这也是它的最大优势。对新闻事件的快速捕捉和报道也体现了一个新闻工作者的专业素养。对于一些动态事件，必须抓得快，写得快，迅速及时，不失良机。

3. 新鲜

新鲜指的是时间新、内容新、角度新。消息报道的事实必须是新鲜的，是最近发生或发现的，别人没有报道过的；写作的角度也要新鲜，别出心裁，引人注意。

4. 简短

消息要求快速地报道新闻事实，对时间要求非常高，往往事件一发生就要立刻进行报道。

它一般对新闻事件进行简明扼要地概述即可，往往只告诉人们发生了什么，无须把前因后果、来龙去脉等一些细节性的东西讲清楚。

（三）消息的分类

消息的种类可以从不同的角度去划分：从报道内容上，可分为政治新闻、经济新闻、文教新闻、军事新闻、体育新闻、法制新闻、社会新闻；从反映的对象上，可分为人物新闻、事件新闻；从篇幅长短上，可分为长消息、短消息、简讯、一句话新闻、标题新闻。现在我国新闻界较为通行的分法是按写作特点将消息分成以下四种：

1. 动态消息

动态消息是新闻媒体中最常见的，是准确、迅速地报道新近发生的或正在发生的国内外重大事件、新鲜事实的一种消息形式。它是最能鲜明、直接体现新闻的核心价值，及时传递信息、沟通情况的一种报道形式，其特点是短、快、新。动态消息能迅速、及时地反映国内外政治、经济、文化、体育、科技、军事、外交、人物、自然等各方面的新发展、新变动、新情况、新气象。

2. 综合消息

综合消息是一种报道面广、材料丰富、内容详实、对时效性要求不太高的新闻报道。它是将不同地区、不同部门，或者不同战线、不同行业中发生的具有共性的新闻事实集中归纳起来，围绕一个中心视点或中心思想进行鸟瞰式的报道。它反映的是全局性的情况、趋势、动向和问题，点面结合，高度概括。

3. 经验消息

经验消息又称典型报道。顾名思义，它是一种反映事物发展变化的阶段性、概况性、经验性或典型性的报道，是将某地区、某部门在执行党的方针政策时所取得的成功的新鲜经验，通过报刊的介绍，用以指导面上工作的报道。经验消息一定要有针对性、有说服力，它所选择的事实有典型意义，能在不同程度上反映某一个时期、某一项工作的全貌。它不是简单的现象罗列，而是通过纵和横的对比、分析、阐述，揭示事物的本质，对读者有启发性、指导性。

4. 述评消息

述评消息也叫新闻分析或记者述评，它是一种报道和评论兼而有之的消息种类，以夹叙夹议、边述边评的方式及时分析形势，阐述重大事件，揭示问题本质，用以指导现实生活、工作，使读者能从中得到启迪的新闻体裁。

二、消息的写作

消息的写作较其他新闻体裁而言，有着相对稳定的格式。一般来说，一则消息包括标题、消息头、导语、主体、背景、结尾六个部分，但并非要求每个部分都俱全，要根据实际情况来行文。

（一）标题

标题是消息的眼睛，是对消息精华和亮点的高度概括和浓缩。一条消息能不能打动读者、吸引读者，标题往往起着很大的作用。标题能够概括消息的主要内容，揭示主题，还能评价新闻事实，点出意义。标题的拟定是一则消息的点睛之笔，在消息的写作中至关重要。消息的标题形式有单行式和多行式两种。

1. 单行式

即只有一个标题。它是消息内容的高度概括。

2. 多行式

由引题、正标题和副标题组成。正标题也叫主题或母题，是标题的核心部分和精华所在，它表达消息的主题思想和核心内容,在消息标题中的地位最为重要。正标题要能较完整地表达新闻事件,不能依赖引题和副标题而存在。相反,引题和副标题是依赖正标题而存在的。在正标题之上的,称为引题(或称肩题、眉题),它主要起交代背景、点明消息意义的作用。正标题之下的称作副标题(或称辅题、脚题),起补充说明正标题的作用。消息的标题可以引题、正标题、副标题俱全,也可以采取正标题只加引题或只加副标题的形式,要依据内容需要而定。撰写标题要力求做到准确、鲜明、生动。

（二）消息头

消息头是消息的标志,是指在消息的正文前,用区别于消息正文的字体标明的关于消息发布者的有关信息的文字,主要有"电"和"讯"两大类。通常,在异地通过电话、传真、电子邮件传送的消息正文前都加有"电头",比如"本报北京 × 月 × 日电""新华社武汉 × 月 × 日电"等。"电头"由三部分内容组成:一是属于哪家新闻单位;二是发稿的地点;三是发稿时间。有时我们还看到消息正文前有"本报北京 × 月 × 日讯","讯"表示的意思是稿件在当地用通常方式传送的。

（三）导语

导语是消息这一体裁特有的概念,是消息区别于其他文体的又一重要特征。导语是用最精练的文字,写出消息中最主要、最新鲜的事实,用来揭示题旨、制造悬念、唤起阅读兴趣。写作消息时,往往把最重要、最新鲜、最吸引人的内容放在开头作为导语,其他次要的内容则放到后面去写。这种组织安排材料的方法叫作"倒金字塔结构",也叫"报章体"。另外,还有"金字塔"结构,即完全自然地按事实发生的顺序来写的一种导语写作方式。一般情况下,全文有几段的消息,第一段就是导语;全文只有一段的消息,第一句话就是导语。常见的导语写作方式有以下几种:

1. 叙述式

它是用得最多、最常见的一种导语写法,即用叙述的方法,用简明朴实的语言先将最重要、最精彩、最新鲜的事实,开门见山、简明扼要地直接叙说出来,让观众对新闻事实先获得一个总的印象。叙述式导语的写作难点主要集中在什么是"最重要""最新鲜""最精彩"的事实上。

2. 描写式

它是指对新闻人物、现场或事实,进行简练而又有特点的描绘,使人有身临其境的感觉,从而吸引读者的注意。描写式导语的写法比较自由、多样,如可以从记者目击的现场情景和气氛写起,给读者以身临其境之感。

3. 评论式

开篇就表明了作者的态度和对报道对象的看法,把对消息报道的事实的评论放在导语位置,点明其意义和目的,对读者具有导向性作用。

4. 提问式

它是先提出问题,然后用事实回答,以期引起读者关注和深思的一种导语写法。以设问的方式作为消息开头的导语,其要义是将已经明确的报道内容或报道主题,以设问的方式引出,也可以理解为记者自己的"自问自答"。

5. 引语式

它是引用消息人物有特点的语言,点出消息的中心主题或体现新的思想,给读者以启迪。

（四）主体

主体是消息的主干部分,是对导语内容的逐步展开和补充。在一则消息中,导语虽然已经包含并突出了最重要的新闻事实,但对整个新闻事实的全部内容的表现还很不够充分。主体承接导语对新闻事实做进一步解释和报道。主体与导语相辅相成:导语是主体的提要和浓缩,主体是导语的展开和深化。主体是前承导语,后启结尾,归根结底是如何处理与导语的关系,并且适当考虑为结尾埋下伏笔。其写作要领主要有三点:一是依托导语,但不能重复导语,注意变换角度;二是注意扣紧主题,事实充实不空洞;三是展开导语,表述事实有起有伏。

（五）背景

背景是就消息中对有关新闻事实的背景、环境和原因等进行解释说明的材料。背景材料一般分为三类:说明性背景材料是用来说明新闻事实产生的原因、条件、环境、政治背景、历史演变以及新闻人物的出身、经历、身份、特点等方面的材料;注释性背景材料是注释、解说有关科学技术、概念、术语和物品性能特点方面的材料;对比性背景材料是与新闻事实形成明显对照和衬托的材料,可以选取今昔、正反的。

（六）结尾

结尾是消息的内容发展的自然结果。它可以用来总结全文,加深读者印象;也可以指出事物趋向,引起读者关注;还也可以对事物评论,启发读者深思等。结尾要根据需要自然取舍,不可画蛇添足。

三、例文

就业局长"潜伏"打工探扬州用工[①]

本报讯(记者 胡××)昨天中午,扬州××制鞋厂,60多名云南曲靖市的务工人员前来报到。欢迎新员工的典礼上,一位戴眼镜、挎皮包的中年男子从人群中挤上主席台,向乡亲们挥手致意:"我叫陈××,曲靖市就业局副局长,去年曾在××制鞋厂打工一个月……"这一句自我介绍,令××鞋厂的新老员工惊讶地瞪大了眼睛。

去年春天,西南大旱,扬州众多企业向云南曲靖等重旱区发出用工"邀请函"。很快首批80多名曲靖农民来到××鞋厂,陈××就是他们的领队。有人称他"工头",也有人叫他"大哥",却没人知道他是曲靖市就业局副局长。

原来,曲靖当地百姓很少走出大山,总担心外出受骗、受欺负。扬州务工环境究竟咋样?光看招工广告不行。"百闻不如一见,百见不如一试",陈××自告奋勇当起"工头",要实地体验扬州的务工环境。

经过一周岗位培训,陈××被分配到整理车间,负责打包卸运。一周工作五天,周六加班计发加班费,周五晚上工厂还开展联谊会。八人一间宿舍,有空调,有热水。每月10日,工厂按时发薪水,外来员工全部参加社会保险。陈××按时拿到首月工资后,向××老总递上自己的名片说:"把家乡工人交给你们,放心!"他在"打工报告"中这样写道:扬州企业合理工资吸引人,人性管理温暖人,事业发展激励人。随后,一拨又一拨的曲靖农民工被输送到××制鞋、××××等企业。

去年12月底,扬州市人力资源和社会保障局的领导前往曲靖,将曲靖列为扬州第58个外

---

① 选自《扬州日报》2011年3月8日,第2版。

省劳务基地,今年春节前,200多名曲靖员工被吸纳到扬州经济技术开发区的企业中。

今年春节后,全国各地大闹"用工荒",扬州经济技术开发区跨省招工,一周招聘签约1.8万人,用工计划甚至排到今年七八月份。扬州市人力资源和社会保障局副局长××说,扬州园区企业用工缺口2万多人,但没有出现"用工荒",就是因为扬州建立了一批外省劳务合作基地,扬州企业注重待遇留人、感情留人、事业留人。

在昨天的欢迎仪式上,××拉着陈××的手说:"你的特殊'打工'经历,就是对扬州务工环境的最好宣传,感谢你啊!"

第三节 新闻评论

一、新闻评论概述

(一)新闻评论的概念

新闻评论是针对新近发生的、具有普遍意义的新闻事件和迫切需要解决的问题,发议论,讲道理,直接发表意见的文章。它包括社论、评论员文章、短评、编者按、专栏评论、述评、杂文、广播评论、电视评论等体裁,是报刊、通讯社、广播电台、电视台等新闻媒介的评论文章和节目的总称。

(二)新闻评论的特点

1. 政治性

新闻评论具有严格的政治导向性,它与党的路线、方针、政策保持高度一致,在坚持正确的政治方向、发挥强大的舆论导向方面起重要作用。一篇正确的评论,能起到鼓舞人心、振奋精神的作用;若导向失误,就会给国家政治、经济生活等造成极大的消极影响。

2. 亲民性

新闻评论的内容,应当是广大群众最关心和最感兴趣的。它提出的问题应当是同人民群众的切身利益密切相关的,又是能反映人民群众的要求和呼声的。它多是以当前突发性新闻事件或大众较为关注的社会焦点、热点问题做论题,有的放矢进行评论,因而是密切联系实际,有感而发,力避空谈,言之有理。它的内容广泛,涉及现实生活的各个方面,与群众的生活联系密切,群众的参与度高;议论方式平易,语言通俗,能为广大群众所接受。

3. 评论性

评论要尽可能从思想、政策、理论高度提出问题、分析问题和解决问题,而不应局限于就事论事。评论所面对的新闻事实往往是具体的、零散的、微观的,这就需要通过分析、综合和提炼,衡量它是否符合党的政策,是否代表了客观事物的发展方向,从而做出判断。受众看到或听到的是具体的事实,而评论则是要通过分析,进行提炼和升华,使他们从思想上、政治上领悟到某种道理,理解客观事物所包含的社会意义。

(三)新闻评论的分类

按评论对象的内容分,可分为政治评论、军事评论、经济评论、社会评论、文教评论、思想评论;按评论写作的角度分,可分为立论性评论、驳论性评论、阐述性评论、解释性评论、提示性评论;按评论的性质功用分,可分为解说型评论、鼓舞型评论、批评型评论、论战型评论;按表现形式分,可分为社论、评论员文章、短评、述评、编者按、专栏评论、新闻述评、论文、漫谈、专论、杂感等。这里介绍几种主要的新闻评论:

1. 社论

社论被称为报刊的旗帜，是代表报纸编辑部就某一时期的重大问题发表的权威性、指导性的言论。社论一般是针对现实生活中的重大事件和重要问题分析形势、发表意见、表明态度、揭示意义，从而达到指导行动、统一认识的目的。因此，社论的写作就要求选取适当的论题，要针对社会生活中的重大事件或人民群众密切关注的问题进行分析评述。

2. 评论员文章

评论员文章在规格和权威上仅次于社论，由报刊编辑部以评论员的身份对一些问题提出自己的观点和主张，它通常不去全面论述重大问题、重大决策，而是选一个重要角度从侧面展开，对决策、问题做深层次分析，常常以配合或结合新闻报道的形式发出。

3. 短评

短评属于新闻评论中的"轻武器""短兵器"，往往一针见血地对事件、问题评其一点。它是对现实生活的某个方面、某一点所做的局部评论，通常也是以配合新闻报道的形式出现，特点是短小精悍、内容单一、形式多样。

4. 述评

述评是介于新闻报道与新闻评论之间的一种边缘体裁，融新闻和评论于一体。评述结合、以评为主、述中有评、评中有述。新闻述评主要有形势述评、事件述评、工作述评、思想述评等。

5. 编者按

编者按是新闻评论中最简短、最灵活的小型"配评"，是为新闻报道或其他文章配发的评介、建议、批注或说明性文字，往往对新闻起着解释、说明和画龙点睛的作用。编者按有左前按、文中按、编后按，篇幅最为短小，依附性最强。

6. 专栏评论

专栏评论是发表在报纸开辟的固定栏目中的一种新闻评论。这种评论上谈国政，下议百姓衣食住行，形式灵活，不拘一格。一般说来，很多新闻媒体都有自己特有的言论专栏，像《人民日报》的《人民论坛》、《文汇报》的《文汇论坛》、《光明日报》的《光明论坛》、《新华日报》的《新华论坛》等皆属于此。

二、新闻评论的写作

新闻评论的写作也没有固定的模式，它属于议论文的范畴，和其他种类的议论文一样，新闻评论也要具有论点、论据、论证三大要素。论点，即作者要表达的中心思想，是这篇文章的灵魂，它必须正确，力求新颖、深刻，有针对性。论据，是用以证实论点的依据，是评论的肌肉或躯体。它可以是客观事实，也可以是人们公认的道理。论据要求真实、典型，生动、新鲜。论证则是运用论据，通过说理，来证实论点的过程，是沟通论点与论据的桥梁。

就新闻评论写作的过程而言，一般包括两个步骤：一是构思阶段的选题和立论；二是提笔阶段的论述和说理。这就是说，选题和立论是新闻评论写作过程的第一道程序，也是关键性程序，直接关系到评论的成败。就衡量评论作品的标准而言，选择和评价一篇新闻评论优劣的最重要的标准是选题和立论是否有针对性和迫切性。如果选题立论不切实际，论述和说理再好也是徒劳无益的。

（一）新闻评论的选题

选题就是选择所要评论的事物或所要论述的问题，也就是确定一篇新闻评论的评论对象和论述的范围，即解决"评什么"的问题。俗话说"题好文一半"，选题是评论写作的第一步，也是最关键的一步。一篇新闻评论的选题是否得当,直接影响文章的质量。撰写评论的目的,就是为了了解生活中具有普遍性、倾向性的问题,解决广大群众心中的疑难、困惑性的问题。因此,新闻评论的选题本身是否能够抓住问题的实质,将直接决定着新闻评论的质量和价值。那么,选题从何而来?

其一,新闻评论写作要体现政策性,这也是由新闻工作的党性原则所决定的。当前的客观形势、舆论动向和宣传任务,以及最近中央发布的重要决定、工作部署和最新的政策精神,这些不仅是选题的重要来源,而且有助于选题和立论体现坚定正确的政治方向,赢得人们的重视。

其二,新闻评论的选题一定要针对大众关心和关注的热点、焦点、难点问题以及社会基层的呼声和要求。在实际生活中层出不穷的新情况、新变革、新矛盾、新风险,以及来自广大群众和社会基层的呼声和要求,这是新闻评论选题取之不尽、用之不竭的源泉。

其三,重要的新闻事件和新闻典型,是社会舆论关注的热点,是结合实际引导舆论、发挥教育功能的好教材,有助于评论选题富有新闻性和时代感。

(二)新闻评论的立意

选题定好了,就要着手立意。古人言,"意在笔先",立意是整篇文章的灵魂和统帅。立意即作者对所评论的事物或问题选择一个议论中心,以表明自己的看法和见解。换言之,立意就是确定评论的中心思想和基调。立意要注意以下几点:

其一,立意最重要的是求新,求新的思想、新的观点、新的见解,寻找新的角度、运用新的材料和语言。新闻最显著的特征是新,新闻评论也不例外。一篇评论,总要给读者一点新的东西,尤其是力求有新的思想、新的观点,要讲出一点新道理。因此,观点是否新颖是衡量新闻评论质量和价值的重要尺度之一。事实上,社会现象本身就是复杂的,任何事物不是孤立存在的,它必然与周围事物有各种各样的联系,这就给评论工作者提供了多角度、多侧面、多方位观察、分析、评论事物的可能性。利用新的材料,运用新的语言,也是使新闻评论推陈出新的一种方法,选用新鲜、真实的材料往往比说理更让人信服。

其二,立意要准确。立论的准确性体现在两个方面:第一,立论要有依据,论据要充分、准确。对事实材料进行认真核实,不能凭主观想象,更不能任意发挥。因为论据既是论点的依据,又是评论分析和推理的基础,因此,作为论据的新闻事实至关重要。第二,新闻评论的论断、观点必须正确。论点要符合党的路线、方针、政策,符合客观实际,符合常理、常情,防止主观、片面、偏激甚至武断。

其三,立意要清晰、有针对性。新闻评论本就是针对现实生活中的重大事件、重要问题或人们密切关注的问题而发言的。因此,新闻评论的写作绝不能抛开实际问题而空发议论,而是要有的放矢地根据所选择的论题进行论辩和析理,明确地表明自己的观点,赞成什么,反对什么,提出解决问题的具体办法和措施。

(三)新闻评论的论证

新闻评论的论证方法多种多样,写作时要灵活应用,使说理透彻深刻。基本的论证方法包括:例证法,列举具体典型的新闻事实,证明观点的正确;引证法,用已被证明公认的正确道理、原则或理论,来论证未被证明的个别的具体的论点和道理;比较法,包括类比和对比,即把具有相同特征的事物,或同一事物在不同时间、地点和条件下的不同表现,进行比较,以有力地证实某个论点的正确或错误等。在评论中要根据具体内容需要,灵活地交替使用,使评论说理充分、透彻。

三、例文

农科院所制假坑农的多重恶劣性 [①]

新华社"3·15"发稿披露，去年，仅农业部、国家质检总局、工商总局查获的假冒伪劣农资价值就达 22 亿元。更令人难堪的是，一些应以扶农支农为天职的农业科研院所也参与了制假售假，被点名的这些农科院所包括山东省农科院畜牧兽医所、江苏省农科院兽医所、上海市农科院畜牧兽医所、上海市奉贤区畜牧兽医站等。这件事已经远远超出了学风浮躁和科研腐败的范畴。基层农业科研和农技推广单位的不景气已持续多年。上述农科院所制假售假的原因或许各有不同，但经济利益应是最终的目的。我在想，山东、江苏、上海等发达省份都有农科院所想着靠制假售假敛财了，更不景气的西部、老少边穷地区的农科院所更何以堪？农科院所变着法子地坑农害农了，更不景气的农民兄弟们更何以堪？农业科研、农技推广单位的不景气有着体制、政策、资金、结构、人员等方面的诸多根源，都亟待统筹加以解决。但无论如何，"不景气"丝毫都不能成为制假坑农的理由，因为，农业作为先天性"弱质"产业，不光仍在很大程度上有着靠天吃饭的特性；更在于，在它的单元生产周期里，一切都具有不可逆转性。比如，因假冒伪劣农资而致歉收甚至绝收，这一年就完了，不像绝大多数工业产品那样可以返工重做，而这一切"不可逆转的"最终承受者，还是农民。从这个意义上讲，在当前国家空前重视"三农"问题、全国反哺农业的大趋势下，有的农科院所却玩起制假坑农的一套做法，就具有多重恶劣的性质：在社会公平方面，它在作为一个弱势群体遇到问题时，选择了转嫁于比它更弱小的群体，造成更大不公；在科学道德方面，它作为一个科学普及和技术推广的天然使者，失去了最起码的良心和责任感；在市场诚信方面，它作为一个本应以技术和服务优势立足的可信伙伴，丧失了农民的信赖……

第四节　通　讯

一、通讯概述

（一）通讯的概念

通讯是综合运用叙述、描写、议论等多种方法，深入详实而又生动形象地报道新闻人物、重要事件或社会问题的新闻体裁，是新闻报道中大量采用的一种文体。它和消息有着亲缘关系，是从消息演化而来的。

（二）通讯的特点

1. 详实

与消息相比，两者要求不同：消息要求简洁扼要、高度概括，只告诉人们发生了什么；通讯则要求详细具体，需要掌握丰富的材料，弄清楚事件发生发展的来龙去脉，反映"全过程"，给人以整体印象，完整地传播信息。同时，通讯详细展示信息到底"怎么样""怎么做"，要描述情节和细节，使读者如临如睹，给人以直观感受。

---

① 选自《科技日报》2005 年 3 月 17 日。

2. 生动

通讯不但要以事实说话，还要以形象动人。它是一种具有多种表现方法的新闻文体，它的表现方法灵活多样、不拘一格，不管是写人还是写事，都要求形象、生动，以此来感染读者。为了做到形象、生动，通讯在写作时除了叙述外，还采用描写、抒情、议论等表达方式和渲染、烘托、类比、映衬等文学手法，绘声绘色、有声有色地反映感人肺腑的真人真事，所以通讯报道具有一定的文学性。

3. 深入

深入就是通讯中不仅要写人记事，介绍人物和事物的基本情况，而且要运用议论，表明作者的见解和态度，揭示新闻事件的原委，揭示事件的实质、规律和现实意义，它能起到画龙点睛、深化主题的作用。

（三）通讯的种类

通讯根据不同标准来分，可分为许多种类。从内容性质上分，有人物通讯、事件通讯、概貌通讯、问题通讯等；从内容范围上分，有专题通讯、综述通讯等；从篇幅长短上分，有长篇通讯、短篇通讯和通讯小故事等。但常用的通讯类型有以下几种：

1. 人物通讯

人物通讯即以人物为中心报道对象，其重心在于展示人物的精神面貌和性格特征，通过一个人物或一组人物新近的行动来反映时代特点和社会面貌的通讯形式。人物通讯要注意不能合理想象，一定要实事求是地把人物放在生活中和群众中来写，而不要"神化"。

2. 事件通讯

事件通讯即以事件为中心的通讯。它要比较详尽而形象地写出事件的前因后果、来龙去脉，通过一些具体情节把事件如实地反映出来。事件通讯所选的事件应当具有较强的情节性，这是它有别于其他通讯，尤其是人物通讯的主要特征。写事件通讯，关键在写事件本身的新闻意义，从事件的产生、发展的过程和结果来看事件的性质，深挖其中蕴涵的社会意义和深刻的思想意义。

3. 工作通讯

工作通讯又叫"经验通讯"，是着重报道某个地区、部门或单位在实际工作中取得的成绩和经验，揭示和讨论工作中存在的问题的通讯类型，目的是指导和推动各项工作顺利展开。工作通讯最大的特点是带有强烈的针对性和指导性，要反映工作中一些具有普遍意义的问题，从中总结带有规律性的东西，即通过典型剖析，指导工作。

4. 风貌通讯

风貌通讯也称"概貌通讯"，着重反映某地区、某单位的新气象、新面貌。风貌通讯的题材很广泛，既有天文地理、风土人情、山川风光，又有移风易俗、今昔变化、社会变迁等。与其他通讯相比，风貌通讯时效性要求弱一些，但知识性、文学性要求高，写作时既要放眼全局，又要写出写作对象的特点，要富有知识性和抒情性，尤其要典型、生动、真实地表现"风貌"和"变化"。

二、通讯的写作

（一）通讯的结构

古人云："文无定法。"通讯的写法也是灵活多样，没有一个固定的模式。作者需要根据受众的阅读心理，在通讯结构的安排上注意形式变化，充分利用纵式结构或横式结构所提供的时

空框架,组织编织出具有美感特征的通讯结构。大致来说,通讯的结构有以下几种:

1. 纵式结构

纵式结构即按照新闻事实发生、发展的时间顺序组合和编排事实材料的一种结构形式。可以是按照一个事件的发生、发展过程,按时间顺序叙述下来。这种结构条理清晰,便于读者掌握事情的来龙去脉。采用这种结构要注意材料安排得当、富于变化,避免形成流水账。也可以按照生活中发生的一连串故事的时间顺序,依次叙述。

2. 横式结构

横式结构即按照新闻事实的内在性质的区别和联系,以多侧面拼接的形式来安排新闻素材,并根据新闻事实发生地点的变化来安排结构。这种结构既可以围绕一个中心,把不同地点发生的不同事情联系起来成为一个整体,也可以按照新闻事实各个侧面之间的关系安排结构。这里有两种情况:一是先主后次的并列;二是同等重要的并列。无论哪种并列,都是围绕主题展开事实,或者是将正反两种人、两种事并列,并列中含对比,对比中见主题。这种结构可使事物矛盾对立的两个方面形成鲜明的对比、强烈的反差,给读者留下深刻的印象。

3. 递进式结构

递进式结构的通讯往往从现象入手,层层挖掘现象的原因,以及原因背后的深层原因。这种结构具有理性思维的特征。采用这种结构,需正确把握各种材料在表达主题思想时的地位,如主与次、深与浅、因与果等,使层次安排呈现递进式,一层比一层深入。

4. 纵横交叉式结构

这种结构也叫复式结构,就是综合运用纵式结构和横式结构的方式来安排材料。这种结构一般以纵式为主,横式为辅,纵横交错,将题材布局好,以便更有力地表现作品的主题。这是一种处理错综复杂事物时所采取的结构形式。

(二)通讯的写作要求

1. 选材要典型、具体

通讯的素材掌握并不像消息那样只需掌握事实和背景材料就可以了,而是要特别注意发现典型人物和典型事件,有时甚至要捕捉一些有价值的细枝末节。通讯的素材要选择那些具有代表性、普遍意义、宣传价值和教育意义的人和事;选择那些在一定时期内人们所关注的问题。要确立体现时代精神,表现时代风尚的主题;确立反映人物和事物本质及规律的主题。

2. 善于提炼主题

通讯的主题是一篇通讯的灵魂,它决定着一篇通讯质量的高低。一篇通讯的社会意义大小,首先在于它的主题是否深刻;而一篇通讯的耐读程度如何,往往取决于它的主题是否新颖。重大题材的意义当然深刻,也吸引人,但现实生活是广阔的,并非只有重大题材才可以写成通讯。因此,我们必须善于在事物的某一点或某一个片断上下功夫,挖掘出具有普遍意义的较为深刻的主题来。

3. 表现事实为本

通讯以清晰表现事实为目的,而不要求事实去服从体裁、结构的需要。如果是一个完整的事件,就考虑用纵式顺叙的结构;如果是现场材料,就可考虑写成新闻特写。例如写人物通讯,如果只采访到此人的一个有意思的情节事实,就可考虑写成新闻小故事,而不必硬要写成人物通讯。

4. 在布局谋篇上,要善于剪裁取舍

由于要具体、形象地反映新闻事实,所以通讯在安排文章结构上要善于在大量的素材中选择最有意义的材料来写,这些最有意义的材料又要点面结合,详写典型事例,略写一般事例;还要根据受众的阅读心理,在通讯结构的安排上注意形式变化,充分利用纵式结构或横式结构所提供的时空框架,组织编织出具有美感特征的通讯结构。

5.在表达方式上,要灵活多样

通讯不仅要像消息那样用事实说话,而且要用形象说话,因此,在表达上就不能只以叙述为主,而是要记叙、描写、议论、抒情多种手法并用。特别是一些篇幅短小的通讯,这些表现手法几乎没法分开,所以多呈现为"夹叙夹议"的方式。

三、例文

今天,我们豪迈受阅①

(本报记者 李选清 武天敏 胡君华)

公元 2009 年 10 月 1 日,中国,北京,长安街。

清晨,东方,从古观象台一路向西,8 000 多名官兵和 500 多辆战车绵延 2 公里多,像一条凝固的铁流,等待着国庆 60 周年阅兵的庄严时刻。

上午 10 时,天安门广场,56 门礼炮齐鸣 60 响。人民英雄纪念碑下,200 名国旗护卫队员拱卫着五星红旗,迈着 169 个正步走向国旗杆基座。

169 步,寓意从 1840 年鸦片战争至今 169 年的不平凡历程。

169 年,为了祖国的独立、民族的解放,多少英雄儿女血沃中华!

"敬礼!"五星红旗冉冉升起。"起来,不愿做奴隶的人们……"长安街上,受阅官兵引吭高歌,声震长空。

10 时 9 分,中共中央总书记、中华人民共和国主席、中央军委主席胡锦涛,乘红旗牌检阅车驶出天安门,沿长安街缓缓东行。

这是胡锦涛主席第一次在天安门广场检阅三军部队。

这是中国在 21 世纪首次举行国庆大阅兵。

铁阵,如山如岳;口号,如海如潮。受阅三军身上,流淌着红军、八路军和新四军的血脉。他们来自沃野平畴、深山密林、滔滔海洋、万里蓝天,汇集中国陆海空三军和人民武装警察部队、民兵预备役部队等全部武装力量的精华。

这是人民军队走过从机械化向信息化建设转型的 10 年风雨征程,第一次向祖国、向世界全面展示新面貌、新阵容。

10 时 37 分,胡锦涛主席在天安门城楼发表讲话后,千人联合军乐团奏响《检阅进行曲》,万众瞩目的阅兵分列式开始了。

长安街上,足音铿锵,犹如山呼海啸。

…………

今天,天安门广场鲜花如海,红黄两色的花束簇成中国军人的钢铁誓言"听党指挥、服务人民、英勇善战"。八一军旗,引领中国人民解放军,沿着先烈足迹,脚踏祖国大地,背负民族希望,履行新世纪新阶段历史使命!

---

① 选自《解放军报》2009 年 10 月 2 日,第 4 版。

徒步方队背影远去,长安街上,传来 30 个装备方队隆隆开进的巨大声浪。

金戈铁马,气吞万里如虎。锡伯族战士丁辉,驾驶 99 式新型主战坦克,引领首次排成箭头状的铁甲方阵隆隆驶来。随后,96A 型坦克、两栖突击车、履带式大口径自行加榴炮、自行榴弹炮、远程火箭炮等新型数字化装备,像钢铁长城,绵延横亘,展示中国陆战力量一往无前、所向披靡的雄姿。

临沧海,引长弓。新型舰空导弹、反舰导弹、岸舰导弹战车隆隆驶来。此时,在祖国万里海疆,人民海军舰队巍然列阵,悬挂满旗,向天安门致敬。在遥远的亚丁湾,海军护航编队新型战舰眺望东方,鸣响舰笛,向祖国致敬!

西北望,射天狼。两支新型地空导弹方队和空军新型机动雷达方队驶过天安门。他们是新一代国家防空"天网"的中间力量,是我军未来国土防空作战的剑锋刀刃。

车辚辚,阵容新。通信兵方队、无人机方队、后勤装备方队首次出现在国庆大典。他们是我军信息化建设的排头兵、电子信息作战新锐、全面建设现代后勤的先锋,像电子丛林,像轻盈银燕,像移动城堡,亮相长街。

"爸爸要是活到今天,该有多高兴啊!"观礼台上,著名爱国将领吉鸿昌烈士的女儿吉瑞芝对记者说:"当年中国积贫积弱,父亲为抵抗日寇侵略,只能变卖家产购买枪械,组织武装。看到今天盛世中国的现代化国防装备,真让人忍不住像爸爸当年那样大喊一声'我是中国人!'"

听到这里,胸前挂满奖章、两次负伤、两次截肢的新四军老战士吴成,想起解放战争中一次战斗,记忆犹新:"我们 20 人的突击队,用步枪、手榴弹攻堡垒,打了两天三夜。仗打赢了,突击队只剩下两个人,那时,我们多盼望有一门炮啊……"说到这里,老人眼里涌起泪花。

……………

60 年风雨,一甲子辉煌。56 个方阵,象征 56 个民族。人民军队与共和国一起进步,一起成长,一起走向中华民族的伟大复兴。

此时此刻,追思与缅怀,光荣与梦想,决心与信念,在同一时空汇聚,都凝结在这情感的峰巅,抒写在这壮美的画卷!

第五节　广播稿

一、广播稿概述

(一)广播稿的概念

广播稿是指广播媒体中经常使用的各种新闻类文体的统称。它主要包括广播中播出的消息、通讯、专访、录音报道等。广播稿和我们上一节所讲的新闻类传播文书有着相似之处,如新闻性、时效性、真实性等,但因其传播方式的差别,广播稿有其自身的特点。

(二)广播稿的特点

1. 可听性强

广播是以声音为载体,听众从广播员的播音中来接受新闻事实,所以要充分考虑语言传播的特点及语言表达信息的规律。广播稿是为听而写的,关键就是要让听众很快就能听懂、记住,这是广播稿文字表达的基本出发点。

2. 传播范围广

广播传播范围广,传播速度快,穿透能力强。其传播范围之广,受众之多,是其他传统媒体所望尘莫及的。无论是对内广播还是对外广播,这一特点都是广播的优势。特别是在对外传播中,广播的这一优势表现得更为突出。广播比报纸和电视具有更强的穿透力。因此,它所能达到的范围,传播信息的速度,远远超过报纸和电视。这一点早已被国际传播的实践所证明。

3. 简短性

广播与其他传播媒体相比较,它没有电视鲜明的画面,也没有报纸固定的版面。广播传出的声音稍纵即逝,受众不能进行充分的思索联想,理解和记忆受到一定限制。因此,广播稿一定要简短易懂,干净利落,切不可冗长。很多新闻报道在广播中仅占 30~50 秒,3 分钟的单条新闻广播已经算是长报道了。

（三）广播稿的种类

广播稿是报道新闻的重要手段,一般来说,广播稿的常见形式有消息、通讯、录音报道、录音新闻、录音通讯、录音特写、录音访问、答记者问、现场报道、广播评论等。此外还有录音讲话、口头报道、配乐广播稿等。

二、广播稿的写作要求

广播稿作为一种新闻稿,同报纸、通讯社发的新闻稿在写作上有若干相似之处,但是广播稿最大的特点就在于它写出来不是直接给人看的,而是给人听的,它必须符合听觉的接受规律。因此,在写作上就与我们上一节所讲的新闻类传播文书的写法有所区别:

（一）要形象具体,忌抽象笼统

形象具体的描述更适合听众的理解和记忆。它可以唤起听众头脑中的感知,激起他们对以前感知过事物的形象回忆,从而在心中呈现出一幅幅主体的画面。广播记者在写作时,要追求这种画面感,使文章生动形象,要求写得具体通俗、活泼顺畅、短小精彩,切忌从概念到概念、从理论到理论,空泛地议论。

（二）要开门见山,忌拐弯抹角

不管是新闻报道,还是录音讲话、广播评论,一开头就得把要讲的道理或事情直截了当地告诉听众,然后再层层深入论述或叙述,让听众按你的思路、线索听下去。广播稿不能拐弯抹角、吞吞吐吐,使人听了半天,不知道说的是什么。叙述一般不用过长的"引子",要尽量用顺叙,不用或少用倒叙、插叙。不要用过多的转折词和连接词,要干净利落。

（三）要浅显易懂,忌艰涩拗口

口语化是广播稿区别于其他传媒稿件的最大特点。广播稿是用耳朵听的,它要求语言明白易懂口语化,口语化要求写"话"而不是写"文"。好的广播稿主要是靠嘴念和耳听来判断。要多用短句,少用或不用长句;少用方言、土语,尽量不用群众不熟悉的简化词或简称;少用书面词汇、文言词汇和单音词;不宜用单括号、破折号、省略号,因为其中的内容不便读出来;那些表示否定含义的引号也尽量不用,改用"所谓的"等。

（四）要条理清晰,忌跳跃混乱

由于听众在收听广播时联想和思索受到客观限制,一般都是被动地按照播出顺序去理解。这就要求广播稿在写作上要层次清晰,前后呼应,让听众听出头绪。广播稿的谋篇布局多采取单线、顺叙的结构,一般都是把事情的来龙去脉按时间顺序一条线地表述出来。避免两件事交叉着写,如果需要写两件以上的事,应该采取"花开两朵,各表一枝"的方法。当从一个事情叙述到另一件事情时,要有过渡、衔接、承上启下,引导听众收听,要有提示、说明,切忌思路断裂、混乱。

三、例文

严禁酒驾带给社会的启示

（2011年12月26日上海人民广播电台新闻广播990早新闻 丁× 倪×× 孙××）

今年5月1日起，正式生效实施的我国《刑法修正案（八）》中，对"醉酒驾车"和"违反食品安全"的处惩都前所未有的加大力度，两者都是"只要有行为、不论结果"都将处以严厉的刑事处罚。然而相同的力度却有着不同的结果：全国醉酒、饮酒驾车同比大幅下降；而食品违法行为却屡见不鲜。为什么"严禁酒驾"能够在全国取得良好效果，它带给社会其他领域怎样的启示呢？来听记者丁×发来的新闻综述：

【检查现场："请问有没有喝过酒？""没有""用力往这个位置吹，滴……噢，显示绿色，您没有喝过酒。谢谢配合。""有没有朋友因为酒驾被抓住过啊？""现在没有，以前多，我们是百分之百执行。因为现在抓得严，有典型了，高老师嘛！"】

2011年12月24日晚，恰逢周末，又是西方的平安夜，23点的西藏路与淮海路路口依旧人来车往。此时全国范围的"查酒驾"统一行动拉开帷幕。黄浦交警豫园中队在此路口设卡检查。在记者跟随采访的两个小时时间里，这个点共检车辆约150辆，却没有查到一起酒后驾车行为，黄浦交警支队勤务路设科李××科长告诉记者。

【去年我们查酒后驾车最早8点半开始查，基本查到11、12点已经战果累累了。5月份入刑以后，运气不好的话查一百部都不一定有。各个区交警支队基本上每天晚上都有设卡。1月份到4月份，醉酒驾车55起，5月1日到现在为止，5起，下降90%多。】

25日早，黄浦区交警支队汇总数据显示：24日晚的统一行动黄浦共设检查点8个，从23点到凌晨2点共检查车辆1 800辆左右，查获酒驾5起。难怪有社会学者称："严禁酒驾"取得的成效，可以说是共和国62年历史上，"执法见效"最成功的案例之一。市交警总队事故处陈××科长介绍：截至12月15日的数据显示，今年整个上海酒驾人次也大幅下降。

【今年5月1日醉驾入刑后，到目前全市查处的醉酒驾车是1 091起，同比下降约78%。饮酒驾机动车同比下降57%，下降的趋势很大的。】

酒驾大幅下降的成效在全国具有普遍性。如此良好的社会效果只是因为法律上加大惩处的缘故吗？社会学家、上海大学教授××认为，重典固然重要，但更重要的是"执法力度的加大"和所有人在法律面前的"同一待遇"。×××案就是一个典型案例。

【它的严格执法程度从未有过，所有的人都不能幸免，拒绝通融，拒绝具体情况具体分析。法律要发挥作用，必须对一切人有效。如果管不住一部分人，法律就管不住所有的人。再有力度的法律规定都没有了意义。】

交警总队勤务处王××科长说，现在在查处酒驾方面，不仅对民警执法环节的要求不断提高，对执法者自身的行为要求也比任何时候都严。

【"警务通"抓到了，这个警务通就上传到所有公安系统里了，你连求情的时间都没有，就现场了，我们从各个环节堵住漏洞。酒后驾车是严重违法行为，一律顶格处理。一视同仁的，不管你有什么职务、处于什么岗位，只要你酒后驾车了，必须清理出公安队伍。】

"严禁酒驾"的确已在全社会取得良好社会效果，然而法律同样严格"对待"的食品安全问题，依旧和社会其他领域的许多治理一样，面临着"走不出"的困境。市食品安全委员会办公室副主任顾振华介绍。

【上海一年食品安全方面违法案件少说有四五千件,这些查处大部分都是以罚款的形式来进行处罚,上海每年大概有两位数的数字追究刑事责任已经很不错了,酒驾抓到一个就是刑事责任。】

上海市社联党组书记×××对这一现象也非常感慨:

【《刑法修正案(八)》里既规定了醉酒的问题,也规定了食品安全的问题,而且有个共同点,不管有没有压死人、不管有没有吃死人,它是不管后果的,只要你有这个行为,就判刑了。他的力度和醉酒是一样的,但是你看连人家知都不知道。说明执法认真不认真,造势情况如何、宣传怎样都很重要。】

不可否认,食品安全的查处难度远远高于醉酒驾车,一件食品安全事件的认定远非像"吹口气"来得那么容易。×××认为:食品安全问题,的确复杂,但再复杂的事件也有解决的路径,切断"利益链"让法律做主,很重要。

【如果我这个企业在什么区,我对他GDP贡献很大,区里也不希望我垮掉的。地方政府就这种很微妙的态度,在某种程度上,他们都有保护伞,他不是一对一,不知道背后有多少力量。都有部门利益、地方利益,所以大家基于利益这个角度来权衡对法律的态度,这使得很多法律都不能得到很好的执行。】

法治社会要求:每个人或每个部门都只对法律负责。严查酒驾的"人人平等",凸显了法律的作用和威严。然而当下,环保、拆违等很多领域在执法时往往强调事物的特殊性。上海市××律师事务所高级律师××和××教授分析说,当总是强调特殊性时,问题就出现了。

【我们目前走到今天,确实是由于我们在强调事物的特殊性,忽视了法律主要是针对事物的普遍性的。我们现在总是把法律当作一种很实用的东西,我要用的时候用一用。千万不要搞成法律只是治一部分人,却放过另外一部分的。执法者首先必须守法,法律管不住执法者,执法者就管不住普通人。】

改革开放以来,中国加快"立法"建设,基本解决了无法可依的状态。××律师说,中国当今的问题不是法制缺失的问题,而是要充分体现法律的公正性和严肃性。

【我们现在的问题是有法不依的问题。在有些事情上严肃执法了、有法必依了,但有时又有法不依了,这样造成整个社会起起伏伏(沪语)。】

建立一个健全的法制社会,受益的将是社会中的每一个人。而每一个人又都是法治社会的推手。市绿化市容局的一组数据值得深思:今年1月至10月,本市工程渣土车涉及的交通事故共50起,其中28起是由电动车主、自行车主或行人负主要责任。上海人大法工委主任××说,公众在强调权利的同时不能忽视责任和义务。"警在法在"的现象要改变。

【现在整个国家法的发展趋势是不断限制公的权利。公权力加以限制我认为是社会进步的标志。相对来讲私权利就扩张了。现在普通社会公众你们准备好了没?如果你们遵法守法意识没跟上的话,那,我认为这个社会也会不稳定的。

越来越多的事例告诉人们:社会治理没有什么其他办法,唯有依法。人们只有敬畏法律,把法当真,管理部门像查处酒驾一样来查处所有的违法行为,社会一定有条不紊。

第六节　电视新闻稿

一、电视新闻稿概述

（一）电视新闻稿的概念

电视新闻稿是配合电视新闻图像的播出、供电视新闻播音员播音的文字稿。它与新闻图像互相配合,构成呈现在观众面前的一条条既能看又能听的电视新闻。电视新闻稿的写作既是一门为听而写的艺术,也是一门为看而写的艺术。听与看的结合,使电视新闻稿写作既不同于广播新闻的为听的特点,又不同于报纸新闻的为看的特点。

（二）电视新闻稿的分类

按新闻稿题材的内容,可分为时政新闻稿、社会新闻稿、文教新闻稿、体育新闻稿等;按新闻稿题材涉及的地域范围,可分为国际新闻稿、国内新闻稿、地方新闻稿等;按新闻稿的性质,可分为预知新闻稿与突发新闻稿、主体新闻稿与反映新闻稿、共有新闻稿与独家新闻稿、静态新闻稿与动态新闻稿、硬性新闻稿与软性新闻稿等;按新闻稿的体裁,可分为消息类新闻稿、专题类新闻稿、评论类新闻稿、系列(连续)报道类新闻稿等。目前,我国新闻界普遍采用按新闻稿的体裁来进行分类。

二、电视新闻稿的写作

（一）电视新闻稿的结构

通常由标题、导语、主体、结尾四部分组成。有时,还包括背景材料。

1. 标题

标题是整条新闻的眼睛,是对新闻内涵的概括和浓缩。"题好一半文",电视新闻的标题要力求简练、准确、生动,起到提示新闻主题的作用。

2. 导语

导语是新闻的先导,位于最开头。用最少的语言传达尽可能丰富的信息,要求有实质内容,不要空洞无物。因此,要尽量将最有新闻价值、最有吸引力的事实写进导语。

3. 主体

主体是新闻的主干。它的要求是主体与导语相辅相成,内容充实,材料典型,层次清楚,手法灵活,富有新意。

4. 结尾

特指能够深化新闻主题的最后一部分。根据新闻内容或报道角度的不同,消息结尾的写法多种多样,主要有评论式、总结式、启发式、展望式、引用式、背景式、数字式、补充式等形式。

5. 背景

背景是指对新闻事件产生的相关条件和有关知识、政策法规等所做的必要的交代和介绍。目的是帮助观众理解新闻内容或延伸思路,深化主题,再或者是为了丰富内容,增加趣味。

（二）电视新闻稿的写作要求

1. 口语化

电视新闻语言要做到口语化,必须提倡写短句,因为短句念起来朗朗上口,听起来顺耳怡心,有助于观众对电视新闻内容的理解。电视新闻语言文字是给人听和给人看的,不比报纸、杂志可以反复阅读,它稍纵即逝,不能反复阅读,这就要求电视新闻语言文字口语化了。通常,我们把长句改为短句,把倒装句改为主动句,把单音词改为双音词,经过这样的处理,虽说文字变长了,但口语化增强了,让播者上口,听者顺耳。

2. 准确、精练、生动

准确、精练、生动是电视这一特殊新闻媒介对文稿写作的又一基本要求。只有这样,才能帮助观众品味电视新闻的意义和魅力,增强电视新闻的说服力和可信度,从而适应观众的信息接收习惯和心理承受能力,跟上电视新闻的传播频率和改革步伐。气势磅礴、富有诗意、言近旨远的画面和优美完整、入口入耳、入目入心的语言融合在一起,不仅能充分反映电视新闻的主题,提示电视新闻的丰富内涵,而且能突出体现电视画面的综合功能。

3. 个性化

电视新闻语言除了讲究口语化外,电视新闻语言还要求做到个性化。所谓个性化,是电视新闻语言文字运用要合乎新闻事物的特征,不要硬贴上去,沾不上新闻事实的边,造成"两张皮"的现象。写出富有个性化特点的电视新闻文稿,除了靠电视新闻记者的主观努力和对新闻事实的感受外,还得努力深入基层实际,到人民群众生活中去,用心观察,认真揣摩人民群众的语言,从中挖掘提炼出能反映事物特征的语言和文字。

因此,要使电视新闻语言做到口语化、个性化,必须端正文风,深入实际,提高自己的语言文字修养能力,只有"词浅"才能与观众更好地进行感情交流,只有"言近"才能符合事物的特征,使人感到亲切自然。

三、例文

军地合力应对震后最大一次雨雪天气

(导语)从昨晚开始,××地震灾区遭遇震后最大一次雨雪天气,救援部队官兵与当地各方力量紧急行动起来,采取措施确保灾区群众生产生活正常。

(现场)本台记者王××:这里是××赛马场受灾群众安置点,因为降雨时间比较长,现在山上已经形成了一层积雪,安置区的河水也上涨了。

(解说)在××镇一些路段,积水无法排出,低洼地带帐篷被淹,消防官兵带着抽水机前来救援。在很多安置点,解放军和武警官兵挨家挨户排查,加固帐篷,安装防雨设施,挖掘排水沟。第二炮兵医疗队还为村民们送来了熬制好的驱寒姜汤和感冒药。

(同期声)××州××镇红卫村村民××××:今天天气特别冷,解放军送来了姜汤,我们心里特别暖和。

(现场)本台记者王××:这里是××民政宾馆,也是这次抗震救灾物资的存放点。为了避免雨水对物资的损坏,兰州军区邱少云生前所在部队通信连的官兵们正在对物资进行转运,以及防雨处理。

(解说)××省军区独立团组成地质勘测小分队,与当地村民配合,沿山脚和河流低洼地段展开全面排查,避免降雨可能带来的次生地质灾害。

第七节 解说词

一、解说词概述

(一)解说词的概念

解说词是对事物、人物进行讲解、说明、介绍的一种说明性文体。

(二)解说词的种类

从内容上来划分,可分为产品展销解说词、文物古迹解说词、摄影图片解说词、影视剧解说词等。

(三)解说词的特点

1. 阐释性

解说词是一种充分运用记叙、议论、抒情和描写等表达方式的解释和说明。

2. 感染性

解说词是一种主观与客观相结合的解说,它可以用平实的语言,也可以用文学的语言,准确之外,力求做到具体、形象。

3. 依附性

解说词与被解说的事物紧密联系在一起,没有被解说的事物,解说词便不存在。

二、解说词的写作

(一)解说词的写作形式

解说词因被解说的事物不同而千差万别。大体上有以下三种形式:

1. 穿插式

穿插在电影、电视剧的剧情进展中,通过三言两语简要介绍有关人物和事件,使观众更透彻地理解剧情。

2. 特写式

就某个实物或画面做介绍,文物古迹解说词、专题展览解说词、摄影图片解说词等均属此类。它要求重点突出地介绍有关知识,给观众以视觉上的补充。

3. 文章式

用文章的形式来介绍被解说的对象。连环画解说词、纪实性的电影、电视剧的解说词均属此类。它既是一篇完整的文章,同时又要紧扣被解说的对象,因物或因事而行文。

不论是哪一种形式的解说词,都要求扣住所要解说的对象的特点,用通俗简洁的语言,把实物或图像的内容介绍给观众。解说词只有配合紧密,才能使观众获得更深刻的认识。

(二)解说词的写作要求

1. 要深入浅出,条理清楚

只有这样,才能便于理解和记忆。

2. 要具有感染力

必须有一定的文学修养,并且把握人们的视听规律,使解说词具有感染力。

四、例文

锦绣江南鱼米乡——无锡

　　无锡,地处长江三角洲中心地带,南临太湖,京杭大运河绕境而过。"有锡兵,天下争;无锡宁,天下清。"它从汉初因锡山锡铅枯竭而取名"无锡"作县名,至今已有两千多年了。这里,气候温和,土地肥沃,物产丰富,素称"鱼米之乡"。16 世纪前后,被称为"布码头",与长江沿岸汉口的"船码头",以及镇江的"银码头"齐名。19 世纪中期,成为全国四大米市之一。20 世纪以来,随着民族工商业的兴起,位于沪宁铁路中段的无锡,人称"小上海",成为重要商埠,今天的无锡已经成为以轻工、纺织、电子、冶金、机械等行业为主的发达的中等工业城市。

　　太湖为无锡增添了绮丽秀色和无穷魅力。于"太湖佳绝处"的鼋头渚,可饱览湖光山色,令人心胸顿开;登鹿顶山舒天阁,眺望湖中三山,仿佛身临仙境。寄畅园、梅园、杜鹃园、吟苑,显示江南园林之精致。泰伯墓、惠山寺、第二泉、东林书院,令你发怀古之幽情。无锡的风光,具山水之胜,共湖海之美,兼人工之巧,深得旅游者的喜爱,更是疗养胜地。

　　无锡特产传统工艺品惠山泥人以及太湖银鱼、蚕桑、丝绸久负盛名,无锡肉骨头、油面筋和水蜜桃都是中外扬名的风味食品。随着改革开放和旅游事业的发展,无锡——这颗太湖明珠将发出更加绚烂的光彩。

第八节　演讲稿

一、演讲稿概述

(一)演讲稿的概念

　　演讲稿是演讲者在演讲之前,根据口头表达的需要写出的文稿,是演讲的依据。演讲是说话者在特定时境中,借助有声语言(为主)和态势语言(为辅)的艺术手段,面对广大听众发表意见、抒发感情,从而达到感召听众并促使其行动的一种现实的信息交流活动。

(二)演讲稿的特点

　　演讲是演讲者就人们普遍关注的某种有意义的事物或问题,把自己的观点、主张与思想感情通过口头语言传达给听众以及读者,使他们信服并在思想感情上产生共鸣的一种社会活动,具有宣传、鼓动、教育、说服等作用。演讲稿具有以下三个特点:

　　1. 口语化

　　演讲的本质在于"讲",要诉诸口头,拟稿时必须以易说、能讲为前提。一篇好的演讲稿对演讲者来说要可讲,对听讲者来说应好听。因此,演讲稿写成之后,作者最好能通过试讲或默念加以检查,凡是讲不顺口或听不清楚之处(如句子过长),均应修改与调整。

　　2. 针对性

　　演讲是用于公众场合的宣传形式。它是用思想、感情、事例和理论来晓谕听众,打动征服听众,要有现实的针对性。首先是演讲者提出的问题是听众所关心的问题,评论和论辩有雄辩的逻辑力量,能为听众所接受并心悦诚服,才能起到应有的社会效果;其次是要把握听众的不同社会层次和不同场合,写作时根据不同对象,设计不同的演讲内容。

3. 鼓动性

好的演讲稿有一种激发听众情绪、赢得好感的鼓动性。要做到这一点,需要依靠演讲稿思想内容丰富、深刻;见解精辟,有独到之处,发人深省;语言表达要形象、生动,富有感染力。如果演讲稿写得平淡无味,毫无新意,即使在现场"演"得再卖力,效果也不会好,甚至适得其反。

(三)演讲稿的分类

按照演讲内容划分,可分为政治演讲稿、学术演讲稿、社会生活演讲稿;按照演讲方式划分,可分为专题演讲稿、即兴演讲稿、论辩演讲稿;按照演讲场合划分,可分为会场演讲稿、广播电视演讲稿、法庭演讲稿、课堂演讲稿;按照表达方式划分,可分为叙述式演讲稿、议论式演讲稿、说明式演讲稿。

二、演讲稿的写作

演讲稿的结构包括标题和正文两个部分。

(一)标题

标题是演讲稿不可缺少的有机组成部分。它是一篇演讲稿的定音之弦,有概括文章的思想内容,突出演讲的中心论题,明确演讲所要讨论的特殊对象或所涉及的特定场合及其范围等作用。新颖的、具有吸引力的标题,才能引起听众的注意。因此,写演讲稿,就要千方百计地拟制一个以新奇取胜,以美妙夺人的演讲标题。

标题的写作应注意以下几点:

第一,要贴切。标题含义的大小、宽窄要与演讲的内容一致;使用准确、恰当的词语和语句,不含糊笼统、艰深晦涩、令人费解。

第二,要简洁。要尽可能做到简短、有力,字少意多,言简意深。标题过长,就会显得散漫无力。

第三,要醒目悦耳。题,指人的额头;目,指人的眼睛,是一个人最显眼、最具特征的地方。标题就是演讲稿的"前额"和"眼睛",一定要新、奇,新而奇才能醒目。

(二)正文

演讲稿正文一般按开头、主体、结尾三个部分来写。

1. 开头

演讲稿的开头部分主要有两项任务:一是建立演说者与听众的同感,引起共鸣,二是打开局面,引入正题。常见的开头方法有以下几种:

(1)开门见山,直奔主题。这种开头一下子就把演讲的思想观点展示在听众面前,使听众一听就知道演讲的中心,注意力马上集中起来。

(2)提出问题,发人深思。这种开头根据听众的特点和演讲的内容,提出一些激发听众思考的问题,造成悬念,使听众迫切地想知道答案,从而产生听讲的兴趣。

(3)设计情境,令人关注。这种开头设计了一种情境,烘托气氛,把听众引入演讲者所展示的天地之中,使听众不由自主地跟着演讲者往前走。

(4)逸闻趣事,导入正题。这种开头先讲述一些与演讲主旨有关的奇闻趣事,使听众觉得饶有趣味,轻松自然地导入正题。

总之,演讲稿要讲究开场白的艺术,先声夺人,可以收到很好的艺术效果。

2. 主体

主体部分是演讲稿的关键所在,要求突出中心,展开主题,做到层次清楚,便于听众掌握。

在行文上要有变化,富有波澜。构成演讲稿波澜的要素很多,有内容,有安排,也有听众的心理特征和认识事物的规律。如果能掌握听众的心理特征和认识事物的规律,恰当地选择材料,安排材料,也能使演讲在听众心里激起波澜。主体部分在结构艺术上要特别注意以下三个问题:

在层次上,要根据演讲的特点,对演讲内容加以取舍、剪辑和组合,形成一个顺理成章的结构层次;要以有声语言诉诸听众听觉,显示结构层次,获得层次清晰、条理分明的艺术效果。

在节奏上,要根据听众的心理特点,确定节奏频率,既要鲜明,又要适度,做到张弛有度,一波三折,始终吸引听众的注意力。

在衔接上,由于演讲节奏要求适时变换内容,容易造成结构松散,而衔接能够使内容层次变换更为巧妙自然,使演讲稿具有浑然一体的整体感。

3. 结尾

演讲稿的结尾没有固定的格式,或对演讲全文要点进行简明扼要的小结,或以号召性、鼓动性的话收束,或以诗文名言以及幽默俏皮的话结尾。可以写得充满豪情,给人以鼓舞;发出号召,给人以力量;指出目标,催人奋进。结尾一般原则是要给听众留下深刻的印象。

三、例文

认识的人,了解的事

柴静

十年前在从拉萨飞回北京的飞机上,我的身边坐了一个 50 多岁的女人,她是 30 年前去援藏的,这是她第一次因为治病要离开拉萨。下了飞机外面正下很大的雨,我把她送到了北京一个旅店里,过了一个星期我去看她,她说她的病已经确诊了,是胃癌晚期,然后她指了一下床头边的一个箱子,她说如果我回不去的话,你帮我保存这个。这是她 30 年当中走遍西藏各地,和各种人:官员、汉人、喇嘛、三陪女交谈的记录。她没有任何职业身份,也知道这些东西不能发表,她只是说,一百年之后,如果有人看到的话,会知道今天的西藏发生了什么。这个人姓雄,拉萨一中的女教师。

五年前,我采访了一个人,这个人在火车上买了一瓶 1.5 元的水,然后他问列车员要发票,列车员乐了,说我们火车上自古就没有发票。这个人就把铁道部告上了法庭。他说人们在强大的力量面前总是选择服从,但是今天如果我们放弃了 1.5 元的发票,明天我们就可能被迫放弃我们的土地权、财产权和生命的安全。权利如果不用来争取的话,权利就只是一张纸。他后来赢了这场官司,我以为他会和铁道部结下"梁子",结果他上了火车之后,在餐车要了一份盒饭,列车长亲自把这个饭菜端到他面前说:"您是现在要发票还是吃完以后我再给您送过来?"我问他,你靠什么赢得尊重?他说我靠为我的权利所做的斗争。这个人叫都劲松,34 岁的律师。

去年我认识一个人,我们在一起吃饭,这个 60 多的男人说起丰台区一所民工小学被拆迁的事,他说所有的孩子靠在墙上哭。说到这儿的时候,他也动感情了,他从裤兜里面掏出一块皱皱巴巴的蓝布手绢,擦擦眼泪。这个人 18 岁的时候当大队的出纳,后来当教授,当官员,他说他做所有这些事的目的只是为了想给农民做一点事。他在我的采访中说到,征地问题给农民的不是价格,只是补偿,这个分配机制极不合理,这个问题的根源不仅出在《土地管理法》,还出在 1982 年的《宪法修正案》。在审这个节目的时候,我的领导说了一句话,这个人就是说得再尖锐,我们也能播。我说为什么? 他说因为他特别真诚。这个人叫陈锡文,中央财经领导小组办公室主任。

七年前,我问过一个老人,我说你的一生已经有过很多挫折,你靠什么保持你年轻时候的情怀。他跟我讲,有一年他去河北视察,没有走当地安排的路线,在路边发现了一个老农民,旁边放着一副棺材。他下车去看,那个老农民说因为太穷了,没钱治病,就把自己的棺材板拿出来卖,这个老人就给了他500块钱让他拿回家。他说我讲这个故事给你听,是要告诉你,中国大地上的事情是无穷无尽的,不要在乎一时的得失,要执着。这个人叫温家宝,中华人民共和国总理。

一个国家是由一个个具体的人构成的,它由这些人创造并且决定。一个国家需要拥有那些寻求真理的人;能够独立思考的人;能够记录真实的人;能够不计利害为这些片土地付出的人;能够捍卫自己宪法权利的人;能够知道世界并不完美,但仍然不言乏力、不言放弃的人。一个国家只有拥有这样的头脑和灵魂,我们才能说我们为祖国骄傲;一个国家只有能够尊重这样的头脑和灵魂,我们才能说,我们有信心让明天更好。

谢谢各位!

思考与练习 ●●●

1. 传播文书的特点有哪些?
2. 根据你生活的环境,写一篇消息。
3. 通讯的写作要求有哪些?
4. 广播稿的写作要求有哪些?

第七章

科技文书写作

一、教学目标

通过科技文书写作的学习,使学生了解科技文书写作的基本概念、特点、种类和写作要求,培养学生对常用的几种科技文书的兴趣。

二、学习要求

1.重点掌握实验报告、考察报告的特点和写作要求。

2.一般了解毕业设计说明书、产品说明书、科技简报、科普说明文和科学小品的特点。

第一节 科技文书概述

一、科技文书的概念

科技文书是指以科学技术的研究、阐释、解说为主要内容的文书。人们平常所说的"科技"一般都包含"科学"和"技术"两个方面内涵。

科技文书写作对当前理工类的大学生有着重要的意义。

二、科技文书的特点

科技文书作为一种应用文体,除了具备一般应用文书必须遵循的基本规律和要素外,同时又有别于其他文书写作,具有其自身鲜明的特点,这些特点是:

(一)科学性

由于科技文书表达的是时代最新科学和技术的研究结论,因此,内容的科学性是其最基本的特点。所谓科学性,指的是所涉及的事物、事理须具有客观真实性和逻辑严密性,符合被实践证明的法则、公理。因此,科技文书必须正确反映已经存在的现象和已被验证的成果,陈述、说明、论证必须严密。

(二)创新性

创新是科学研究的生命与价值所在,没有创新就没有科学,没有科学也就没有真正意义上的科技文书写作。所谓创新性，就是科技工作者善于用独特的眼光发现别人没有发现的问题、规律，在前人认识的基础上予以总结与创新，然后用文字手段把自己的观点和见解表达出来。

（三）时效性

科技文书写作的任务是及时反映或介绍最新研究成果、传播科技信息，从而推动科学技术进步和社会发展。所谓时效性，就是作者应力求在最短时间内将最新研究结果与相关信息形成书面文字。

（四）规范性

各类科技文书写作都有一定的规范程式，除了必须按照逻辑思维的规律来安排文章的结构、层次，条理清晰、内容集中，切忌哗众取宠、画蛇添足外，科技文书的写作还有比较固定的格式和规范的专业术语，每一个作者都必须遵循，不能任意添加或改动。

（五）语言和非语言的多功能性

科技文书的写作除了一般写作要求外，它往往还需要使用图像、公式、符号、照片、表格等来表达内容。因此，它具有一般的文字语言功能和图像等多种非语言符号的表达性功能。

由于科技文书写作的内容广泛，种类繁多，专业性强，我们在本书中不可能都讲，特别是学术论文等在其他章节会讲到，因此，此章主要讲一些常用的和常见的科技文书文种，如实验报告、考察报告、毕业设计说明书、产品说明书、科技简报、科普说明文和科学小品等。

第二节　实验报告

一、实验报告概述

（一）实验报告的概念

实验报告就是把实验的目的、方法、过程、结果等记录下来，经过整理，写成的书面汇报材料。它要求撰写人详细、具体地记录整个实验的过程、方法和观测的结果等细节性问题。

（二）实验报告的特点

1. 科学性

实验报告的科学性主要是指报告的材料真实、准确；内容正确、客观；论证严密、充分，经得起重复和实践的检验；结论具有普遍性、客观性。实验报告离开了科学性，也就失去了存在的价值和意义。

2. 实践性

实验报告的实践性是指实验报告来自于科学实验的活动，是必须认真撰写的实验记录和总结，是特定专业实验实践课的基本环节和要求，具有鲜明的针对性、可操作性和不可重复性。

3. 规范性

实验报告的规范性主要是指形式和规格上必须按照统一编排的标准来表达，这是科研活动自身的科学要求和信息时代发展的现实需要。只有这样，才能便于实验报告高效统一地记录、整理、检索、评价、传播和交流等。

（三）实验报告的分类

按实验内容和性质,实验报告可分为检验型实验报告和探索型实验报告两种。

二、实验报告的写作

（一）写作格式

实验报告的写作格式应包括以下几个部分:

1. 标题

即实验名称。要求准确、简明,能集中、完整地反映实验研究的内容。

2. 署名

即作者及其单位名称。实验报告一般要求署真名,表明其成果的所有权,也表明文责自负。同时注明作者单位名称和日期。

3. 引言

引言是报告主体部分的开端,应言简意赅,不与摘要雷同。主要包括实验缘由、范围、目的、意义以及实验研究的主要方法和方案等内容。

4. 正文

正文是实验报告的主体。它主要包括实验原理、实验方案、实验设备、实验方法、实验步骤和注意事项等。

5. 结果

实验结果必须真实、准确、可靠。

6. 分析和讨论

对实验中观察到的各种现象进行分析。

7. 结论

根据实验中观察到的各种现象和测得的数据得出结论。

8. 备注和说明

说明实验成功或失败的原因,实验后的心得体会等。

9. 参考文献

实验报告末尾应注明实验报告中所直接提到的或引用的资料来源。参考文献的排列与学术论文的参考资料排列要求一致。

（二）写作要求

1. 认真观察,如实记录

实验者要认真仔细地观察实验过程中发生的各种现象,分析现象发生的原因,要实事求是地记录和描述各种现象和测得的数据,不能任意添加或改动,也不能夸大或缩小,更不能杜撰和抄袭他人的实验结果。

2. 说明准确,层次清楚

在写实验报告时,要准确地介绍实验的目的、设备、原理、方法、步骤、结论等,要结合实验结果进行分析、推导结论、升华认识,要数据确凿可靠,说明恰如其分,分析条理清楚、脉络分明,图表准确合理,书写工整规范。

3. 格式规范,表述科学

实验报告的各项内容都有其存在的价值和作用,写作时要严格按照统一的形式和规格进行撰写,不能随意增减项目。实验报告的语言要简明扼要、清楚明白、恰当准确,还要尽量采用专业术语。

三、例文

例文一 --

"露珠引火"验证实验报告

【实验目的】

一家报纸的知识栏里刊登了这样一篇文章:树上的一个鸟窝忽然起了火,据推测,是悬挂在树叶上的露珠像凸透镜一样聚集了太阳的光线,光线的焦点正好落在用枯草搭盖的鸟窝上,所以引起了火。

看了这个报道,我们都很感兴趣,想亲自试验一下,看看水滴是不是能起凸透镜的作用,如果能,是怎样引燃柴草的。

【实验用品】

玻璃一块、清水一杯、稻草一束、计时表一块。

【实验步骤】

实验是在晴天的正午进行的。具体的实验步骤如下:

1. 把清水滴在玻璃上,使它聚在一起不要流散。

2. 手持玻璃,使阳光从水滴上射入,并平稳地移动位置,使光线聚集的焦点落在稻草束上。

3. 观察稻草燃烧情况,并做好记录。

【实验现象观察】

实验开始:一分钟、三分钟、五分钟、十分钟……

稻草起火过程:焦点落在稻草上,开始冒烟,稻草被烤成焦茶色;烟增大,烧焦处扩大;烟更大,烧焦处发红;出现火焰,燃烧。

【实验结论】

水滴可以像凸透镜一样,聚集阳光引燃稻草。进一步推想,其他可以起凸透镜作用的东西在阳光照耀下也同样可以引起火,如装满水的椭圆形鱼缸,下雨后天窗玻璃上的水滴等。对此,我们应该引起注意。

例文二 --

平面镜成像探究实验报告 [①]

【探究实验课题】

实验名称:探究平面镜成像特点

提出问题:平面镜成的是实像还是虚像? 是放大的还是缩小的像? 所成的像的位置在什么地方?

猜想与假设:平面镜成的是虚像,像的大小与物的大小相等,像与物分别是在平面镜的两侧。

---

① 引自黄高才编著的《应用文写作》,北京大学出版社 2012 年版,第 290-291 页。

制订实验计划与设计方案:实验原理是光的反射规律。

【实验所需器材】

蜡烛(两只)、平面镜(能透光的)、刻度尺、白纸、火柴。

【实验步骤】

1. 在桌子上平铺一张16开的白纸,在白纸的中线上用铅笔画上一条直线,把平面镜垂直立在这条直线上。

2. 在平面镜的一侧点燃蜡烛,从这一侧可以看到平面镜中所成的点燃蜡烛的像,用不透光的纸遮挡平面镜的背面,发现像仍然存在,说明光线并没有透过平面镜,因而证明平面镜背后所成的像并不是实际光线的会聚,是虚像。

3. 拿下遮光板,在平面镜的背后放上一只未点燃的蜡烛,当所放蜡烛大小高度与点燃蜡烛的高度相等时,可以看到背后未点燃的蜡烛也好像被点燃了,这说明背后所成像的大小与物体的大小相等。

4. 用铅笔分别记下点燃蜡烛与未点燃蜡烛的位置,移动平面镜和蜡烛,用刻度尺分别量出白纸上所做的记号,量出点燃蜡烛到平面镜的距离和未点燃蜡烛(即像)到平面镜的距离。比较两个距离的大小,发现是相等的。

【实验结果分析】

该实验过程是合理的,所得结论也是正确无误的。做该实验时最好是在暗室进行,现象会更加明显。误差方面应该是没有什么误差,关键在于实验者要认真仔细地操作,使用刻度尺时要认真测量。

【实验结论】

通过该实验我们已经得到的结论是:物体在平面镜中所成的像是虚像,像的大小与物体的大小相等,像到平面镜的距离与物体到平面镜的距离相等,像与物体连线被平面镜垂直平分。例如,我们站在穿衣镜前时,我们看穿衣镜中自己的像是虚像,像到镜面的距离与人到镜面的距离是相等的;当我们向平面镜走近时,会看到镜中的像也在向我们走进。我们还可以解释为什么看到水中的物像是倒影,平静的水面其实也是平面镜,等等。

第三节 考察报告

一、考察报告概述

(一)考察报告的概念

考察报告是对某一实地、某一课题运用观察、勘测、挖掘、采集等方式,进行具体了解、观察、研究,并对察访过程中所取得的资料进行研究、整理,最终得出本质性和规律性认识的一种报告文体。例如,对黄河流域的地质、地貌、动物、植物及其他自然资源的考察所写成的文字资料,就是考察报告。我国历史上郦道元的《水经注》、徐霞客的《徐霞客游记》等都是著名的考察报告,只不过是行文格式与我们现在略有不同。因其文辞优美,它们又被视作典范的游记作品。

(二)考察报告的作用

考察报告的主要作用:为研究者和相关领导提供国内外最新的情报信息以及发展动向,从而提供进一步深入研究的情报线索,提供参照、学习的样板和进行决策的依据。它对社会经济的发展起着重要的引导和促进作用。

（三）考察报告的分类

根据内容的不同，考察报告大致有以下三种：

1. 科技情况考察报告

多用于科技考察团考察国内外先进科学技术所写的报告。

2. 科技会议考察报告

一般为参加国内外科技会议之后所写的报告。

3. 科学研究考察报告

多为科技工作者个人用以汇报自己的考察研究成果。

二、考察报告的写作格式

考察报告在行文格式上十分灵活，有全文不分章节浑然一体的论述，也有采用小标题形式进行的分项叙述，还有采用日记体裁记叙的，等等。对于不同类别的考察报告，各部分所包括的内容也有所不同，在写作时应加以区别对待。但总体来说，它的结构一般由标题、前言、概述、正文、体会和建议五个部分构成。

（一）标题

考察报告的标题一般由考察地名、考察主题和文种三个要素构成，如毛泽东的《湖南农民运动考察报告》。

（二）前言

主要介绍考察的主题、组成人员，考察的起止时间、地点、具体对象和考察目的等内容。

（三）概述

综述考察的总体情况，包括考察对象、考察内容、考察对象历史与现状的总体对比、考察主题的国内外比较以及总体感受和主要收获、考察意义等，给读者一个总体的印象。也可将概述和前言两部分合在一起写。

（四）正文

它要对考察的具体内容做详细的叙述说明。一般不以考察的具体时间为线索，而是将考察的具体内容分门别类，围绕考察主题进行分层介绍或论述。要求做到专业性与通俗性、全面性与系统性相结合。

（五）体会和建议

体会和建议是考察报告一个不可缺少的重要组成部分。在这一部分里，应将考察中所得到的材料加以归纳总结，提出总结性的考察结果，同时还要提出一些合理化的建议，使考察报告真正起到介绍、交流、借鉴的作用。

三、例文

弘扬沂蒙精神　坚定党的群众路线[①]

——沂蒙革命老区考察报告

11 月 16 日至 19 日，省委党校第 5 期省级机关处级干部培训班赴山东临沂地区进行了为

---

① 摘自 http://www.wenmi114.com/wenmi/zongjie/diaochabaogao/259906_2.html（题目编者有改动）。

期4天的学习考察。通过参观孟良崮战役纪念馆、红嫂革命纪念馆、山东抗日根据地纪念馆，观看教学片《孟良崮》，听取《沂蒙母亲》等事迹报告，瞻仰华东革命烈士纪念碑，吟唱革命歌曲《跟着共产党走》等活动，使学员们深受教育，并深切地感受到今天幸福生活的来之不易，以及新形势下必须始终坚持党的群众路线的重要性、紧迫性和必要性。现将有关情况报告如下：

一、基本情况

沂蒙山区位于山东省东南部，其主体部分在临沂市境内。它是全国著名的革命老区，有着光荣的革命传统。在20世纪艰苦卓绝的中国抗日战争和波澜壮阔的人民解放战争中，沂蒙山区一直是中国革命最重要的战略基地。八路军第115师在这里与日寇厮杀，华东野战军在这里与国民党军血战，刘少奇、罗荣桓、徐向前、陈毅等老一辈无产阶级革命家和500名开国将军在这里转战。发生在这片土地上的那些惊心动魄、威武雄壮的故事，曾经震撼了世界，改变了中华民族的前途和命运。"一粒米当军粮、一块布做军装、最后一个儿子送战场"是沂蒙人民踊跃参军支前的真实写照。在艰苦的革命战争年代，沂蒙人民在党的领导下，面对着日本侵略者的扫荡和国民党反动派的围攻，不屈不挠，顽强拼搏，用31 000多人的生命和鲜血，创立了沂蒙山根据地，写下了光辉的革命业绩。为了新中国的诞生，沂蒙人用小车推着革命前进，用小车推出了胜利，推出了新中国。新中国成立后，人民响应党的号召，面对落后的面貌、脆弱的经济、恶劣的生态环境，顽强拼搏，整山治水，努力改变贫穷落后面貌。在改革开放的新时期，沂蒙人民高举邓小平理论伟大旗帜不动摇，方向明确，目标远大，将沂蒙精神融进了尊重科学、改革创新的新内涵，从而使沂蒙精神升华到了一个新境界，达到了一个新水平，焕发了新光彩。

二、革命老区沂蒙精神的内涵、特征以及现实意义

沂蒙精神，是共产党领导的新民主主义革命在沂蒙山区所独创的特定区域性的红色革命精神。她是指生活在沂蒙山区的广大劳动人民在长期的生产实践活动，尤其是在政治活动和经济活动中，逐步形成的共同价值趋向和群体意识，属于地域文化的范畴。她植根于东夷文化与齐鲁文化，发轫于中国新民主主义革命战争年代，成长于社会主义建设和改革开放时期，具有深厚的历史文化底蕴和鲜明的时代特征。其基本内涵是"爱党爱军、开拓奋进、艰苦创业、无私奉献"。她既是中华民族精神的具体体现，又是中华民族精神的重要组成部分，是党和国家的宝贵精神财富。

沂蒙精神具有四个特征：一是人民性。同其他革命精神相比，沂蒙精神呈现出鲜明的人民性特征。它是沂蒙人民在长期的革命和建设实践中形成的先进群体意识，其创造主体是人民群众，它是人民群众思想观念、道德意志和精神风貌的集中体现。二是民族性。沂蒙精神来源于中华民族精神，它继承了中华民族团结统一、独立自主、爱好和平、自强不息的精华。三是时代性。战争年代，沂蒙人民坚定不移地跟党走，不畏强暴，不怕牺牲，踊跃参军参战，全力支援革命，这是那个时期时代精神的主流；新中国成立后，沂蒙人民自力更生，艰苦奋斗，特别是改革开放以来，沂蒙人民开拓创新，不懈奋斗，这些都充分体现了时代发展的主流。四是先进性。沂蒙精神体现了沂蒙人民崇高而神圣的马克思主义信仰，坚定不移的革命信念，对党的无限忠诚与信任；体现了党的全心全意为人民服务的根本宗旨，一切为了人民、一切依靠人民；体现了党与人民群众鱼水深情和血肉联系。正因为这样，我们的党才有了克敌制胜的法宝，才有了保持先进性的法宝。

沂蒙精神，集中体现了山东人民在不同历史时期的精神风貌，生动展现了我们党、军队同人民群众的鱼水情意和血肉联系。我们党在全面建成小康社会、实现中华民族伟大复兴的历史征程中，大力弘扬沂蒙精神，对于贯彻落实党的群众路线、始终保持党和人民的血肉联系具有十分重要的现实意义。

三、主要学习体会

通过4天的学习考察，学员们深受教育，也深受启迪和鼓舞，大家通过切身地体验和感受，接受了一次深刻的党性教育、群众路线教育，普遍感到受益匪浅、不虚此行。具体体会主要有三点：

一是更加深刻地理解了伟大的沂蒙精神。毛泽东指出，只有人民才是创造世界历史的动力，这是对唯物史观最简明最深刻地阐述。沂蒙精神诞生于战火纷飞的抗日战争和解放战争时期，在当时环境恶劣、极端困难的情况下，我们的党和军队把群众当成爹娘，用生命保卫胜利成果，保卫群众利益，人民群众用自己的热血和生命支持中国共产党，逐步形成了爱党爱军、开拓奋进、艰苦创业、无私奉献的沂蒙精神。这种精神是永恒的，是不可战胜的。在新的时期、新的社会条件下，我们同样需要沂蒙精神，需要发扬沂蒙精神，来共同建设富裕文明的小康社会，让广大的老百姓都能过上好日子。

二是更加深切地感受到党的群众路线的重要性。沂蒙精神的核心和本质，就是保持党、人民军队同群众的血肉联系。群众路线是我们党的根本路线和组织路线，是我们党的传家宝。正是秉承了一切为了群众，一切依靠群众，从群众中来、到群众中去的群众路线，我们党才取得了革命建设、改革开放的成功。在新时期，我们要适应群众工作新特点、新要求，深入做好群众工作，始终根植人民、造福人民，始终保持党和人民群众的联系。认识到人民与党血肉联系的强大生命力，对于切实转变工作作风，心系群众，服务人民，牢固树立马克思主义群众观，做好新时期群众工作等具有十分重要的意义。我们感觉到，坚持党的群众路线，就是要摆正党员干部与群众的位置。要始终牢记人民群众永远是主人，党员干部永远是公仆。要永远与群众保持密切联系，不能脱离群众；永远为群众谋福利，不能侵犯和损害群众的利益，更不能利用职权搞特殊、谋私利。要始终相信群众、依靠群众，尊重群众的首创精神。要反对官僚主义、形式主义，要主动和群众交朋友，深入基层，了解群众疾苦，多为群众谋福利。

三是更加坚定了实现中国梦的信心。去年习近平总书记在参观中国国家博物馆"复兴之路"展览时，为我们描绘了一个宏伟的蓝图，即"实现中华民族伟大复兴"的中国梦。实现这一宏伟目标，关键在党，关键在坚定不移地走中国特色社会主义道路。伟大的事业需要伟大的精神。沂蒙精神就是我们强大的动力源，是精神支柱，是奋发向上的力量所在。全面建成小康社会，实现国家富强、民族振兴、人民幸福的中国梦，需要沂蒙精神，需要我们进一步解放思想、与时俱进，最大限度地调动广大党员干部群众的积极性、创造性，凝聚推动改革发展、社会进步的强大正能量。历史和现实昭示我们，要勇于接过历史的接力棒，不断赋予沂蒙精神新的时代内涵，使之历久弥新、永葆活力、世代相传，在推进中国特色社会主义事业、实现中华民族伟大复兴的进程中，发挥更大作用，放出灿烂光芒。只要我们铭记历史，弘扬沂蒙精神，勇于拼搏奋斗，实现中华民族伟大复兴的中国梦就一定能实现。

第四节　毕业设计说明书

一、毕业设计说明书概述

（一）毕业设计说明书的概念

毕业设计说明书是毕业设计成果的文字表达，是一种全面、综合性的设计训练。毕业设计是工科院校各专业的毕业生把所学的基础理论、专业知识和生产管理知识融会贯通,完成工程师基本训练的最后一个环节,并作为能否毕业、授予学位的重要依据。

(二)毕业设计说明书的分类

毕业设计的类型由于专业的不同而分为许多种类:工程建筑专业的是工程设计;机械设备专业的是工艺设计、设备设计、产品设计等。

二、毕业设计说明书的写作

(一)一般毕业设计说明书的写作格式

一份完整的毕业设计说明书应包括以下几个部分:

1. 封面

具体包括院校名称、学习年限、系、专业、班级、姓名、论文题目、起讫日期、指导教师、评阅人、日期等。

2. 摘要

较长的毕业设计一般都附有摘要,又称概要、内容提要,主要是对毕业设计的内容做全面、系统、简要的阐述。字数以三五百字为适中,不宜过长。

3. 正文

主要包括技术部分与经济部分。设计的技术部分由于专业不同内容差异很大,因此,侧重面很不一致。如施工设计类专业要求对初步设计提出的工艺和设备等方案进行更详细的论证和说明,包括各种设备的联系、安装、配置,压缩空气及供水供电系统的规范设计等;机械类专业要求对本设计的原理、产品的性能和适用范围、方案的选择、设计的要求、结构的设计及其技术参数、计算公式、计算结果加以说明。设计的经济部分主要指设计的技术经济指标、投资总额和建设效果、生产效果的分析评价。

4. 附表

设计需要的数据用表格列出,没有数据时,此项可省略。

5. 致谢

对向本设计的写作提供过重要指导和帮助的人在文章结尾处书面致谢,以表示对他人劳动的尊重和感谢。

6. 参考文献

设计用到的他人的文章、数据、材料和论点等均应按在文中出现的先后顺序标明序码,然后依次列出该参考文献的出处。

7. 附录

主要指内容不便于列入正文的、以备他人阅读时查询的论文目录索引或表格等资料。有的毕业设计也可以没有附录。

(二)毕业论文的设计说明书格式

1. 论文题目

论文题目要求准确、简练、醒目、新颖。

2. 目录

目录是论文中主要段落的简表。(短篇论文不必列目录)

3. 摘要

摘要是文章主要内容的摘录,要求短、精、完整。字数少可几十字,多不超过三百字为宜。

4. 关键词或主题词

关键词是从论文的题名、提要和正文中选取出来的,是对表述论文的中心内容有实质意义的词汇。关键词是用于系统标引论文内容特征的词语,便于信息系统汇集,以供读者检索。

每篇论文一般选取 3～6 个词汇作为关键词,另起一行,排在提要的左下方。

主题词是经过规范化的词,在确定主题词时,要对论文进行提炼,依照标引和组配规则转换成主题词表中的规范词语。

5. 论文正文

主要包括以下几个方面的内容:

(1)引言。引言又称前言、序言和导言,用在论文的开头。引言一般要概括地写出作者的意图,说明选题的目的和意义,并指出论文写作的范围。引言要短小精悍、紧扣主题。

(2)论文正文。正文是论文的主体,正文应包括论点、论据、论证过程和结论。具体步骤:① 提出论点;② 分析问题:论据和论证;③ 解决问题:论证与步骤;④ 结论。

6. 参考文献

一篇论文在写作过程中参考或引证过的主要文献资料应列于论文的末尾。参考文献应另起一页,标注方式按《GB7714-87 文后参考文献著录规则》进行。

所列参考文献的要求是:(1)所列参考文献应是正式出版物,以便读者考证;(2)所列举的参考文献要标明序号、著作或文章的标题、作者、出版物信息。

三、例文

Intranet 企业网原理及在校园网中的实现

摘　要:本文主要介绍了 Intranet 的原理及相关技术、Intranet 企业网在校园网模型中的实现过程,详细介绍了利用 ASP 技术开发动态网页,通过客户机对服务器的动态访问,以实现一个实用的、可交互式的动态网页过程。

关键字:Windows NT 服务器　Intranet TCP/IP 协议　代理服务器　ASP 技术　动态网页

第一章　概　论

Intranet 是一个运行于内部计算机网络的电子信息和通信系统,它使用 Internet 协议、标准和工具来创建、分发、查找和接收文本及非文本信息。与 PC 的猛增共同发展的是联网技术。联网技术可以把计算机连接成局域网和广域网(LAN 和 WAN)。这些网络穿过硬件平台和国界地分发数据进行存储和处理。

Intranet 是系统工作人员在 Internet 上建立企业 Web 站点时,突发奇想,考虑到这些站点可以在一个单位内部分配信息而产生的。事实上,Web 站点可以在一个组织机构内部建立,而完全不用连接到 Internet 上。

构成 Intranet 的最基本要求是一个局域网,这个网络的操作系统能支持 TCP/IP 协议,任何其他的附加的需求取决于现在系统的能力,也与预期的范围和复杂性有关。

第二章　Intranet 及其原理及技术

1. Internet 的定义

Internet 是使用公共语言进行通讯的全球计算机网络。它类似于国际电话系统——无人拥有或控制整个系统,以大型网络的工作方式连接。World Wide Web(WWW 或简称 Web)为用户在 Internet 上查看文档提供了一个图形化的、易于进入的界面。这些文档及其之间的链接,组成信息"网"。

2. Intranet 的定义

Intranet 指的是任何未连接 Internet,但是使用 Internet 通讯标准和工具,在私人网络上为用户提供信息的任何 TCP/IP 网络。

3. Internet Explorer 的定义

Microsoft Internet Explorer 是 Web 浏览器,是导航和访问或浏览 Web 中信息的工具。Internet Explorer 工具栏为管理浏览器提供了许多详细的功能和命令。

4. IIS 的定义

IIS 是允许在 Intranet 或 Internet 上发布信息的 Web 服务器。在 Web 服务器中,通过使用超文本传输协议(HTTP)传输信息,还可配置 IIS 以提供文件传输协议(FTP)和 Gopher 服务。

第三章　选用的操作系统平台

设计时,我们计划采用 Windows NT 4.0 作为服务器操作系统,是因为 Windows NT 是新一代 NOS 中最具代表性的一种,它具有内置的联网功能,但并不把自己的协议和拓扑结构强加到网络上。

也就是说,操作系统既可以使用自己的标准,也可以和其他的网络综合在一起。Windows NT 具有很强的灵活性,它可以和其他类型的协议集成在一起,而不是只能使用同种类型的协议。

第四章　Intranet 在校园网中的实现

我们在毕业设计中,用了 6 台计算机建立了 Intranet 的校园网模型,网络配置为:i5 系列 CPU,32 M 内存,32 G 硬盘,32 速 SONY CD-ROM,显示卡,NE2000 网卡。

采用 BNC 接口及细同轴电缆组成总线型网络拓扑结构,具体设置为:主服务器名为 Server,文件系统为 NT 的专门格式 NTFS,域名为 PSDD,Administrator 密码为 9608,服务器只采用 TCP/IP 通信协议,服务器 IP 地址为 192.0.0.1。由于计算机工作站有限,所以我们采用了静态 IP 地址。子网掩码为 255.255.255.0,然后为其他 5 台 Windows 95/98 或 NT 独立服务器的计算机指定 IP 地址分别为 192.0.0.2 至 192.0.0.6,再增加用户,其名分别指定为 Station 1 至 5,不设定密码。服务器中设置 DNS 服务器主机名为 Server 1。

第五章　网页的发布

原理:Web 浏览器通过将 URL 发送给 Web 服务器请求信息,Web 服务器通过返回超文本标记语言(HTML)页面响应,使得用户通过这个界面可以访问校方提供的信息。首先,我们要规划内容目录和虚拟服务器:配置单个内容目录、设置默认的文档和目录浏览、创建虚拟服务器。

1. 配置单个内容目录

如果超文本标记语言(HTML)的内容文件包含在一个目录树下,则应将其复制到默认的 World Wide Web（WWW）宿主目录(\Inetpub\wwwroot)或参考包含文件的位置更改宿主目录。

如果文件驻留在多个目录中,或者在网络上的多台计算机中,则需要创建虚拟目录,以使 Web 节点可用那些文件。

2. 设置默认的文档和目录浏览

如果远程用户不带特定文件名(例如 http://www.mierosor.com/)发送请求,则 Web 服务将返回指定的默认文档(如果它存在于此目录中),可用指定的默认文档文件名将文件置于每个目录中。如果没有可用的默认文档,目录浏览也没有被启用,WWW 服务器将返回错误。如果目录浏览被启用,将显示包含链接到此目录中的文件或文件夹的目录列表。

3. 创建虚拟服务器

通过约定每个域名来表示一台计算机,而且可以使这台计算机既可作为主服务器,同时也可作为公司不同部门的服务器。可以为这些有 Microsoft Internet 信息服务器的部门创建虚拟服务器。不需要给每个域名都配一台不同的计算机。

第六章　用动态网页存取 SqlServer 中数据库

首先,我们用 Frontpage 98 制作了精美的网页。其主页为文件 defult. htm,其下链接校园风光、部门介绍、专业介绍、招生简章、查询成绩、查询图书资料、公告牌、校长信箱等网页,再链接到我们第五组的各位组员中去。指定的虚拟服务器名为 Intranet。

我们在服务器中安装了 SQL Server 5 数据库,存放各班学生成绩的数据表,全校各班的成绩表构成了一个独立的数据库 Pubs。学生可在本校或世界任何地方的客户机上拨通我们的 Server 1 服务器,输入自己的班名代码(每个学生都会知道)、学号,对指定数据库进行查询,并把查询结果交给 Web 服务器,然后 Web 服务器再生成动态网页,返回给客户机上显示。如查不到,也会返回错误信息。图书资料查询系统,也是采用 ASP 技术,只要在客户机网页上选择"作者、出版社、书名"项,再输入指定内容,网页就会把此资料提交服务器上的 LEI2. ASP 执行处理……

结束语

当今网络时代,Intranet 技术的开发应用,以其低成本、信息共享的优点,适用于单位内部规范管理,并且可以通过代理服务器或防火墙技术有控制地连接上 Internet,是企事业单位内部组网的首选。而在 Windows NT 中可以建立 Web 服务器,以实现精彩纷呈的网页世界。用 HTML 编写网页,简单易学,并且采用动态访问网页技术,可实现远程对服务器安全的查询、登记、修改等操作,具有很大的实用价值。

参考文献(略)

第五节　产品说明书

一、产品说明书概述

(一)产品说明书的概念

产品说明书是产品研制完成投放市场时,生产部门必须向用户提供需要的说明产品的用途、原理、构造、性能、使用和保养方法的文字材料。

(二)产品说明书的特点

产品说明书有如下特点:

1. 内容的科学性

一种产品问世本身就是生产和科研相结合的成果。产品说明书必须如实地对产品做出科学介绍,把产品的有关事项或知识如实准确地解说清楚。

2. 说明的程序性

应按产品的生产过程及其相互联系的程序,或者按用户认识产品的递进程序,条理分明地进行说明。

3. 样式的不定性

产品说明书装帧上有单页、活页、卡片折叠、书刊式等类型;规格上有 16 开至 64 开大小不同的类别;印刷上有油印、晒图、复印、彩印、素面描金等种类。

4. 媒介的多样性

为了加强宣传效果,许多产品说明书十分重视图文并茂的效果。

5. 语言的通俗性

产品说明书的语言要让人们一看就知道该怎么样、不该怎么样,引起用户的重视和注意。

二、产品说明书的写作

(一)简单的产品说明书的格式

简单的产品说明书项目单纯、文字简要。如药品说明书一般包括药品名称、数量、商标、批准文号、处方或成分、功能或主治、用法与用量、注意事项、贮藏方式、批号、厂名等。

(二)工业和科研使用的产品说明书的格式

工业和科研使用的产品说明书比较复杂,一般可按下列项目进行写作:

1. 封面

主要包括产品商标、规格型号、产品标准名称、图样或照片、厂名等。

2. 目录

旨在方便用户翻阅检查说明书各章节和页码。也可以省略这部分。

3. 概述

它的内容不求一律,有的强调编写说明书的目的,有的介绍新产品的特点,有的着重说明产品的原理、性能和使用范围等。

4. 正文

这部分是产品说明书的核心部分。主要包括:主要技术指标、工作原理、使用方法、保养与维修、产品成套明细表、附属备件及工具、附图等。

5. 封底

正中可标明醒目的商标,注明厂址、电话号码、邮政编码等。

三、例文

例文一——

中华跌打丸说明书

【药品名称】

通用名称:中华跌打丸

商品名称:中华跌打丸

英文名称:(略)

拼音全码:zhonghua diedawan

【主要成份】

鹅不食草、牛膝、乌药、制川乌、刘寄奴、过江龙、两面针、鸡血藤、岗梅、独活、樟脑等 32 味中药。

【性状】

本品为棕褐色或黑褐色的大蜜丸;味甜而微辛辣。

【适应症 / 功能主治】

1. 消肿止痛,舒筋活络,止血生肌,活血祛瘀。

2. 用于挫伤筋骨,新旧瘀患,创伤出血,风湿瘀痛。

【药品规格】

6g/ 丸。

【用法用量】

1. 口服,一次 1 丸,一日 2 次。

2. 小孩及体虚者减半。

【不良反应】

尚不明确。

【禁忌】

尚不明确。

【注意事项】

孕妇忌服,皮肤破伤出血者不可外敷。

【药物相互作用】

如与其他药物同时使用可能发生药物相互作用,详情请咨询医师或药师。

【药理作用】

(略)

【贮藏】

遮光,密封保存。

【包装规格】

聚丙烯塑料球壳包装,每盒 6 丸。

【有效期】

24 个月。

【执行标准】

《中华人民共和国药典》2010 年版第一增补本

【批准文号】

国药准字 Z45020316

【生产企业】

企业名称:广西梧州制药(集团)股份有限公司

生产地址:(略)

邮政编码:(略)

电话号码:(略)

传真号码:(略)

网址:(略)

例文二

自如电动剃须刀使用说明书

充电:将电源插头插入 AC220V 电源之中,充电时指示灯亮,充电 12～16 小时。充电时间不要过长,以免影响电池寿命。

剃须:将开关键上推至开启位置,即可剃须。为求最佳的刮须效果,请将皮肤拉紧,使胡子成直立状,然后以逆胡子生长的方向缓慢移动。

修剪器:如有修剪器功能的剃须刀,请在剃须前,先将修剪刀推出,修短胡须后再用网刀剃净。

清洁:剃须刀要经常清洁。清洁前应先关上开关,然后旋下网刀,用毛刷将胡须屑刷净。清洁后轻轻放回刀头架,且到位。清洁时应轻拿轻放,避免损坏任何部件。

保修条例:保修服务只限于一般正常使用下有效。一切人为损坏,例如接入不适当电源,使用不适当配件,不依说明书使用;因运输及其他意外而造成损坏;非经本公司认可的维修和改造,错误使用或疏忽而造成损坏;不适当的安装等,保修服务立即失效。此保修服务并不包括运输费及维修人员上门服务费。

保修期外享受终身维修,维修仅收元器件成本费。

剃须刀头属消耗品不在保修范围内。

保修期:正常使用 6 个月。

注意事项:充电时间 12～16 小时。

换刀网刀头时一定要选用原厂配件。

第六节　科技简报

一、科技简报概述

(一)科技简报的概念

科技简报是指在科技领域内,以书面形式简明扼要地汇报科技研究进展、动态、成果,用以交流情况、反映问题的一种科技应用文体。科技简报是简报的一种。

(二)科技简报的种类

1. 科研成果简报

主要是报道本单位取得的科研成果,或是介绍国内外的最新科技研究成果,或是介绍和推广新产品、新工艺、新技术、新理论等。

2. 阶段性成果简报

主要是针对研究周期长的重大科研项目而编发的,报道该项目在每一阶段对某一重大或技术问题突破性的研究成果。

3. 情况简报

主要用于科技单位向上级汇报工作、反映情况等,对上级领导做决策有参考作用。

4. 科技会议简报

主要用于及时报道会议情况。

（三）科技简报的特点

1. 报道的及时性

科技成果报道的早晚，直接关系到科技成果所有权的归属问题。因此，及时报道自己的研究成果至关重要。

2. 内容的新颖性

科技简报的内容十分新颖，它报道的是科技研究中最近发生或最近了解到的情况，以求推动科技工作的进一步开展和进步。

3. 表达的简洁性

科技简报的篇幅一般都不长，文字简洁，中心突出，只报道科技成果、会议情况或科技工作情况。

二、科技简报的写作

（一）科技简报的写作格式

1. 报头

在简报第一页或第一页的上方。报头的内容包括简报密级、份号、简报名称、期号、编印单位、印发日期。

2. 正文

通常是一份简报只报道一件事或一个成果。写法类似新闻消息。

3. 报尾

写明本期简报的报、送、发的单位或个人姓名、职称以及印刷份数。位置在简报最后一页的下方，通常以两条平行横实线做标记，内容记于两线之间。

（二）科技简报的写作要求

1. 材料要有价值

科技简报的材料应当是科研工作中最重要、最典型、最新颖的事实，也就是说，是最有意义的事实。

2. 材料要真实可信

科技简报选用的材料要完全真实可信。简报稿在复印前应交与被报道者审阅核实，以保证报道的真实性。

3. 文字表达要简洁

科技简报的表达一定要简洁明了，力求以最小的篇幅表达清楚一件事。

三、例文

科技简报第二十七期

（节选部分内容）

科技工作

广东省专业镇管理提升与培训专题讲座在丰顺县举行

由广东省、梅州市科技局和丰顺县人民政府联合举办的专业镇管理提升与培训专题讲座，于 7 月 9 日在丰顺县举行。副县长焦 ×× 到会致欢迎词，市科技局调研员傅 ×× 主持了会议,省生产力促进中心部长曾××、省科技局特聘老师王××研究员作了专题辅导,他们从金融风暴的考验、把握企业的生命周期、博羊的"三图定律"、经管理念、生存之道、小企业如何展望明天等七个方面,精辟生动地阐述了企业要如何应对金融危机的挑战,创新企业管理,增强创新能力,提高竞争力,进一步使小企业在当前形势下健康发展的发展谋略。通过专题培训,与会人员对今后加强专业镇企业技术自主创新能力建设,提升专业镇的管理水平,推动专业镇和企业发展将起到促进作用。全市各县市区科技局长、业务股长、省级、市级专业镇的书记或镇长、科技专干,省、市级专业镇的骨干企业负责人共180多人参加了专题培训。

丰顺县科技局

成果推广

健神灵芝茶及其制作方法
(专利号 ZL200310111960.7)

本发明涉及一种配以多种中草药提取液制成的保健茶,取玄参、大枣、甘草、绞股蓝、天冬、麦冬、远志、桔梗、柏子仁等十二味中草药按比例配制,通过煎煮、浓缩得到浓缩液,喷洒茶叶上,烘焙后,将药茶粉碎成粗粉状,与粉碎成粗粉状的灵芝混合即得健神灵芝茶。健神灵芝茶既改进和提高了茶的味道,又发挥了茶、灵芝与诸药相互结合的保健功能,不但使茶叶单一的消除烦渴、利尿解毒的功效得到加强,而且增加了安神益智、改善睡眠、增强免疫力等功效。健神灵芝茶方便冲饮,用开水冲泡几分钟后即可饮用。健神灵芝茶品味纯正、微苦带甘、甜香润喉、性质平和,可作为男女老少一年四季常用的健康饮品。

第七节 科普说明文

一、科普说明文概述

(一)科普说明文的概念

科普说明文是科技工作者常用的说明、介绍、宣传和解说科学知识的文章。

(二)科普说明文的分类

1. 根据读者对象来划分

根据读者对象的不同,科普说明文可以分为以下两种:

(1)面向专业的工作者介绍的说明文。这类说明文可以写得层次高一些,但也要注意与学术讲座或论文区别开来,侧重点仍在"普及"上。

(2)面向广大群众的说明文。这类说明文应力求写得通俗易懂、深入浅出。

2. 根据写作目的来划分

根据写作目的的不同,科普说明文可以分为以下四种:

(1)侧重于介绍的科普说明文。

其中最普遍的是有关生活方面科学知识的说明文,如美容化妆、烹调营养、保健医药、急救防护、盛夏防暑、严冬取暖等。

（2）侧重于解说的科普说明文。

其中较为普遍的是有关群众担心或关心的诸如自然的、社会的、经济的问题，如解释异常的自然现象等。

（3）侧重于宣传的科普说明文。

其中较为普遍的是针对群众的利益和安全，对一些具体问题或现象做科学的说明。如对一些季节性疾病，医院常写一些短文，通俗地讲解医学道理以及如何防治等。

（4）侧重于教育的科普说明文。

主要是为扩大青少年的知识面而撰写的各种学科的课外读物等。

（三）科普说明文的特点

"科普"一词就是科学普及的意思。科普说明文就是以文字或图画作为基本载体对有关事物进行说明的文字材料。随着现代多媒体技术的发展，科普说明文也常常以视频媒体等其他形式出现。其特点主要体现在：

1. 科学性

科学性除了要求做到概念准确、事实确切、观点正确、表达客观之外，科普说明文的科学性还体现在以下几个方面：

（1）必须以极其负责的态度来介绍、普及那些成熟的、正确的科技知识。

（2）在说明、普及科学方法、科学技能时，文章所介绍的方法、技能、窍门、经验等应当具有可操作性，为读者提供切实可行的技术和方法。

（3）在说明、普及科技知识、技能时，应当与相关学科联系起来，全面考虑其社会效果与影响。

2. 思想性

科普说明文是科学技术与社会生活之间的一座桥梁。它在向读者传授知识的同时，也使读者受到科学思想、科学精神、科学态度和科学作风的熏陶，宣传着科学的世界观和方法论，以提高人们的科学素质和思想素质。因此，科普说明文要通过普及介绍科学知识，让人们深刻地理解科学的世界观和方法论，即唯物主义和辩证法。这就是科普说明文思想性的体现。当然，科普创作的思想性，是内在的、从作品中自然表现出来的，不是贴上一些政治标签或外加一些政治术语。

3. 通俗性

通俗性就是要用明白晓畅的文字介绍科技知识，使之生动、易懂。科普说明文可以运用多种方法，例如用文艺形式创作，使之生动有趣、引人入胜。还要简明扼要、深入浅出、通俗易懂。

4. 知识性

撰写科普说明文除了讲究内容上的科学性、思想性和表达方式上的通俗性之外，还要给读者提供一些有价值的科技知识。因此，知识性是科普说明文的一个主要特点，有知识性才会有可读性，才能吸引读者。

5. 趣味性

为了达到普及科学知识的目的，科普说明文要尽力吸引更多的读者，这就要求作者力争把文章写得新鲜生动、富有趣味。有些小品式的科普说明文甚至采用文学的手段，笔法灵活，妙趣横生。

二、科普说明文的写作

（一）科普说明文的写作格式

1. 标题

（1）标题的写作要求。

科普说明文的标题写法多种多样，不拘一格，总体要求是：

第一，标题醒目引人。以文章介绍的知识对象为拟定标题的中心依据，换句话说，就是让人一看标题就知道文章是介绍什么科学知识的。如果含糊其词，不知所云，很有可能失去读者的吸引力。

第二，语言简明扼要。标题只需要点明所介绍的知识对象，有时也可兼顾它的特点、作用、意义、价值等，但不能详细展开知识介绍。标题通常只有几个字，一般没有副标题。

第三，标题生动新颖。标题要尽力做到生动新颖，以增强趣味性和吸引力。但除科学小品外，不必刻意标新立异，要避免过于造作，否则会显得不够自然朴实。

（2）标题的命题方式。

科普说明文的命题方式有直叙式，如"青少年吸烟危害大"；疑问式，如"小儿缺钙会影响智力吗？"；故事式，如"从《血凝》谈到白血病"；比喻式，如"植物的'医生'啄木鸟"；此外还有寓意式、启迪式、成语式等多种命题方法。

2. 正文

跟所有的文章一样，科普说明文的正文也是由三部分组成：开头、主体、结尾。

（1）开头。

开头是总体介绍，先提出说明对象，然后概括介绍它的特征、作用、意义、价值。

科普作品开头的技巧：以生动的故事开头；以发人深思的提问开头；开门见山，起首点题开头；描述性开头；议论性开头等。如"艾滋病究竟离我们有多远？……"就是以提问的方式开头；而茅以升《没有不能造的桥》中，就是开门见山点题的："路是人走出来的，有了路，就要桥，哪里有路，哪里也就可能有桥。人是需要桥的，同时人也能造桥。只要有能修的路，就没有不能造的桥。……"

（2）主体。

主体篇幅最长，是科普说明文的核心部分，有关说明对象的各种知识就是在这一部分充分展开表达的。这部分的写法没有一定之规，但在结构上有这样的原则：必须分为若干层次依次表达；层次与层次之间或并列，或递进，或分总，要呈现出清晰的逻辑秩序。

（3）结尾。

结尾或指出当前存在的问题，如贾祖璋介绍丹顶鹤的文章在结尾处就提出了丹顶鹤保护的严重问题；或展望未来的发展前景，如某篇介绍基因工程的文章就预测基因工程的应用前景；或提醒人们注意吸收新的知识，如在结尾处告诉读者还有很多相关知识可注意阅读。也有些科普说明文没有结尾，主体结束时全文就自然收束了。

科普说明文的结尾方式：总结性的结尾、启发性的含蓄结尾、鼓动型结尾、首尾照应型结尾等，无论哪一种结尾方式，都要求文字简洁。

（二）科普说明文的写作要求

1. 写作目的要明确

科普说明文的写作要有明确的目的，如此才能抓住重点，突出中心。

2. 文章内容的单一性和通俗性

一篇科普说明文一般只说明一个科学现象，介绍一种科学知识。科普说明文介绍的知识多是普及性的，所以要求用通俗有趣的语言，深入浅出地说明复杂抽象的内容。与科学小品不同，科普说明文一般不需要有形象，有感情，只需直接介绍事物的特征，说明某一科学现象即可。

3. 突出文章的说明性

表达方式突出"说明"。科普说明文的写作目的在于介绍科学知识，要大量运用"说明"这种表达方式，有时兼及叙述、描写、抒情、议论。就"说明"表达方式来说，还有举例说明、定义说明、诠释说明、分类说明、比较说明、比喻说明、图表说明等多种技巧。写作中要选择合适的表达方式和技巧展开表达。

三、例文

看云识天气

朱泳燚

天上的云，真是姿态万千，变化无常。它们有的像羽毛，轻轻地飘在空中；有的像鱼鳞，一片片整整齐齐地排列着；有的像羊群，来来去去；有的像一床大棉被，严严实实地盖住了天空；还有的像峰峦，像河流，像雄狮，像奔马……它们有时把天空点缀得很美丽，有时又把天空笼罩得很阴森。刚才还是白云朵朵，阳光灿烂；一霎间却又是乌云密布，大雨倾盆。云就像是天气的"招牌"：天上挂什么云，就将出现什么样的天气。

经验告诉我们：天空的薄云，往往是天气晴朗的象征；那些低而厚密的云层，常常是阴雨风雪的预兆。

那最轻盈、站得最高的云，叫卷云。这种云很薄，阳光可以透过云层照到地面，房屋和树木的光与影依然很清晰。卷云丝丝缕缕地飘浮着，有时像一片白色的羽毛，有时像一块洁白的绫纱。如果卷云成群成行地排列在空中，好像微风吹过水面引起的鳞波，这就成了卷积云。卷云和卷积云都很高，那里水分少，它们一般不会带来雨雪。还有一种像棉花团似的白云，叫积云。它们常在两千米左右的天空，一朵朵分散着，映着灿烂的阳光，云块四周散发出金黄的光辉。积云都在上午出现，午后最多，傍晚渐渐消散。在晴天，我们还会偶见一种高积云。高积云是成群的扁球状的云块，排列很匀称，云块间露出碧蓝的天幕，远远望去，就像草原上雪白的羊群。卷云、卷积云、积云和高积云，都是很美丽的。

当那连绵的雨雪将要来临的时候，卷云在聚集着，天空渐渐出现一层薄云，仿佛蒙上了白色的绸幕。这种云叫卷层云。卷层云慢慢地向前推进，天气就将转阴。接着，云层越来越低，越来越厚，隔了云看太阳或月亮，就像隔了一层毛玻璃，朦胧不清。这时卷层云已经改名换姓，该叫它高层云了。出现了高层云，往往在几个钟头内便要下雨或者下雪。最后，云压得更低，变得更厚，太阳和月亮都躲藏了起来，天空被暗灰色的云块密密层层地布满了。这种云叫雨层云。雨层云一形成，连绵不断的雨雪也就降临了。

夏天，雷雨到来之前，在天空先会看到积云。积云如果迅速地向上凸起，形成高大的云山，群峰争奇，耸入天顶，就变成了积雨云。积雨云越长越高，云底慢慢变黑，云峰渐渐模糊，不一会，整座云山崩塌了，乌云弥漫了天空，顷刻间，雷声隆隆，电光闪闪，马上就会哗啦啦地下起暴雨,有时竟会带来冰雹或者龙卷风。

我们还可以根据云上的光彩现象,推测天气的情况。在太阳和月亮的周围,有时会出现一种美丽的七彩光圈,里层是红色的,外层是紫色的。这种光圈叫作晕。日晕和月晕常常产生在卷层云上,卷层云后面的大片高层云和雨层云是大风雨的征兆。所以有"日晕三更雨,月晕午时风"的说法。说明出现卷层云,并且伴有晕,天气就会变坏。另有一种比晕小的彩色光环,叫作华。颜色的排列是里紫外红,跟晕刚好相反。日华和月华大多产生在高积云的边缘部分。华环由小变大,天气趋向晴好;华环由大变小,天气可能转为了阴雨。夏天,雨过天晴,太阳对面的云幕上,常会挂上一条彩色的圆弧,这就是虹。人们常说:"东虹轰隆西虹雨。"意思是说,虹在东方,就有雷无雨;虹在西方,将有大雨。还有一种云彩常出现在清晨或傍晚。太阳照到天空,使云层变成红色,这种云彩叫作霞。朝霞在西,表明阴雨天气在向我们进袭;晚霞在东,表示最近几天里天气晴朗。所以有"朝霞不出门,晚霞行千里"的谚语。

云,能够帮助我们识别阴晴风雨,预知天气变化,这对工农业生产有着重要的意义。我们要学会看云识天气,就要虚心向有经验的人学习,留心观察云的变化,在反复的观察中掌握规律。但是,天气变化异常复杂,看云识天气毕竟有一定的限度。要准确掌握天气变化的情况,还得依靠天气预报。

第八节　科学小品

一、科学小品概述

(一)科学小品的概念

科学小品是文艺性科普作品的典型样式。科学小品是科技散文的品种之一,大多运用散文形式,直接联系生活,或以描写抒情直抒胸臆,或以褒贬爱憎借古窥今,是我国科学写作与文艺写作交叉形成的一种科学文艺体裁。

科学小品的趣味性比科普说明文更浓些,更注重用文艺性笔调对说明对象进行叙述、描写。它的趣味性不仅体现在题材上,更多的体现在通过多种表现手法而渲染、强化出来的种种情趣。

(二)科学小品的特点

1. 科学性

科学小品的内容要真实准确,符合客观事实,经得起科学实践的检验。

2. 文学性

形象化地介绍客观事物,说明科学原理和自然现象,并倾注作者对事物的感情。

3. 趣味性

用生动活泼、深入浅出的语言来表达对事物的认识,使人们在获得一定的科学知识的同时得到审美享受。

4. 艺术性

运用文艺形式来介绍科技知识,在创作过程中,不仅使用逻辑思维来达到以理服人的效果,同时还采用形象思维,使之以情动人。

(三)科学小品与科普说明文的区别

科学小品是科普说明文的一种。科学小品追求科学性、思想性、文学性和艺术性的完美统一。科学小品与科普说明文的区别恰恰在有无文学性与艺术性上:科普说明文是朴实的说明、不大注意艺术性与文学性;而科学小品则相反,注重艺术性与文学性,用艺术的方式、文学的语言来表达科学的道理。

二、科学小品的写作

(一)科学小品的写作要求

第一,要求作者具有深厚的生活功底,以及科学和文学修养。

第二,要注意联系现实,运用科学观点和方法,去研究、宣传、支持现代科学的最新成果,展示科学的新趋势,提高读者的知识水准。

第三,材料要博采精择,注意借鉴古今中外的文化遗产,从而增加文章的情趣和可读性。

第四,要追求美的、大众化的形象语言。

(二)科学小品写作的注意事项

1. 科学小品的写作要明确目的

科学小品的任务是准确地说明科学现象或科学道理。因而科学小品的写作,必须建立在准确地把握事物的特点、本质及其联系的基础之上,才能使说明的内容具有科学性、客观性。离开科学小品写作的目的而虚构、想象和夸张是不允许的,失去了内容的科学性、客观性,也就失去了科学小品的价值。

2. 科学小品要善于运用文学手段来加强其趣味性

运用好的形象手法深入浅出地表达科学知识,使文章引人入胜,极富趣味性。对待一些一般读者难以理解的科学原理、专用名词,要通过大量比喻、拟人、对比等文学手法来形象地解释、说明,使枯燥、晦涩的知识化为生动活泼的形象。这样,不仅使深奥的科学原理变得浅显易懂,文章也显得生动活泼,能够引起读者的兴趣。

3. 科学小品的标题要生动活泼,富有新意

科学小品的标题与科技论文的标题不同:科技论文的标题要求准确地概括全文,不一定要做到活泼而有情趣;科学小品的标题却一定要做到生动活泼、标新立异,使读者看了这些标题,就会引起浓厚的阅读兴趣。当然,这些富有新意而有趣的标题,必须与文章的内容相符。

4. 科学小品的科学性非常重要,引用的资料必须可靠,数据必须精确

虽然科学小品讲求文学性和艺术性,但科学性是第一位的。因此,科学小品所引用的资料、数据必须可靠、精确,决不允许杜撰而误导读者。

三、例文

萤火虫[①]

贾祖璋

满天的繁星在树梢头辉耀着;黑暗中,四周都是黑魆魆的树影;只有东面的一池水,在微风中把天上的星皱作一缕缕的银波,反映出一些光辉来。池边草丛的芦苇和一片稻田,也是黑魆魆的;但芦苇在风中摇曳的姿态,却隐约可以辨认,这芦苇底下和田边的草丛,是萤火虫的发祥地。它们一个个从草丛中起来,是忽明忽暗的一点点的白光,好似天上的繁星,一个个在那里移动。最有趣的是这些白光虽然乱窜,但也有一些追逐的形迹:有时一个飞在前面,亮了

---

① 摘自吴婷婷主编的《夏》,山东文艺出版社 2013 年版。

起来,另一个就会向它一直赶去,但前面一个忽然隐没了,或者飞到水面上,与水中的星光混杂了;或者飞入芦苇稻田里,被那枝叶遮住,于是追逐者失了目标,就迟疑地转换方向飞去。有时反给别的萤火虫作为追逐的目标了。而且这样的追逐往往不止一对,所以水面上、稻田上,一明一暗,一上一下的闪闪的白光与天上的星光同样的繁多;尤其是在水面的,映着皱起的银波,那情景是很有趣的。

这是幼年时暑假期中在乡间纳凉时所见的情景。当时与弟、妹等一边听着在烈日中辛苦了一日才得这片刻安闲休息的邻舍们的谈笑,一边向萤火虫唱着质朴的儿歌:

萤火虫,

夜夜红:

飞到天上捉蚜虫,

飞到地上捉绿葱。

在这样的歌声中,偶然有几个飞到身边,赶忙用芭蕉扇去拍,有时竟会把它拍在地上,有时它突然一暗,就飞到扇子所能拍到的范围以外去了,这时就是追了上去,也往往是不能再拍着的。被拍在地上的,它把光隐了,也着实难以寻觅;或又悄悄地飞起,才再现它的光芒,也往往让它逃去了。被捉住的最初是用它来赌胜负,就是放在地上,用脚一拖,在地上划起一条发光的线,比较哪个人划得长,就作为胜利。不消说,这是一种残酷的行为,真所谓"以生命为儿戏"的了。后来那些幸运的个体不会这样被牺牲,它们被闭入日间预备好的鸭蛋壳里,让它们一闪一闪,作为小灯笼。就睡时就携到枕边,颇有爱玩不忍释手的样子。但大人们以为萤火虫假如有机会钻入人的耳内,就会进去吃脑子,所以又往往被禁止携入房间里。

萤火虫是怎样发生的,乡间没有谈起;但古书上却说它是腐草所化成的。去年那号称中国第一家的老牌杂志,竟发表过罗广庭博士的生物化生说,所以腐草化萤,大概是可靠的。但罗博士经广东方面几位大学教授要求严密实验以后,一直到现在还未曾有过下文,至少那家老牌杂志,没有再把他的实验发表过,大抵罗博士已被他们戳穿西洋镜了;那么腐草为萤的传说也就有重行估定价值的必要。

原来萤有许多种数,全世界所产能够发光的有两千种,形态相像而不能发光的也有两千种。我们这里最常见的一种是身体黄色,而翅膀的光端有些黑色的。它们也有雌雄,结婚以后,雄的以为责任已尽,随即死去;雌萤在水边的杂草根际产生三四百粒微细的球形黄白色卵,也随即死去。这卵也能发一些微光,经过廿七八天,就孵化为幼虫,幼虫的身体有十三个环节,长纺锤形,略扁平;头和尾是黑色的,体节的两旁也有黑点。尾端有一个能够吸附他物的附属器,可代足用。尾端稍前方的身体两侧还有一个特殊的发光器官,也能放青色的光。日中隐伏于泥土下,夜间出来觅食。它能吃一种人类肺蛭中间宿主的螺类,所以有相当的益处。下一年的春天,长大成熟,在地下掘一个小洞,脱了皮化蛹。蛹淡黄色,夜间也能发光。到夏天就化作能够飞行的成虫。看了这一个简单的生活史,腐草为萤的传说,可以不攻自破了。

最令人感兴趣的萤火,是从哪里来的呢?在科学上的研究,以前有人以为是某种发光性细菌与萤火虫共栖的缘故,但近来经过详细的研究,确定并没有细菌的形迹可寻,还是说它是一种化学作用来得妥当。这种发光器的构造,随萤的种类和发育的时代而不同。幼虫和蛹大抵相似;而成虫普通位于尾端的腹面,表面是一层淡黄色透明质硬的薄膜,下面排列着多数整齐的细胞,形成扁平的光盘,细胞里有多数黄色细粒,叫作"萤火体",遇着氧气就起化学作用而发光。这些细胞的周围又布满毛细管,毛细管连接气管能送入空气,使萤火体可以接触氧气。又分布着许多神经,能随意调节空气的输送,所以现出忽明忽暗的样子。与发光细胞相对的还有一层含有多数蚁酸盐或尿酸盐的小结晶的细胞,呈乳白色,好似一面镜子,能够把光反射到外方。

萤火不含赤外线(热线)和紫外线(化学线),所以只有光而没有热,是一种理想的照明用的光。但现在的人类还不能明白这些萤火体的内容;既不能直接利用它,也不能仿照它的化学成分来制出一种人造的萤火。人类所能利用的,在历史上有晋代的车胤,把它盛在袋里,以代烛火读书。在外国,墨西哥地方出产一种巨大的萤火虫,胸部有两个大发光器,放绿色的光;腹部下面也有一个发光器,放橙黄色的光;两色相映,极为美丽,妇人把它簪在发间,作为夜舞时的装饰品。还有,就是作为玩耍而已。至于在萤火虫的自身,藉此可以引诱异性,又可以威吓敌害,对于它的生活是很有意义的。

在电灯、煤气灯和霓虹灯交互辉煌的上海,是没有机会遇到萤火虫的。故乡的萤火虫更是一年,二年,几乎十年没有见过了,最近家中来信说:三月没有雨,田里的稻都已枯死,桑树也有许多枯萎了。那么往时所见的一池水,当然已经干涸,一片稻田,看去一定像一片焦土,那黑魆魆的树影,也必定很稀疏了。我那辛苦工作的邻人们已经无工可做,他们可以作长期的休息了,但是在纳凉的时候,在他们的谈话中,未知还能闻到多少笑声。

因了萤火虫我记着了遭遇旱灾的故乡。祝福我辛苦的邻人们,应该有一条生路可走。

(原载 1934 年 9 月 20 日《太白》第一卷第一号)

思考与练习 ●●●

1. 掌握科技文书写作的特点。
2. 简述实验报告的特点和写作要求。
3. 自选题材,撰写一篇考察报告(800～1 200字)。

第八章

日常文书写作

教学目标与学习要求

一、教学目标

通过日常文书写作的学习,使学生了解日常文书的基本概念、特点、种类和写作要求,培养学生掌握日常文书的基本写作方法。

二、学习要求

1. 重点掌握申请书、倡议书、合同、协议书、策划书和请柬的特点和写作要求。

2. 一般了解介绍信、证明信、传记、回忆录、地方志、聘书和悼词的使用。

第一节　日常文书写作概述

一、日常文书的概念

日常文书是人们在日常的工作、学习和生活中,处理公私事务时所使用的一种实用性文体,也有人把它称作实用文。

日常文书是一种用途最广而又最大众化的一种文体。这类应用文一般不具备专业性、官方性等特性。

二、日常文书的特点

(一)有特定的对象和行文目的

日常文书的对象是十分明确的,写给谁看的,行文者一清二楚。就写作目的而言也是明确的,它就某一个事件为其主要内容,发文期望达到什么样的结果。因此,日常文书写给谁、写些什么、期望达到怎样的效果,事先是已知道的。

(二)有较为固定的写作格式

写作格式的固定是日常文书的显著特点。它是历史留传的、人们习以为常的、约定俗成的,任何人不可随意违反它的固定格式,否则就是不伦不类的,就达不到日常文书的写作目的。

(三)有较强的时效性

日常文书总是针对工作、学习或生活中所出现的具体事情而写的。往往是问题已摆在眼前或即将发生,必须想办法处理或解决时才使用的。如入党、入团要先写申请书,邀请参加活动要提前发请柬等。及时性是日常文书的基本特征。

（四）语言要平实、准确、简洁

1. 平实

日常文书的文风要朴实自然，所讲事情要符合实际情况，数字要确实无误，办法要切实可行。日常文书要做到文实相符、文如其事，来不得半点虚假。

2. 准确

准确同平实是相统一的，日常文书要做到实事求是，就必须做到所列的数字、事例要准确。除此之外，还要正确地使用标点符号。

3. 简洁

日常文书的写作目的是以传递信息为主，因此，行文务必简洁：一是文字要简练，篇幅要短小精悍；二是扫除套话、空话、废话。

三、日常文书的作用

（一）交流性

无论个人与个人之间、单位与个人之间还是不同的单位之间的交流都日益频繁，所以许多日常文书就起着交流经验、互通信息、联络感情的重要作用。

（二）凭证性

日常文书中有很大一部分具有凭证性的功能。有些事务特别是有关钱、财、物的，都要有可靠的凭据作为依据，如证明信、劳动合同、协议书等就起到了凭证的作用。

（三）史料性

日常文书反映了单位和个人的种种活动，记载着各个时期的政治、经济和文化等方面的情况，因此，它可以保存和积累大量的历史资料，为今后有关部门和个人的研究提供方便。

四、日常文书的写作要求

（一）先拟定提纲

写作前，先根据要求将所用的材料分目的、分层次地列出来，形成所写文章的提纲，作为写作时的依照。

（二）行文时注意前后的连贯，达到完整统一

日常文书一般由开头、主体、结尾三部分构成，各部分之间要形成一种内在的联系。段与段之间、句与句之间所表达的意思必须前后连贯；在安排层次时，也要根据它们之间的关系，有次序地加以安排；要注意过渡段、过渡句的使用，以求前后照应、结构严谨。

（三）结构安排要服从于表达效果的需要

日常文书无论选用什么样的结构，都要服从和服务于文章表达内容的需要。

第二节　申请书和倡议书

申请书

一、申请书概述

（一）申请书的概念

申请书是个人或集体向组织、机关、企事业单位或社会团体表述愿望、提出请求时使用的

一种文书。

申请书的使用范围十分广泛,申请书要求一事一请。不同的对象有不同的申请书,常见的有入团申请书、入党申请书等。

(二)申请书的特点

1. 请求性

顾名思义,申请书是申述自己的理由、有所请求的意思。无论是个人志愿加入组织的申请,还是个人、单位在其他方面的申请,其写作目的都是表达某种请求和愿望。因此,请求的特性是申请书的一个重要特点。

2. 使用的广泛性

大至一个国家申请加入国际组织,小至个人申请入团、入党、调动工作等,无处不用申请书。

3. 态度真诚,内容真实

申请书是请求上级同意、批准的书信,不能因为希望获得上级同意,就编造或夸张困难,一定要实事求是。

4. 语言朴实,感情真挚、诚恳

如写"入党申请书",就要把自己对党组织的真情实感写出来。

二、申请书的写作

(一)申请书的写作格式

申请书一般由标题、称谓、正文、结语、落款五部分构成。

1. 标题

申请书的标题有两种形式:一种是由性质加文种构成,如"入党申请书";另一种是直接用文种做标题,如"申请书"。

2. 称谓

第二行开头顶格写接收申请书的单位名称或领导人姓名,后面加冒号。如"××团支部:""×× 系总支:"等。

3. 正文

正文包括以下三项内容:

(1)申请内容。开篇就要向领导、组织提出申请什么。要开门见山,直截了当,不含糊。

(2)申请原因。为什么申请,要说明申请书的目的、意义及对申请事项的认识。

(3)决心和要求。表明自己的决心、态度和要求,以便组织了解申请人的情况。语言要朴实准确,简洁明了。

4. 结语

可以有结语也可没有。结语一般是表示敬意的话,如"此致敬礼"等;也可写表示感谢和希望的话,如"请组织考验""望领导批准"等。

5. 落款

即署名、日期。要写清申请人姓名或申请单位名称(加盖公章),注明日期。

(二)申请书的写作要求

申请的事项要写清楚、具体,涉及的数据要准确无误;理由要充分、合理,实事求是,不能虚夸和杜撰;语言要准确、简洁,态度要诚恳、朴实。

三、例文

入党申请书

敬爱的党组织：

我申请加入中国共产党。

中国共产党是中国工人阶级的先锋队，同时是中国人民和中华民族的先锋队，是中国特色社会主义事业的领导核心，代表中国先进生产力的发展要求，代表中国先进文化的前进方向，代表中国最广大人民的根本利益。党的最高理想和最终目标是实现共产主义的社会制度。中国共产党以马克思列宁主义、毛泽东思想、邓小平理论和"三个代表"重要思想作为自己的行动指南。

我之所以要加入中国共产党，是因为中国共产党是有着光荣历史的党，是使亿万中国人在世界面前站起来的党，是带领中国人民摆脱贫困落后，实现社会主义现代化的党，是坚持真理、实事求是的党，更是时刻为人民服务，危急时刻能挺身而出的党。

党的辉煌历史，是中国共产党为民族解放和人民幸福前赴后继、英勇奋斗的历史；也是坚持真理、修正错误、战胜一切困难、不断发展壮大的历史。中国共产党无愧是伟大、光荣、正确的党，是中国革命和建设事业的坚强领导核心。

我加入中国共产党的愿望由来已久。这种愿望不是一时冲动，而是发自内心深处的一种执着与崇高的信念。因为从小我就认为只有共产党员才是最应敬重的人，在革命战争年代无数革命英烈为了保卫党和人民的利益甘愿抛头颅洒热血，在和平建设时期有着像焦裕禄、孔繁森等这样党的好干部，当然更有着许许多多不知道名字的人，而我发现他们以及身边许多深受我尊敬的人都有一个共同的名字———共产党员；我发现在最危急的关头总能听到一句话———我是共产党员，跟我来。因此，一个声音不断在我中心呼唤："我要像他们那样，我要成为一名共产党员！"

我决心用自己的实际行动接受党对我的考验，我郑重地向党提出申请：我志愿加入中国共产党，拥护党的纲领，遵守党的章程，履行党员义务，执行党的决定，严守党的纪律，保守党的秘密，对党忠诚，积极工作，为共产主义奋斗终生，随时准备为党和人民牺牲一切，永不叛党。

我深知按党的要求，自己的差距还很大，还有许多缺点和不足，比如政治理论水平还不是很高、处理问题还不够成熟等。希望党组织从严要求，以使我更快进步。我将用党员的标准严格要求自己，自觉接受监督，努力克服自己的缺点，弥补不足。争取早日在思想上，进而在组织上入党。

请党组织在实践中考验我！

×××

××××年××月××日

倡议书

一、倡议书概述

（一）倡议书的概念

倡议书是为倡议、发起某项活动而写的具有号召性的、公开建议性的专用书信。

（二）倡议书的特点

1. 大众性

倡议书不是对某个人、某一集体或某一单位而言的，它往往面向广大群众，或对一个部门（地区）的所有人发出，甚至向全国发出。因此，大众性是倡议书的根本特征。

2. 不确定性

倡议书是号召广大群众响应的，然而其对象范围往往是不定的。它即便是在文中明确了自己的具体对象，但实际上有关人员可以表示响应，也可以不表示响应，它本身不具有很强的约束力。

3. 公开性

倡议书是一种广而告之的书信。它就是要让广大的人民群众知道、了解，从而激起更多的人响应，以期待在最大的范围内引起共鸣。

二、倡议书的写作

倡议书一般由标题、称谓、正文、结尾、落款五部分组成。

（一）标题

标题一般由文种单独组成，即在第一行正中用较大的字体写"倡议书"。另外，标题还可以由倡议内容和文种共同组成，如"关于厉行节约的倡议书"。

（二）称谓

一般在第二行开头顶格写，后面加冒号。倡议书的称呼可依据倡议的对象而选用适当的称呼，如"广大的青少年朋友们"等。有的也可不用称呼，而在正文中指出。

（三）正文

一般在第三行空两格写正文。正文一般包括以下内容：

1. 背景原因和目的

倡议书的发出在于引起广泛的响应，只有交代清楚倡议活动的原因，以及背景事实，并申明发布倡议的目的，人们才会理解和信服，才会自觉地行动。

2. 写明倡议的具体内容和要求

这是正文的重点部分。倡议的内容一定要具体化。开展怎样的活动，要做哪些事情，具体要求是什么，它的价值和意义有哪些等均要一一写明。

（四）结尾

结尾要表示倡议者的决心和希望或者写出某种建议。一般不在结尾写表示敬意或祝愿的话。

（五）落款

在右下方写明倡议者单位、集体或个人的名称或姓名，并写上发倡议的具体日期。

三、例文

环保倡议书

亲爱的同学们:

当你在这美丽的校园中学习,为我们美好的未来而努力时,相信我们每一个同学都渴望有一个干净的校园,渴望我们有一个良好的生活环境。学校是育人的场所,建立节约型和环境友好型校园,这不仅是学校自身发展的需要,更是我们学生应有的社会责任。为了增强大家的环境保护意识,让校园环境更加整洁靓丽,我们恳切地向师生们提出如下倡议:

1. 树立绿色文明观念,自觉关心环境状况,把个人环保行为视为个人文明修养的组成部分。

2. 不乱扔垃圾、果皮纸屑,不随地吐痰,不随意采摘校园的一草一木,爱护公共绿地。

3. 节约用水,珍惜水资源,减少水污染;节约用电,做到人走灯灭,光线充足时不要开灯,避免"白昼灯""长明灯"的情况发生。

4. 生活节俭,不随意浪费粮食,不剩饭,培养良好的生活习惯。

5. 尽量少用塑料袋,尽量少用一次性的纸杯、塑料杯。

6. 从我做起,号召全校同学树立环境意识,为创建绿色和谐校园出自己的一份力。

中华民族历来倡导节约,让我们义不容辞地承担各自的使命,树立环境意识,养成节约资源的习惯,从我做起,从点滴小事做起,为共建环境友好型的和谐校园而努力!

×××× 学校学生会

×××× 年 ×× 月 ×× 日

第三节　劳动合同和协议书

劳动合同

一、劳动合同概述

(一)劳动合同的概念

劳动合同是指劳动者与用工单位之间确立劳动关系、明确双方权利和义务的协议。

(二)劳动合同的特点

1. 强制性

合法的合同具有法律效力。劳动者与用人单位都为对方负有义务,双方必须亲自履行,不能代理和继承。

2. 平等性

在劳动合同的订立阶段,劳动者与用人单位的法律地位是平等的,自愿签订。

3. 隶属性

合同签订后,劳动者在身份上、组织上、经济上从属于用人单位。当然,前提是用人单位必须依法行使管理权。

4. 有偿性

劳动者向用人单位提供劳动并取得报酬。

（三）劳动合同的分类

根据《中华人民共和国劳动合同法实施条例》规定,劳动合同有固定期限劳动合同、无固定期限劳动合同、单项劳动合同。

二、劳动合同的写作

（一）劳动合同的写作格式

劳动合同一般由标题、首部、正文、签署四部分组成。

1. 标题

以文种命名,如"劳动合同"。

2. 首部

写明合同的类型、签约双方当事人的基本情况,即用人单位名称、地址、电话、法定代表人,劳动者的姓名、住址、电话、居民身份证号码或其他有效证件。

3. 正文

主要是明确签约双方的具体权利和义务。根据《中华人民共和国劳动法》的规定,劳动合同的内容可分为法定条款和约定条款。

（1）法定条款。是指《中华人民共和国劳动法》《中华人民共和国劳动合同法》规定的劳动合同必备的条款,具体包括:① 劳动合同期限;② 工作内容和工作地点;③ 工作时间和休息休假;④ 劳动报酬;⑤ 社会保险;⑥ 劳动保护、劳动条件和职业危害防护;⑦ 法律、法规规定应当纳入劳动合同的其他事项。

（2）约定条款。劳动合同双方当事人之间自愿协商规定的关于各自权利与义务的条款,如双方自行约定的试用期期限、约定保守用人单位商业秘密事项、约定未尽事宜的处理方式、合同份数、是否需要公证或由主管部门批准等。

4. 签署

包括双方签字、盖章、合同签订日期和附件等。

（二）劳动合同的写作要求

1. 利益的均衡性

劳动合同双方当事人是平等的主体,其订立的条款应当是互惠互利的。

2. 内容的合法性

它包括劳动合同订立人的资格、订立程序、形式、内容、履行、变更和解除等必须合法,这是对劳动合同的最根本要求。

3. 语言表达的严谨性

劳动合同的核心内容就是详尽、准确地写明双方的权利、义务和违约责任。因此,它的措辞用字应力求准确、简洁,避免产生歧义,防止发生纠纷。

4. 格式的规范性

如首部的写法,正文前言的"依法协商""自愿签订"等语句,还有签署部分的写法等,都要遵照一定的格式。

5. 书面的整洁性

劳动合同书写要清楚,标点符号要正确,数字要大写,不得随意涂改原文。如必须修改,须经双方同意,并在修改处盖上双方印章并签字,否则,视为无效合同。

三、例文

劳动合同书

甲方基本情况

    名称：＿＿＿＿＿＿＿＿＿＿＿＿＿＿＿＿

    地址：＿＿＿＿＿＿＿＿＿＿＿＿＿＿＿＿

    法定代表人：＿＿＿＿＿＿　联系电话：＿＿＿＿＿＿

乙方基本情况

    劳动者姓名：＿＿＿＿＿　联系电话：＿＿＿＿＿＿

    身份证号：＿＿＿＿＿＿＿＿＿＿＿＿＿

    家庭住址：＿＿＿＿＿＿＿＿＿＿＿＿＿

根据《中华人民共和国劳动合同法》及有关的劳动法律、法规和政策规定,甲乙双方遵循自愿、平等、协商一致的原则,甲乙双方一致同意订立如下条款。

一、劳动合同期限

第一条　本合同期限自＿＿＿年＿＿＿月＿＿＿日起至＿＿＿年＿＿＿月＿＿＿日止。其中,试用期自＿＿＿年＿＿＿月＿＿＿日起至＿＿＿年＿＿＿月＿＿＿日止。

二、工作内容和工作地点

第二条　甲方安排乙方的工作岗位(工种)为＿＿＿＿＿＿,工作地点为＿＿＿＿＿＿,因生产工作需要,甲乙双方协商一致,可以变更岗位(工种)以及工作地点。

三、劳动保护、劳动条件和职业危害防护

第三条　甲方应当遵守国家法律法规,依法建立和完善劳动规章制度,保障乙方享有劳动权利、履行劳动义务。乙方应当自觉维护国家利益和甲方的合法权益,遵守甲方依照国家法律法规制定的各项规章制度,服从甲方的工作安排。

第四条　甲方依法为乙方提供符合国家规定的劳动安全卫生条件和必要的劳动防护用品。乙方应当认真履行工作职责,按时、按质、按量地完成甲方规定的工作任务或劳动定额。

第五条　甲方对乙方进行安全教育,为乙方提供本职工作所必需的职业技能培训。

四、工作时间和休息休假

第六条　甲方安排乙方执行＿＿＿＿＿＿工作制。

第七条　甲方执行《中华人民共和国劳动法》第四章及国家关于休息休假的相关规定,保障乙方的休息休假权利。

五、劳动报酬

第八条　在履行合同期间,甲方支付给乙方的工资为:＿＿＿＿＿＿。其中,试用期工资为:＿＿＿＿＿＿。

六、社会保险和福利待遇

第九条　甲方依法为乙方缴纳各种社会保险,属乙方个人缴纳部分,由甲方从乙方工资中代为扣缴。

第十条　乙方履行合同期间,患病、负伤、患职业病、退休及女职工生育等社会保险及福利待遇,按照国家法律法规执行。

七、劳动合同的解除、终止和续订

第十一条　履行合同期间，甲乙双方若需解除或者终止劳动合同，应当按《中华人民共和国劳动合同法》第四章的有关条款执行。

第十二条　符合《中华人民共和国劳动合同法》第四十六条规定情形的，甲方应当向乙方支付经济补偿。经济补偿在双方当事人办理工作交接时支付。

第十三条　劳动合同期满前30日，甲方应将终止或续订劳动合同的意向通知乙方。届时办理终止或续订手续。

第十四条　甲方在解除或者终止劳动合同时为乙方出具解除或者终止劳动合同的证明，并在十五日内为劳动者办结档案和社会保险关系转移手续。乙方应当按照双方约定办理工作交接。

八、约定事项

第十五条　经双方协商一致，约定：＿＿＿＿＿＿＿＿＿＿＿＿＿＿＿＿＿＿＿＿＿＿＿＿＿

九、其他

第十六条　甲乙双方履行本合同期间如发生劳动争议，应当平等协商解决，协商无效时，可按法定程序申请调解、仲裁、提起诉讼。

第十七条　合同期内，所定条款与国家颁布的劳动法律法规不符的，甲乙双方均应按新规定执行。

第十八条　本劳动合同一式三份，甲乙双方各执一份，存乙方档案一份，自签订之日起生效。

甲方：（盖章）　　　　　　　　　　　乙方：（签字）
法定代表人：（签章）
＿＿＿＿＿年＿＿月＿＿日　　　　　　＿＿＿＿＿年＿＿月＿＿日

协议书

一、协议书概述

（一）协议书的概念

协议书指作为平等主体的自然人、法人、其他组织之间，为设立、变更、终止民事权利与义务关系，经协商一致订立的契约性文书。

广义的协议书包括合同和一般协议。一般协议是用于其他民事权利义务关系的契约性文书，如有关婚姻、收养、监护、继承等民事关系。合同和协议的名称经常通用。

（二）协议书的特点

1. 平等性

订立协议书的当事人或单位都是独立的、法律地位平等的主体。平等是当事人自己意志的前提，也是双方当事人权利、义务相互对等的基础。

2. 自愿性

当事人要就协议内容自愿进行协商，意见取得一致才能达成协议，任何单方行为都形不成协议。

3. 公平性

协议当事人应当遵循公平原则确定各方的权利和义务，使各方在协议活动中机会均等、权利和义务对等,互利共赢,保护当事人的合法权益。

4. 诚信原则

协议当事人应恪守信用,诚实不欺,遵循诺言,不得弄虚作假,欺诈蒙骗。

5. 合法性

协议只有依法订立,遵循法律、行政法规,尊重社会公德,才能具有法律效力,受法律保护。

二、协议书的写作

(一)协议书的写作格式

协议书一般由标题、称谓、正文、结尾四部分组成:

1. 标题

一般按协议事项的性质写出名称。主要有两种形式:一种是由文种直接构成;另一种是由事由加文种构成。

2. 称谓

要写明签订协议的双方(或多方)单位名称和代表人姓名。为了行文方便,习惯上规定一般用甲方、乙方,如有第三方,可简称丙方。

3. 正文

主要由两部分组成:一是开头,主要写明双方签订协议的依据、目的和双方信守的表态;二是协议的主要条款,一般分条列项具体说明,如协议事项的内容、各方义务和权利、违约责任、有效期限、解决违约的办法、协议份数和保存等。

4. 结尾

主要包括三个方面:一是署名;二是签订协议的日期;三是附项,即对附加的有关材料予以注明。最后还要写清双方的地址、电话、开户行、账号等。

(二)协议书的写作要求

1. 协议条款要严密,不漏项

写作时必须全面、细致地考虑各个方面可能出现的情况,并列出相应的解决办法,确保无异议。

2. 协议内容要合法

违背国家法律规定、危害社会公共利益及侵犯他人利益的协议,都是没有法律效力的协议。

3. 协议书面要整洁

不能在协议书上随意涂改,如确需增、删条款,需经双方同意,并在修改处签字、盖章,否则,视为无效。需要修订的内容较多时,可另外签订补充协议。

4. 语言要求精确

多用短句,慎用长句,避免产生歧义。

三、例文

售房协议书

售房方(甲方):_____ 身份证号码:_____

购房方(乙方):_____ 身份证号码:_____

关于乙方向甲方购房事宜,双方经协商,达成协议如下:

一、甲方将其拥有独立产权的位于北京市_____区_____的房屋(房屋所有权证编号:_____,建筑面积_____平方米)以人民币_____仟_____佰_____拾_____万_____仟_____佰_____拾_____元整出售给乙方。乙方愿意以上述价格向甲方认购该房,并以购得的上述房屋向_____银行申请购房抵押贷款,以支付甲方应收的房款。

二、甲方承诺:

1. 向乙方申请购房贷款银行或贷款银行认可的机构提供符合要求的房屋资料以备查核。

2. 保证对出售的房屋拥有独立产权。

3. 保证该出售房屋未予出租。因出租所产生的任何问题由甲方承担并负责解决。

三、乙方承诺:

1. 向贷款银行或贷款银行认可的机构提供符合要求的资料以备查核,并依规定支付费用。

2. 保证按原约定价格向甲方购买前述房屋,并及时将贷款所得支付甲方的售房款。

3. 将所购房屋向贷款银行申请抵押贷款。

四、本协议以乙方向贷款银行申请购房抵押贷款获得批准为正式生效条件。如果贷款银行认为乙方的借款申请不符合条件而不予批准,则甲、乙双方可以解除本协议。甲方若已向乙方收取定金,应如数退还给乙方。

五、如果贷款银行批准的贷款金额不足申请贷款额的70%,则乙方有权解除本协议。否则,乙方应履行本协议的有关规定。

六、违约责任

1. 如果甲方违约,拒绝将房屋出售给乙方,应向乙方赔偿因此受到的损失。

2. 如果乙方违约,贷款申请获准后没有向甲方购买房屋,应向甲方赔偿因此受到的损失。

七、本协议的订立、履行、解除、变更和争议的解决适用中华人民共和国法律。

八、本协议自双方签字或盖章之日起生效。

九、本协议一式四份,双方各执壹份。由乙方交贷款银行或其认可的机构一份。

甲方:(签字盖章)　　　　　　　　　乙方:(签字盖章)

_____年____月____日　　　　　　　_____年____月____日

第四节　介绍信和证明信

介绍信

一、介绍信概述

(一)介绍信的概念

介绍信是机关团体、企事业单位派人到其他单位联系工作、了解情况或参加各种社会活动时使用的一种专用书信。

(二)介绍信的特点

介绍信一般具有证明性、介绍性和时效性的特点。

(三)介绍信的分类

一般来讲,介绍信通常可以分为两种:手写式介绍信和印刷式介绍信。印刷式介绍信又可以细分为两种：有存根的介绍信和不带存根的介绍信。

二、介绍信的写作

（一）介绍信的写作格式

1. 手写式介绍信

手写式介绍信由标题、称谓、正文、结尾、落款五部分构成。

（1）标题。标题一般是在信纸的第一行居中写上"介绍信"三个字，字体可比正文字体略大。

（2）称谓。称谓在第二行，要顶格写，要写明联系单位的单位名称（全称）或个人的姓名，称呼后要加上冒号。

（3）正文。正文要另起一行，空两格写介绍信的内容。常用"兹""今""现"领起正文，内容要写明以下几点：

① 要说明被介绍者的姓名、年龄、政治面貌、职务等；

② 写明要接洽或联系的事项；

③ 向接洽单位或个人提出希望和要求，最常用的表述有"请接洽""请接洽并予协助"等。

（4）结尾。结尾一般要写上"此致敬礼"等表示祝愿和敬意的话。

（5）落款。出具介绍信的单位名称写在正文右下方，并署上成文日期，加盖单位公章。最后在左下角注明介绍信的使用期限。

2. 印刷式介绍信

不带存根的印刷式介绍信可参照手写式介绍信写作格式。

带存根的印刷式介绍信一般由存根联、正式联和间缝三部分组成。

（1）存根部分。主要包括以下内容：

① 第一行。正中写"介绍信"三个字，字体要大，紧接"介绍信"之后，用括号注明"存根"两个字。

② 第二行。在右下方写"××字×号"字样。如市卫生局的介绍信就写"市卫字×号"。"×号"其编号方式与公文发文字号相同，一般是介绍信的页码编号。

③ 正文。正文要另起一行写介绍信的内容，具体有以下几项构成：

a. 被介绍对象的姓名、人数及相关的身份内容介绍，还要写明前往何处何单位。

b. 具体说明办理什么事情，有什么要求等。

④ 结尾。结尾只注明成文日期即可，不必署名，因为存根仅供本单位在必要时查考而已。

（2）介绍信的间缝部分。存根部分与正文部分之间有一条虚线，虚线上写有"××字第××号"字样。这里可照存根第二行"××字×号"的内容填写。要求数字要大写，如"壹佰叁拾肆号"；字体要大些，便于从虚线处截开后，字迹在存根联和正文联各有一半。同时，应在虚线正中加盖公章。

（3）正式联部分。主要包括以下内容：

① 第一行。正中写"介绍信"字样，字体较大。

② 第二行。在右下方写"××字××号"字样，内容照存根联填写。

③ 称谓。称谓要顶格写，写明所联系的单位或个人的称呼或姓名，后加冒号。

④ 正文。正文应另起一行，空两格起再写介绍信的具体内容。内容同存根内容一样，主要写明持介绍信者的姓名、人数、要接洽的具体事项、要求等。

⑤ 结尾。写祝愿或敬意的话，一般要写些诸如"请接洽""请协助"等之类的话语，后边

还要写"此致敬礼"。

⑥ 落款。在右下方要署上本单位的全称,并加盖公章,同时另起一行署成文日期。最后在左下角注明介绍信的使用期限。

介绍信写好后,也应装入公文信封内。信封的写法同普通信封相同。

(二)介绍信的写作要求

1. 介绍信要简明扼要

要填写被介绍人的真实姓名、身份,所需要接洽办理的事项要写清楚。

2. 介绍信务必加盖公章

查看介绍信时要核对公章和介绍信的有效期限。

3. 有存根的介绍信,存根联和正式联要内容完全一致

存根底稿要妥善保存,以备今后查考。

4. 介绍信书写不得涂改,要书写工整

有涂改的地方,可加盖公章,否则此介绍信将被视为无效。

三、例文

例文一 --

介绍信

×证介字( )号

×××:

兹介绍×××、×××等××名同志,前往贵处联系×××事宜,敬请接洽并予以协助。

此致

敬礼!

××人民政府(章)
××××年××月××日

(有效期××天)

例文二 --

介绍信(存根)

××字第×号

兹介绍××等同志前往××联系××。

××××年××月××日

---------------------------------第---------------------------------号---------------------------------

介绍信

×××字第××号

×××：

　　兹介绍×××等同志××人,前往贵处联系×××,敬请接洽并予以协助。

　　此致

敬礼!

×× 人民政府(章)

××××年××月××日

(有效期××天)

证明信

一、证明信概述

（一）证明信的概念

证明信是单位或个人为证明某人身份、职务、经历等情况以及证明某个事件原委、真相的专用书信。

（二）证明信的特点

1. 凭证的特点

证明信的作用贵在证明,是持有者用以证明自己身份、经历或某事真实性的一种凭证。凭证作用是证明信的显著特点。

2. 书信体的格式特点

证明信是一种专用书信,大部分采用书信体的格式,它同书信的写法基本一致。

（三）证明信的分类

从写作者来划分,可分为以组织名义出具的证明信和以个人名义出具的证明信;从格式上来划分,可分为手写式和印刷式。

二、证明信的写作

证明信一般由标题、称谓、正文、结尾、落款五部分组成。

（一）标题

证明信的标题通常有两种形式:一种是由文种直接构成;另一种是由事由加文种构成,如"关于××同志××情况的证明"。

（二）称谓

在第二行顶格写上受文单位名称或受文个人的姓名称呼,然后加冒号。如没有固定的收文者,可不写称呼,但需要在正文前用引导词"兹"引起正文。

（三）正文

另起一行,前空两格,写清需要证明的事项。如果需要证明某人经历,则应写清人名、时间、地点及所经历的事情;如果需要证明某一事件,则要写清参与者的姓名、身份,以及所发挥的作用,还应当说明事件本身的前因后果,同时对被证明者的工作、政治表现、业绩能力等做出恰当评价,以便对方了解被证明者的情况。

（四）结尾

另起一行,前空两格,写"特此证明",以结束全文。

（五）落款

在正文右下方先写明证明单位名称或个人姓名,并加盖公章或私章,然后在下一行的相同位置写明具体的日期。

三、例文

证明信

××大学:

　　××同志××××年×月至××××年×月在我院工作,曾任基础部主任。该同志工作认真负责,能以身作则,团结同志,成绩突出,先后两次被评为我院先进工作者。

　　特此证明。

××××学院(盖章)
××××年×月×日

第五节　传记和回忆录

传　记

一、传记概述

（一）传记的概念

传记是在坚持客观、真实的基础上艺术地叙述某一人物的生平经历的一种叙事性文体。

（二）传记的特点

1.注重突出人物的个性特征

传记的叙述对象有着自身的个性特征,即要通过传记写出叙述对象与其他人物的不同,让该人物具有鲜明独特的面貌形象。

2.选取典型的真实材料

传记的材料必须是真实可靠的,而且是富有典型意义的,能够充分展示叙述对象的性格、特征、思想和感情,否则传记叙述的对象就成为不完整的、有失偏颇的人物形象。

3.真实性与艺术性相结合

传记毕竟不同于史书,同样都以历史性为根本原则,但传记更形象生动且富有艺术性;传记也不同于文学作品,同样都以叙述人物为主,但传记整体不虚构且强调真实性。

（三）传记的分类

按照不同的标准,可以划分成不同的类型:

1.从作者划分,传记可以分为自传和他传

自传就是作者自己以第一人称的语气叙述本人的生平经历。自传可短可长,短的自传如鲁迅的《自传》；长的自传如沈从文的《从文自传》。他传则是作者以第三人称的语气叙述他人的生平经历，如《彼得大帝传》。

2.从笔法上划分，传记可以分为历史传记和传记文学

历史传记一般是选择历史名人，择取相关史料编辑而成，以准确地记录历史资料、表现历史人物为基本原则，如《史记》中的《列传》就是历史传记；传记文学是选取真实存在的人物为叙述对象，着力塑造人物形象的生动性，如《拿破仑传》。

3.从内容上划分，传记可以分为外传和评传

外传是针对史书中的本传而言的，它多运用故事性和趣味性较强的表现方式展现人物形象、生平，如《慈禧外传》；评传既要记述一个人物的生平经历情况，同时还要评论该人物的思想、发展等，而且评论的篇幅往往多于传的部分，如《李贽评传》。

二、传记的写作

传记的写作要注意以下几点：

（一）抓住叙述对象的本质

叙述一个人物的生平经历，塑造一个人物形象，最好的办法就是把他放到所处的时代背景下去观察，讲求知人论世，才能把传记写得典型、真实。

（二）公正地评价叙述对象

传记要从当时的社会历史条件出发，实事求是地叙述和评价人物，真实反映出人物的原本面目。要做到这一点，传记的作者首先要保持客观公正的立场；其次要客观呈现人物的对错、功过，不能以偏概全。

（三）形象生动地叙述对象

传记是在尊重真实历史的基础上，力求生动地叙述人物，塑造出栩栩如生的人物形象。因此，传记的语言要形象生动，用词要贴切精当，讲求用艺术手法再现人物形象。

（四）选取典型的材料

要选择典型的材料，选择那些重要的、有代表性的材料详细叙述，以反映人物形象。

三、例文

鲁迅自传

我于一八八一年生于浙江省绍兴府城里的一家姓周的家里。父亲是读书的；母亲姓鲁，乡下人，她以自修得到能够看书的学力。听人说，在我幼小时候，家里还有四五十亩水田，并不很愁生计。但到我十三岁时，我家忽然遭了一场很大的变故，几乎什么也没有了；我寄住在一个亲戚家里，有时还被称为乞食者。我于是决心回家，而我底父亲又生了重病，约有三年多，死去了。我渐至于连极少的学费也无法可想；我底母亲便给我筹办了一点旅费，教我去寻无需学费的学校去，因为我总不肯学做幕友或商人，——这是我乡衰落了的读书人家子弟所常走的两条路。

其时我是十八岁，便旅行到南京，考入水师学堂了，分在机关科。大约过了半年，我又走出，改进矿路学堂去学开矿，毕业之后，即被派往日本去留学。但待到在东京的豫备学校毕业，我已经决意要学医了。原因之一是因为我确实知道了新的医学对于日本维新有很大的助力。我于是进了仙台医学专门学校，学了两年。这时正值俄日战争，我偶然在电影上看见一个中国

人因做侦探而将被斩,因此又觉得在中国医好几个人也无用,还应该有较为广大的运动……先提倡新文艺。我便弃了学籍,再到东京,和几个朋友立了些小计划,但都陆续失败了。我又想往德国去,也失败了。终于,因为我的母亲和几个别的人很希望我有经济上的帮助,我便回到中国来;这时我是二十九岁。

…………

一九三〇年五月十六日

回忆录

一、回忆录概述

（一）回忆录的概念

回忆录是用文字回忆本人或他人过去经历的一种应用文体。

（二）回忆录的特点

1. 真实性

真实、客观地记录回忆者的经历和思想感情。

2. 广泛性

在回忆本人或他人的过去经历时,要以个人的经历为主线,将当时所处的历史环境、与之相关的人与物,都要加以叙述,反映当时的真实面目。

3. 典型性

回忆者的地位要突出出来,对表现回忆者性格特征的事件,要选择有代表性的着重叙述。

（三）回忆录的分类

根据叙述方式的不同,回忆录可以分为三类:

1. 自撰回忆录

回忆者亲自动笔回忆自己过去经历的回忆录。这种回忆录的优点就是作者即是回忆者,对当时所处的环境有直接感受,对发生的事件有深入的思考,能够全面、系统地反映回忆者自身的思想感情。

2. 转述回忆录

作者将回忆者的回忆情况客观地记录下来,然后加以整理的回忆录。这种回忆录是第三者记录整理的,作者可以站在客观立场上对回忆者的经历进行观察、思考,具有较强的客观性。

3. 影像回忆录

用图片或视频将回忆者的回忆记录下来的回忆录。这种回忆录一般都配以简洁凝练的文字加以说明,图文并茂、声像并茂,让受众可以从中获得直观的感受。

二、回忆录的写作

（一）回忆录的写作要求

1. 不能虚构夸饰

回忆录是极具文献价值的文体,强调历史的真实性。因此,撰写回忆录的过程就是回忆过往历史的过程,要以高度负责的态度对待历史,不能虚构,不能夸饰,不能隐讳。

2. 坚持公正客观

撰写回忆录的过程中,主观性问题是无法回避的。无论是自传还是他传,主观性可能来自于回忆者自身,也可能来自于记录者自身。因此,撰写回忆录,要求回忆者或作者最大限度地、坚持公正客观地记录历史。

(二)回忆录写作的注意事项

撰写回忆录有集体撰写和个人撰写两种方式:集体撰写即有组织的集体写作,一般带有行政性质,具有查阅资料方便、叙事权威、严谨的特点;个人撰写即回忆者个人撰写或请人代撰,但因个人的动机、能力不一,导致回忆录质量参差不齐。

撰写回忆录,要充分考虑以下几个因素:

1. 划定回忆时限

回忆录涉及的时间范围应该明确,如回忆者的全部过往经历或某一段经历。

2. 选取典型事件

回忆者的经历丰富,但不可能事无巨细都加以叙述,只能选取具有代表性的事件。原则就是选取回忆准确的典型事件,对回忆模糊事件要加以考证,以保证回忆录记录的事件的真实性。

3. 明确写作思路

一般要考虑清楚采用何种方式撰写,如是按照时间顺序进行撰写,还是按照典型事件进行撰写;采用何种叙述方式叙述,如是用倒叙,还是顺叙,还是综合采用多种叙述方式。

三、例文

《李鸿章回忆录》(略)

《丘吉尔第二次世界大战回忆录》(略)

《与自己对话》(略)

《我的生活:克林顿回忆录》(略)

第六节　地方志

一、地方志概述

(一)地方志的概念

地方志又称地方志书,简称方志。所谓地方,就是某一特定的地理区域;志,就是记载记述的意思。地方志就是按照一定的编纂体例,系统记述某一地域在某一时期的政治、经济、社会、文化、地理、风俗、人物等相关内容的文体。

我们所说的地方志一般包括地方志书和地方综合年鉴两种。地方志书,是指全面系统地记述本行政区域自然、政治、经济、文化和社会的历史与现状的资料性文献,如明代嘉靖年间编纂的《淳安县志》;地方综合年鉴,是指系统记述本行政区域自然、政治、经济、文化、社会等方面情况的年度资料性文献,如《中国教育年鉴》。

(二)地方志的特点

1. 备考性

地方志全面记载了该地域的综合情况,反映了该地域的历史发展脉络,对回顾过往情况、总结发展规律,有很强的资料性和实用性。

2. 学术性

地方志记载的某地域的综合情况,真实、客观、可靠,可以为学术研究活动提供充分的研究资料,有极大的学术价值。

二、地方志的写作

(一)地方志的选材

1. 树立历史唯物主义的观点

树立正确的观点是选取材料的思想导向保证。我们必须牢固树立历史唯物主义的观点,甄选经得起时间考验的材料,实事求是地分析问题,不文过饰非,不过分夸大。

2. 选取真实可靠的材料

地方志具有历史性、真实性、客观性,其产生的基础就是选择那些真实、准确、全面的资料编入地方志。对那些未经考证的、似是而非的材料,应当慎用乃至弃用。

3. 选取的材料要有深度

选取的材料要能够反映出某地域的发展规律和深层内涵,将某地域内部或该地域与其他地域之间的联系揭示出来。

(二)地方志的组织结构

编撰地方志,组织材料要详略得当,该突出的重点要突出,该详细叙述的内容要详细叙述,最大限度地把地方志用真实可靠的材料充实起来。

编纂地方志,最重要的有两点,一是材料,二是结构。从地方志记述的时间上下限来划分,常用的编纂结构有以下两种:

1. 通纪体

通纪体是从某一地域设置开始一直到地方志记述的时间下限为止的一种结构形式。我国的志书绝大部分采用这种形式设置篇目,在记述上追古叙今,既记当前又记往代,既重视现状又记述历史。统合古今,详今略古,是这种形式的主要特点。

2. 断代体

我国的二十四史都是断代史。记述某一地域在一定时期内的政治、经济各方面发展情况的结构形式就是断代体。这种形式,在时间断限上,一般记述旧志断修之后至续修时的地方情况,或者记述某一特定历史时期内的地方情况。对断限前的情况,适当予以追述,给人以承上启下的感觉。篇目设置多沿袭前志篇目设置的门类及体式,或稍做增删改动,按前志的门类续记旧志断限之后的事情。在编修方法上,通常只因袭不创新或多因袭少创新。

三、例文

《淳安县志》(略)

《台湾府志》(略)

《浙江通志》(略)

《中国教育年鉴》(略)

第七节 策划书

一、策划书概述

（一）策划书的概念

策划书是针对某个预定的工作或活动，综合考虑预期目标、开展步骤、资源准备、预期收益等要素而形成的应用文体。策划书可以最大限度地保证工作或活动能够有组织、有条理地完成。

（二）策划书的特点

一份合格的策划书，具有鲜明的目的性和指导性。因此，策划书应具备的特征为：能够整体展现策划对象的内容；语言浅显易懂，直截了当；图文并茂，增强策划的表达效果；条理清晰，逻辑分明，能够指导活动有条不紊地开展。

（三）策划书的分类

策划书一般分为活动策划书、销售策划书、商业策划书、广告策划书、项目策划书、公关策划书等。

二、策划书的写作

策划书主要包括标题、前言、正文三个部分。

（一）标题

标题要具体、明确。策划书的标题由编制单位名称、策划内容、文种三要素构成，如"××商场情人节营销活动策划书"。

（二）前言

前言一般是介绍策划活动的背景，包括拟开展活动的基本情况、策划单位或人员、活动开展的原因和动机等内容。此外，还应介绍具备的优势和劣势。

（三）正文

正文主要包括拟开展活动的目的及意义、活动名称、活动组织者、活动目标、开展步骤、经费预算、其他需要注意的问题等内容。

1. 活动的目的及意义

用简洁明了的语言把拟开展的活动目的和意义清楚地表述出来，把策划对象的特点明确表述出来。

2. 活动名称

综合拟开展活动的各项要素，拟定出能够全面概括活动内容的名称。

3. 活动组织者

清楚表述拟开展活动的组织者和主要参与者。如果是集体活动，要注明单位或部门的名称；如果是个人，要注明个人姓名。

4. 活动目标

明确表述拟开展活动要达成的目标，特别突出重点目标。明确目标，要注意可行性和时效性。

5. 开展步骤

要详细、简明地表述拟开展活动的流程。流程按照时间顺序将活动的每个项目、每个阶段、每个环节都排列出来。此外，还要将活动所需的人力、物力等资源配备、负责范围及权限、完成时间及地点都要明确出来。这一部分可以文字表述和图表表述相结合，以增强策划内容的可视性和直观性。

6. 经费预算

根据活动的筹备情况，预估所需费用，并用明了清晰的形式列出来。

7. 其他需要注意的问题

策划书毕竟是计划性的文书，在执行过程中可能会因为内外环境的变化而产生一些问题，因此，应当充分考虑这些问题，并提前预估可能造成的影响，并制定应变的措施。

三、例文

六一儿童节商场策划书

一、活动由来

每年的 6 月 1 日是国际儿童节，这一天为了表示对孩子们的祝贺，许多家长会带孩子逛商店购物。儿童的消费带有许多特殊性，商场应把握这一良机，做好公关与促销两方面的活动。

二、活动时间

5 月 28 日～6 月 3 日

三、活动主题

有学有玩　欢乐无限

四、促销公关活动

活动期间，凡在本商场单张购物小票满 200 元者，均可获得免费参加暑期电脑夏令营培训机会，具体操作办法如下：

1. 凭小票领取资料卡一张，将儿童（年龄在 8～14 岁之间）的相关资料填上：姓名、年龄、学校、联系电话；一张小票限送一张。

2. 将资料卡投入商场设置的箱子内。

3. 商场抽出 60 个名额，并通知家长，领取培训证明。具体抽奖时间：6 月 4 日下午 1 点。

4. 暑假时，凭培训证明到有关电脑培训机构进行为期一周的培训。

五、注意事项

培训时间控制在一星期，此活动可与当地电脑培训部门联合举办，由他们负责培训；按100 元／人计算培训费，整项活动经费为 6 000 元；为了减少支出，可以免费为培训单位提供商场内的场地，以让他们进行现场宣传，发放宣传资料。

第八节　请柬和聘书

请　柬

一、请柬概述

（一）请柬的概念

请柬的"请"，是邀请的意思；"柬"与"简"相通，是信件、名片、帖子的统称。请柬也称请帖、柬帖,是机关、团体或个人邀请对方参加某种活动而发出的信柬。请柬其实就是简便的邀请书,但它比邀请书更为正式和郑重。

请柬在社会交际中用途广泛,如会议、典礼、宴饮、晚会等活动,用请柬邀请宾客表示举行的隆重以及对宾客的尊重。

(二)请柬的特点

请柬一般具有告知性、郑重性、艺术性和及时性的特点。

(三)请柬的分类

根据请柬的形式,可分为卡片式请柬和折叠式请柬;根据请柬的书写形式,可分为竖式请柬和横式请柬。

二、请柬的写作

(一)请柬的写作格式

请柬一般由标题、称谓、正文、结尾、落款五部分构成。

1. 标题

在请柬正中写上"请柬"或"请帖"。已印制好的请柬标题常用烫金或大写的"请柬"或"请帖"。

2. 称谓

要顶格写出被邀请者(单位或个人)的名称或姓名,称谓后面加冒号。如"××单位:""××先生:"等。

3. 正文

另起一行空两格书写,要写明邀请的理由、出席活动的具体时间和地点等。若有其他要求也需注明,如"请准备发言""请准备节目"等。

4. 结尾

正文之后,紧接着写"敬请光临""希拨冗莅临为盼"等礼貌用语。也可另起一行,顶格书写"恭候光临""敬请光临"。

5. 落款

在结尾的下一行右下方写上邀请者单位名称或个人姓名,再下一行写上请柬发出的具体日期。

(二)请柬的写作要求

1. 用语要准

用语要准确通顺,不要堆砌辞藻或套用公式化的语言。

2. 表意要雅

表意要讲究文字美。请柬是礼仪交往的媒介,乏味的或浮华的语言会使人很不舒服。

3. 叙述要顺

要尽量用新的、活的语言。古朴典雅的文言语句可偶尔用之,但需恰到好处。

4. 效果要佳

整体上来说,要根据具体的场合、内容、对象、时间认真地措辞,做到简洁明确、庄重文雅、大方热情。

三、例文

请　柬

××女士/先生：

兹定于 9 月 12 日晚 7:00～9:00 在学校礼堂举行中秋茶话会,届时敬请光临。

此致

敬礼!

××××学校
××××年××月××日

聘　书

一、聘书概述

(一)聘书的概念

聘书是聘请书的简称,它是用于聘请某些有专业特长或名望权威的人完成某项任务或担任某种职务时的专用书信。

(二)聘书的特点

聘书一般具有郑重性、证明性和约定性的特点。

(三)聘书的分类

聘书按照其内容来划分,可分为职业聘书、职务聘书和职称聘书。按照聘任方式来分,又可以分为临时聘书和正式聘书。正式聘书一般在实行聘任制的单位中使用,这种聘书又包括专业技术职务聘书和聘约书。

二、聘书的写作

(一)聘书的写作格式

聘书一般是印制好的,主要内容由聘任者填写。聘书一般由以下几部分构成:

1. 标题

在聘书正中写上“聘书”或“聘请书”。已印制好的聘书标题常用烫金或大写的“聘书”或“聘请书”。

2. 称谓

顶格书写受聘人的姓名称呼,然后再加冒号;也可以在正文中写明受聘人的姓名称呼。常见的印制好的聘书一般在第一行空两格写“兹聘请××……”。

3. 正文

正文一般写聘请的缘由、目的,聘请担任的职务、承担的任务以及任期、待遇等。有一种直陈式的聘书,开头就写“兹聘请×××担任××职务”,不写任务、任期,更不写待遇。

4. 结尾

另起一行空两格写“此聘”两字,也可不写。

5. 落款

要署上聘任单位名称或单位主要负责人的姓名、职务,并署上日期,同时要加盖公章。

（二）聘书的写作要求

1. 交代要清楚

对为什么聘请、聘请谁、聘去干什么，一定要说清楚。

2. 行文要简洁，语气要诚恳

要用简洁的语言说清聘请的理由和被聘者所从事的工作，措辞行文要恭敬礼貌。

3. 要加盖公章

因聘书是以单位或单位主要负责人的名义发出的，所以加盖公章才能生效。

三、例文

聘　书

兹聘请赵××同志为××家电集团维修部总工程师、主任，聘期自××××年××月××日至××××年××月××日，聘任期间享受集团高级工程师全额工资待遇。

××家电集团（公章）
××××年××月××日

第九节　讣告和悼词

讣　告

一、讣告概述

（一）讣告的概念

讣告又称为讣文，是由逝者的亲属或治丧委员会或逝者生前的工作单位，向逝者生前亲友和有关团体、个人报丧时所使用的一种文书。

讣告应该在向遗体告别仪式之前尽早出发，以便逝者的亲友及时地做出必要的安排和准备，如准备花圈、挽联等。

（二）讣告的分类

讣告可分为一般式讣告、公告式讣告与新闻报道式讣告三种。

二、讣告的写作

（一）讣告的写作格式

1. 一般式讣告

这是最常见的一种，它主要包括以下内容：

（1）开头第一行正中写"讣告"二字，或在逝者的姓名之后加上"讣告"二字，如"×××讣告"。字体要略大于正文的字体。

（2）写明逝者的姓名、身份、职务、逝世原因、逝世时间、地点、终年岁数等内容。

（3）简介逝者的生平事迹，着重简略介绍死者生前具有代表性的经历，并对此做出评价。

（4）通知吊唁和开追悼会的时间、地点。

（5）署上发讣告的个人或团体的名称，以及发讣告的时间。

2. 公告式讣告

公告式讣告一般适用于党和国家重要领导人及国内的重要人物或影响大的人物逝世。这种讣告是根据逝者的职务、身份,由党和国家或一定级别的机关团体等做出决定发出的。可以登报,也可以通过电台、电视台播发。

公告式讣告的内容由以下三个部分组成:

(1)发布逝世的消息。内容包括:① 写明"公告"的发出单位名称及"公告"二字;② 写明逝者的职务、姓名、逝世原因、时间、地点以及终年岁数;③ 有对逝者的简单评价和哀悼之辞;④ 署上公告时间。

(2)治丧委员会公告。这是讣告的核心部分,包括:① 往往用粗体大字写明"×××同志治丧委员会公告"字样;② 对丧事的安排及具体要求;③ 署上公告的时间。

(3)公布治丧委员会名单。

以上三个文件往往同时发出。

3. 新闻报道式讣告

这种形式常作为一则消息在报纸上公布,旨在晓谕社会。格式、内容和写法都极为简单。格式只有标题和正文,不必落款,也不写时间。

(1)标题。标题一般都写"×××同志逝世"。

(2)正文。正文有两层含义:一是简述逝者原单位、职务、身份、姓名、因何于何年何月何日在何地逝世、终年多少岁;二是对逝者的生平做简要介绍。

(二)讣告的写作要求

讣告写作的具体要求为:讣告的内容必须准确无误,对逝者的生平事迹要简练概括,评价要适当,表达的哀悼之情要真挚;讣告的语言要求准确、简练、严肃、郑重,以体现讣告的严肃性和庄重性;拟写讣告要用白纸,书写黑字;讣告要注意及时发出,以便留出参加丧仪活动的时间。

三、例文

例文一 --

鲁迅先生讣告

鲁迅(周树人)先生于一九三六年十月十九日上午五时二十五分病卒于上海寓所,享年五十六岁。即日移置万国殡仪馆,由二十日上午十时起至下午五时为各界瞻仰遗容的时间。依先生的遗言:"不得因为丧事收受任何人的一文钱。"除祭奠和表示哀悼的挽词、花圈等以外,谢绝一切金钱上的赠送。谨此讣闻。

鲁迅先生治丧委员会

蔡元培、内山完造

宋庆龄、A•史沫特莱

沈钧儒、萧三、曹靖华

许季茀、茅盾、胡愈之

胡风、周作人、周建人

原文竖排，无标点，这里未署上发讣告的时间，是因为讣告刊载在报纸上，而报纸发行的时间是一目了然的。

例文二

中国共产党中央委员会

中华人民共和国全国人民代表大会常务委员会

中华人民共和国国务院

公　告

中国共产党中央委员会、中华人民共和国全国人民代表大会常务委员会、中华人民共和国国务院以极其沉痛的心情宣告：我国爱国主义、民族主义、国际主义和共产主义的伟大战士，杰出的国际政治活动家、卓越的国家领导人、中华人民共和国名誉主席、中华人民共和国全国人民代表大会常务委员会副委员长宋庆龄同志因患慢性淋巴细胞白血病，于一九八一年五月二十九日二十时十八分在北京逝世，终年九十岁。

宋庆龄同志的逝世，是我们国家和全国人民的巨大损失。决定为宋庆龄同志举行国葬，以表达我国各族人民的沉痛悼念。

宋庆龄同志治丧委员会已经成立。

我国爱国主义、民族主义、国际主义和共产主义的伟大战士，卓越的国家领导人宋庆龄同志永垂不朽！

一九八一年五月二十九日

例文三

卜乃夫先生逝世

2002 年 10 月 12 日【明报专讯】据中央社消息，在台湾有国宝级作家之誉的卜乃夫（又名卜宁，笔名无名氏）昨天凌晨病逝台北荣民总医院，享年八十六岁。

悼　词

一、悼词概述

（一）悼词的概念

悼词是追悼词的简称，旧称祭文，是对逝者表示哀悼的话或文章。它有广义和狭义之分：广义的悼词指向逝者表示哀悼、缅怀与敬意的一切形式的悼念性文章；狭义的悼词专指在追悼大会上对逝者表示敬意与哀思的宣读式哀悼文体。

（二）悼词的分类

按照用途不同,可分为宣读式悼词和艺术散文类悼词;按照表现的手段不同,可分为记叙类悼词、议论类悼词和抒情类悼词。

二、悼词的写作

（一）悼词的写作格式

通常来讲悼词没有固定的格式,但宣读式悼词形式相对稳定,主要由以下三部分构成:

1. 标题

标题的组成方式有两种情况:（1）直接用文种名称;（2）由逝者姓名和文种共同构成,如《在宋庆龄同志追悼会上的悼词》。

2. 正文

悼词的正文通常由开头、主体、结尾三部分构成。

（1）开头。说明追悼会的目的以及逝者的职务、职称和称呼。同时简要地概述逝者逝世的时间、原因以及享年等。

（2）主体。承接开头、缅怀死者。主要由两方面组成:一是介绍逝者的生平事迹;二是对逝者的思想、精神、作风、品质、修养等做出综合评价。

（3）结尾。主要写明生者对逝者的悼念及如何向逝者学习、自我勉励等内容。最后一般写"永垂不朽""精神长存"。

3. 落款

一般只署上成文的日期即可。

（二）悼词的写作要求

1. 悼词以"悼"为中心,饱含深情

全文要写得深沉、庄重、肃穆,达到哀悼逝者、激励后人的目的。

2. 悼词所写的材料必须真实,对逝者的评价要恰如其分

既不要无原则地颂扬,也不要故意贬低。悼词写好后,最好征得逝者单位或家属同意。

三、例文

悼　词

同志们、朋友们:

今天,我们怀着十分沉痛的心情深切悼念离休干部×××同志。×××同志因病医治无效,于2006年6月15日晚9时15分在××市人民医院与世长辞,享年91岁。×××同志1925年4月出生于广东省××县,1947年5月参加革命工作,1949年12月加入中国共产党。解放前夕担任东江县粮食局科长、副局长、××公社副书记、书记,后任××市财政局副局长、××集团公司党委书记兼董事长。1985年5月离休。

×××同志一生勤勤恳恳,任劳任怨。他无论是在行政管理岗位,还是在企业管理岗位,总是一心扑在工作上,敬业爱岗,廉洁自律。×××同志为人正直、谦虚谨慎;生活节俭、家庭和睦;对子女从严管教,严格要求。

×××同志的逝世,使我们失去了一位好同志。他虽离我们而去,但他那种勤政廉政和无私奉献的精神,仍值得我们学习。我们要化悲痛为力量,以×××同志为榜样,勤奋学习,

努力工作,再创佳绩,以慰×××同志在天之灵。

×××同志精神永存!

×××集团公司

××××年××月××日

思考与练习 ●●●

1. 李洋同学要加入中国共青团,请你以他的身份写一份申请书。

2. 校园内的花草树木经常遭到人为的破坏,请你帮助校学生会写一份保护校园环境的倡议书。

3. 某学院学生会想请学院领导参加文艺晚会,请你代学生会写一份请柬。

4. 某学院成立了文学社,拟聘××教授做顾问,请以文学社名义写一份聘书。

第九章

校园文书写作

一、教学目标

通过校园文书写作的学习,使学生了解校园文书的基本概念、特点、种类和写作要求,培养学生掌握校园文书的基本写作方法。

二、学习要求

1. 重点掌握社会实践报告、求职书和个人简历的写法。

2. 了解一般书信、读书笔记、推荐书、启事、海报和申论的使用。

第一节　校园文书概述

一、校园文书的概念

校园文书是大学生在校园的学习、生活中以及将来实习就业经常用到的一些应用文体,它属于日常文书的一部分。我们在编写中将这些文体称为校园文书,是为了便于学生的学习与实践才这样划分的,其中有些文种并不只是在校园内使用。

二、校园文书的特点

校园文书与其他文学作品的写法相比较,除具有一定的共性外,还有其独特的个性。一般来说主要有以下几点:

（一）实用性

校园文书最大的特点在于实用,实用是校园文书与其他文体文章的主要区别之一。一般文学作品的创作是有感而发,诗歌、散文、小说等文学作品主要是表达人们的喜怒哀乐、抒发理想、反映现实。校园文书的写作主要是为了解决实际问题,是有事而发,无事不发。比如要和远方的朋友联系,就要写信;要找工作,就要写求职书和个人简历等,都是为了解决实际问题而写的,是"为实用而作之文"。

（二）针对性

校园文书的写作都有明确、直接的对象。比如信写给谁,推荐书推荐给谁,都有对象,即使是一些海报、启事也是针对有关消费者、知情者的,只不过对象的范围大一些。而文学作品的阅读对象往往不明确,没有严格的针对性,像一首诗、一篇小说、一部电影剧本,谁都可以看,谁都可以不看,老少不分,雅俗共赏。

(三)时效性

由于校园文书是为了解决实际问题而写的,所以它的时间性很强。一旦出现问题,就必须及时反映,否则就会给生活、工作、生产带来影响。相对而言,文学作品的写作时间性不强,像曹雪芹的《红楼梦》写了十年之久,欧阳修的《醉翁亭记》写好后又搁置了很长时间才发表。

(四)真实性

校园文书写作必须讲究真实、客观,实事求是地反映问题、反映情况,不允许像文学作品那样,可以虚构,进行艺术再加工,"杂取种种、合成一个",追求艺术性;也不能发挥主观想象、夸大其词,否则就会歪曲事实真相、蒙骗对方、误导他人,给自身和社会带来不良影响。

第二节 一般书信

一、一般书信概述

(一)一般书信的概念

书信是指人们在学习、工作、生活以及社会交往中所用的信件。按用途的不同,书信可以分为两大类:一类是具有专门用途的专用书信,如慰问信、感谢信、推荐信、求职信、介绍信、证明信、申请书、倡议书等。专用书信在本书其他章节中已讲述,此处不再重复。另一类是一般书信。一般书信是人们日常生活、工作不可缺少的交流工具,特别适用于交通、通讯不发达的地区,它在传递信息、交流感情、处理事务等方面发挥着重要作用。尽管当前一般书信的部分功能被电话、电子邮件所替代,但遇到重要的或不方便讲的事情,它仍然是一种较常用的交流工具。

传统书信是通过邮寄、传递等方式传递给对方;新型书信则是通过网络等电子媒体传递给对方。

(二)一般书信的特点

一般书信具有以下三个特点:

(1)宜保存、适于多次阅读。

(2)手写体的一般书信因手迹关系使人有"见字如晤"的感觉。

(3)珍贵的手写体一般书信具有较大的收藏价值。

二、一般书信的写作

一般书信主要包括称谓、正文、祝语、署名和日期四个方面的内容。

(一)称谓

称谓一般写在信纸的第一行,顶格写,后面用冒号。称谓一定要看准对象,因人而异,远近有别,合适得体,恰如其分,让收信人感到自然、亲切。

一般平时怎么称呼,信中就怎么称呼,不必拘泥。对亲近的人,如爱人、兄弟姐妹、老朋友,可直接写名字,不加姓氏,以表示关系的亲密;对一般同学、同事,可以直接写名字写称呼;对不太熟悉的人,要写全姓名,如有必要,还要在称呼前加上"敬爱的"或"尊敬的"等附加语,以表示尊敬。否则,称谓用得不当,就会让人感到勉强、生硬,甚至尴尬、反感。

(二)正文

正文是一般书信的主要部分,凡是要说的话和要讲的事情,都要写在这部分里。正文从第二行空两格写起,下一行再顶格写。一般正文内容不会只有一个,这就应该分段来写,一段写一个方面的内容,每段开头空两格。

正文开始一般先写问候的话,如"你好!""近来身体健康吧!"等,然后再写要说的事情。常常是先写重要的,后写次要的。如果是回信,则要先交代一下已经收到了对方的来信,接着再针对对方来信的内容,一事一段,依次回复。如果除回复外自己还有要说的话,应该写在回复内容之后,这样才能条理清晰、层次分明,才会给对方留下清晰的印象。总之,信写得真切自然,有话则长,无话则短,不可拖泥带水。

(三)祝语

祝语亦称致敬语,即在书信的结尾写上祝愿或致敬的话。这里也和开头的称呼一样,要因人、因时、因具体情况而异,不可乱用。一般常用"此致敬礼""祝您愉快""祝你健康"等。

祝语的书写格式,通常在正文之后,另起一行,空两格写"此致""祝您"等词,然后在下一行顶格写"敬礼""愉快"等祝愿词。这主要是为了表示敬意,并突出对对方的祝愿。

(四)署名和日期

在祝语之后的右下方,写上发信人的谦称和自己的名字,注意这里的称呼一定要和开头的称呼呼应。最后署上日期。

三、例文

××同学给家中的信

亲爱的爸爸、妈妈:

你们好!家中一切都好吗?天气越来越冷了,兰州冬天的空气又不好,你们一定要注意身体啊!

我在学校的一切都好。这学期学习专业课,前半学期学的工笔花鸟,刚刚结束,现在在学习工笔人物。我每天准时上课,时间很紧张,学校管得也很严。最近,我们在临摹古画,我画得很顺手,老师说我心挺细的。我现在除了学习,什么都不和别人攀比,学习上我决不服输。我明年打算利用周末出去写生,回来搞创作。一旦有什么展览我就参加试试。我觉得,我的专业是国画,需要广博的知识,而我在艺术理论、古典文化知识等方面欠缺的太多!四年大学生活过起来很快,而且这样的学习机会以后很难再有,所以我一定珍惜时间,好好学习,争取好成绩。请爸妈放心。

还有两个月就要放寒假了,不久又要进入复习考试,时间会更紧张,我会照顾好自己的。前几天我和同学去玩,照了些相片,寄几张回去,你们看看我是不是漂亮了!

就写到这里吧,寒假回家我带画给你们看,会让你们大吃一惊的。

祝

万事如意!

女儿:××

2014年11月20日

第三节　读书笔记

一、读书笔记概述

（一）读书笔记的概念

读书笔记是指读书时为了把自己的读书心得记录下来或为了把文中的精彩部分整理出来而做的笔记。其中有摘自读物的资料，也有自己的体会、心得等。读书时，写读书笔记是训练阅读的好方法。

（二）读书笔记的作用

读书笔记多为摘抄文字，其用途是为自己的学习、工作和研究提供帮助。具体地说，读书笔记的作用主要体现在以下几个方面：

1. 加强理解

记读书笔记会让我们在阅读时的注意力格外集中，读得认真仔细，没读懂的地方会反复地看。在做笔记的过程中，能字斟句酌，全面、深入地理解阅读的内容。前人说"不动笔墨不读书"就是这个道理。因此，做笔记是深入理解阅读内容的一种有效方法。

2. 帮助记忆

人们常说，眼看十遍不如手写一遍。在写的过程中，可以不知不觉地记住主要内容。许多人都有这样的体会，读过一遍，印象不深，但写过一遍，印象则会加深许多，回想起来的时候，甚至哪句话在哪个位置，都仿佛历历在目，清晰可见。

3. 积累资料

存贮资料、积累知识，以备用时之需，是人们读书的最重要的目的之一。人的记忆力十分有限，对任何一个人来说，把所有有用的资料都完全记入脑中，是不可能的，也是不必要的。在读书时，为了减轻大脑记忆的负担，克服大脑记忆的局限，也为了保证资料内容的准确性、完整性，就要把有用的资料记录下来，随用随取，极为方便。

4. 锻炼思维，引发思考

做读书笔记一般不能全文照录，要对阅读内容加以选择，而选择是离不开思考的，是对思维能力有所要求的。"记"的过程也就是"想"的过程。做好笔记需要认真思考，思考也需要充分利用笔记。做好笔记对于人的思维能力的培养，特别是对发现与判断能力的培养大有好处。

5. 提高写作能力

做读书笔记，是对学到的知识加工制作的过程，这本身又是一种写作锻炼。

（三）读书笔记的分类

按照记录内容和记录方式的不同，可以将读书笔记划分为不同的种类。常用的有以下几类：

1. 摘要笔记

所谓摘要笔记，就是将书中或文章中一些重要观点、精彩语句、有用数据和材料摘抄下来，目的是积累各种资料，为科研、教学、学习和工作做好准备。可按原书或原文系统摘录，也可摘录重要论点和段落，还可摘录重要数字。

2. 摘录笔记

摘录笔记,即在读书或文章时,遇到重要的段落和关键的语句,如文章的论点和结论以及其他具有重要价值或者可以直接引用的内容,如实摘抄下来。摘录笔记应当包括阅读者所加的标题、原文及其出处等几项内容。

3. 提要笔记

读完文献之后,对文献的主要内容加以全面概括,把它写成一个简短的纲要,就形成了提要笔记。提要笔记不必照抄原文,除用自己的语言概括文献内容之外,还可以对文献略做评论。

4. 提纲笔记

在阅读书籍或篇幅较长的论文时,对全文的总观点、每个部分或层次的观点以及说明观点的主要材料,加以高度概括,并把它们依次排列出来,写成一个能够反映读物的基本结构框架的大纲,即为提纲笔记。

5. 心得笔记

心得笔记是一种专门记录自己在阅读中所产生的感想、收获或对读物的批评、质疑意见的笔记。按其内容的不同,可以将心得笔记分为评注、感想、补充及综合等几种形式的笔记。

6. 索引笔记

在查阅资料时,遇到与自己的工作或专业研究方向有关,估计以后有可能用到,但暂时又没有条件或者没有必要仔细阅读的文献,可把书名或篇名、作者、出版单位或出处、出版时间等记录下来,还可对其内容做一个极其简要的介绍,这种笔记就是索引笔记。

二、读书笔记的形式

(一)笔记本

成册笔记本可用来抄原文、写提纲、记心得、写综述。优点是便于保存;缺点是不便分类,但可按类单独成册。

(二)活页本

活页本可以用来记各种各样的笔记。优点是便于分类、节约纸张和日后查阅。

(三)卡片

卡片的优点是便于分类,可按目排列,便于灵活调动又节省纸张;缺点是篇幅少,内容不宜过长。

(四)剪报

把报纸和有用资料剪下来,长文章可贴在笔记本或活页本上,短小材料可贴在卡片上。剪报材料可加评注,也可分类张贴,要注明出处,以便使用。

(五)直接在文献上加记号、写眉批

在文献上做记号是指在阅读过程中,只要发现有特殊意义的地方,就随时在该处标上醒目的符号,如各种线段、三角号、着重号、小方框等;在文献上写眉批是指在阅读的过程中,以简洁明了的语言把对所读内容的归纳或自己的心得,写在书页的空白处。

在文献上加记号、写眉批可以随读随做,不影响思维的连贯性,也不影响阅读的速度,简便易行,是常见的阅读方式和笔记形式。但需要注意的是,这种笔记形式并不适用于所有的读物,一般来说,只有在归自己所有或复印的文献上才可以加记号、写眉批。另外,记号和眉批都要做到简单、明晰、一目了然,要在日后阅读时立刻就能读懂。

三、例文

《水浒传》读书笔记之抱怨狮子楼

武松在阳谷县坐了都头,又上京办事。回来时,才知道哥哥武大郎死了,武松心疑便察得实情,去告官,谁知县官已受贿,无奈下在狮子楼为武大郎报了仇。其中,让人看得最热血沸腾的就是最后报仇时杀死西门庆的那一段,武大郎虽死,潘金莲和西门庆也得到了他们该得到的恶果,几乎谁看了都会痛骂西门庆,西门庆在这里被作者描写得简直是"臭不可闻",刻画得淋漓尽致。而武松为民除害还被发配孟州。我觉得这有可能是作者在讽刺当时的朝廷昏庸无道……

第四节 社会实践报告

一、社会实践报告概述

（一）社会实践报告的概念

社会实践报告是指进行实践后所写的报告,它是人们有目的、有组织、有计划地深入实际、深入社会后,对完成的社会实践活动的一个总结报告。

（二）社会实践报告的特点

1. 汇报性

社会实践报告不是可有可无的,而是社会实践活动的组成部分,用以记录和总结学生参与社会实践活动的基本情况、感受、体会和思考,是需要上交汇报的具体材料。

2. 真实性

社会实践报告是学生积极主动地参与社会实践活动、深入实际的产物,必须从学生的实践中来,必须是实事求是的结果。弄虚作假、敷衍了事是无法写出真实可信的社会实践报告的,也起不到应有的教育和锻炼作用。

3. 交流性

社会实践报告能够发挥信息沟通、经验共享、示范启发等作用,是学校与学校之间、学校与社会之间、学校与管理部门及学生之间进行相互交流、相互学习的重要载体。

（三）社会实践报告的作用

大学生参加各种社会活动之后通过撰写书面报告,可以进一步了解社会和职业需要,增加其实践阅历,增强其社会责任感,提高其综合素质和能力。

社会实践是一个富有非常广泛而深刻含义的概念。大学生社会实践活动是引导学生走出校门、接触社会、了解国情,使理论与实践相结合的良好形式;是大学生投身改革开放,向群众学习,培养锻炼才干的重要渠道;是提高思想觉悟、增强大学生服务社会意识,促进大学生健康成长的有效途径。通过社会实践活动有助于大学生更新观念,树立正确的世界观、人生观、价值观。社会实践报告就是社会实践的一种书面材料。

二、社会实践报告的写作

社会实践报告一般由标题和正文两部分组成。

（一）标题

标题有以下两种写法：

一种是规定的标题格式，即由主题加文种构成，基本格式为"×× 关于 ×××× 的实践报告""关于 ×××× 的实践报告""×××× 实践"等。

另一种是自由式标题，包括陈述式、提问式和正副标题结合使用三种形式。陈述式如《×××× 大学硕士毕业生就业情况调查》；提问式如《为什么大学毕业生择业倾向沿海和京津地区》；正副标题结合式中，正标题陈述调查报告的主要结论或提出中心问题，副标题标明调查的对象、范围、问题，这实际上类似于主题加文种的规范格式，如《高校发展重在学科建设——×××× 大学学科建设实践思考》等。

（二）正文

正文一般由前言、主体、结尾三部分构成。

1. 前言

社会实践报告的前言有下面几种写法：

第一种是写明社会实践的起因或目的、时间和地点、对象或范围、经过与方法，以及人员组成等社会实践本身的情况，从中引出中心问题或基本结论。

第二种是写明社会实践对象的历史背景、大致发展经过、现实状况、主要成绩、突出问题等基本情况，进而提出中心问题或主要观点。

第三种是开门见山，直接概括出调查的结果，如肯定做法、指出问题、提示影响、说明中心内容等。前言起到画龙点睛的作用，要精练概括、直切主题。

2. 主体

主体是社会实践报告最主要的部分。这部分详述社会实践的基本情况、做法、经验，以及分析社会实践所得材料中得出的具体认识、观点和基本结论。

3. 结尾

结尾的写法也比较多，可以提出解决问题的方法、对策或下一步改进工作的建议；可以总结全文的主要观点，进一步深化主题；也可以提出问题，引发人们的进一步思考；还可以展望前景，发出鼓舞和号召。

三、例文

暑假酒店社会实践报告[①]

作为一名在校学生，能在大一期间参加社会实习，是一次难得的机遇。可以在掌握基本理论知识后，迅速地加以实践运用，巩固学习成果。同时，在以后三年的学习中，有助于对所学知识进一步的深化理解，这是学业上的优势。更为可贵的是，我们在实习中成长的更加成熟，无论是思想还是心理上。由于我们一贯生活在校园中，时刻有老师、家长和同学的关爱，生活可以用无忧无虑来形容，很少接触社会，也很少吃苦。在这次酒店实习中，各种困难时刻考验着我们。初来酒店我就被它神秘的色彩、清新的空气、幽雅的环境所深深吸引，为能有机会在这个地方实习而感到庆幸。来到酒店安排岗位，我才发现自己并没有太多的优势，学校所学的理论知识和现实还有很大的差距，一切都需要重新开始学习，为此当让我选择岗位的时候，我选

---

① 摘自百度文库，有改动。

择了收银员这一岗位,因为它接触客人比较多,工作时间也比较紧凑,这对于我来说是一个绝好的锻炼机会。

工作中我刻苦学习业务知识,在领班的培训指导下,我很快的熟悉了酒店的基本情况和收银的岗位流程,从理论知识到实际操作,从前台接待到对客人服务,一点一滴地学习,在很短的时间内我就掌握了收银员应具备的各项业务技能。

实习占用了我大学第一个暑假的时间,但是这和普通的打工不同,在工作过程中,我们不是单纯地出卖自己的劳动力去换取报酬,而是将自己作为酒店的一员,和各部门同事密切合作,维护酒店形象和创造最大的利润。实习过程中,我们不会因为还是本科在读生而受到特别的礼遇,和其他新员工一样,从酒店基本知识和本职工作开始了解,偶尔做错事,也不会有人偏袒。作为酒店的一员,穿上了制服,就要处处维护酒店的权益,要把自己和酒店紧密联系起来,要熟悉酒店的信息,要让自己的一言一行都代表酒店的利益,时刻为酒店做宣传,提高酒店和自己的形象。实习过程中,让我提前接触了社会,认识到了当今的就业形势,并为自己不久后的就业计划做了一次提前策划。通过这次实习,我发现了自己与酒店的契合点,为我的就业方向做了一个指引。另外,酒店的人才培养制度为我们提供了大量的学习机会。实习实际上就是一次就业的演练,在实习中,我发现,其实学习不只是在课堂上,社会上给你提供的学习机会更多。只不过,这个学习资源需要你的筛选。课堂上,老师永远教给我们的都是实实在在的真理性的知识。但是,社会上提供的学习资料更及时,利用效率更高。

古人曰:"逝者如斯夫,不舍昼夜。"短暂又难忘的实习旅程就像白驹过隙般,飞速而逝,而这期间的感受也像五味瓶——酸甜苦辣咸一应俱全,在每日紧张充实的工作环境中,不觉间已经走过了两个月的实习期,回首这两个月,内心充满着激动,也让我有着无限的感慨。

一、就业环境不容乐观。竞争形式的日趋激烈,面对忧虑和压力,于是就有了像我一样的在校大学生选择了社会实践工作。打工实践虽然很短,但是在这段时间里,我们却可以体会一下工作的辛苦,锻炼一下意志品质,同时积累一些社会经验和工作经验。这些经验是一个大学生所拥有的"无形资产",真正到了关键时刻,它们的作用就会显现出来。

二、大学生除了学习书本知识,还需要参加社会实践。因为很多的大学生都知道,"两耳不闻窗外事,一心只读圣贤书"的人不是现代社会需要的人才。大学生要在社会实践中培养独立思考、独立工作和独立解决问题的能力。通过参加一些实践性活动巩固所学的理论,增长一些书本上学不到的知识和技能。因为知识要转化成真正的能力要依靠实践的经验和锻炼。面对日益严峻的就业形势和日新月异的社会,我觉得大学生应该转变观念,不要简单地把暑期打工作为挣钱或者是积累社会经验的手段,更重要的是借机培养自己的创业和社会实践能力。

三、现在的招聘单位越来越看重大学生的实践和动手能力以及与他人的交际能力。作为一名大学生,只要是自己所能承受的,就应该把握所有的机会,正确衡量自己,充分发挥所长,以便进入社会后可以尽快走上轨道。

通过这次实习,我比较全面地了解了酒店的组织架构和业务经营,接触了形形色色的客人,同时还结识了很多很好的同事和朋友,他们拓宽了我的视野,让我更深刻地了解了社会,也教会了我如何去适应社会融入社会。

这次的实践体验只是一个开始,也是一个起点,我相信这个起点将会促使我逐步融入社会,慢慢走向成熟。

第五节 推荐信

一、推荐信概述

推荐信是人们用得较多的文种之一,是一种向用人单位荐举人才的书信。推荐信的收信人可以是某个机构或其负责人,也可以是掌握某一方面权力的个人。推荐信除了由第三者撰写之外,还可以由被推荐者自己撰写,也就是所谓的自荐信。

二、推荐信的写作

推荐信一般由标题、称谓、正文、落款四部分组成。

(一)标题

推荐信的标题一般由文种直接构成,即在第一行正中写上"推荐信"三个字。有的推荐信由于写推荐信与收推荐信的双方关系比较熟悉则可以不要标题。

(二)称谓

推荐信要在第二行顶格写上收信方领导的姓名和称谓或只写对方领导的职务,如"尊敬的××局局长:"。如果推荐人与收推荐信的人是熟人朋友,则也可以用常见的私人信件一样的称谓,如"××兄:"。

(三)正文

推荐信的正文由开头、中段和结尾三部分构成。

1. 开头

推荐信的开头既可以先问候一下对方,略叙思念之情,也可以开门见山直说其事,这要视推荐信作者和对方的关系而定。假如推荐信作者和对方见面较多,关系也较为密切,就无须太多的客套话了。要在开头介绍自己(或推荐人)的身份,以及自己同被推荐人之间的关系,同时说明写此信的意图。

2. 中段

中段是推荐信的展开部分,要针对用人单位的情况需要,介绍被推荐人的一些情况,如学历学位、专业特长、外语水平、业务能力以及其他能力,以使对方能通过推荐信对被推荐人产生好感,从而达到推荐人才的目的。如果是自荐信,更要写明自己在原来岗位未能发挥或没有机会发挥的潜能和特长。

3. 结尾

再次表达自己希望能办成此事的愿望,恳请对方给予被推荐人工作或晋升机会,并向对方致以感激祝福之情。结尾处也可附上一些被推荐人业绩的有关材料。

(四)落款

推荐信的落款要在正文右下方,署上推荐者的姓名,以及成文的日期。如果推荐者是单位,要在署名处盖上公章。有些推荐信还可以注明自己的详细通讯地址,以备以后必要时的联系之用。

三、例文

推荐信

×××：

　　您好！

　　我是××××大学外语学院的×××，是×××同学的法语老师，×××同学是我最欣赏的学生之一。她最吸引我的是她的学习天赋与上进心，她是我见过的最聪明的学生，学习成绩卓著，日常表现与组织能力同样突出。更为难得的是她从不骄傲自满、自以为是，具有很好的团队意识和号召能力。

　　中国有句俗话"梅花香自苦寒来"，经过她持之以恒地付出，她的语言表达能力、活动的组织能力、与人的沟通能力、独立研究问题能力都非常突出。特别是对法语，她具有很好的天赋与高涨的热情，她的法语口语成绩非常高，并在我校举办的各项竞赛中均有不俗表现。能在贵公司工作，是她的目标，为此她早已经做好了准备。

　　录取她将是您的正确选择！

　　此致

敬礼！

×××

××××大学外语学院（公章）

××××年××月××日

第六节　启事和海报

启　事

一、启事概述

（一）启事的概念

　　启事是机关单位、社会团体、企事业或公民个人公开申明某件事情，希望有关人员参与或者协助办理而使用的告知性应用文。启事可公开张贴，也可在新闻媒体上刊登，传播方式灵活。

（二）启事的特点

1. 告启性

　　启事面向大众告知事宜。它只具有告启性，而没有强制性和约束力。

2. 简明性

　　启事要求写得简洁明了。无论是登报、广播、电视或张贴，启事都必须写得十分简明。有的启事三言两语；有的启事用单行单句排列内容，竭力做到一目了然。

3. 单一性

　　一文一事，没有其他内容。

（三）启事的分类

启事这种文体的种类很多,使用范围也越来越广泛,已由原来仅限于寻人、寻物、招领等,发展到征婚、招聘、征集等几十种类型,涉及社会生活的各个方面。

按内容分,启事有征文启事、招聘启事、招生启事、征订启事、开业启事、迁址启事、征婚启事、结婚启事、离婚启事、寻人启事、遗失声明等;按公布的形式分,启事有报刊启事、电视启事、广播启事、张贴启事等。

二、启事的写作

启事一般由标题、正文、落款三部分组成。

（一）标题

启事的标题有三种形式:直接在第一行中间用比正文大的字写上文种"启事";或由说明事项内容加文种构成,如"招生启事""征稿启事""招聘中学教师启事"等;还有一种是由启事单位名称加内容、文种构成,如"北京显像管厂聘请法律顾问启事"等。

（二）正文

在第二行空两格写正文。正文因启事所说明的事项不同而不同,总的要求是要说得有条理、清楚明白、简明扼要。正文后可以写上"此启"或"特此启事"的结束语,现在一般启事都不写这些套话了。

（三）落款

在正文右下方写上启事单位或个人名称,如"××公司""××人"。单位名称已写入标题的,后边就不必再写了,只写联系地址、电话号码、邮政编码、联系人、日期。

三、例文

招聘律师启事

海淀区中关村作为电子科技园区,近年来经济发展得很快,由此也带来一些经济纠纷。为了适应该地区经济发展的需要,壮大律师服务队伍,现公开向社会招聘专职律师。

应聘条件:

一、具有高级、中级律师职称,或者具有律师资格,法律本科以上学历,法学博士生、硕士生优先考虑。

二、从事专职律师工作3年以上,有较丰富的工作经验,能独立完成案件的调查和法庭答辩等。

三、要求身体健康,五官端正,年龄在45岁以下,资深律师年龄可放宽至48岁。

应聘者请将个人简历、资格证书、职称证书、律师执照、毕业证书等影印件及免冠照片一张寄至海淀区司法局人事科收。审查合格者将书面通知面试,受聘待遇面议,材料恕不退还。

地址:北京市海淀区××路××号

联系人:××

联系电话:010-6818××××

邮编:100036

北京市海淀区司法局

××××年××月××日

海 报

一、海报概述

（一）海报的概念

海报是向公众告知有关文艺演出、体育竞赛、报告会等消息的招贴式应用文。

（二）海报的特点

1. 内容有限制

海报的制作者一般是主办单位，个人事项不适合用海报。海报的内容有限制，只适用于文艺演出、体育竞赛、报告会等方面的信息。

2. 告知宣传作用

张贴海报的目的就是告诉公众举办某种活动的信息，起到宣传的作用，对公众是否参与没有强制性要求。

3. 形式美观吸引人

海报的制作一般非常讲究形式，多采用色彩鲜丽的纸张、形式多变的艺术字体，且往往配有形象的图画，使海报具有较强的吸引力。

4. 传播方式单一

海报只能采用招贴形式，多张贴在人流集中的区域，以起到广而告之的宣传作用。

二、海报的写作

（一）海报的写作格式

海报一般由标题、正文和落款三部分组成。

1. 标题

海报的标题写法较多，大体有以下三种形式：

其一，单独由文种构成，即在第一行中间写上"海报"字样；

其二，直接由活动的内容作为题目，如"舞讯""影讯""球讯"等；

其三，可以是一些描述性的文字，如"×××再显风采""××寺旧事重提"。

2. 正文

海报的正文要求写清楚以下一些内容：

第一，活动的目的和意义；

第二，活动的主要项目、时间、地点等；

第三，参加的具体方法及一些必要的注意事项等。

3. 落款

在正文的右下方写上主办单位，最后写明海报制作的日期。如果在标题或正文中已将主办单位写清楚，则落款只写日期。

以上的格式是就海报的整体而讲的，实际的使用中，有些内容可以少写或省略。

（二）海报的写作要求

（1）要写清楚活动的性质、主办单位、时间、地点等内容。

（2）语言要求简明扼要，形式要做到新颖美观。通常用较大纸张、较大字体写出内容。

（3）要张贴于交通方便、人员集中的地方，以达到便捷地传播信息的目的。

三、例文

海　报

为了进一步推动大学生科技活动的开展,校团委特邀著名力学家××教授来校做"大学生如何从事科技活动的报告",望全体学生踊跃出席。

时间:2015年3月20日

地点:学院报告厅

××学院学生会

2015年3月12日

第七节　求职书

一、求职书概述

(一)求职书的概念

求职书也称作求职信,是求职人为求得某一职务而向用人单位着重陈述自己的学识、才干和经历,进行自我推销而撰写使用的专用文书。

(二)求职书的特点

1. 文字简洁,要点突出

求职书是自我表白,其目的就是让对方看过求职书后对自己有个良好的印象,为录用自己打下基础。因此,求职书要抓住重点,简明扼要,尽可能用有限的文字充分展示自己的才干和专长。

2. 态度谦和,言辞恳切

求职书的表达方式是叙述和说明,要求用中肯、平和而又谦虚、真挚的语言陈述情况,说明诚意,实事求是、彬彬有礼地展现自我。因此,求职者应根据自身的情况,以充满自信、谦逊礼貌的态度和不卑不亢的语言展示自己的才华。

二、求职书的写作

(一)求职书的写作格式

求职书一般包括称谓、问候语、正文、致敬语、落款、附件等六项内容。

1. 称谓

求职书一般是写给单位负责人的,因此,姓名、职务要写得准确无误,如写给国家机关或事业单位的人事部门负责人的,可用"尊敬的××处(司)长"称呼;写给"三资"企业首脑的,则用"尊敬的××董事长(总经理)先生";写给各企业厂长经理,则可称之为"尊敬的××厂长(经理)";写给院校人事处负责人或校长的求职函,可称"尊敬的××教授(校长、老师)"。如果姓名不详,可用"负责人"的称谓,如"××人事部负责人"即可。

2. 问候语

问候语要严肃谦恭,不可过分随便,一般用"您好"。

3. 正文

求职书的正文部分一般由开头、主体、结尾三部分组成。

（1）开头。开头要开门见山，自报家门，直截了当地说明求职意图，使主旨明确、醒目，以引起对方注意，切忌客套委婉。

（2）主体。简明扼要地介绍自己的基本情况，如性别、年龄、健康状况等，以及与应聘职位有关的学历水平、毕业学校、专业、经历、成绩等，要突出特长优势和与众不同的才智，强调说明自己具备求职所需的条件和能力，并表明自己做好该项工作的信心。

（3）结尾。一般表达两个意思：一是希望对方给予答复，并盼望能够得到参加面试的机会；二是表示敬意、祝福，如"顺祝愉快安康""深表谢意""祝贵公司财源广进"等，也可以用"此致"之类的通用词。

4. 致敬语

一般用"此致敬礼"，正文下一行空两格写"此致"，另起一行顶格写"敬礼"。

5. 落款

在致敬语右下方写明求职人的姓名和成文日期。

6. 附件

根据需要把有关资料以附件的形式附在求职书之后，如学历证明、职称证明、获奖证书、科研学术成果的证明、各种资格考试证书和身份证复印件，并在正文左下方一一注明。

（二）求职书的写作要求

1. 简明扼要，突出重点

求职者一般是根据用人单位的需求决定求职书的内容，因此，介绍自己的情况时要有重点，要有针对性地突出自己的能力和专长，不能泛泛而谈。

2. 实事求是，态度真诚

求职书必须实事求是，不能夸大其词，更不能虚构材料。要从自己的实际情况出发，写出自己的特色。语言要得体，态度要诚恳，切忌自吹自擂、炫耀浮夸。

三、例文

求职信

尊敬的××领导：

您好！

我是××理工大学外语学院英语系××级的一名学生，即将于明年六月完成本科学业。这次贵公司给出这么好的海外实习机会，我希望能努力争取到，作为自己真正步入社会的一个坚实的桥梁。

大学期间，我最郑重地告诉自己的一句话是：生命不息，奋斗不止。学通自己专业，利用它为我的人生开辟道路。于是我以科技英语为方向，首先侧重于打好基础，从听、说、读、写几方面训练基本技能，在达到自如地运用英语的基础上，我涉猎了英美概况、英美文学、语言学等相关专业知识。同时，我还辅修了经营管理与信息系统专业，这些努力不仅使我的专业水平每年都有相应提高，而且扩展了视野、丰富了头脑，并使我在大二时以良好的成绩通过了英语专业六级考试，还将于今年三月参加英语专业八级考试。

深知语言交际作用的重要性，我特别注重学以致用。除了积极地、有选择地参加院、校组织的活动外,我还时常参加英语角,给外国访问团做导游,参加中外公司谈判会议,翻译一些资料,做英语家教等。这让我有机会结交了很多朋友,丰富了阅历,而且感到生活更加充实。

我善于组织宣传,曾担任系组织部部长,组织过多次大型活动并获奖。我接手的事,我一定会付出百分之百的精力去做好。

这一次既然是海外实习,我想自己在语言能力方面会有一些优势,正好能运用上自己的专业知识。我认为实习的意义更多的是向别人学习,向海外公司的同事学习,所以沟通是非常重要的,而这一方面恰恰是我的强项。

大学四年里,有收获也有遗憾,但欣慰的是,这些经历使我学会了冷静、执着,使我变得愈加独立、坚韧;教我学会在人生的坐标上寻找适合自己的位置,并不断调整和完善自我;更让我意识到要勇于在人生的不同阶段迎接新的挑战。真诚的希望贵单位能给我这次机会,让我发挥自己的专长,去接受这次非凡的挑战,为自己的人生划上绚丽多彩的一笔。

　　此致
敬礼!

×××

××××年××月××日

第八节　个人简历

一、个人简历概述

个人简历又称简历,是求职者或求学者给招聘单位或学校发的一份关于自己的简要介绍。

二、个人简历的写作

(一)个人简历的主要内容

个人简历可以是表格的形式,也可以是其他形式。个人简历一般应包括以下几个方面的内容:

1. 个人资料

主要包括姓名、性别、出生日期、家庭地址、政治面貌、婚姻状况、身体状况、兴趣、爱好、性格等。

2. 学业有关内容

主要包括就读学校、所学专业、学位、外语及计算机掌握程度等。

3. 个人经历

入学以来的简单经历,主要是担任社会工作或加入党团等方面的情况。

4. 所获荣誉

主要包括三好学生、优秀团员、优秀学生干部、专项奖学金等。

5. 个人特长

主要指计算机、外语、驾驶、文艺、体育等方面的特长。

（二）个人简历的写作要求

1. 整洁

简历一般应打印，保证简历的整洁性。

2. 简明

要求简历一般在 1 200 字以内，让招聘者在几分钟内看完，并留下深刻印象。

3. 准确

要求简历中的名词和术语正确而恰当，没有拼写错误和打印错误。

4. 通俗

语言通俗晓畅，没有生僻的字词。

5. 诚实

要求内容实事求是，不卑不亢。

三、例文

个人简历[①]

基本资料			
姓名	×××		
出生年月	1986. 10. 3		
生源地	安徽蚌埠		照片
身高	180 cm		
目前所在地	河北石家庄		
电话	××××××××××		
综合信息（经历、证书、技能）			
毕业院校	河北科技大学	专业	纺织工程（2006—2010）
英语	CET 四级（正准备六级）	计算机	AutoCAD　VB　MATLAB
校内表现	辩论赛最佳辩手、话剧比赛二等奖、校社团社长、志愿活动先进个人		
工作实习经历			
单位	北京京安护卫公司（2008.7—2008.9）		
职能	保安（值班巡逻）		
工作说明	按照北京电网公司合同规定的线路，巡护奥运输电线路安全，保证奥运电力的正常运行。在工作期间，很好地完成了巡逻任务，任务区段内没有发生任何险情。		
单位	南京多味坊食品公司（2007.7—2007.9）		
职能	销售（推销）		

---

① 摘自豆丁网，有改动。

工作说明	向南京的汽车站、火车站、公交站及附近商业点推销公司产品,取得了很好的销售业绩,占公司新增业务的近一成。

评价自我

1. 吃苦。我最满意的就是自己对吃苦做好的准备。我觉得吃苦是成功的必由之路,有时感觉不吃点苦,就很难达到自己理想的目标。在我心里始终认为:做事,肯定先苦后甜,没有什么是能够轻易得到的,当我的汗水累积得足够多时,我就离我的目标不远了。

2. 汲取。在生活里,我是个乐观开朗的人,喜欢与人交流。与人交流是快乐的,同时会收获很多。每个人都有你我所不了解的东西,和他们在一起,我能不停汲取,汲取经验,以及对生活对工作的感悟,时时刻刻都能促进自己的进步。我把生活看作一个学习的过程,只要用心,时刻都能有营养供我进步。

3. 合作。我做事不太习惯封闭在自己的范围内。与人合作,能提高做事的效率和效果,而且在做事过程中,若能成功协调他人的能力及利益,那就感觉更好了。如果没有了内部矛盾,大家就能集中力量一起努力,就能把团队作用发挥到最强。

4. 纠错。反省能力强,对于别人的批评,能真诚接受。别人的批评总有产生的原因,我如有错能迅速纠正。

意向应聘职位:销售类

对应聘岗位——销售业务的认识

我觉得做销售得靠人的心理,但也靠科学销售:你得科学客观的了解客户心态、市场走向、对手的信息……它们允许有小偏差,但不能有误差。获得信息越准确,成功概率越高,销售成绩越好。但做这些的大前提,就是你得懂行,也就是知己,知道自己手里的牌有什么特点,长在哪里,短在哪里。在销售中,把握人脉很重要,你的关系网很有可能就是你将来的销售网。"不要放弃任何一个你可以记录的电话"。营销很考验人,也很锻炼人,它能磨炼最好的人才,我想不怕苦,也是它的基本要求之一。

我觉得自己适合这个职位的原因

1. 我有基础行业知识:纺织专业出身,学过材料学、化学,可以节省对产品的熟悉周期。

2. 我不怕吃苦,不惧陌生环境,对于考验,我能咬牙扛过去,我相信困难总会被克服的。

3. 我对把握客户的心理,有一些底气。在生活中,我经常是同学谈心的对象,对于不同人的思想,了解得比较多。

4. 我做事情有很好的直觉,能预判事情的走向。洞察力很敏锐,在工作中,我应该可以同样感知市场的变化。对于人脉,现在的人都挺重视的,我也一样,很受朋友喜欢,熟知朋友的各种信息。

5. 销售经验丰富,曾多次在不同地方做过销售工作,在学校也做过代售日化产品业务。

第九节 申 论

一、申论概述

(一)申论的概念

申论是中国大陆国家公务员资格考试中的一个科目。"申论"一词,取自《四库全书》的"申而论之",即申述、申辩、论述、论证之意。其基本要求是针对一段材料,通常是社会事件、民事纠纷等,进行归纳整理、提炼概括,对材料、事件问题有所说明、有所申述,在此基础上发表中肯见解、提出方略、进行论证。它要求准确把握住一定的客观事实或材料,做出必要的说明申述。

（二）申论的特点

申论的特点,概括起来就是阅读材料加策论。具体特点如下:

1. 材料的基础性、典型性和复杂性

申论写作所给的材料一般是涉及现实社会政治、经济、法律、文化以及民生等方面具有普遍性的现象问题,或者是在国内外产生重大影响的事件或问题,或者与所报考公务员行业相关的事情与问题。这些材料虽能反映和表现某一主题,而且反映的主题具有典型性,知识运用具有基础性,但又具有复杂性。

2. 行文的多层性和综合性

申论写作的多层性表现在整篇申论由内容相同、表达要求不同的三项或二项写作组成,综合性体现在三项或二项写作中,或主题贯穿、逻辑贯穿来构成写作链和结构整体,或几项写作巧妙地融于一项之中。

3. 写作要求的明确性

"三项式"写作要求写作者利用所给定的材料,遵循"概述主要问题—提出解决问题的对策—论证对策的可行性"的固定模式,写成三段具有叙述、说明和议论文体特征的文章。"概述问题"部分要求全面、有条理、有层次,"提出对策"部分要求意见合理、具体可行、条理清楚、语言简洁,"论证对策"部分要求联系实际、观点明确、条理清楚、语言流畅。

4. 行文角色的假定性

申论是为国家机关选择人才,实际上可以看作是公务员处理公务的一次预演。申论一般明确要求以某种公务员身份提出对策方案、阐述问题,即使未加明确,写作者也应明白要以某种公务员的身份写作。因此,申论写作者的身份总是虚拟的,应站在一个国家公务员的工作角度思考问题、分析问题、处理问题,紧扣社会现实、工作实际。

5. 写作文体的灵活多变性

申论写作是应试写作,担负着选择真正的人才的重任,写作的内容与形式不断更新,写作文体肯定也会是多变的。除应会写议论文外,应用文常见的文种,甚至新闻文体的写作都要掌握。因此,写作者在练就过硬的基本功的前提下,还须涉猎多种应用文体,尤其是公务文体的写作,以适应多变的申论写作形式。

二、申论的写作

（一）申论的写作格式

1. 标题

标题就是文章的眼睛,一定要体现文章的内容。

2. 正文

一律采用三段式:提出问题、分析问题、解决问题。

（1）提出问题要简明扼要、开门见山,一般都选用资料中提供的事实材料和理论材料来进行。

（2）分析问题要紧密结合材料,不能东拉西扯,要集中力量论述主要问题。论述时有详有略,重点内容详写,次要内容略写,但要兼顾好全局和局部的关系,既要看到正面情况又要注意到次要问题。分析问题还要按照由此及彼、由表象到本质、由微观到宏观、由特殊到一般的方式进行。

（3）解决问题的方案要有条理、有层次，涉及相关部门时方案要体现各司其职、各尽所能、互相合作的精神；解决方案要紧承分析问题的步骤，最好是前后对应；解决方案既要有总体上的思路，也要列举切实可行的手段或措施，使之既照顾到全局，又照顾到特殊情况，既解决主要问题，又控制次要问题，特别是杜绝新问题滋生。

（4）在分析问题和提出解决方案时，建议采用分条列项的方式，使阅卷教师一目了然，或者使用段旨句，每一段的第一句话都概括表明本段的大意。

（二）申论写作的注意事项

1. 认真审题

考试时要注意答题技巧，合理分配时间，不要盲目求快。一定要拿出足够的时间认真仔细地阅读给定资料，也就是说，审题至关重要。在这个过程中，要先理清资料的逻辑联系，抓住一个复杂事件的主要问题。然后，要把握住给定资料所反映的事件的环境和条件，这种既定的条件是提出的对策是否具有可行性的重要依据。抓准了主要问题，解决问题的方案就有了针对性；搞清给定资料所提供的环境、条件，所提出的解决问题的方案才有可行性。

2. 紧扣材料答题

一定要注意申论写作的限制性要求，即无论是概括主题、陈述看法、还是提出对策，都应限于给定资料，而最后的论证，也是在前述基础上，就给定资料和从中概括出的主要问题及其解决方案进行阐述和论证（要在概括的基础上自命一个题目进行论证），切忌脱离给定资料，随意联想和发挥。

3. 注意限制要求

申论写作中对字数是有限制的。概括给定资料所反映的主要问题，一般要求在 150 字以内；提出解决问题的方案并加以简要说明，一般要求在 350 字以内；申述、论证对问题的基本看法和解决问题的方法，一般要求在 1 200 字以内。

三、例文

2015 年国家公务员考试申论真题及答案解析（省部级）（略）

思考与练习 ●●●

1. 了解与自己所学专业联系密切的行业或单位的相关信息，从中选择一家比较理想的就业单位，给该单位人力资源部经理写一封求职信。

2. 以表格的形式给目前自己理想的单位写一份个人简历。

3. 写一篇推荐信。

4. 申论写作的注意事项有哪些？

第十章

学术论文写作

教学目标与学习要求

一、教学目标

通过学术论文写作的学习,使学生了解学术论文的基本知识,培养学生掌握学术论文的基本写作方法。

二、学习要求

1. 重点掌握学术论文的写作方法与写作思路。

2. 一般了解学术论文的概念、特点。

第一节　学术论文概述

一、学术论文的概念

学术论文是某一学术课题在实验性、理论性或预测性上具有的新的科学研究成果或创新见解和知识的科学记录,或是某种已知原理应用于实践取得新进展的科学总结,用以在学术会议上宣读、交流、讨论或学术刊物上发表,或用作其他用途的书面文件。

二、学术论文的分类

按研究的学科,可将学术论文分为自然科学论文和社会科学论文。每类又可按各自的门类分下去,如社会科学论文,又可细分为文学、历史、哲学、教育、政治等学科论文。

按研究的内容,可将学术论文分为理论研究论文和应用研究论文。理论研究论文,重在研究各学科的基本概念和基本原理;应用研究论文,侧重于将各学科的知识转化为专业技术和生产技术,直接服务于社会。

按写作目的,可将学术论文分为交流性论文和考核性论文。交流性论文,目的在于专业工作者进行学术探讨,发表各家之言,以显示各门学科发展的新态势;考核性论文,目的在于检验学术水平,是有关专业人员升迁晋级的重要依据。

三、学术论文的作用

学术论文既是人们用来进行科学研究的主要依据,又是真实、全面、系统地反映研究成果、传播学术信息的主要工具。其作用主要体现在两个方面：

首先，学术论文是探讨学术问题、进行学术研究的主要依据。可以说，一篇论文写作的过程就是科学研究的过程，论文题目的确定就是研究课题的选择，论文内容的形成也就是研究成果的取得。正因如此，人们常常把论文的写作水平作为培养和考察一个人科研能力的重要手段。

其次，学术论文是描述科学研究成果、传播学术信息的主要工具。科学研究成果，尤其是社会科学研究成果，大都是借助文献的形式反映出来的，而在所有的学术文献中，学术论文又是反映研究成果最适用、最简便的工具。

第二节 学术论文的基本特点

一篇合格的学术论文，必须具备创造性、学术性、理论性、科学性的基本特征。

一、创造性

创造性是学术论文的生命。没有创造性，学术论文就从根本上失去了价值。学术论文的创造性在于作者要有自己独到的见解，能提出新的观点、新的理论。学术论文应提供新的科学信息，其内容应当有所发现、有所发明、有所创造、有所前进，而不是重复、模仿、抄袭前人的研究成果。

二、学术性

学术论文是学术成果的载体，它的内容是作者在某一科学领域中对某一课题进行潜心研究而获得的结果，具有系统性和专门性，而不是点滴所得。学术性可以体现在推翻某一学科领域中的某种陈旧的观点，提出新的见解；可以是将分散的材料系统化，用新的观点或新的方法加以论证得出新的结论；还可以在某个学科领域中经过自己的观察、调查、实验，有新的发现、发明或创造。

三、理论性

学术论文应具有一定的理论价值。它反映的不是一般的现象和过程，也不是浅显的经验法则，而是要揭示事物的本质，反映客观规律。在写作中，作者须用大量的可靠材料，运用科学的方法，对本质的东西加以剖析，对规律性的东西进行探讨。这就要求作者不仅要对所研究的对象有全面的认识，而且还要通过论证、阐发，将自己的发现和认识上升到理论的高度。

四、科学性

如果说创造性是学术论文的生命，那么科学性则应是创造性的前提。学术论文的科学性，主要是指作者能用科学的思想方法进行论述，并得出科学的结论。它要求作者以辩证唯物主义和历史唯物主义的科学态度和方法，对待研究工作，尊重客观实际，坚持实事求是。

第三节 学术论文写作的一般要求

学术论文一般由八个部分构成，并且每一部分都有特定的内涵，不能随意增减。

一、标题

标题是以最恰当、最简明的词语反映论文中最重要的特定内容的逻辑组合。论文标题是一篇论文给出的涉及论文范围与水平的第一个重要信息,必须考虑到有助于选定关键词和编制题录、索引等二次文献可以提供检索的特定实用信息。对论文标题的要求是:准确、简练、醒目、新颖。

二、作者和单位

这一项属于论文署名问题。署名一是为了表明文责自负,二是记录作者的劳动成果,三是便于读者与作者的联系及文献检索(作者索引)。大致分为两种情形,即单作者论文和多作者论文。后者按署名顺序分为第一作者、第二作者……。多作者的排序要坚持实事求是,对研究工作与论文撰写实际贡献最大的列为第一作者,贡献次之的列为第二作者,其余类推。注明作者所在单位同样是为了便于读者与作者的联系。

三、摘要

论文一般应有摘要,有些为了国际交流,还有外文(多用英文)摘要。它是论文内容不加注释和评论的简短陈述,作用是不阅读论文全文即能获得必要的信息。摘要应包含:(1)从事这一研究的目的和重要性;(2)研究的主要内容,指明完成了哪些工作;(3)获得的基本结论和研究成果,突出论文的新见解;(4)结论或结果的意义。

四、关键词

表达论文所属门类的主题词。列出能通过模糊检索查到这篇文章的3～6个主题词。关键词一般由作者在完成论文写作后,纵观全文,选出能表示论文主要内容的信息或词汇来充当。这些信息或词汇,可以从论文标题中去选择,也可以从论文内容中去选择。

五、引言

引言可以作为论文的一节,也可以是正文前的一段无标题文字。应鲜明简洁,不要图表、公式。内容包括三方面:(1)概念,是为了让非专业人士也能明白研究方向。(2)起点,即国内外的研究历史、现状及存在的问题。这是引言的重点。(3)点题,点出为解决上述不足而提出的方法(或其他创新),点到为止。

六、正文

正文要分节,合理分节并拟定小标题可以突出重点,有助于理解。要尽量多用图表直观地表达,图表要有自明性,使用中文表头、坐标,无须解释就能看懂。正文发挥余地最大、最灵活,一般包含三方面内容:(1)基础铺垫。主要包括基础概念、量化现状和问题等,以便与非专业人士的知识衔接,使人能看得懂主题和证明。篇幅要少于后两部分,不要喧宾夺主。(2)主题。阐明创新点、原理、特点、关键技术等,但不应包括如何操作的说教。(3)证明。通过理论推演、误差分析、仿真、算例或实验及其分析、小结,证明主题的正确性、优越性、可行性。

七、结论

全文的总结包括三方面:(1)归纳研究中发现的规律、优点;(2)具体应用;(3)局限或不足,以及今后努力的方向。结论应相对独立,提到创新点时不应使用"该方法"之类的代用词。不十分肯定时可用"讨论"代替"结论",但不得使用"结束语""小结"之类标题。结论中不应有图表、公式。

八、参考文献

列出作者在研究范围内所看过的国内外文献。参考文献与引言呼应,反映作者跟踪技术发展的眼界和敏锐性,反映作者知识的广度和深度。参考文献数量不可过少,不限于中文,但不宜过于陈旧。

第四节　学术论文的课题研究

在学术论文撰写中,选题与选材是头等重要的问题。一篇学术论文的价值关键并不只在写作的技巧,更在于你选择了什么课题,并在这个特定主题下选择了什么典型材料来表述研究成果。实践证明,只有选择了有意义的课题,才有可能收到较好的研究成果,写出较有价值的学术论文。因此,学术论文的选题和选材,是研究工作开展前具有重大意义的一步,是必不可少的准备工作。

一、课题的类型

选题的分类没有一定之规,人们可以从各个不同的视角对选题进行考察,从而对选题的类型进行多重界定。

(一)按照学科类别划分

科学作为人类对社会及自然界规律的认识活动,依据研究对象的不同可划分为社会科学和自然科学。社会科学以社会现象为研究对象,其任务是研究并阐述各种社会现象及其发展规律,如政治学、经济学、宗教学、社会学、心理学等。自然科学是研究自然界的物质形态、结构、性质和运动规律的科学,如数学、地质学、海洋学、气象学等基础科学,以及材料科学、空间科学、医学科学、农业科学等应用技术科学。尽管学科分支日趋细化,衍生学科逐渐增多,有时一门科学综合或融入了诸多差别显著的学科,形成交叉学科,如生物化学、生物物理学等,但科学划分的两大类别并未因此而改变。

社会科学与自然科学的差异毋庸置疑地存在于方方面面。比如,两者在选题上都强调创新。然而前者主要指新观点、新见解及新的思维方法,后者则不仅指确立新观念,还要有新的物质成果,如采用新的技术手段,发现有价值的新现象、新规律,提出新工艺及革新方法等。此外,社会科学研究更多地借助文献资料与调研,在思辨的基础上进行定性分析。社会科学研究通常依靠严密的逻辑演绎,旁征博引、借古喻今地以理服人;自然科学研究则涉及实验、逻辑论证和统计检验等精密和定量研究,以实验结果、数据等作为所给出结论的论据。研究对象、方法、特点各异,使得两类研究在选题之初就具有明确的类别表征。

(二)从研究目的的角度划分

理论性课题主要以揭示研究对象的本质及其发展规律为目的;应用性课题是先有一定的目的或任务,再通过科学研究活动,探索达到此目的或完成任务的具体措施,应用研究的核心是技术。理论研究与应用研究之间客观上存在着差异,但它们又是相辅相成、不可截然分割的矛盾统一体。应用研究以基础理论知识及不断发展的理论研究成果为基础,通过各种途径和方法将基础研究成果转化为新技术、新方法,并补充、弥合现有知识体系中的缺陷;另一方面,应用研究在解决社会实践过程中具有普遍性的方法、技术问题时,也将理论研究向深度、高层次推进。

理论研究与应用研究并无绝对的分界线,有些课题兼有双重特点,这类选题被称为综合性选题。此外,还有一种比基础研究和应用研究更为普通的科研形式,即开发研究。开发研究是将应用研究成果在社会实践中予以推广的研究类型,它被视作科学理论通过应用研究转化为现实生产力的最后环节。开发性研究的针对性强,研究周期较短,对生产力发展有直接促进作用,是当前及未来均应大力提倡的选题类型。

(三)从研究的重要程度上划分

每个学科在不同时期和不同阶段,都有较为重要和有一定难度的课题。

重点课题是指在某一时期、某一学科领域中具有重要意义,解决后能对学科乃至整个科学发展起到重要作用的课题。在理论上能有重大突破,或对指导实践有重要意义的研究项目,任何时候均被视为重点课题。

研究难度及重要性不及前两类的课题,就是一般性课题。这类课题数量多于重点、难点课题,研究规模小,适合于个体或小群体研究者承担。这类研究虽然只出局部、阶段性成果,但对科学发展同样具有不可轻视的意义和推动作用。大量的常规性课题是必不可少的积淀过程,它犹如金字塔的基底,没有它就难以成就金字塔的辉煌。

(四)从课题的精细程度划分

所谓定向性选题,就是只确定研究的大致方向,而不确定具体的写作题目。这类课题比较笼统地定位了研究方向,研究中触及的实际问题可以划分成若干小课题,内容很庞杂。

将定向性课题具体化,可使研究指向更明确,目的更单一,有利于研究向纵深开掘,这类选题被称为定题性选题。

定向性课题一般由有关机构或较高一级组织来拟定,目的在于统一规划所属部门的科研工作,在一定时期内保证科研方向相对稳定,科研力量相对集中,使课题所涵盖的内容得到全面彻底的研究。定题性课题既可以借鉴定向性课题来选取,也可以由研究者依据主客观条件自行拟定。这类选题有较强的确定性,同时研究主体有较高的"自由度"。它既是定向性选题的具体化,也是对定向性选题的必要补充。

二、课题的原则

(一)科学性

科学研究的目的就是揭示事物发展的客观规律,探求客观真理,使人们能够客观地认识真理。反映科学研究成果的科技论文要必须根据科学研究这一总任务,对研究对象进行深入的探讨,客观地揭示其内部规律。因此,论文撰写者首先应该具有科学、负责和严谨的态度,做到实事求是、数据详实、分析深刻、结论可靠。千万不能弄虚作假、主观臆造,或带有个人的感情色彩和偏见。

(二)创新性

创新性是科学研究的生命线,是学术论文的灵魂。它要求文章所揭示事物的现象、属性、特点及运动规律或者这些规律的运用必须是前所未有的、首创的或部分首创的。创新可以是新的见解、新的方法、新的局部或阶段的成果,包括对已有成果的最新改进等。

(三)可行性

从主客观条件两个方面考虑选题的可行性,即是否具备开展研究的条件。无论是自然科学还是社会科学,也无论是基础理论还是应用实践,需要深入研究和解决的科学问题很多,主客观条件不具备时,投入再多的人力、物力,成功的希望也很渺茫。

研究者要根据完成所选课题的主客观条件,如所处时代的社会发展、科技水平,自身研究能力、业务专长以及研究兴趣,研究基础、文献资料、仪器设备等条件,选择适于深入研究和探讨的课题。要善于扬长避短,坚持深浅适度、量力而行,选择在知识储备、个人专长和物质条件等方面均具有优势,自己也充满浓厚兴趣的课题,以及既需要经一番努力同时又是自己能够胜任的课题,确保所选课题的顺利开展。

(四)逻辑性

学术论文要求论说有据、思路严密、脉络清楚、结构严谨、推断合理、自成系统,具有很强的逻辑性。浅显地讲,学术论文是一个摆事实、讲道理、以理服人的交流平台,要充分显示和科学地组织素材,通过科学的分析、逻辑推理得出结论,并提高到学术理论的高度。

三、课题的研究方法

(一)观察记录法

观察是指对研究对象进行有目的、有计划、持久性的主动知觉过程,目的是认识某一过程或某一现象的变化情况。课题研究中的观察要从课题研究的需要出发,在观察中积累原始资料,为学术研究提供可靠、有力的事实依据,并加以理性分析与研究。建立跟踪记录档案,做好记录,写出研究个案。

(二)调查研究法

调查是为了了解事实情况、分析事实情况、得出结论、证实某种问题,以便改进工作(包括改进研究方法)或形成新的研究课题。

调查的方法包括问卷调查、访问调查。

下面以抽样调查法为例来介绍一下调查法的操作过程:

(1)确定调查的目的。确定问题,形成假说;通过调查验证假说,使问题明确化,得出结论。

(2)确定抽样总体。从中进行抽样的总体应与要得到信息的总体(目标总体)一致。

(3)确定待收集的数据。一般只收集与调查目的有关的数据,过长的调查表会降低被调查者回答问题的质量。

(4)选择抽样方法。这时总体中的哪个单位作为个体基本上可定下来。

(5)编制抽样框。如学校名录、学生花名册等。

(6)确定需要的精确度。因抽样调查是要由样本推断总体,会带有某些不确定性,因此,要对相对误差或绝对误差做出概率水平上的要求。

(7)估计样本容量,以及相关费用。

(8)抽样试验。在小范围内试填一下调查表,做些必要的改进。

(9)实地调查工作的组织。按抽样方案进行调查,对收回的调查表的质量及时进行检查。

(10)根据所用的抽样方法进行数据分析。

(11)可对同样的数据采用其他的分析方法,以做比较。

(12)写出调查报告。

留存有关总体的信息,它们可能对将来的抽样起指导作用。

(三)资料文献法

资料文献法,即依托图书馆查阅相关的报刊及著作,利用网络,合理利用传统教育的经典案例、成功做法和相关理论等,收集、检索国内外相关理论成果,为课题研究提供必要的理论学习和研究基础。

分类阅读有关文献(包括文字、图形、符号、声频、视频等具有一定历史价值、理论价值和资料价值的材料),可以得出一般性结论或者发现问题、寻找新的思路。

文献按内容性质分,有零次文献、一次文献、二次文献和三次文献;零次文献是未经发表和有意识处理的最原始的资料;一次文献指直接记录事件经过、研究成果、新知识、新技术的专著、论文、调查报告等文献;二次文献是指对一次文献进行加工整理,包括著录其文献特征、摘录其内容要点,并按照一定方法编排成系统的便于查找的文献;三次文献是指工具书在二次文献的基础上,又对众多一次文献的综合研究结果。

(四)实验研究法

实验是根据科学研究的需要,人为地创造条件,控制研究对象,观察、分析研究对象的状态和变化,从中找出规律、得出结论的活动。

实验的方法具有强化和纯化客观对象的作用,它能够排除外界干扰,使事物的某种状态和运动规律,在非常特殊的情况下凸显出来,为人们所认识。采用实验的方法,可以人为地控制条件,这就为揭示一种现象产生、发展、消亡和变化的原因创造了条件。实验可以人为地重复进行,这就有利于研究者排除事物偶然变化的因素,抓住其必然性。

第五节 毕业论文的选题

一、毕业论文的概念

毕业论文是学术论文的一种形式,是高等院校的学生为了取得某种学历而撰写的学术论文,它既有学术论文写作的共性,同时也有自身的一些特点。毕业论文要充分反映自己对本门学科的基础理论及其他专门知识的掌握程度和创新之处。

二、毕业论文的分类

由于毕业论文本身的内容和性质、研究领域、对象、方法、表现方式不同,因此,毕业论文有不同的分类方法。其中有一种综合型的分类方法,将毕业论文分为以下四大类:

(一)专题型论文

在分析前人研究成果的基础上,从正面提出某一学术问题,以直接论述的形式发表自己的见解的一种论文。

(二)论辩型论文

针对他人在某一学术问题的见解,凭借充分的论据,着重指出其不足或错误之处,通过辩论形式来发表自己见解的一种论文。

(三)综述型论文

在归纳、总结前人对某一学术问题已有研究成果的基础上,加以介绍或评论,从而发表自己见解的一种论文。

(四)综合型论文

将综述型和论辩型两种形式有机结合起来写成的一种论文。

三、毕业论文选题的意义

选题,即选择毕业论文的课题,就是在毕业论文写作之前,确定所要研究论证的问题。正确而又合适的选题,对撰写毕业论文具有重要意义。

（一）选题在一定程度上决定了毕业论文的价值

影响毕业论文价值的因素有很多方面,选题是其中的关键因素。选题不仅仅是给毕业论文定个题目和划定范围,更是进行科学研究的过程。毕业论文的选题有意义,写出来的毕业论文才会有价值。

（二）选题有助于学生研究能力的提高

毕业生在校期间学过的知识很多,但研究能力相对来说还比较弱。可以说,选题是毕业生从事科学研究实践的第一步。选题前,对某一学科的专业知识进行研究,查阅整理相关资料,可以使分析综合、判断推理等方面的思维能力和研究能力得到锻炼和提高。同时,选题还可以弥补知识储备的不足。

（三）选题可使毕业论文写作顺利地完成

选择一个难易程度适中和课题大小合适的题目,可以保证毕业论文写作顺利地进行。如果选题过大过难,学生就难以完成;如果选题太小太简单,就达不到毕业论文写作的目的。

总之,选题是毕业论文写作的重要一环,是写作的起步阶段。选题的结果会直接影响毕业论文的质量和学生的专业素质培养。因此,毕业论文的选题应紧紧围绕教学大纲的培养目标进行,使毕业生能够综合运用所学的专业知识和技能,探索和解决一些实际问题。

四、选题的类型

毕业论文的选题以学生所学专业的内容为主,在每一个专业领域中,可供选择的题目类型有很多,但从总体上看,毕业论文的研究选题主要有两种:开创性研究的选题和发展性研究的选题。

（一）开创性研究的选题

这类选题是别人没有研究过的选题,一般没有太多的资料可以利用,也没有现成的方法可以借鉴,因此难度较大,需要研究者具有较高的研究水平。这种选题对于毕业生来说,具有一定的难度。

（二）发展性研究的选题

这类选题是需要进一步研究的选题,对于毕业生来说,做起来比较容易。它的形式有很多种,常见的有以下几种:

1. 深化、完善已有的观点

在已有研究的基础上,进行更加广泛、深入的研究,使已有的研究成果得到丰富和发展。

2. 批驳、推翻已有的观点

对一个颇有争议的问题,发表自己的看法,批驳、推翻人们已经普遍接受、认同的理论学说。

3. 赋予已有理论以新的现实意义

对一些早已经有了定论的问题,如果从社会需要的角度,重新提出并且加以研究,会具有新的现实意义。

五、选题的原则

选题是论文写作的首要环节,选题的好坏直接关系到论文的价值性、新颖性、开创性、适用性。选题的原则主要有以下几个方面:

（一）实用性

选题既要有一定的学术价值,还应该考虑到其实用价值。

（二）适中性

所谓适中性，是指选题的大小、难易要适中，避免走向极端。同时，选择课题要充分考虑主观条件与客观条件，从实际出发，实事求是，量力而行。

（三）创新性

论文的生命在于创新。一篇论文总要有一点创新，否则就算不上真正的论文。

（四）理论联系实际

要根据自身的业务专长等来选择热点题目，要联系实际，抓准问题。

六、选题的最后确定

（一）确定选题的几种形式

在毕业论文的写作中，选题的发现和确定主要有两种不同的方式：（1）平时阅读或翻阅资料时看到某个问题，无意中受到触发，并产生了研究的兴趣和欲望，作为最后的研究选题；（2）在研究其他问题或平时的学习中，对某一问题产生了独到的见解，从而把这个问题作为研究的选题。

值得注意的是，为了帮助缺乏经验的学生选择一个可以写的论文题目，有时学校或导师会提供一些可供选择的研究题目。其实，这种"命题作文"式的毕业论文是不值得提倡的。

（二）确定选题的方法

确定选题是一项比较复杂的工作。最终确定一个研究选题需要做许多方面的工作，最重要的工作有两项：一是通过调查、查阅文献资料等途径做好选题的调查工作；二是做好选题的限定工作。

选题确定下来之后，最好把选题的内容用简短的文字记录下来，以便时时提醒作者，使所有的工作都紧紧围绕着问题的解决进行。

第六节　资料的搜集、整理与研究

一、资料的概念

所谓资料，就是为科学研究和论文写作的需要而搜集的一系列事实和事理。撰写毕业论文，首先要占有丰富的材料，这是写作的基础。在这基础上，对材料进行加工整理、综合研究，最后才能揭示出事物的本质属性和内在规律。

毕业论文不同于一般的论文，毕业论文是对某一学科领域的科研成果的描述与反映，没有研究，写作就无法进行，而研究的前提是必须掌握尽可能多的文献信息资料。查找的资料越全面，想问题就越全面，创造性思考的可能性就越大，写出来的论文质量就越高。因此，毕业生在撰写毕业论文时，首先要学会如何检索文献资料，懂得文献查找的方法与技巧。

二、资料的分类

撰写毕业论文所需要的资料是多种多样的，从不同的角度，可以分为不同的类型。按照其自身性质与其研究对象的关系的不同，可以分为原始资料和研究资料；按照其来源和形态的不同，可以分为直接资料和间接资料等。

（一）原始资料和研究资料

1. 原始资料

原始资料是只反映研究对象的实际状况而不反映人们对研究对象的认识的资料。这种资料来源广泛，形态多样，从观察、实验、调查中得到的资料，大部分都是原始资料。另外，实物资料通常也是一种原始资料。对任何学科的毕业论文来说，原始资料都是最有价值并且最不容忽视的资料。

2. 研究资料

研究资料是指反映已有的研究状况和研究成果，包含着人们对研究对象的认识的资料。充分利用研究资料，可以借鉴他人经验，避免重复劳动，同时也是产生新的学术见解的重要条件。因此，在毕业论文写作中，研究资料有着重要的参考作用。

（二）直接资料和间接资料

1. 直接资料

直接资料是指研究者直接从社会生活和科研实践中获取的资料。这种资料直接来源于研究者的实践活动，现实性强，容易吸引读者。但是仅仅使用这些资料，却很难提出深刻的学术观点并构建出完整的论证体系。

2. 间接资料

间接材料是指从文献资料中收集到的材料，它是前人实践和研究的成果。在社会科学研究中，特别是一些基础学科的研究中，研究者所利用的资料大部分是来自各种渠道的间接资料。

间接资料通常包括图书、期刊、报纸、音像、缩微材料、全文数据库、专业网站、会议论文、学位论文等。它的获得，一般要通过阅读、记录、检索等方式实现。

三、获取资料的途径

通常来说，现场观察、实验、实地调查、利用图书情报机构、计算机网络是获取毕业论文写作资料的基本途径。

（一）现场观察

毕业论文中的现场观察是指从课题研究的需要出发，采用一定的方法，对处于自然条件下的客观事物进行的系统、能动的考察。观察法是直接获取生动的感性材料的基本途径之一，有利于取得真实的资料。

（二）实验

毕业论文中的实验是指从课题研究的需要出发，人为地创造条件，控制研究对象，观察、分析研究对象的状态和变化，从中找出规律、得出结论的活动。实验可以为研究者提供重要的原始材料，而且这些材料是无法通过其他途径得到的。

（三）实地调查

实地调查是指研究者亲自深入到实际生活中，有目的、有步骤地对某一客观对象进行认真考察，了解某一方面情况的行为。常用的调查方式有很多，在毕业论文撰写过程中，可以采用开会、采访和问卷等几种形式。

（四）利用图书情报机构

图书情报机构是指图书馆、情报所、资料室等各种专门向读者或用户提供图书情报服务的单位或部门。它的主体是文献资料，能够有效地利用图书情报机构，是每位毕业生应具备的一种能力。

能够熟练地找到所需要的文献资料,这就要求毕业生既要熟悉图书的一般分类方法,同时也要善于使用检索工具和选择合适的检索方法。常用的检索工具有目录、索引和文摘等几种。

(五)利用计算机网络

互联网的出现,为人们快速检索信息、查阅资料提供了便利条件。但是需要注意的是,互联网并不是万能的,受各种因素的制约,互联网的收录范围是有限的;同时,对于网上资料的真实度、可信度也需要做查证。因此,在毕业论文资料的搜集中,对网上的资料既要高度重视,又不能过度依赖,应该慎重对待、合理利用。

四、几种常用的电子期刊数据库

图书馆及其他文献信息机构收藏的文献资料有很多种类,随着互联网的流行,现在图书馆有很多电子期刊数据库可供选择。电子期刊数据库不但检索种类齐全,而且速度快,是毕业论文资料查找的首选。下面简单介绍几种目前使用较多的电子期刊数据库:

(一)中国知识基础设施工程网(CNKI 数据库)

它是由清华同方光盘股份有限公司和清华大学中国学术期刊(光盘版)电子杂志负责牵头实施的,其建立的 CNKI 系列数据库包括期刊、报纸、博硕士论文等,收录了自 1994 年以来的国内公开出版的大部分期刊和报纸上发表的文章的全文。

(二)万方数据库

万方数据库是由万方数据公司开发的,涵盖期刊、会议纪要、论文、学术成果、学术会议论文的大型网络数据库。它以科技信息为主,集经济、金融、社会、人文信息为一体,以互联网为平台,提供科技、商务信息服务。

(三)中国科技期刊数据库

它是由重庆维普咨询公司开发的一种综合性数据库,也是国内图书情报界的知名数据库之一。它收录了近千种中文期刊和报纸以及外文期刊。

这几种数据库在一般高校的图书馆里都可以查到。

五、资料的阅读与整理

并不是所有收集的材料都能写到毕业论文中去,因此,要将这些材料认真地阅读、鉴别和整理,使所得的材料条理化、系统化,加深我们对材料的进一步认识和理解。在整理材料过程中,如发现某方面的材料有欠缺,还可及时搜集和补充。

(一)阅读资料的基本方式

人们在阅读资料时,不宜采用一种方式,而要根据研究课题的需要和资料自身的情况,灵活、妥当地选用阅读方式。阅读方式主要有下面几种:

1. 略读法

略读是粗略地看一遍,但不是走马观花,而是用速读法把所有的资料浏览一遍,分出重要资料和次要资料、近期资料和远期资料、相关资料和无关资料。具体方法是:先看标题,如果标题与自己研究的课题相近,就可往下阅读;然后读摘要或前言;最后读结论,这是文章的结论部分,论述的结果就在这里,所以要认真阅读。这种快速阅读方法,一篇论文用不了几分钟就能了解其大概意思,方便快捷。

2. 选读法

选读是对略读筛选出的资料进行有选择性地阅读，一般是选择文章或书籍中有用的和重点的部分进行阅读，抓住文章或书籍中的纲领性的内容，把其中的主要结论提取出来。

3. 研读法

研读就是对重要资料或其中的重点部分，认真地研究细读，充分理解，完全消化，从中选取有用的资料。研读不仅是认真地看一遍，而是要反复地阅读，直到融会贯通，能用自己的语言表述出来，并运用于论文写作中。

（二）资料的整理

在资料整理的过程中，最重要的环节是对材料的鉴定，即对材料的价值、真伪、先进性所做的分析、比较和研究。在搜集整理过程中，要注意对材料内容做出分析和评价，看它的观点是否正确、论据是否充分、论证是否合理，以鉴别其可信程度和实际价值。在比较过程中，如果遇到观点对立、难以判定的资料时，最好的办法是先不要认同或否定哪一方，可以继续跟踪搜集同类资料，等到资料充足时再做判断；也可请教导师或有鉴别能力的人帮助判断，决不可在没弄明白的情况下自以为是地引用到论文里，造成以讹传讹。

（三）资料的研究

对资料进行阅读、整理之后，就要进行研究。在毕业论文写作中，研究资料的方法有很多，下面主要介绍四种方法：

1. 定量分析法

在占有大量资料的基础上，通过对资料的规模、速度、范围、程度等数量关系的分析研究，科学地把握本质、揭示规律。

2. 定性分析法

定量分析法是对资料进行"量"的总结，而定性分析法则是对资料进行"质"的分析。通过对获得的各种资料进行思维加工，从而能去粗取精，去伪存真，认识事物本质，揭示内在规律。

3. 个案研究法

个案研究法是选定研究资料中的某一特定对象，加以调查分析，弄清其特点及其形成过程的一种研究方法。

4. 描述性研究法

描述性研究法是一种简单的研究方法，它是将已经有的现象、规律等通过自己的理解和验证给予叙述并解释。对于毕业生来说，这种方法简单易行。

第七节　毕业论文的撰写

毕业论文的写作既要注重内容的正确与深刻、结构的严谨与完整，同时也要重视格式的规范，达到概念明确、论证充分、条理分明、思路畅通、格式规范。

一、动笔前的准备工作

撰写毕业论文前切勿草率动笔，做好写前的准备工作非常重要。为确保文章的质量，在正式起草之前，必须做好下面几方面的准备工作：

（一）确定观点

观点是作者对问题的看法,是论文的核心。最终确定下来并写入文章的观点必须正确、新颖、深刻。

（二）选定材料

观点与材料是文章内容的两大构成要素。确定观点后,还必须根据表达观点的需要选定材料。选取的材料既要有利于支撑观点,同时也要有利于吸引读者。所以说,应当选择真实的、有力的、富有新意的、易于理解的材料。

（三）安排结构

在确定观点、选取材料之后,还要设计出一个能把观点和材料包括进去的论文框架。在动笔起草论文之前,只有安排好论文的结构,写作才能有条理、有章法。

二、毕业论文的起草

草拟初稿是文章写作最主要的一项工作,在整个毕业论文写作过程中,具有重要的意义。

首先,起草是论文写作中最艰苦的脑力劳动。它要求作者积极思考、深入研究,从论文的内容到形式不断进行琢磨、调整和加工。其次,起草是再创造过程。在动笔之前,许多思想是混乱的、未成形的,只有经过起草过程,才能使它们明朗化、条理化、定型化。最后,起草是构思的实现,是作者将思路草拟成文,将无形的思想变为有形的文章的重要步骤。

（一）毕业论文起草的一般要求

1. 全文贯通,段落完整

文章是由一个个段落连缀而成的,段落是文章最基本的构成单位,是写好文章的基础。段落明确、统一、完整,段的长度适中,是毕业论文构段的基本要求。

2. 表达准确,语言简练

毕业论文所使用的是科学语体,科学语体的特征是准确、简明、通俗、质朴。

3. 紧扣观点,围绕中心

观点是文章的灵魂,是文章内容的核心。毕业论文写作的各个环节都要紧紧围绕观点来展开,否则论文就会支离破碎、散漫无归、杂乱无章。

（二）毕业论文起草的方法

起草论文的方法有以下两种:

1. 按照提纲顺序写

按照作者的写作思路,先提出问题,再分析问题,最后解决问题,顺理成章。这种方法,符合一般人的写作习惯,它的好处是全文贯通,一气呵成。但是使用这种方法有一个前提,那就是必须对全文各部分的内容都已酝酿成熟,各种材料的准备也均已到位。

2. 打破顺序分段写

成熟一块写一块,一部分接一部分地写出来,最后连接起来,形成一篇完整的论文。这种写法的好处是能够集中精力写好每一部分,有利于保证论文质量。

三、检查与修改

毕业论文初稿起草好后,要在导师的指导下,反复修改、推敲,直至最后定稿誊清才算是最后完成。因此,检查与修改是写好毕业论文不可或缺的重要环节。

（一）检查

1. 检查的范围

观点、材料、结构、语言是文章的重要要素,检查论文的时候要着力从这几个方面进行。在观点方面应该注意:观点是否正确、全面,是否流于空泛或庞杂等;在材料方面应该注意:材料是否充分、真实、具有说服力等;在结构方面应该注意:材料的安排是否合理、层次是否妥当、段落的联系是否紧密等;在语言方面应该注意:表达是否准确、明白、简洁、通顺,有无错字、别字、漏字,语言风格是否得体,标点符号使用是否正确等。

2. 检查的方法

检查的方法主要有以下几种:

（1）诵读法。完成初稿后,自己完整地诵读一遍,凭借语感检查文章的一种方法。

（2）冷却法。对完成的初稿首先放置一段时间,等头脑中的思路淡化下来之后,再重新对文章进行检查、修改的一种方法。

（3）请教法。作者在个人充分检查的基础上,求教于他人,然后集思广益,把文章改得更好的一种方法。

（二）修改

对文章进行修改的方法有很多种,常用的修改方式主要有以下几种:

1. 增补

增补方式的使用有很多情况,如对观点的补充、对语言成分的添加等。

2. 删减

在论文修改中,删减的范围十分广泛,从内容到形式,从段落到个别的字、词、句等。

3. 替换

比较常见的是材料的替换和语言的替换。

4. 调整

行文调整的目的是为了使文章的层次更加清楚,重点更加突出,从而使文章的表达效果更好一些。

四、定稿

初稿完成后,在进行系统的检查与修改工作之后,在打印或誊清之前,还应通读全文,对论文做最后的校对与加工,这个工作就称为定稿。在这个环节,应该做到检查每一条材料、纠正每一个错别字。

经过反复修改,认为文章确实没有错误,在征得导师的同意下,把文稿确定下来,按照规范的格式和行文款式将其打印或誊清,最终形成完整规范的毕业论文。

一篇完整、规范的毕业论文通常主要由以下内容构成:

（一）封面

封面所包括的内容主要有:分类号、本单位编号、密级、标题、责任者、申请学位级别、专业名称、工作完成日期、印装日期等九部分。

（二）衬页

封面之后和封底之前各有一张衬页。

（三）摘要

摘要是论文的内容"不加注释和评论的简短陈述",列在正文之前,但却是写在正文完成之后。

（四）关键词

从论文中选择出来用以标示论文主要内容的名词性术语，一篇论文一般有 3～6 个。

（五）目录

论文目录是论文中的各级小标题的排列，由序号、小标题、页码组成。

（六）正文

1. 前言

这部分常用"引论""概论""问题背景"等做标题，主要介绍论文的选题。阐明选题的背景和意义，使读者感受到此选题确有实用价值和学术价值，确有研究或开发的必要性。

2. 综述

这部分主要阐述选题在相应学科领域中的发展进程和研究方向，特别是近年来的发展趋势和最新研究成果。

3. 方案论证

这部分要阐述自己的设计方案，说明为什么要选择这样的方案，最后完成的工作能达到什么性能水平，有什么创新之处。

4. 论文主体

前三个部分的篇幅约占论文的 1/3，主体部分约占 2/3。在这部分中，要将整个研究的内容进行详细的论述。

5. 结束语

这部分篇幅不大，首先，对整篇论文工作做一简单小结；然后，将自己在研究开发工作中所做的工作，或独立研究的成果列举出来；最后，对自己工作的进展、水平做一个实事求是的评论。

（七）致谢

这部分既可以作为正文的最后一部分，也可以单列出来，主要表达对导师和其他相关人员的感谢之意。

（八）注释

毕业论文中的注释主要有两种：一种是对一些比较难理解的、不易读者领会的，在注释中加以说明；另外一种是论文引用文献资料必须注明其来源。第二种注释是毕业论文中最常见的一类注释。

（九）参考文献

中外文的参考文献要按照规范列举在论文的最后，参考文献是评定作者研究状况及研究程度的一个重要依据，不同类型的参考文献的著录项目和格式都不尽相同。

第八节　毕业论文的答辩

毕业论文的答辩，既是考察论文综合研究水平的重要方式，也是锻炼学生的快速反应能力和独立处理问题能力的有效手段，是全面评定论文质量的一种方式。

为顺利通过答辩，毕业生主要从以下几个方面着手：

一、答辩前做好准备工作

（一）撰写答辩提纲

在提纲中要简要地陈述自己的研究情况，主要包括：选题的缘由和动机，课题研究的价值和意义，已有的研究状况及自己的创新、突破之处，比较重要或独特的研究方法，论文的基本观点，论文需要进一步研究的问题等。

（二）熟悉内容

首先，要对自己所写的内容有比较深刻的理解和比较全面的把握，在通读论文的过程中认真思考：论文的薄弱点在哪里？论文观点是否值得推敲？如果评委提出这些问题，该如何应答等。其次，要了解和掌握与自己所写论文相关联的知识和材料，如自己所研究的这个课题学术界的研究已经达到了什么程度，重要引文的出处和版本，论证材料的来源渠道等。

二、答辩中积极应对

（一）携带必要的资料和用品

首先，参加答辩时应当携带论文底稿和主要资料，以备随时查用。其次，还应带上笔和笔记本，以便把答辩老师提出的问题和有价值的意见、见解随时记录下来。通过记录，不仅可以缓解紧张的心理，而且还可以边记边思考，使思考的过程变得很自然。

（二）回答问题时，要自信流畅、简洁明了、语速适中

遇到回答不了的问题时，要以坦诚的态度实事求是地加以说明，不可强辩。

（三）把握好答辩时间

在毕业论文答辩前应该提前预演，对要答辩的内容有时间上的估计，到该截止的时间立即结束，切忌头重脚轻，匆匆收尾。

（四）致谢

答辩结束时，对答辩委员会富有启发性的提问表示感谢，最后要有礼貌地退场。

思考与练习 ‹‹‹

1. 学术论文的基本特点有哪些？
2. 学术论文一般由哪些部分组成？其基本要求有哪些？
3. 毕业论文选题的基本原则有哪些？
4. 毕业论文答辩一般从哪几个方面着手准备？

一、教学目标

通过新媒体写作的学习,使学生了解新媒体各种文体的基本知识,培养学生掌握新媒体各种文体的基本写作方法。

二、学习要求

1.重点掌握博客、微博、电子邮件的概念、特点及写作。

2.一般了解短信、微信等文体的概念、特点。

第一节　新媒体写作概述

一、新媒体的概念

由于技术的进步,特别是手机和互联网的出现与普及,改变了人们的思维观念、价值体系、生活方式,也带来了新媒体时代。如果说过去书信是私人个性化写作的典型模式,那么在这个时代,短信、电子邮件、博客、微博、微信、QQ、陌陌等新型写作媒体相继涌现出来,打破了以往的传统写作模式,开启了个性化写作的新阶段。我们把它们称作"新媒体"。新媒体是新型的信息传播媒介,具有诸多特点:迅速及时、跨地域、自由和交互性、信息资源丰富、传播形态多样化等。而新媒体写作是以新兴媒体为写作载体,在网络、移动设备、户外虚拟平台上进行互动式写作的活动过程。新媒体改变了人们的写作方式,形成了一个以虚拟、互动为时代标志的"新媒体写作时代"。

二、新媒体写作的特点

新媒体独特的传播方式,决定了它与传统的大众传播文书的写作有着明显的区别,其独特之处就在于:

(一)个人化写作

和传统媒体写作不同,新媒体写作不再以满足社会大众为己任,而是以释放个人的创作情绪、满足自我需求为主要目的,作品更易向个人的审美观念倾斜,写作走向更开放、更自由与更个性化。新媒体写作从"要我"到"我要",自主地选择和发布信息,是一种求得娱乐游戏、人际交往的活动。因为今天的互联网不仅仅是一种工具,更是一种个人情感抒发的渠道、交流的场所和娱乐的天堂。

（二）互动性写作

新媒体的出现颠覆了以往传统媒体的写作模式,由单向传播改变为双向或多向互动传播写作。使用者通过和作品之间的直接互动,参与改变了作品的影像、造型甚至意义等。他们以不同的方式来引发作品的转化——触摸、空间移动、声像等,同时在互动中又将形成一件件不断更新的滚动写作作品。其实互动本身就是一种再创造、再写作的现象。

（三）平等式写作

由于新媒体的传播方式不是传统的自上而下的,而是平行、流动的,甚至是网络化的点散式传播,因而其写作方式、写作态度以及写作目的和传统写作也有较大的差别。传统媒体是一点对多点,是一种环闭传播,受众没有选择权,是一种被动的状态。而新媒体情况恰恰相反,是一种多点对多点,是一种主动传播,受众有了很大的自由选择权,可以随时随地交流与分享。新媒体让受众和媒体之间的边界消失,用户从单向获取媒体内容,到互动获取乃至创造内容。新媒体是一种交流式写作、平等对话写作、即兴写作、多种感受体验式写作。同时也催生了大量的非专业化写作,写作的主体由原先的非专业作家或职业写手转化为专业写手。"我手写我心",写作的世界更大,在一种虚拟世界里进行写作,而虚拟世界看来是超越了现实世界。

本章将介绍几种主要的新媒体写作形式:博客、微博、短信、微信、电子邮件。这些写作已经深入到我们的日常生活,甚至演变成我们的一种生活方式,其影响力不可小觑。

第二节　博　客

一、博客概述

（一）博客的概念

博客译自英文"Blog"一词,指网络上的一种流水记录,简称"网络日志",是以网络作为载体,简易迅速便捷地发布自己的心得,及时有效轻松地与他人进行交流,集丰富多彩的个性化展示于一体的综合性平台。它是一种通常由个人管理、不定期张贴新的文章的网络空间。任何人都可以进行博客的创建、发布、更新。博客作为继 E-mail、BBS、QQ 之后出现的第四种网络交流方式,被人们称为第二代互联网标志的新生事物。

（二）博客的特点

博客作为网络写作环境下出现的新类型,从其形式上看,它具有简洁、立体、系统化的特点;就其内容而言,它是人们个性化思想、个性化生活的记录以及个性化情绪的宣泄。博客作为一种新的写作方式,又具有随意性、互动性、大众化、记录性等特点。

1. 随意性

博客的内容主要是个人生活的记录以及情感的表达,它的写作是自由的、随意的。博客的写作,完全是作者出于表达的需要而进行的写作,无论内容或方式,更加自由、随意、多样和自我。

2. 互动性

博客是以互联网为平台的,所以博客是一种极富个性的外向型传播方式。它既不同于不公开的个人日记，又不同于直接向读者提供的信息传播。博客是私密空间与公共空间的结合体。博客日志的写作完全是为了寻找对话与共鸣的倾诉。可以说，博客中没有严格意义上的作者与读者，读者可以写评论发表自己的意见而变成作者，作者也会反过来阅读评论文字变成读者。正是这种互动性，增加了读者的话语权，读者关于博客文学作品的评论会对作者的写作产生各个方面的影响，普通的博客作者对别人的博客作品进行评论，从中可获得某种心理上的满足。

3. 大众化

博客写作队伍平民化，全民均可参与写作。网络写作环境下，每个人都可以成为写作者，他们拥有自己独立的虚拟空间，与传统的出版物无异，在这里每个人都可随心所欲地创作，是一种直面读者的、无功利的、公平的创作方式。由于创作队伍的平民化，造成了博客写作的通俗化与大众化。

4. 记录性

不同于媒介组织功利性或目的性的捕捉信息的方式，博客倾向于一种非功利性色彩，使用分享式记录方式。博主分布于社会的每一个角落，任何一个突发事件或有意义的事物，他们都有可能成为亲历者或目击者。同时数码相机、数码摄像机以及移动网络设备等的发展与普及，使得分享式记录成为可能。博主通过对自己所见所闻所感的记述，展现了事件最具体、最感性、也最真实的一面，对原生态的事实进行了还原，满足了广大受众对信息多层面的需求。

（三）博客的分类

由于博客一词的含义宽泛而又复杂，站在不同的角度，基于不同的标准，博客的类别是多样化的。

根据博客个体的层次，可分为：草根博客，将博客作为个人表达与交流、个人写作与出版的渠道；精英博客，主要是社会贤达、知识精英、专家学者、文体明星等，把博客作为形象宣传、对外交流、知识过滤和传播的窗口；官员博客，各级各类的政府官员，将博客作为网络问政、沟通民意、了解社情的新型通道。

从博客主体出发，可分为：属于个人的个人博客，即兴趣相近的人汇聚在一起的群体博客或社区博客；属于企业或团体的企业博客、团体博客。

根据存在方式出发，可分为：托管博客，无须自己注册域名、租用空间和编制网页，博客空间完全托管给博客运营服务商；独立博客，有自己的域名、空间和页面风格，这需要具备一定的技术条件才能实现；附属博客，博客隶属于综合性网站的一部分，是其一个栏目或频道。

根据书写的内容，可分为：新闻博客、音乐博客、健康博客、摄影博客、教育博客、老板博客、设计博客、企业博客等。

二、博客的写作

网络的特性决定了博客的写作和利用其他媒介的写作之间有很大不同。要想让博客写作更加高效，吸引更多的关注，需要了解一些博客写作的实用性技巧。

（一）博客的写作格式

1. 标题

文章的标题就好像一个广告，它意味着博文是否能被广泛地阅读。好的标题还会影响博文的忠实读者和博客的交互方式。网络用户喜欢扫读页面，而当他们的视线在博客匆匆掠过时，让他们暂停的一个最好办法就是用足以激发其兴趣的标题来争取他们的注意力，去阅读博文的内容。在标题的拟定上要注意：

（1）简洁易懂。

标题应该短小精悍、简单而且易于理解，过长的题目会干扰、阻挠读者，导致他们难以清楚地理解。

（2）吸引眼球。

好的标题能让文章从万千浏览中突显出来，诱使读者聚焦于文章内容。耸人听闻、挑衅和争端，甚至连令人摸不着头脑的标题都能获得人们的注意。但如果博文内容与标题不符，那么这种做法可能会起到反效果，失去忠实读者群。

（3）实用性。

这一类的标题能让人感觉要讲一些迎合他们需要的内容，这也能有效地吸引他们更多地阅读。比如"如何学习……""技巧""秘诀"之类的文章标题更能引起阅读的兴趣。

2. 内容

网络用户从来不会在网页上停留很长时间，他们只会浮光掠影地扫视内容，很难沉下心来逐字逐句地阅读。作为一个成功的博客，博文内容需要让读者感到它们很实用，而且很独特、有个性，这样才有吸引力。

（1）独特个性。

写作博客能够充分地展现自我的风格、观点、喜好等，从而在网络这个平台上引起共鸣，这些共鸣常常会形成博友群或者忠实的读者群。如果博文写作毫无特色，千篇一律，内容陈旧，观念缺乏新意，很难吸引读者，引起关注。要使博文鹤立鸡群，需要独特的观点或视角，但观点必须是合理的，有理有据，说出自己的想法，而不是人云亦云。

（2）丰富实用。

写作博客一方面是为了展现自我，另一方面也是为读者提供一些有用、感兴趣的信息，这样才能吸引读者。总的来说，网络浏览者首先关注的是娱乐性、实用性的内容。这就要求博客内容最好能丰富、实用、有吸引力，可以是人生哲理、世事百态、时事评点，也可以是生活百科、娱乐八卦。

（二）博客的写作要求

1. 尽量使用较为通俗的语言

网络高效阅读需要的是快速，不要咬文嚼字地使用一些比较难懂的表达和词语，这会降低读者的阅读兴趣。

2. 文章应该层次分明

必须对博文不同分量的内容使用不同的排版，很重要的加粗、使用大字体；引用的，使用缩进等，这样对于阅读者来说是相当高效的。因为能找到重点内容，看到文章的关键，读者才能决定是否继续看下去，是否看扩展内容。

三、例文

唐朝人心目中的理想国[①]

古希腊哲学家柏拉图曾经撰写过一部对话体的名著《理想国》，在这部著作中，柏拉图集

---

① 选自 http://blog. ifeng. com/article/6529615. html.

中探讨了哲学、政治、伦理道德、教育、文艺等各方面的问题，以理念论为基础，建立了一个系统的理想国家方案。中国也曾经有关于理想国的种种构想，如陶渊明给我们勾勒出一幅美妙绝伦的桃花源形象，千百年来让中国人羡慕不已。不过，唐朝人心目中的理想国是个什么样子？恐怕绝大部分中国人知之甚少。

中唐时期的牛僧孺曾经在《玄怪录》中的《古元之》中为我们全方位展现出一幅环境优美、衣食充足、无忧无害、人民和睦的理想国形象，这个叫"和神国"的理想国，应该说不仅代表着作者的政治理想，也体现出唐朝人对未来社会蓝图的憧憬与追求。笔者在此专门从环境、物产、衣食、风俗、嫁娶、生老病死、休闲、管理等方面来进行剖析。

一、环境

这个国家的环境绝对称得上一流，"异花珍果，软草香媚，好禽嘲哳。山顶皆平正如砥，清泉迸下者二三百者，原野无凡树，悉生百果及相思石榴之辈，每果树花卉俱发，实色鲜红，翠叶于香丛之下，纷错满树，四时不改。唯一岁一度暗换花实，更生新嫩，人不知觉"。"和神国"的环境是由鲜花、珍果、异草、清泉、山石等构成，如此风景佳绝处，无丝毫工业污染，真是人间稀有。

二、物产

理想国中物产非常丰富，特别值得一提的是一种叫"大瓠"的物种："田畴中尽长大瓠，瓠中实以五谷，甘香珍美，非中国稻粱可比，人得足食，不假耕种。"不需要人们去从事劳动，却能随意获取五谷粮食，这是不是传说中的"不劳而获"？

三、衣食

"和神国"的居民穿什么衣呢？他们有送上门来的"五色丝纩"。小说专门写道："一年一度，树木枝干间悉生五色丝纩，人得随色收取，任意经织，异锦纤罗，不假蚕杼。"全部是绫罗绸缎，却不需人们四时蚕桑之累，这样的好事到哪里去找呢？再看他们吃的东西："每日午时一食，中间唯食酒浆果实耳。餐亦不知所化，不置溷所。人无私积囷仓，余粮栖亩，要者取之。无灌园鬻蔬，野菜皆足人食。十亩有一酒泉，味甘而香。"野菜、果实、酒浆，绝对的绿色环保食品，看来古人很懂得养生之道啊。

四、嫁娶

这里的人们无论"长短妍媸"，也无有"嗜欲爱憎之者"。"人生二男二女，为邻则世世为婚姻。笄年而嫁，二十而娶。""近邻通婚"与"早婚"，"和神国"的嫁娶方式只怕有违于正常的生理科学，这或许是古人对近亲结婚与早婚的危害缺乏认识吧。

五、生老病死

"和神国"的平均寿命一百二十岁，中间没有"夭折疾病喑聋跛躄之患"。百岁以上的老人甚至"不知其寿几何"。"寿尽则欻然失其所在，虽亲族子孙，皆忘其人，故常无忧戚。"

六、休闲

由于"和神国"的居民几乎不需要劳作，故而有大量的休闲时间。"国人日相携游览歌咏，陶陶然，暮夜而散，未尝昏醉。人人有婢仆，皆自然谨慎，知人所要，不烦促使。随意屋室，靡不壮丽。"他们平时出行都骑马，"人要乘则乘，乘讫而却放，亦无主守。"如此舒迁悠闲又诗意盎然的生活，是不是海德格尔曾经满怀热情歌颂的人类的"诗意的栖居"？

七、管理

人类社会离不开政治生活与管理，"和神国"的管理模式到底是什么样子呢？"其国千官皆足，而仕官不知身之在事，杂于下人，以无职事操断也。虽有君主，而君不自知为君，杂于千官，以无职事升贬故也。"这种"以无为而有为"的管理模式，不正是老子《道德经》中一直倡导的吗？

如果说柏拉图的《理想国》强调的是国家的等级有序,那么唐朝人心目中的"和神国"则更注重社会的无阶级无差别。柏拉图将国家分为三个阶层:统治阶层、武士阶层与平民阶层,无限地提升统治者至高无上的权力,鄙视平民阶层的利益,这样强调等级有序的完美城邦,并不能代表所有人的利益,而只是那些受过严格哲学教育的统治阶级。从这个意义上说,唐朝人心目中的"和神国",几乎将君主的王权与官僚的特权排除在外,更代表了普通大众的集体利益,因而更符合中国古人对于理想国的想象。只是,这样的理想国到底存在吗? 它何时可以实现? 每一个读者或许都会在心里打一个大大的问号!

第三节 微 博

一、微博概述

（一）微博的概念

微博是一种迷你型博客,这是一个基于用户关系的信息分享、传播以及获取的平台,用户可以通过 WEB、WAP 以及各种客户端组建个人社区,以不超过 140 个字的文字更新信息,并实现即时分享,打破了移动通信网与互联网之间的界限。

微博诞生于美国的 Twitter。国内知名网站目前都开设有微博,新浪微博、人民微博、搜狐微博、腾讯微博、网易微博等都已成为各网站的标配。

（二）微博的特点

1. 只言片语式写作

从博客到微博,代表了表达方式质的变化。在博客时代,人们通常以传统写作者身份出现,不管博客写得好或者坏,基本属于文章范畴。很多博客甚至是长篇文章的发表,有标题、段落、主题。微博就不同了,因为有 140 个字的限定,促使微博最接近我们的口语习惯。

2. 即时性信息共享

微博具有信息化的传播价值与个性,任何一个人都可以是某个事件的创造者和传播者。微博写作最大的价值莫过于实现了每一个个体的信息发布愿望,能够随时、随地、随心发表个体的心情印记或精彩图片。

3. 以关注为目的

微博的核心是关注与被关注。用户既关注他们感兴趣的人,也关注感兴趣的内容。只要被关注的人发了信息,用户就会在自己的微博上即时看到,只要发的内容是自己感兴趣的,无论是谁发的都可能评论、转发或收藏,同时还可将内容的作者列入自己的关注对象。在关注与被关注之间,无论哪一方都不需要做出回应,自由、平等、共享构成了微博的共同思想和理念。

（三）微博的分类

根据其发布方式,可以将微博形象地分为以下几种:

1. 种树

只顾自己发博,既不回复,也不转发。这种微博博主都是业内高端人士,粉丝数万,转发量惊人,俨然把微博当成了课堂。

2. 洒豆

和种树相似,也是发自己的博文,不回复、不转发。可惜粉丝太少,博文无人转发,不能像大树一样远远就能看到,只像洒出去的豆,落地就没影了。

3. 萝卜

同样是发原创,但很少转发,对粉丝的回复与评论却很勤快。回复与评论不会采用"同时发一篇微博"的形式,为的就是要保证微博整体质量。这种博主通常是中层人士,想把微博好好经营成一个品牌,正处于爬坡阶段,所以打算原创和互动兼顾,于是就采用这种维护方式。这种方式的精髓在于对粉丝的私下转发和回复,就好比萝卜一般,地上叶子不大,但果实丰硕。

4. 打结

基本都是转发别人的微博,在评论上下功夫。通常会跟一些很有特点和深度的评论,升华原文的内涵,引发更多的评论。有的时候甚至给博主评论的评论,会超过原文的评论。就像给绳子打结一样,引出更多方向。

5. 仓鼠

基本不发原创,只转发。转发的时候基本不评论,完全是以存储为目的,把微博当成仓库了,如把别人发的笑话存储到微博,然后打成短信转发给亲朋好友。

二、微博的写作

作为一种新兴的写作形式,微博的写作彰显了它的独特之处。

(一)趣味性的内容

微博的写作因为短短 140 个字的篇幅限制以及能和目前大多数通信工具实现平滑对接的特点,使得这种写作变得更为简单灵活、方便掌控。但往往受欢迎的微博在内容的选择上会注意趣味性、独特性、争议性,这样的故事或观念往往会更加吸引观众的目光,提高关注度。

(二)个性独特的语言

从写作风格上看,因为微博的写作从内心出发,常常信手拈来,以性情为本,因此,便孕育出了属于自己的语言风格,是人们个性化思想、个性化情绪、个性化生活表达的有效方式。每个人都可以尽情地展现自己的语言创造才能。有的幽默机智、善于调侃,有的妙趣横生、饶有兴味,有的思想新锐、认识深刻,有的想象丰富、充满创意,有的严谨缜密、充满理性,有的则率性而为、大胆直白。

(三)写作方式随意多样

微博平台很好地适应了现代人快节奏的生活,人们在短暂的闲暇之余便可略微整理一下思路,浓缩成简短话语,有时甚至只要一句话,一个表情图案就可以,轻松而快捷。它不需要传播者长篇大论,也不需要接收者细细品味。三言两语,现场记录,发发感慨,晒晒心情即可,也无须讲究章法。

三、例文

咳嗽得有点严重,剧组阿姨煮的秘制洋葱汤,不但有效,味道也很佳。

——来自赵薇的微博(2015. 6. 10)

感谢节目组如此用心剪辑了我过往的作品,看着戏里的自己,日渐成熟,真为自己高兴!谢谢认真做了功课的主持人,还有两位好友背着我说得"好话"。勇往直前的"犀牛",这个比喻我喜欢!奔跑吧,犀牛!

——来自姚晨的微博(2015. 6. 12)

由于周董此次身兼第四季宣传片的导演(嗯,其实对周董来说最喜爱的身份是导演),话说身为导演,对镜头的感受力自然不同。只简单扫了两眼效果图,便心领神会了摄影师的意图,全程无语,只顾着专心对着镜头耍酷,时而严峻,时而俏皮,完全不需摄影师指导,效率惊人。

——来自周杰伦资讯网官方微博(2015.6.16)

第四节 短 信

一、短信概述

(一)短信的概念

短信是手机普及后诞生的一种新文本,是社会发展进入信息时代后应运而生的一种新型应用文。它以人们随身携带的手机为载体,通过按键输入和屏幕显示,实现人际间的沟通与交流。较之传统的信函,手机短信特别能迎合快节奏时代时尚人群的交际需要。自诞生以来,几乎已经取代了传统的书信沟通。较之电话交流,它则具有更强的文学性和文化性。其文本的形态使其文字更加讲究,用词更加精心。

(二)短信的特点

1. 简短性

手机短信因其文字篇幅有字数的限制,简短性成为短信独特的文体特征。短信要在极少的文字里包含更多的情感信息,就要求发送者精心组织文字,追求言有尽而意无穷的境界。

2. 私密性

用短信沟通,基本上是一对一的沟通渠道,不用出声,无论是在会议上,还是在公交车里,都可以进行。而且短信交流体现的是一种私密性的情感交流,更易打动人心,便于拉近人与人之间的距离。

3. 交互性

由于手机短信能够在发送后瞬间到达对方,因此,手机短信传递的各方都能够在收到对方短信后很短的时间内做出相应的回复。所以手机短信的写作常常不是单方面的,而是双方面的甚至是多方面互动的结果。

4. 趣味性

除了可以用来交流实用信息外,短信更多的时候用来互致问候和祝福,表达思念和牵挂,或者用来宣泄快节奏生活给人带来的抑郁和烦恼。因此,多数的短信都带上了娱乐、消遣的色彩。体现在文字上,则追求某种特别的情趣,讲究修辞美、情趣美,能给人带来乐趣和惊喜,让人能在轻松一笑之中获得情感的满足、审美的愉悦。

(三)短信的分类

短信从内容看,可分成以下几类:

1. 信息类

以简短的文字互通信息,这是短信最主要的功能,也是人们日常应用较多的一种联系方式。如"明天上午9点在行政楼306室召开全体党员会议,请务必准时参加!"

2. 祝福类

逢年过节,以短信互送祝福,这也是短信一大优势。如"新年到了,送你三个情人——一个说陪你终身,一个说伴你左右,一个说永留你心中……它们的名字分别为'健康、平安和快乐'。"

3. 问候类

朋友、亲人间日常的问候,也常常用短信的方式。如"这条短信,收到就行;要是在忙,不回也行;我在想你,知道就行;今天的你,快乐就行;记得想我,偶尔就行;看完之后,笑了就行!"

4. 情感类

用短信传情达意避免了当面开口的尴尬,也很好地拉近了距离。如"当你看到这条短信时,你已中了猛烈无比的爱毒,唯一的解药就是嫁给我。不用考虑了,嫁给我吧!"

5. 感悟类

把生活中的感悟、人生的酸甜苦辣用短信与亲友分享。如"多歇歇,别太累,到时吃,按时睡,看上就买别嫌贵,决不和环境来作对,得空与朋友聚聚会,既有清醒也有醉,生活就是这样美。"

6. 幽默调侃类

用幽默调侃的语气,对生活中一些不良现象加以批评或讽刺,博得一笑。如"猪去见上帝,要求为其安排一个工作。上帝让它去种田,猪嫌累,不去;上帝让它去看门,猪嫌单调,也不去;上帝让它给小猪当老师,猪怕辛苦,更不去。上帝生气了,说:'你到底想干什么?'猪说:'吃喝嫖赌,公款消费。'上帝勃然大怒:'你是猪,还想当腐败分子呢!'"

二、短信的写作

(一)写作要求

短信的编写一般要求精练、得体、有趣。

1. 语言要精练

短信的特点首先是短。短,从某种意义上说,就是要求精练。要在寥寥数语中达到传情达意的效果,就要能以简短的文字打动人、吸引人,所以短信的用语一定要注意精练,少说废话。

2. 口吻要得体

短信的表达必须得体,口吻、措辞要与发信人和收信人的身份、关系相符,注意分寸。就如同我们平时说话一样,要看对象。否则会起到反效果,让人尴尬。

3. 风格要温馨、风趣

除了一般日常交际的信息传递功能外,短信还成了人们互相问候、传送祝福、联络感情的一种方式。在繁忙之中,收到一条忍俊不禁的幽默短信,会让人开怀一笑,感动于朋友间的关怀,节日时收到一条真挚的祝福短信,也让人倍感温馨。

(二)表现手法

短信的表现手法灵活多样,以下几种最为常见:

1. 排比

排比句不仅读起来朗朗上口,而且能加强语势,使短信的节奏感加强、条理性更好,可将感情抒发得热烈洋溢。如"茶,要喝浓的,直到淡而无味的;酒,要喝醉的,直到不能醒来的;人,要深爱的,要下辈子继续爱的;朋友,要像你这样的。"

2. 比喻

比喻用具体、生动的事物代替抽象、难理解的事物,能够突出事物的特点,给人鲜明的印象,是短信写作常用的修辞手法。如"送你一件外套,前面是平安,后面是幸福,吉祥是领子,如意是袖子,快乐是扣子,口袋里满是温暖。穿上吧,让它相伴你的每一天!新春快乐!"

3. **层递**

层递的目的是使读者层层跟随、引人入胜,顺着文句的层次,主旨逐层逼出,事理逐层深化,感染力逐层深切,情感渐渐变浓。如"送你一个蛋糕:第一层,体贴! 第二层,关怀! 第三层,浪漫! 第四层,温馨! 中间夹层,甜蜜! 祝你生日快乐!"

4. **对偶**

对偶句高度概括表达内容,使之凝练集中,加强表达效果。其语句整齐,富有节奏,朗朗上口,便于记忆和背诵。如"祝你理想,幻想,梦想,心想事成;公事,私事,心事,事事称心;财路,运路,人生路,路路畅通;晴天,阴天,风雨天,天天美好!"

5. **双关**

双关利用词的多义及同音(或音近)条件,有意使语句有双重意义,言在此而意在彼,可使语言含蓄委婉、幽默风趣,而且能加深语意,耐人寻味。如"鸡年到了,给你鸡情的祝福,祝你的生活鸡极向上,能把握每个发财的鸡会,把鸡肤保养青春焕发,事业生鸡勃勃。要鸡得常联系,可不要总关鸡!"

6. **仿拟**

仿拟是一种旧瓶装新酒的用法,仿用一些人们熟知的经典诗句,添入新意。如"嘀嘀地我走了,正如我嘀嘀地来,我轻轻地按键,发送思念的光彩",就是仿拟徐志摩的名句,让人忍俊不禁。

7. **逆转**

这种手法往往是为了制造出一种幽默的效果。逆转是指前面的语言庄重严肃,似乎在叙述一件多数人都能想到的话题,而在最后却陡然一转,出现一个令人捧腹大笑的结尾。如"你怎么不说一声就走了,每夜有你的陪伴我才能美梦到天亮,没有你的夜晚漫长又凄凉,亲爱的回来吧! ——我的被子。"

当然,短信的表现手法往往都是综合的,一条短信常常集各种修辞手法于一体,如排比、对偶、比喻、层递等,呈现出了一个驳杂纷繁的修辞大比拼,显示了精彩的构思。

三、例文

例文一

祝你新年一帆风顺,二龙腾飞,三阳开泰,四季平安,五福临门,六六大顺,七星高照,八方有喜,九九同心,十全十美。

例文二

明月,一闪一闪,挂天边;思念,一丝一丝,连成线;回忆,一幕一幕,在眼前;愿一年一年人团圆!

例文三

钟声是我的问候,歌声是我的祝福,雪花是我的贺卡,美酒是我的飞吻,清风是我的拥抱,快乐是我的礼物!

第五节　微　信

一、微信概述

微信是腾讯公司于 2011 年 1 月 21 日推出的一个为智能终端提供即时通讯服务的免费应用程序。它支持跨通信运营商、跨操作系统平台,通过网络快速发送免费(需消耗少量网络流量)的语音短信、视频、图片和文字,同时,也可以使用流媒体共享服务插件和基于地理位置的社交插件,如"摇一摇""漂流瓶""朋友圈""公众平台""语音记事本"等。

微信提供公众平台、朋友圈、消息推送等功能,用户可以通过"摇一摇""搜索号码""附近的人"、扫二维码方式添加好友和关注公众平台,同时微信将内容分享给好友以及将用户看到的精彩内容分享到微信朋友圈。

微信作为时下最热门的社交信息平台,也是移动端的一大入口,正在演变成为一大商业交易平台,其对营销行业带来的颠覆性变化开始显现。微信商城的开发也随之兴起。微信商城是基于微信而研发的一款社会化电子商务系统,消费者只要通过微信平台,就可以实现商品查询、选购、体验、互动、订购与支付的线上线下一体化服务模式。

二、微信的写作 [①]

(一)微信的写作格式

一篇优秀的文章,通常由三个部分组成:标题、正文、结尾。微信的写作也遵循这种格式。

1. 标题

微信能不能吸引大量读者,主要取决于标题。标题最好控制在 10～18 个字之间。注意,要尽量把标题写长一点,长标题更能吸引读者的注意。

要想获得更多的曝光度,标题就要跟上时代的潮流,最简单的做法就是在标题中加上网络热词。因为网络热词能快速吸引读者的关注,例如,高富帅、白富美、正能量、舌尖上的中国、中国大妈、富二代、房姐、房叔等。从搜索引擎角度讲,这也能给文章更多的曝光机会。

比如"王林气功大师",就是热门的关键词,很多人都想知道,这一位骗子气功大师如何能骗了那么多名人。2013 年 8 月,每天搜索"王林"的人数就达到了 2.56 万。

2. 正文

写微信要找自己熟悉和擅长的话题,只有自己在该行业里拥有丰富的知识储备,有独特的见解,写起来才能游刃有余、挥笔自然。不论是创业路上的故事、公司管理经验的分享、业务之间的分歧、团队里的故事等,都要有一定的真实性、可读性、连贯性。

微信中的文章可以随心所欲地选择自己喜欢的话题,可以写自己擅长的东西,完全没有约束。正文写作要让人看起来非常有条理,段落按重要性一、二、三向下排列,每一段的开头第一句话,通常是对该段内容的总结提炼。要注意消除每一个废字、每一句废话,一篇文章写好之后,自己一定要通读一遍,这个阶段的主要工作就是删除废话,确保文章里没有一个废字,使之言简意赅,内容紧凑。

正文写作要注意两点:(1)正文内容要有诉求重点、打动读者的核心。文章写出来是为了读者看完以后,能引发他们的思考或者提供他们想要的价值。(2)用事实说话,要有足够的论

---

① 引自 http://book. 51cto. com/art/201312/424589. htm,有改动。

据,足可以说服读者,让读者读后产生共鸣。

3. 结尾

结尾主要是对微信文章做一个简单的总结,通过总结使读者更重视文章的观点,或者是引发读者更深的思考。

（二）微信的写作技巧

1. 以"假"乱真

文章最主要的发布媒体是报纸,反映到微信上就是自媒体。读者购买报纸是为了看里面的新闻,很少有人是为了看广告而买报纸的。如果能把文章写得像新闻一样,以"假"乱真,便可增加被阅读的概率及可信度。撰写时尽量使用同新闻一样的语气,比如《一个奇特的治疗高血压的秘密配方》的文章,采用的就是新闻形式的写作;文章主标题为《九江惊现百年前治疗高血压秘方》,副标题为《××省整理民间文化遗产,宫廷御医第四代玄孙贡献祖传秘方》的文章被包装得就很像新闻,会深深吸引关注新闻的人士及患有高血压的患者。但要注意,这样写不是要欺骗读者,而是要以事实为基础,是为了快速吸引潜在读者、用户的注意力。在信息爆炸的时代,吸引用户的注意力最重要。如果你写的文章不能吸引更多人的注意力,就没有人会阅读你写的文章。

2. 语出惊人

文章内容与标题极具颠覆性,语不惊人死不休,制造新奇与轰动性。现在媒体泛滥,被关注是件很不容易的事,用此法可以有效抓住读者的眼球,但要把握分寸,不要让读者有被愚弄或虚张声势的感觉。《健康专家在毒害你的生命》《人真的可以长生不老吗?》《昨天丈夫发现了我的秘密》都是采用这种形式,网络就是眼球经济,注意力=流量=钱。每一个人都有欲望,激发一个人潜在的欲望最好的办法就是激发读者来不断揭秘、揭秘、再揭秘,读者一看标题就立刻激发了读者的好奇心。

3. 围魏救赵

不直接宣传自己的产品,通过评论同类产品、消费者所获得的利益等,引出自己产品的优势。如《谁是阻止冠心病的魔手》《成为爱情高手需要三步?》《传统染发损伤的不仅仅是头发》等文章均属此类形式。

4. 动之以情

就像充满了感情在讲一个真实的故事一样,让读者融入其中,使其在听故事时无形间接受产品信息。某整形医院撰写的文章——《让爱再次托起一个女孩11年的梦想》的内容就是通过一封感谢信的形式来传达的。大意是一个从7岁开始学习舞蹈的美丽女孩,她最大的梦想就是成为国际级芭蕾舞演员。可半年前的一次车祸中,女孩的脸被划出了一个4 cm的口子并留下了一道疤痕。她当时对生活失去了希望,后来到处寻找名医,做了很多治疗,都无法消除脸上的疤痕。绝望之际经过一位朋友的介绍来到了某整形美容医院（文章所宣传的医院）,得到医生肯定的回答后,女孩又喜又忧。喜的是可以恢复容颜,可重返她心爱的舞台;忧的是本来家境就不富裕,父母都是农民,省吃俭用都供不起自己的学费,自己的学费、生活费大部分都是自己课余时间做三份家教赚来的,根本无力承担手术的费用。医院了解了情况后,全免了女孩的手术费用。几个月后,女孩的脸已经基本恢复如初,施淡妆后看不出任何的痕迹……该医院的医护人员用爱心再次托起了女孩的梦想。人是感情的动物,动之以情就会增加内容的真实性,写的内容有血、有肉、感人,就可吸引广大的读者。

5. 揭行业内幕

通常用于打击竞争对手的文章,写作形式多为"某某专家发现""某某报道",即以一个权威、客观、公正的角度和语气,指出某行业或产品的不足,或自曝行业内幕等。当然,前提是所说必须是事实,且自己的产品能具备弥补这些不足的能力。皇明太阳能创始人黄鸣就是通过自曝行业内幕的形式,树立了自己在太阳能热水器领域第一品牌的地位。虽然这类内容效果明显,但写作应持谨慎态度,因为这种文章通常会造成行业的波动,对整个行业造成不良影响,甚至会引火上身,成为行业公敌,操作不当甚至消费者都会对你产生反感。奥克斯公布的行业白皮书、一个跨国企业公布的微波炉可以致癌、"做过美容手术的朋友,看看你三年后的脸"这些都是此类文章,而效果则喜忧参半。

6. 借势成事

借助一些知名专家、权威机构、知名企业或品牌的影响力为自己撰写文章,可以增加消费者对该企业或产品的好感度与信任度,这种方法尤其适合新企业、小企业、新产品、小品牌,可以达到事半功倍的效果。此类文章的写作要善于发现,找出能与强势资源挂上关系的地方。如某牙膏品牌为了提高其品牌知名度与可信度,和"××牙防组织"合作,以"××牙防组织推荐"的方式借用对方的资源提高品牌的信任度;耐克运动鞋通过请"飞人"乔丹做品牌代言才能使其成为世界品牌。"权威机构推荐,畅销八年""经科学证实,×× 具有有效抑制癌细胞的作用""国际巨星推荐"这些文章的借势手法都很成功。

7. 巧借东风

利用事件来借势宣传。事件可以是突发事件或政府文件、科技成果的发布,也可以是特定节日等。比如前些年药监局查出某感冒药中含有 PPA,一时间 PPA 成了大家关注的热点话题。该药在感冒药这一类品中是龙头品牌,把其他品牌的产品压得透不过气来,这次该药出了事,一家制药企业最先敏锐地发现了这个借势的机会,展开了全面的借势营销,其中文章着重表达自己的品牌产品不含 PPA 成分,获得了巨大的成功。虽然随后其他感冒药生产企业也纷纷效仿,说自己的药也不含 PPA,但效果远不及最早提出的那家企业。可见,敏锐地发现机会并果断地行动是很关键的。神舟六号飞船升空,举世关注,一些企业借势炒作,如"航天员专用牛奶"等也得到了不错的效果。端午节的时候,一家大型食品厂做粽子产品宣传时,不直接介绍自己的产品,而是先讲端午节的由来、粽子的由来、正宗的粽子是如何制作的等一些与端午节相关的文化,最后才讲他们生产的产品——"最正宗的粽子",效果十分理想。因为消费者在品尝甜美的"最正宗的粽子"的同时,还能品尝出浓郁的端午文化。撰写借势型文章需要敏锐、准确地把握可以借助的势能,并挖掘最恰当的切入点,把自己的产品或品牌巧妙地结合进去。

8. 水乳交融

这种文章形式是通过与目标读者产生互动来达到提升文章效果、促进销售的目的。通常是给读者一些奖励,调动其参与的热情。如正确回答出所提出的问题可赠送礼品、有奖征文等形式。要注意的是互动是要和目标读者(消费者)产生的,否则,即使有大量的非目标读者参与也是失败的。这就要求文章撰写者需巧妙设置互动形式与内容,如某手机卖场推出的一篇文章《8 部免费手机,哪部是你的?》,其内容是回答 8 款新品手机的一些新功能是什么。活动结束后,在回答正确的读者中抽取 8 位幸运读者,每人赠送名牌手机一部;抽取 30 位幸运读者,赠送普通手机一部;抽取 50 位幸运读者,赠手机挂饰等。问题答案可在该卖场的这 8 款手机宣传海报中找到(这 8 台机型中,当时有 3 款仅该卖场有售)。内容刊发后,参与者十分踊跃,一时间卖场人头攒动,极大地提高了卖场的人气,销售节节攀升,出现了只有重要节假日才有的火爆场面。上述文章的内容中使用的互动形式十分准确地抓住了目标消费者的心理,并通过在卖场找问题答案等形式,使活动得以深入。这种文章形式的成败主要决定于互动形式的选取。在微信当中,也可以通过回答问题的方式,让读者一字不漏地阅读自己的文章,在读者阅读文章时,再想办法说服读者购买产品。当然也可以让读者在文章当中找错别字,找到一个错别字,奖励 10 元,以这种形式促使读者仔细通读你的文章。

9. 设置悬疑

多用问句,设置一些目标消费者关注或设法引起其关注的问题,而最终解开谜团时,也是我们宣传的产品出场的时候,此时可以继续设置悬疑,抓住读者的好奇心理,促使其继续阅读下去。要注意的是,你的解释要合情合理,不要给人故弄玄虚的感觉,否则容易使读者产生反感。连载就是一种很好的方法,写完一篇,留一个问题在下一篇文章中解答,要知道结果就要听下回讲解,就像一部长篇电视剧一样,读者每看完一集,都会留一个悬疑给观众,迫使读者看完全集。

10. 环环紧扣

经常能在报纸见到连续几期的"文章连载",撰写得当可吸引读者连续阅读,加深读者对品牌或产品的印象和了解。药品、美容行业惯用此法,如通过推出《问题篇》《求医篇》《治疗篇》等系列文章,从生病求医,再到使用某药品的过程,娓娓道来。在微信上"文章连载"能快速地获取更多的读者。读者看完一篇,还想看完第二篇,直到看完整版的连载,以达到品牌宣传、销售产品的作用。

三、例文

(略)

第六节　电子邮件

一、电子邮件概述

(一)电子邮件的概念

电子邮件,英文全称是 electronic mail,简称 E-mail,标志是 @,又称电子信箱、电子邮政。电子邮件是指用电子手段传送信件、单据、资料等信息的通信方法,通过网络的电子邮件系统,用户可以用非常低廉的价格、非常快速的方式,与世界上任何一个角落的网络用户联系,这些电子邮件可以是文字、图像、声音等各种方式。同时用户可以得到大量免费的新闻、专题邮件,并实现轻松的信息搜集。

(二)电子邮件的特点

电子邮件是整个网络间以至所有其他网络系统中直接面向人与人之间信息交流的系统,它的数据发送方和接收方都是人,所以极大地满足了大量存在的人与人之间的通信需求。电子邮件综合了电话通信和邮政信件的特点,它传送信息的速度和电话一样快,又能像信件一样使收信者在接收端收到文字记录。电子邮件采用"储存—转发"方式在网络上逐步传递信息,不像电话那样直接、及时,但费用低廉。

二、电子邮件的写作

（一）电子邮件的结构与内容

电子邮件由邮件头和正文组成。

1. 邮件头

邮件头包括收件人、抄送人地址、主题（邮件名称）、发件人地址等内容。

2. 正文

正文包括以下三个方面的内容：

（1）信头。第一行顶格写对收信人的称呼。

（2）信体。开门见山、直接入题，告知事宜，传递信息，分享情绪，可自由发挥。

（3）信尾。写明发邮件人姓名、发邮件日期。

（二）电子邮件的撰写要求

1. 主题要明确

一封电子邮件，大都只有一个主题，并且往往需要在前注明。若是将其归纳得当，收件人见到它便对整个电子邮件一目了然了。

2. 语言要流畅

电子邮件要便于阅读，要求语言流畅、文字通顺，尽量别写生僻字、异体字。引用数据、资料时，最好标明出处，以便收件人核对。

3. 内容要简洁

网上的时间极为宝贵，所以电子邮件的内容应当简明扼要，愈短愈好。

4. 结构要完整

要有"头"有"尾"，有称谓有署名，保持应用文体格式规范的写作习惯。

（三）电子邮件使用注意事项

1. 避免滥用

在信息社会中，任何人的时间都是无比珍贵的。在社会交往中要尊重一个人，首先就要懂得替他节省时间。

有鉴于此，若无必要，轻易不要向他人乱发电子邮件。尤其是不要用它与他人谈天说地，或是只为了检验一下自己的电子邮件能否成功地发出，更不宜随意以这种方式在网上"征友"。

2. 注意礼节

一般而言，收到他人的重要电子邮件后，应即刻回信，既回复对方所提事宜，又是一种礼节的需要。

3. 注意编码

由于中文文字自身的特点加上一些其他的原因，我国的内地、台湾地区、港澳地区，以及侨居国外的华人，目前使用着互不相同的中文编码系统。因此，当用中国内地的编码系统向生活在中国内地之外的其他一切地区和国家的中国人发出电子邮件时，由于双方所采用的中文编码系统有所不同，对方便很有可能只会收到一封由乱字符所组成的"天书"。因此，此时必须同时用英文注明自己所使用的中文编码系统，以保证对方可以收到自己的邮件。

4. 慎选功能

现在市场上所提供的先进的电子邮件软件，可有多种字体备用，甚至还有各种信纸可供使用者选择。这固然可以强化电子邮件的个人特色，但是此类功能商界人士是必须慎用的。这主要是因为：一方面，对电子邮件修饰过多，难免会使其容量增大，收发时间增长，既浪费时间又浪费金钱，而且往往会给人以华而不实之感；另一方面，收件人所拥有的软件不一定能够支持上述功能。这样一来，他所收到的电子邮件就很有可能会大大地背离了发件人的初衷，因而使之前功尽弃。

三、例文

意见征问函

尊敬的 ×× 客户：

感谢您长期以来对我公司的关心与惠顾！目前因网络使用客户剧增迫使我们要对网络进行扩容与改进，以方便给客户提供更有效的服务。您有什么意见和建议敬请提出。我公司的 E-mail 为 ××××××

×× 宽带网络公司客户服务部
2009 年 7 月 6 日

思考与练习 •••

1. 简述博客的特点。
2. 短信有哪些种类？
3. 我们常用的电子邮箱有哪些？请说出 3 种。

党政机关公文处理工作条例

（中办发〔2012〕14 号）

（2012 年 4 月 16 日由中共中央办公厅和国务院办公厅联合印发）

第一章　总　则

第一条　为了适应中国共产党机关和国家行政机关（以下简称党政机关）工作需要，推进党政机关公文处理工作科学化、制度化、规范化，制定本条例。

第二条　本条例适用于各级党政机关公文处理工作。

第三条　党政机关公文是党政机关实施领导、履行职能、处理公务的具有特定效力和规范体式的文书，是传达贯彻党和国家的方针政策，公布法规和规章，指导、布置和商洽工作，请示和答复问题，报告和交流情况等的重要工具。

第四条　公文处理工作是指公文拟制、办理、管理等一系列相互关联、衔接有序的工作。

第五条　公文处理工作应当坚持实事求是、准确规范、精简高效、安全保密的原则。

第六条　各级党政机关应当高度重视公文处理工作，加强组织领导，强化队伍建设，设立文秘部门或者由专人负责公文处理工作。

第七条　各级党政机关办公厅（室）主管本机关的公文处理工作，并对下级机关的公文处理工作进行业务指导和督促检查。

第二章　公文种类

第八条　公文种类主要有：

（一）决议。适用于会议讨论通过的重大决策事项。

（二）决定。适用于对重要事项做出决策和部署、奖惩有关单位和人员、变更或者撤销下级机关不适当的决定事项。

（三）命令（令）。适用于公布行政法规和规章、宣布施行重大强制性措施、批准授予和晋升衔级、嘉奖有关单位和人员。

（四）公报。适用于公布重要决定或者重大事项。

（五）公告。适用于向国内外宣布重要事项或者法定事项。

（六）通告。适用于在一定范围内公布应当遵守或者周知的事项。

（七）意见。适用于对重要问题提出见解和处理办法。

（八）通知。适用于发布、传达要求下级机关执行和有关单位周知或者执行的事项，批转、转发公文。

（九）通报。适用于表彰先进、批评错误、传达重要精神和告知重要情况。

（十）报告。适用于向上级机关汇报工作、反映情况，回复上级机关的询问。

（十一）请示。适用于向上级机关请求指示、批准。

（十二）批复。适用于答复下级机关请示事项。

（十三）议案。适用于各级人民政府按照法律程序向同级人民代表大会或者人民代表大会常务委员会提请审议事项。

（十四）函。适用于不相隶属机关之间商洽工作、询问和答复问题、请求批准和答复审批事项。

（十五）纪要。适用于记载会议主要情况和议定事项。

第三章 公文格式

第九条 公文一般由份号、密级和保密期限、紧急程度、发文机关标志、发文字号、签发人、标题、主送机关、正文、附件说明、发文机关署名、成文日期、印章、附注、附件、抄送机关、印发机关和印发日期、页码等组成。

（一）份号。公文印制份数的顺序号。涉密公文应当标注份号。

（二）密级和保密期限。公文的秘密等级和保密的期限。涉密公文应当根据涉密程度分别标注"绝密""机密""秘密"和保密期限。

（三）紧急程度。公文送达和办理的时限要求。根据紧急程度，紧急公文应当分别标注"特急""加急"，电报应当分别标注"特提""特急""加急""平急"。

（四）发文机关标志。由发文机关全称或者规范化简称加"文件"二字组成，也可以使用发文机关全称或者规范化简称。联合行文时，发文机关标志可以并用联合发文机关名称，也可以单独用主办机关名称。

（五）发文字号。由发文机关代字、年份、发文顺序号组成。联合行文时，使用主办机关的发文字号。

（六）签发人。上行文应当标注签发人姓名。

（七）标题。由发文机关名称、事由和文种组成。

（八）主送机关。公文的主要受理机关，应当使用机关全称、规范化简称或者同类型机关统称。

（九）正文。公文的主体，用来表述公文的内容。

（十）附件说明。公文附件的顺序号和名称。

（十一）发文机关署名。署发文机关全称或者规范化简称。

（十二）成文日期。署会议通过或者发文机关负责人签发的日期。联合行文时，署最后签发机关负责人签发的日期。

（十三）印章。公文中有发文机关署名的,应当加盖发文机关印章,并与署名机关相符。有特定发文机关标志的普发性公文和电报可以不加盖印章。

（十四）附注。公文印发传达范围等需要说明的事项。

（十五）附件。公文正文的说明、补充或者参考资料。

（十六）抄送机关。除主送机关外需要执行或者知晓公文内容的其他机关,应当使用机关全称、规范化简称或者同类型机关统称。

（十七）印发机关和印发日期。公文的送印机关和送印日期。

（十八）页码。公文页数顺序号。

第十条　公文的版式按照《党政机关公文格式》国家标准执行。

第十一条　公文使用的汉字、数字、外文字符、计量单位和标点符号等,按照有关国家标准和规定执行。民族自治地方的公文,可以并用汉字和当地通用的少数民族文字。

第十二条　公文用纸幅面采用国际标准 A4 型。特殊形式的公文用纸幅面,根据实际需要确定。

第四章　行文规则

第十三条　行文应当确有必要,讲求实效,注重针对性和可操作性。

第十四条　行文关系根据隶属关系和职权范围确定。一般不得越级行文,特殊情况需要越级行文的,应当同时抄送被越过的机关。

第十五条　向上级机关行文,应当遵循以下规则:

（一）原则上主送一个上级机关,根据需要同时抄送相关上级机关和同级机关,不抄送下级机关。

（二）党委、政府的部门向上级主管部门请示、报告重大事项,应当经本级党委、政府同意或者授权;属于部门职权范围内的事项应直接报送上级主管部门。

（三）下级机关的请示事项,如需以本机关名义向上级机关请示,应当提出倾向性意见后上报,不得原文转报上级机关。

（四）请示应当一文一事,不得在报告等非请示性公文中夹带请示事项。

（五）除上级机关负责人直接交办事项外,不得以本机关名义向上级机关负责人报送公文,不得以本机关负责人名义向上级机关报送公文。

（六）受双重领导的机关向一个上级机关行文,必要时抄送另一个上级机关。

第十六条　向下级机关行文,应当遵循以下规则:

（一）主送受理机关,根据需要抄送相关机关。重要行文应当同时抄送发文机关的直接上级机关。

（二）党委、政府的办公厅(室)根据本级党委、政府授权,可以向下级党委、政府行文,其他部门和单位不得向下级党委、政府发布指令性公文或者在公文中向下级党委、政府提出指令性要求。需经政府审批的具体事项,经政府同意后可以由政府职能部门行文,文中须注明已经政府同意。

（三）党委、政府的部门在各自职权范围内可以向下级党委、政府的相关部门行文。

（四）涉及多个部门职权范围内的事务,部门之间未协商一致的,不得向下行文;擅自行的,上级机关应当责令其纠正或者撤销。

（五）上级机关向受双重领导的下级机关行文,必要时抄送该下级机关的另一个上级机关。

第十七条 同级党政机关、党政机关与其他同级机关必要时可以联合行文。属于党委、政府各自职权范围内的工作,不得联合行文。党委、政府的部门依据职权可以相互行文。部门内设机构除办公厅（室）外不得对外正式行文。

第五章 公文拟制

第十八条 公文拟制包括公文的起草、审核、签发等程序。

第十九条 公文起草应当做到:

（一）符合国家法律法规和党的路线方针政策,完整准确体现发文机关意图,并同现行有关公文相衔接。

（二）一切从实际出发,分析问题实事求是,所提政策措施和办法切实可行。

（三）内容简洁,主题突出,观点鲜明,结构严谨,表述准确,文字精练。

（四）文种正确,格式规范。

（五）深入调查研究,充分进行论证,广泛听取意见。

（六）公文涉及其他地区或者部门职权范围内的事项,起草单位必须征求相关地区或者部门意见,力求达成一致。

（七）机关负责人应当主持、指导重要公文起草工作。

第二十条 公文文稿签发前,应当由发文机关办公厅（室）进行审核。审核的重点是:

（一）行文理由是否充分,行文依据是否准确。

（二）内容是否符合国家法律法规和党的路线方针政策;是否完整准确体现发文机关意图;是否同现行有关公文相衔接;所提政策措施和办法是否切实可行。

（三）涉及有关地区或者部门职权范围内的事项是否经过充分协商并达成一致意见。

（四）文种是否正确,格式是否规范;人名、地名、时间、数字、段落顺序、引文等是否准确;文字、数字、计量单位和标点符号等用法是否规范。

（五）其他内容是否符合公文起草的有关要求。

需要发文机关审议的重要公文文稿,审议前由发文机关办公厅（室）进行初核。

第二十一条 经审核不宜发文的公文文稿,应当退回起草单位并说明理由;符合发文条件但内容需作进一步研究和修改的,由起草单位修改后重新报送。

第二十二条 公文应当经本机关负责人审批签发。重要公文和上行文由机关主要负责人签发。党委、政府的办公厅（室）根据党委、政府授权制发的公文,由受权机关主要负责人签发或者按照有关规定签发。签发人签发公文,应当签署意见、姓名和完整日期;圈阅或者签名的,视为同意。联合发文由所有联署机关的负责人会签。

第六章 公文办理

第二十三条 公文办理包括收文办理、发文办理和整理归档。

第二十四条 收文办理主要程序是：

（一）签收。对收到的公文应当逐件清点，核对无误后签字或者盖章，并注明签收时间。

（二）登记。对公文的主要信息和办理情况应当详细记载。

（三）初审。对收到的公文应当进行初审。初审的重点是：是否应当由本机关办理；是否符合行文规则；文种使用、公文格式是否符合要求；涉及其他地区或者部门职权范围内的事项是否已经协商、会签；是否符合公文起草的其他要求。经初审不符合规定的公文，应当及时退回来文单位并说明理由。

（四）承办。阅知性公文应当根据公文内容、要求和工作需要确定范围后分送。批办性公文应当提出拟办意见报本机关负责人批示或者转有关部门办理；需要两个以上部门办理的，应当明确主办部门。紧急公文应当明确办理时限。承办部门对交办的公文应当及时办理，有明确办理时限要求的应当在规定时限内办理完毕。

（五）传阅。根据领导批示和工作需要将公文及时送传阅对象阅知或者批示。办理公文传阅应当随时掌握公文去向，不得漏传、误传、延误。

（六）催办。及时了解掌握公文的办理进展情况，督促承办部门按期办结。紧急公文或者重要公文应当由专人负责催办。

（七）答复。公文的办理结果应当及时答复来文单位，并根据需要告知相关单位。

第二十五条 发文办理主要程序是：

（一）复核。已经发文机关负责人签批的公文，印发前应当对公文的审批手续、内容、文种、格式等进行复核；需作实质性修改的，应当报原签批人复审。

（二）登记。对复核后的公文，应当确定发文字号、分送范围和印制份数并详细记载。

（三）印制。公文印制必须确保质量和时效。涉密公文应当在符合保密要求的场所印制。

（四）核发。公文印制完毕，应当对公文的文字、格式和印刷质量进行检查后分发。

第二十六条 涉密公文应当通过机要交通、邮政机要通信、城市机要文件交换站或者收发件机关机要收发人员进行传递，通过密码电报或者符合国家保密规定的计算机信息系统进行传输。

第二十七条 需要归档的公文及有关材料，应当根据有关档案法律法规以及机关档案管理规定，及时收集齐全、整理归档。两个以上机关联合办理的公文，原件由主办机关归档，相关机关保存复制件。机关负责人兼任其他机关职务的，在履行所兼职务过程中形成的公文，由其兼职机关归档。

第七章　公文管理

第二十八条 各级党政机关应当建立健全本机关公文管理制度，确保管理严格规范，充分发挥公文效用。

第二十九条 党政机关公文由文秘部门或者专人统一管理。设立党委（党组）的县级以上单位应当建立机要保密室和机要阅文室，并按照有关保密规定配备工作人员和必要的安全保密设施设备。

第三十条 公文确定密级前，应当按照拟定的密级先行采取保密措施。确定密级后，应当按照所定密级严格管理。绝密级公文应当由专人管理。

公文的密级需要变更或者解除的,由原确定密级的机关或者其上级机关决定。

第三十一条 公文的印发传达范围应当按照发文机关的要求执行;需要变更的,应当经发文机关批准。

涉密公文公开发布前应当履行解密程序。公开发布的时间、形式和渠道,由发文机关确定。

经批准公开发布的公文,同发文机关正式制发的公文具有同等效力。

第三十二条 复制、汇编机密级、秘密级公文,应当符合有关规定并经本机关负责人批准。绝密级公文一般不得复制、汇编,确有工作需要的,应当经发文机关或者其上级机关批准。复制、汇编的公文视同原件管理。

复制件应当加盖复制机关戳记。翻印件应当注明翻印的机关名称、日期。汇编本的密级按照编入公文的最高密级标注。

第三十三条 公文的撤销和废止,由发文机关、上级机关或者权力机关根据职权范围和有关法律法规决定。公文被撤销的,视为自始无效;公文被废止的,视为自废止之日起失效。

第三十四条 涉密公文应当按照发文机关的要求和有关规定进行清退或者销毁。

第三十五条 不具备归档和保存价值的公文,经批准后可以销毁。销毁涉密公文必须严格按照有关规定履行审批登记手续,确保不丢失、不漏销。个人不得私自销毁、留存涉密公文。

第三十六条 机关合并时,全部公文应当随之合并管理;机关撤销时,需要归档的公文经整理后按照有关规定移交档案管理部门。

工作人员离岗离职时,所在机关应当督促其将暂存、借用的公文按照有关规定移交、清退。

第三十七条 新设立的机关应当向本级党委、政府的办公厅(室)提出发文立户申请。经审查符合条件的,列为发文单位,机关合并或者撤销时,相应进行调整。

第八章 附 则

第三十八条 党政机关公文含电子公文。电子公文处理工作的具体办法另行制定。

第三十九条 法规、规章方面的公文,依照有关规定处理。外事方面的公文,依照外事主管部门的有关规定处理。

第四十条 其他机关和单位的公文处理工作,可以参照本条例执行。

第四十一条 本条例由中共中央办公厅、国务院办公厅负责解释。

第四十二条 本条例自 2012 年 7 月 1 日起施行。1996 年 5 月 3 日中共中央办公厅发布的《中国共产党机关公文处理条例》和 2000 年 8 月 24 日国务院发布的《国家行政机关公文处理办法》停止执行。

文字材料中几个基本的规范问题

一、字体、字号的正确使用

1. 文件、材料标题用 2 号小标宋体字，可分一行或分行居中排布（公文标题在红色反线下空两行）。

2. 正文用 3 号仿宋字体。

3. 文件、材料后标注的印发时间与正文内容间隔三行。

4. 抄送机关用 3 号仿宋字体标识，机关间用逗号隔开，回行与冒号后对齐，最后一个机关后标句号。

二、序号、标点的正确使用

1. "第一、""第二、"或"首先、""其次、"等用顿号不规范，应用逗号，即"第一，""第二，""首先，""其次，"等。

2. "一，""二，""三，"等用逗号不规范，应用顿号，即"一、""二、""三、"。

3. "1、""2、""3、"和"A、""B、""C、"等用顿号不规范，应使用齐线墨点（实心小圆点），即"1.""2.""3."或"A.""B.""C."。

4. 序号如加括号，如："（1）""（2）""（3）""（4）"，括号后面不加标点符号，小括号也不能只用半边，如："1)""2)""3)"。

三、年份中"零"的正确使用

印发时间中年份如用中文形式表示，如："二〇〇九年五月"，则中间的"〇"不能用阿拉伯数字的长"0"或英语全角字符"o"，应用圆"〇"；年份如用阿拉伯数字形式表示，则中间应用长"0"表示，如："2009 年 5 月"。

四、年份中"括号"的正确使用

印发公文时，文中年份外的符号应该用中括号"〔　〕"，不用小括号"（　）"或方括号"[　]"。

如：鲁语委字（2005）2 号　　　　（不规范）

鲁语委字 [2005] 2 号　　　　（不规范）

鲁语委字〔2005〕2 号　　　　（规范）

五、连接号和破折号的区分

1. 凡文中使用连接号的应该使用"～"，不用"——"或"—"。

如：2009 年 5 月～ 10 月中的"～"（使用规范）

2. 凡文中使用破折号的应该使用占两个空格的连线"——",而不用"～"或只占一个空格的短线"—"或两个短线"— —"表示。

六、汉语拼音注音字母的正确使用

1. 大小写:句子的首字母大写;诗行的首字母大写;专有名词每个词首字母大写;标题、标语可以全部大写。

2. 分连写:词内连写,词间分写。

例:"公共场所请勿喧哗"

GONG GONG CHANG SUO QING WU XUAN HUA

以上未按《汉语拼音正词法基本规则》标注,不规范。

以下标注规范:

"公共场所请勿喧哗"

GONGGONG CHANG SUO QING WU XUANHUA

七、附件的正确标识

公文如有附件,在正文下空 1 行,左空 2 字,用 3 号仿宋体字标识"附件",后标全角冒号和名称。附件如有序号,应使用阿拉伯数码(如:"附件:1.××××");附件名称后不加标点符号。附件应与公文正文一起装订,并在附件左上角第 1 行,顶格标识"附件",有序号时标识序号;附件的序号和名称前后标识应一致。如附件与公文正文不能一起装订,应在附件左上角第 1 行顶格标识公文的发文字号并在其后标识附件(或带序号)。

八、页码的正确标识

页码用 4 号宋体半角白体阿拉伯数码标识,置于版心下边缘之下一行,数字左右各放一条 4 号一字线,一字线距版心边缘 7 mm。双面印刷时,单页码居右空 1 字,双页码居左空 1 字。单面印刷时,居右空 1 字。文件第 1 页、空白页及其以后的页不标识页码。

公文如有附表,对横排 A4 纸型表格,应将页码放在横表的左侧,单页码置于表的左下角,双页码置于表的左上角,单页码表头在订口一边,双页码表头在切口一边。

九、其它规范问题

1. 发文机关标识由发文机关全称或规范化简称后加"文件"组成,对一些特定的公文可只标识发文机关全称或规范化简称;发文机关标识推荐使用小标宋体字,用红色标识;字号以醒目美观为原则酌定,但一般应小于 22 mm×15 mm。联合行文时,应使主办机关名称在前,"文件"二字置于发文机关名称右侧,上下居中排布;如联合行文机关过多,必须保证公文首页显示正文。

2. 上报的公文需标识签发人姓名,平行排列于发文字号右侧。发文字号居左空 1 字,签发人姓名居右空一字;"签发人"用 3 号仿宋体字,后标全角冒号,冒号后用 3 号楷体字标识签发人姓名。如有多个签发人,主办单位签发人姓名置于第 1 行,其他签发人姓名从第 2 行起,在主办单位签发人姓名之下,按发文机关顺序依次排列,下移红色反线,应使发文字号与最后一个签发人姓名处在同一行,并使红色反线与之距离为 4 mm。

3. 公文主送机关在标题下空 1 行,左侧顶格用 3 号仿宋体字标识,回行时仍顶格;最后一个主送机关名称后标全角冒号。党的机关公文一般只发组织,不发个人。

4. 单一机关制发的公文在落款处不署发文机关名称,只标识成文日期。公文的成文日期一般署会议通过或者领导人签发日期;联合行文署最后签发领导的签发日期;特殊情况署印发日期。

5. 加盖印章应端正、居中,以上不压正文,下略压成文日期为宜。当印章下弧无文字时,采用下套方式,即仅以下弧压在成文日期上;当印章下弧有文字时,采用中套方式,即印章中心线压在成文日期上。联合行文需加盖两个印章时,应将成文日期拉开,左右各空 7 字;主办机关印章在前,两个印章均压成文日期,印章用红色,采用同种加盖印章方式,以保证印章排列整齐。两印章间互不相交或相切,相距不超过 3 mm。当联合行文需加盖 3 个以上印章时,为防止出现空白印章,应将各发文机关名称(可用简称)排在发文时间和正文之间。主办机关印章在前,每排最多排 3 个印章,两端不得超过版心;最后一排如余一个或两个印章,均居中排布,印章之间互不相交或相切;在最后一排印章之下右空 2 字标识成文日期。

6. 版记部分的印发机关和印发时间位于抄送机关之下(无抄送机关在主题词之下)占 1 行位置;用 3 号仿宋字。印发机关左空 1 字,印发时间右空 1 字。印发时间以公文付印的时间为准,用阿拉伯数码标识。

标点符号用法

中华人民共和国国家标准 GB/T 15834—2011 标点符号用法

2012 年 6 月 1 日开始执行

1 范围

本标准规定了现代汉语标点符号的用法。

本标准适用于汉语的书面语（包括汉语和外语混合排版时的汉语部分）。

2 术语和定义

下列术语和定义适用于本文件。

2.1 标点符号 punctuation

辅助文字记录语言的符号，是书面语的有机组成部分，用来表示语句的停顿、语气以及标示某些成分（主要是词语）的特定性质和作用。

注：数学符号、货币符号、校勘符号、辞书符号、注音符号等特殊领域的专门符号不属于标点符号。

2.2 句子 sentence

前后都有较大停顿、带有一定的语气和语调、表达相对完整意义的语言单位。

2.3 复句 complex sentence

由两个或多个在意义上有密切关系的分句组成的语言单位，包括简单复句（内部只有一层语义关系）和多重复句（内部包含多层语义关系）。

2.4 分句 clause

复句内两个或多个前后有停顿、表达相对完整意义、不带有句末语气和语调、有的前面可添加关联词语的语言单位。

2.5 语段 expression

指语言片段，是对各种语言单位（如词、短语、句子、复句等）不做特别区分时的统称。

3 标点符号的种类

3.1 点号

点号的作用是点断，主要表示停顿和语气。分为句末点号和句内点号。

3.1.1 句末点号

用于句末的点号，表示句末停顿和句子的语气。包括句号、问号、叹号。

3.1.2　句内点号

用于句内的点号,表示句内各种不同性质的停顿。包括逗号、顿号、分号、冒号。

3.2　标号

标号的作用是标明,主要标示某些成分(主要是词语)的特定性质和作用。包括引号、括号、破折号、省略号、着重号、连接号、间隔号、书名号、专名号、分隔号。

4　标点符号的定义、形式和用法

4.1　句号

4.1.1　定义

句末点号的一种,主要表示句子的陈述语气。

4.1.2　形式

句号的形式是"。"

4.1.3　基本用法

4.1.3.1　用于句子末尾,表示陈述语气。使用句号主要根据语段前后有较大停顿、带有陈述语气和语调,并不取决于句子的长短。

示例1:北京是中华人民共和国的首都。

示例2:(甲:咱们走着去吧?)乙:好。

4.1.3.2　有时也可表示较缓和的祈使语气和感叹语气。

示例1:请您稍等一下。

示例2:我不由地感到,这些普通劳动者也同样是很值得尊敬的。

4.2　问号

4.2.1　定义

句末点号的一种,主要表示句子的疑问语气。

4.2.2　形式

问号的形式是"?"

4.2.3　基本用法

4.2.3.1　用于句子末尾,表示疑问语气(包括反问、设问等疑问类型)。使用问号主要根据语段前后有较大停顿、带有疑问语气和语调,并不取决于句子的长短。

示例1:你怎么还不回家去呢?

示例2:难道这些普通的战士不值得歌颂吗?

示例3:(一个外国人,不远万里来到中国,帮助中国的抗日战争。)这是什么精神? 这是国际主义的精神。

4.2.3.2　选择问句中,通常只在最后一个选项的末尾用问号,各个选项之间一般用逗号隔开。当选项较短且选项之间几乎没有停顿时,选项之间可不用逗号。当选项较多或较长,或有意突出每个选项的独立性时,也可每个选项之后都用问号。

示例1:诗中记述的这场战争究竟是真实的历史描述,还是诗人的虚构?

示例2:这是巧合还是有意安排?

示例3:要一个什么样的结尾:现实主义的? 传统的? 大团圆的? 荒诞的? 民族形式的? 有象征意义的?

示例4:(他看着我的作品称赞了我。)但到底是称赞我什么:是有几处画得好? 还是什么都敢画? 抑或只是一种对于失败者的无可奈何的安慰? 我不得而知。

示例5：这一切都是由客观的条件造成的？还是由行为的惯性造成的？

4.2.3.3　在多个问句连用或表达疑问语气加重时，可叠用问号。通常应先单用，再叠用，最多叠用三个问号。在没有异常强烈的情感表达需要时不宜叠用问号。

示例：这就是你的做法吗？你这个总经理是怎么当的？？你怎么竟敢这样欺骗消费者？？？

4.2.3.4　问号也有标号的用法，即用于句内，表示存疑或不详。

示例1：马致远（1250？—1321），大都人，元代戏曲家、散曲家。

示例2：钟嵘（？—518），颍川长社人，南朝梁代文学批评家。

示例3：出现这样的文字错误，说明作者（编者？校者？）很不认真。

4.3　叹号

4.3.1　定义

句末点号的一种，主要表示句子的感叹语气。

4.3.2　形式

叹号的形式是"！"。

4.3.3　基本用法

4.3.3.1　用于句子末尾，主要表示感叹语气，有时也可表示强烈的祈使语气、反问语气等。使用叹号主要根据语段前后有较大停顿、带有感叹语气和语调或带有强烈的祈使、反问语气和语调，并不取决于句子的长短。

示例1：才一年不见，这孩子都长这么高啦！

示例2：你给我住嘴！

示例3：谁知道他今天是怎么搞的！

4.3.3.2　用于拟声词后，表示声音短促或突然。

示例1：咔嚓！一道闪电划破了夜空。

示例2：咚！咚咚！突然传来一阵急促的敲门声。

4.3.3.3　表示声音巨大或声音不断加大时，可叠用叹号；表达强烈语气时，也可叠用叹号，最多叠用三个叹号。在没有异常强烈的情感表达需要时不宜叠用叹号。

示例1：轰！！在这天崩地塌的声音中，女娲猛然醒来。

示例2：我要揭露！我要控诉！！我要以死抗争！！！

4.3.3.4　当句子包含疑问、感叹两种语气且都比较强烈时（如带有强烈感情的反问句和带有惊愕语气的疑问句），可在问号后再加叹号（问号、叹号各一）。

示例1：这么点困难就能把我们吓倒吗？！

示例2：他连这些最起码的常识都不懂，还敢说自己是高科技人材？！

4.4　逗号

4,4.1　定义

句内点号的一种，表示句子或语段内部的一般性停顿。

4.4.2　形式

逗号的形式是"，"。

4.4.3　基本用法

4.4.3.1　复句内各分句之间的停顿，除了有时用分号（见4.6.3.1），一般都用逗号。

示例1：不是人们的意识决定人们的存在，而是人们的社会存在决定人们的意识。

示例2:学历史使人更明智,学文学使人更聪慧,学数学使人更精细,学考古使人更深沉。

示例3:要是不相信我们的理论能反映现实,要是不相信我们的世界有内在和谐,那就不可能有科学。

4.4.3.2　用于下列各种语法位置:

a)较长的主语之后。

示例1:苏州园林建筑各种门窗的精美设计和雕镂功夫,都令人叹为观止。

b)句首的状语之后。

示例2:在苍茫的大海上,狂风卷集着乌云。

c)较长的宾语之前。

示例3:有的考古工作者认为,南方古猿生存于上新世至更新世的初期和中期。

d)带句内语气词的主语(或其他成分)之后,或带句内语气词的并列成分之间。

示例4:他呢,倒是很乐意地、全神贯注地干起来了。

示例5:(那是个没有月亮的夜晚。)可是整个村子——白房顶啦,白树木啦,雪堆啦,全看得见。

e)较长的主语中间、谓语中间或宾语中间。

示例6:母亲沉痛的诉说,以及亲眼见到的事实,都启发了我幼年时期追求真理的思想。

示例7:那姑娘头戴一顶草帽,身穿一条绿色的裙子,腰间还系着一根橙色的腰带。

示例8:必须懂得,对于文化传统,既不能不分青红皂白统统抛弃,也不能不管精华糟粕全盘继承。

f)前置的谓语之后或后置的状语、定语之前。

示例9:真美啊,这条蜿蜒的林间小路。

示例10:她吃力地站了起来,慢慢地。

示例11:我只是一个人,孤孤单单的。

4.4.3.3　用于下列各种停顿处:

a)复指成分或插说成分前后。

示例1:老张,就是原来的办公室主任,上星期已经调走了。

示例2:车,不用说,当然是头等。

b)语气缓和的感叹语、称谓语或呼唤语之后。

示例3:哎哟,这儿,快给我揉揉。

示例4:大娘,您到哪儿去啊?

示例5:喂,你是哪个单位的?

c)某些序次语("第"字头、"其"字头及"首先"类序次语)之后。

示例6:为什么许多人都有长不大的感觉呢?原因有三:第一,父母总认为自己比孩子成熟;第二,父母总要以自己的标准来衡量孩子;第三,父母出于爱心而总不想让孩子在成长的过程中走弯路。

示例7:《玄秘塔碑》所以成为书法的范本,不外乎以下几方面的因素:其一,具有楷书点画、构体的典范性;其二,承上启下,成为唐楷的极致;其三,字如其人,爱人及字,柳公权高尚的书品、人品为后人所崇仰。

示例8:下面从三个方面讲讲语言的污染问题:首先,是特殊语言环境中的语言污染问题;其次,是滥用缩略语引起的语言污染问题;再次,是空话和废话引起的语言污染问题。

4.5　顿号

4.5.1　定义

句内点号的一种,表示语段中并列词语之间或某些序次语之后的停顿。

4.5.2　形式

顿号的形式是"、"。

4.5.3　基本用法

4.5.3.1　用于并列词语之间。

示例1:这里有自由、民主、平等、开放的风气和氛围。

示例2:造型科学、技艺精湛、气韵生动,是盛唐石雕的特色。

4.5.3.2　用于需要停顿的重复词语之间。

示例:他几次三番、几次三番地辩解着。

4.5.3.3　用于某些序次语(不带括号的汉字数字或"天干地支"类序次语)之后。

示例1:我准备讲两个问题:一、逻辑学是什么?二、怎样学好逻辑学?

示例2:风格的具体内容主要有以下四点:甲、题材;乙、用字;丙、表达;丁、色彩。

4.5.3.4　相邻或相近两数字连用表示概数通常不用顿号。若相邻两数字连用为缩略形式,宜用顿号。

示例1:飞机在6 000米高空水平飞行时,只能看到两侧八九公里和前方一二十公里范围内的地面。

示例2:这种凶猛的动物常常三五成群地外出觅食和活动。

示例3:农业是国民经济的基础,也是二、三产业的基础。

4.5.3.5　标有引号的并列成分之间、标有书名号的并列成分之间通常不用顿号。若有其他成分插在并列的引号之间或并列的书名号之间(如引语或书名号之后还有括注),宜用顿号。

示例1:"日""月"构成"明"字。

示例2:店里挂着"顾客就是上帝""质量就是生命"等横幅。

示例3:《红楼梦》《三国演义》《西游记》《水浒传》,是我国长篇小说的四大名著。

示例4:李白的"白发三千丈"(《秋浦歌》)、"朝如青丝暮成雪"(《将进酒》)都是脍炙人口的诗句。

示例5:办公室里订有《人民日报》(海外版)、《光明日报》和《时代周刊》等报刊。

4.6　分号

4.6.1　定义

句内点号的一种,表示复句内部并列关系分句之间的停顿,以及非并列关系的多重复句中第一层分句之间的停顿。

4.6.2　形式

分号的形式是";"。

4.6.3　基本用法

4.6.3.1　表示复句内部并列关系的分句(尤其当分句内部还有逗号时)之间的停顿。

示例1:语言文字的学习,就理解方面说,是得到一种知识;就运用方面说,是养成一种习惯。

示例2:内容有分量,尽管文章短小,也是有分量的;内容没有分量,即使写得再长也没有用。

4.6.3.2　表示非并列关系的多重复句中第一层分句(主要是选择、转折等关系)之间的停顿。

示例1:人还没看见,已经先听见歌声了;或者人已经转过山头望不见了,歌声还余音袅袅。

示例2:尽管人民革命的力量在开始时总是弱小的,所以总是受压的;但是由于革命的力量代表历史发展的方向,因此本质上又是不可战胜的。

示例3:不管一个人如何伟大,也总是生活在一定的环境和条件下;因此,个人的见解总难免带有某种局限性。

示例4:昨天夜里下了一场雨,以为可以凉快些;谁知没有凉快下来,反而更热了。

4.6.3.3　用于分项列举的各项之间。

示例:特聘教授的岗位职责为:一、讲授本学科的主干基础课程;二、主持本学科的重大科研项目;三、领导本学科的学术队伍建设;四、带领本学科赶超或保持世界先进水平。

4.7　冒号

4.7.1　定义

句内点号的一种,表示语段中提示下文或总结上文的停顿。

4.7.2　形式

冒号的形式是":"。

4.7.3　基本用法

4.7.3.1　用于总说性或提示性词语(如"说""例如""证明"等)之后,表示提示下文。

示例1:北京紫禁城有四座城门:午门、神武门、东华门和西华门。

示例2:她高兴地说:"咱们去好好庆祝一下吧!"

示例3:小王笑着点了点头:"我就是这么想的。"

示例4:这一事实证明:人能创造环境,环境同样也能创造人。

4.7.3.2　表示总结上文

示例:张华上了大学,李萍进了技校,我当了工人:我们都有美好的前途。

4.7.3.3　用在需要说明的词语之后,表示注释和说明。

示例1:(本市将举办首届大型书市。)主办单位:市文化局;承办单位:市图书进出口公司;时间:8月15日—20日;地点:市体育馆观众休息厅。

示例2:(做阅读理解题有两个办法。)办法之一:先读题干,再读原文,带着问题有针对性地读课文。办法之二:直接读原文,读完再做题,减少先入为主的干扰。

4.7.3.4　用于书信、讲话稿中称谓语或称呼语之后。

示例1:广平先生:……

示例2:同志们、朋友们:……

4.7.3.5　一个句子内部一般不应套用冒号。在列举式或条文式表述中,如不得不套用冒号时,宜另起段落来显示各个层次。

示例:第十条　遗产按照下列顺序继承:

第一顺序:配偶、子女、父母。

第二顺序:兄弟姐妹、祖父母、外祖父母。

4.8　引号

4.8.1　定义

标号的一种,标示语段中直接引用的内容或需要特别指出的成分。

4.8.2　形式

引号的形式有双引号""""和单引号"''"两种。左侧的为前引号,右侧的为后引号。

4.8.3　基本用法

4.8.3.1　标示语段中直接引用的内容。

示例:李白诗中就有"白发三千丈"这样极尽夸张的语句。

4.8.3.2　标示需要着重论述或强调的内容。

示例:这里所谓的"文",并不是指文字,而是指文采。

4.8.3.3　标示语段中具有特殊含义而需要特别指出的成分,如别称、简称、反语等。

示例1:电视被称作"第九艺术"。

示例2:人类学上常把古人化石统称为尼安德特人,简称"尼人"。

示例3:有几个"慈祥"的老板把捡来的菜叶用盐浸浸就算作工友的菜肴。

4.8.3.4　当引号中还需要使用引号时,外面一层用双引号,里面一层用单引号。

示例:他问:"老师,'七月流火'是什么意思?"

4.8.3.5　独立成段的引文如果只有一段,段首和段尾都用引号;不止一段时,每段开头仅用前引号,只在最后一段末尾用后引号。

示例:我曾在报纸上看到有人这样谈幸福:

"幸福是知道自己喜欢什么和不喜欢什么。……

"幸福是知道自己擅长什么和不擅长什么。……

"幸福是在正确的时间做了正确的选择。……"

4.8.3.6　在书写带月、日的事件、节日或其他特定意义的短语(含简称)时,通常只标引其中的月和日;需要突出和强调该事件或节日本身时,也可连同事件或节日一起标引。

示例1:"5·12"汶川大地震

示例2:"五四"以来的话剧,是我国戏剧中的新形式。

示例3:纪念"五四运动"90周年

4.9　括号

4.9.1　定义

标号的一种,标示语段中的注释内容、补充说明或其他特定意义的语句。

4.9.2　形式

括号的主要形式是圆括号"(　)",其他形式还有方括号"[　]"、六角括号"〔　〕"和方头括号"【　】"等。

4.9.3　基本用法

4.9.3.1　标示下列各种情况,均用圆括号:

a)标示注释内容或补充说明。

示例1:我校拥有特级教师(含已退休的)17人。

示例2:我们不但善于破坏一个旧世界,我们还将善于建设一个新世界!(热烈鼓掌)

b)标示订正或补加的文字。

示例3:信纸上用稚嫩的字体写着:"阿夷(姨),你好!"。

示例4:该建筑公司负责的建设工程全部达到优良工程(的标准)。

c)标示序次语。

示例5:语言有三个要素:(1)声音;(2)结构;(3)意义。

示例6:思想有三个条件:(一)事理;(二)心理;(三)伦理。

d)标示引语的出处。

示例7:他说得好:"未画之前,不立一格;既画之后,不留一格。"(《板桥集·题画》)

e)标示汉语拼音注音。

示例8:"的(de)"这个字在现代汉语中最常用。

4.9.3.2 标示作者国籍或所属朝代时,可用方括号或六角括号。

示例1:〔英〕赫胥黎《进化论与伦理学》

示例2:〔唐〕杜甫著

4.9.3.3 报刊标示电讯、报道的开头,可用方头括号。

示例:【新华社南京消息】

4.9.3.4 标示公文发文字号中的发文年份时,可用六角括号。

示例:国发〔2011〕3号文件

4.9.3.5 标示被注释的词语时,可用六角括号或方头括号。

示例1:〔奇观〕奇伟的景象。

示例2:【爱因斯坦】物理学家。生于德国,1933年因受纳粹政权迫害,移居美国。

4.9.3.6 除科技书刊中的数学、逻辑公式外,所有括号(特别是同一形式的括号)应尽量避免套用。必须套用括号时,宜采用不同的括号形式配合使用。

示例:〔茸(róng)毛〕很细很细的毛。

4.10 破折号

4.10.1 定义

标号的一种,标示语段中某些成分的注释、补充说明或语音、意义的变化。

4.10.2 形式

破折号的形式是"——"。

4.10.3 基本用法

4.10.3.1 标示注释内容或补充说明(也可用括号,见4.9.3.1;二者的区别另见B.1.7)。

示例1:一个矮小而结实的日本中年人——内山老板走了过来。

示例2:我一直坚持读书,想借此唤起弟妹对生活的希望——无论环境多么困难。

4.10.3.2 标示插入语(也可用逗号,见4.4.3.3))。

示例:这简直就是——说得不客气点——无耻的勾当!

4.10.3.3 标示总结上文或提示下文(也可用冒号,见4.7.3.1、4.7.3.2)。

示例1:坚强,纯洁,严于律己,客观公正——这一切都难得地集中在一个人身上。

示例2:画家开始娓娓道来——

　　　　数年前的一个寒冬,……

4.10.3.4 标示话题的转换。

示例:"好香的干菜,——听到风声了吗?"赵七爷低声说道。

4.10.3.5 标示声音的延长。

示例:"嘎——"传过来一声水禽被惊动的鸣叫。

4.10.3.6 标示话语的中断或间隔。

示例1:"班长他牺——"小马话没说完就大哭起来。

示例2:"亲爱的妈妈,你不知道我多爱您。——还有你,我的孩子!"

4.10.3.7 标示引出对话。

示例:——你长大后想成为科学家吗?

　　　——当然想了!

4.10.3.8 标示事项列举分承。

示例:根据研究对象的不同,环境物理学分为以下五个分支学科:

　　　——环境声学;

　　　——环境光学;

　　　——环境热学;

　　　——环境电磁学;

　　　——环境空气动力学。

4.10.3.9 用于副标题之前。

示例:飞向太平洋

　　　——我国新型号运载火箭发射目击记

4.10.3.10 用于引文、注文后,标示作者、出处或注释者。

示例1:先天下之忧而忧,后天下之乐而乐。

　　　　——范仲淹

示例2:乐浪海中有倭人,分为百余国。

　　　　——《汉书》

示例3:很多人写好信后把信笺折成方胜形,我看大可不必。(方胜,指古代妇女戴的方形首饰,用彩绸等制作,由两个斜方部分叠合而成。——编者注)

4.11 省略号

4.11.1 定义

标号的一种,标示语段中某些内容的省略及意义的断续等。

4.11.2 形式

省略号的形式是"……"。

4.11.3 基本用法

4.11.3.1 标示引文的省略。

示例:我们齐声朗诵起来:"……俱往矣,数风流人物,还看今朝。"

4.11.3.2 标示列举或重复词语的省略。

示例1:对政治的敏感,对生活的敏感,对性格的敏感,……这都是作家必须要有的素质。

示例2:他气得连声说:"好,好……算我没说。"

4.11.3.3 标示语意未尽。

示例1:在人迹罕至的深山密林里,假如突然看见一缕炊烟,……

示例2:你这样干,未免太……!

4.11.3.4　标示说话时断断续续。

示例:她嗑嗑巴巴地说:"可是……太太……我不知道……你一定是认错了。"

4.11.3.5　标示对话中的沉默不语。

示例:"还没结婚吧?"

　　　　"……"他飞红了脸,更加忸怩起来。

4.11.3.6　标示特定的成分虚缺。

示例:只要……就……

4.11.3.7　在标示诗行、段落的省略时,可连用两个省略号(即相当于十二连点)。

示例 1:从隔壁房间传来缓缓而抑扬顿挫的吟咏声——

　　　　床前明月光,疑是地上霜。

　　　　…………

示例 2:该刊根据工作质量、上稿数量、参与程度等方面的表现,评选出了高校十佳记者站。还根据发稿数量、提供新闻线索情况以及对刊物的关注度等,评选出了十佳通讯员。

　　　　…………

4.12　着重号

4.12.1　定义

标号的一种,标示语段中某些重要的或需要指明的文字。

4.12.2　形式

着重号的形式是"‧",标注在相应的文字下方。

4.12.3　基本用法

4.12.3.1　标示语段中重要的文字。

示例 1:诗人需要表现,而不是证明。

示例 2:下面对本文的理解,不正确的一项是:……

4.12.3.2　标示语段中需要指明的文字。

示例:下边加点的字,除了在词中的读法外,还有哪些读法?

　　　　着急　子弹　强调

4.13　连接号

4.13.1　定义

标号的一种,标示某些相关联成分之间的连接。

4.13.2　形式

连接号的形式有短横线"-"、一字线"—"和浪纹线"~"三种。

4.13.3　基本用法

4.13.3.1　标示下列各种情况,均用短横线:

a)化合物的名称或表格、插图的编号。

示例 1:3-戊酮为无色液体,对眼及皮肤有强烈刺激性。

示例 2:参见下页表 2-8、表 2-9。

b)连接号码,包括门牌号码、电话号码,以及用阿拉伯数字表示年月日等。

示例 3:安宁里东路 26 号院 3-2-11 室

示例 4:联系电话:010-88842603

示例 5:2011-02-15

c）在复合名词中起连接作用。

示例 6：吐鲁番－哈密盆地

d）某些产品的名称和型号。

示例 7：WZ－10 直升机具有复杂天气和夜间作战的能力。

e）汉语拼音、外来语内部的分合。

示例 8：shuōshuō－xiàoxiào（说说笑笑）

示例 9：盎格鲁－撒克逊人

示例 10：让－雅克·卢梭（"让－雅克"为双名）

示例 11：皮埃尔·孟戴斯－弗朗斯（"孟戴斯－弗朗斯"为复姓）

4.13.3.2　标示下列各种情况，一般用一字线，有时也可用浪纹线：

a）标示相关项目（如时间、地域等）的起止。

示例 1：沈括（1031—1095），宋朝人。

示例 2：2011 年 2 月 3 日—10 日

示例 3：北京—上海特别旅客快车

b）标示数值范围（由阿拉伯数字或汉字数字构成）的起止。

示例 4：25 ～ 30 g

示例 5：第五～八课

4.14　间隔号

4.14.1　定义

标号的一种，标示某些相关联成分之间的分界。

4.14.2　形式

间隔号的形式是"·"。

4.14.3　基本用法

4.14.3.1　标示外国人名或少数民族人名内部的分界。

示例 1：克里斯蒂娜·罗塞蒂

示例 2：阿依古丽·买买提

4.14.3.2　标示书名与篇（章、卷）名之间的分界。

示例：《淮南子·本经训》

4.14.3.3　标示词牌、曲牌、诗体名等和题名之间的分界。

示例 1：《沁园春·雪》

示例 2：《天净沙·秋思》

示例 3：《七律·冬云》

4.l4.3.4　用在构成标题或栏目名称的并列词语之间。

示例：《天·地·人》

4.14.3.5　以月、日为标志的事件或节日，用汉字数字表示时，只在一、十一和十二月后用间隔号；当直接用阿拉伯数字表示时，月、日之间均用间隔号（半角字符）。

示例 1："九一八"事变　　"五四"运动

示例 2："一·二八"事变　　"一二·九"运动

示例 3："3·15"消费者权益日　　"9·11"恐怖袭击事件

4.15　书名号

4.15.1　定义

标号的一种,标示语段中出现的各种作品的名称。

4.15.2　形式

书名号的形式有双书名号"《　》"和单书名号"〈　〉"两种。

4.15.3　基本用法

4.15.3.1　标示书名、卷名、篇名、刊物名、报纸名、文件名等。

示例1:《红楼梦》(书名)

示例2:《史记·项羽本纪》(卷名)

示例3:《论雷峰塔的倒掉》(篇名)

示例4:《每周关注》(刊物名)

示例5:《人民日报》(报纸名)

示例6:《全国农村工作会议纪要》(文件名)

4.15.3.2　标示电影、电视、音乐、诗歌、雕塑等各类用文字、声音、图像等表现的作品的名称。

示例1:《渔光曲》(电影名)

示例2:《追梦录》(电视剧名)

示例3:《勿忘我》(歌曲名)

示例4:《沁园春·雪》(诗词名)

示例5:《东方欲晓》(雕塑名)

示例6:《光与影》(电视节目名)

示例7:《社会广角镜》(栏目名)

示例8:《庄子研究文献数据库》(光盘名)

示例9:《植物生理学系列挂图》(图片名)

4.15.3.3　标示全中文或中文在名称中占主导地位的软件名。

示例:科研人员正在研制《电脑卫士》杀毒软件。

4.15.3.4　标示作品名的简称。

示例:我读了《念青唐古拉山脉纪行》一文(以下简称《念》),收获很大。

4.15.3.5　当书名号中还需要书名号时,里面一层用单书名号,外面一层用双书名号。

示例:《教育部关于提请审议〈高等教育自学考试试行办法〉的报告》

4.16　专名号

4.16.1　定义

标号的一种,标示古籍和某些文史类著作中出现的特定类专有名词。

4.16.2　形式

专名号的形式是一条直线,标注在相应文字的下方。

4.16.3　基本用法

4.16.3.1　标示古籍、古籍引文或某些文史类著作中出现的专有名词,主要包括人名、地名、国名、民族名、朝代名、年号、宗教名、官署名、组织名等。

示例1:孙坚人马被刘表率军围得水泄不通。(人名)

示例2:于是聚集冀、青、幽、并四州兵马七十多万准备决一死战。(地名)

示例3：当时乌孙及西域各国都向汉派遣了使节。（国名、朝代名）

示例4：从咸宁二年到太康十年，匈奴、鲜卑、乌桓等族人徙居塞内。（年号、民族名）

4.16.3.2　现代汉语文本中的上述专有名词，以及古籍和现代文本中的单位名、官职名、事件名、会议名、书名等不应使用专名号。必须使用标号标示时，宜使用其他相应标号（如引号、书名号等）。

4.17　分隔号

4.17.1　定义

标号的一种，标示诗行、节拍及某些相关文字的分隔。

4.17.2　形式

分隔号的形式是"/"。

4.17.3　基本用法

4.17.3.1　诗歌接排时分隔诗行（也可使用逗号和分号，见4.4.3.1/4.6.3.1）。

示例：春眠不觉晓 / 处处闻啼鸟 / 夜来风雨声 / 花落知多少。

4.17.3.2　标示诗文中的音节节拍。

示例：横眉 / 冷对 / 千夫指，俯首 / 甘为 / 孺子牛。

4.17.3.3　分隔供选择或可转换的两项，表示"或"。

示例：动词短语中除了作为主体成分的述语动词之外，还包括述语动词所带的宾语和 / 或补语。

4.17.3.4　分隔组成一对的两项，表示"和"。

示例1：13/14 次特别快车

示例2：羽毛球女双决赛中国组合杜婧 / 于洋两局完胜韩国名将李孝贞 / 李敬元。

4.17.3.5　分隔层级或类别。

示例：我国的行政区划分为：省（直辖市、自治区）/ 省辖市（地级市）/ 县（县级市、区、自治州）/ 乡（镇）/ 村（居委会）。

5　标点符号的位置和书写形式

5.1　横排文稿标点符号的位置和书写形式

5.1.1　句号、逗号、顿号、分号、冒号均置于相应文字之后，占一个字位置，居左下，不出现在一行之首。

5.1.2　问号、叹号均置于相应文字之后，占一个字位置，居左，不出现在一行之首。两个问号（或叹号）叠用时，占一个字位置；三个问号（或叹号）叠用时，占两个字位置；问号和叹号连用时，占一个字位置。

5.1.3　引号、括号、书名号中的两部分标在相应项目的两端，各占一个字位置。其中前一半不出现在一行之末，后一半不出现在一行之首。

5.1.4　破折号标在相应项目之间，占两个字位置，上下居中，不能中间断开分处上行之末和下行之首。

5.1.5　省略号占两个字位置，两个省略号连用时占四个字位置并须单独占一行。省略号不能中间断开分处上行之末和下行之首。

5.1.6　连接号中的短横线比汉字"一"略短，占半个字位置；一字线比汉字"一"略长，占一个字位置；浪纹线占一个字位置。连接号上下居中，不出现在一行之首。

5.1.7　间隔号标在需要隔开的项目之间，占半个字位置，上下居中，不出现在一行之首。

5.1.8　着重号和专名号标在相应文字的下边。

5.1.9　分隔号占半个字位置,不出现在一行之首或一行之末。

5.1.10　标点符号排在一行末尾时,若为全角字符则应占半角字符的宽度(即半个字位置),以使视觉效果更美观。

5.1.11　在实际编辑出版工作中,为排版美观、方便阅读等需要,或为避免某一小节最后一个汉字转行或出现在另外一页开头等情况(浪费版面及视觉效果差),可适当压缩标点符号所占用的空间。

5.2　竖排文稿标点符号的位置和书写形式

5.2.1　句号、问号、叹号、逗号、顿号、分号和冒号均置于相应文字之下偏右。

5.2.2　破折号、省略号、连接号、间隔号和分隔号置于相应文字之下居中,上下方向排列。

5.2.3　引号改用双引号“﹁”“﹂”和单引号“﹁”“﹂”,括号改用“︵”“︶”,标在相应文字的上下。

5.2.4　竖排文稿中使用浪线式书名号“﹏﹏”,标在相应文字的左侧。

5.2.5　着重号标在相应文字的右侧,专名号标在相应文字的左侧。

5.2.6　横排文稿中关于某些标点不能居行首或行末的要求,同样适用于竖排文稿。

附 录 A
(规范性附录)
标点符号用法的补充规则

A.1　句号用法补充规则

图或表的短语式说明文字,中间可用逗号,但末尾不用句号。即使有时说明文字较长,前面的语段已出现句号,最后结尾处仍不用句号。

示例1:行进中的学生方队

示例2:经过治理,本市市容市貌焕然一新。这是某区街道一景

A.2　问号用法补充规则

使用问号应以句子表示疑问语气为依据,而并不根据句子中包含有疑问词。当含有疑问词的语段充当某种句子成分,而句子并不表示疑问语气时,句末不用问号。

示例1:他们的行为举止、审美趣味,甚至读什么书,坐什么车,都在媒体掌握之中。

示例2:谁也不见,什么也不吃,哪儿也不去。

示例3:我也不知道他究竟躲到什么地方去了。

A.3　逗号用法补充规则

用顿号表示较长、较多或较复杂的并列成分之间的停顿时,最后一个成分前可用“以及(及)”进行连接,“以及(及)”之前应用逗号。

示例:压力过大、工作时间过长、作息不规律,以及忽视营养均衡等,均会导致健康状况的下降。

A.4　顿号用法补充规则

A.4.1　表示含有顺序关系的并列各项间的停顿,用顿号,不用逗号。下例解释“对于”一词用法,“人”“事物”“行为”之间有顺序关系(即人和人、人和事物、人和行为、事物和事物、事物和行为、行为和行为等六种对待关系),各项之间应用顿号。

示例：（对于）表示人,事物,行为之间的相互对待关系。（误）

（对于）表示人、事物、行为之间的相互对待关系。（正）

A.4.2　用阿拉伯数字表示年月日的简写形式时,用短横线连接号,不用顿号。

示例：2010、03、02（误）

2010-03-02（正）

A.5　分号用法补充规则

分项列举的各项有一项或多项已包含句号时,各项的末尾不能再用分号。

示例：本市先后建立起三大农业生产体系：一是建立甘蔗生产服务体系。成立糖业服务公司,主要给农民提供机耕等服务；二是建立蚕桑生产服务体系。……；三是建立热作服务体系。……。（误）

本市先后建立起三大农业生产体系：一是建立甘蔗生产服务体系。成立糖业服务公司,主要给农民提供机耕等服务。二是建立蚕桑生产服务体系。……。三是建立热作服务体系。……。（正）

A.6　冒号用法补充规则

A.6.1　冒号用在提示性话语之后引起下文。表面上类似但实际不是提示性话语的,其后用逗号。

示例1：郦道元《水经注》记载："沼西际山枕水,有唐叔虞祠。"（提示性话语）

示例2：据《苏州府志》载,苏州城内大小园林约有150多座,可算名副其实的园林之城。（非提示性话语）

A.6.2　冒号提示范围无论大小（一句话、几句话甚至几段话）,都应与提示性话语保持一致（即在该范围的末尾要用句号点断）。应避免冒号涵盖范围过窄或过宽。

示例：艾滋病有三个传播途径：血液传播,性传播和母婴传播,日常接触是不会传播艾滋病的。（误）

艾滋病有三个传播途径：血液传播,性传播和母婴传播。日常接触是不会传播艾滋病的。（正）

A.6.3　冒号应用在有停顿处,无停顿处不应用冒号。

示例1：他头也不抬,冷冷地问："你叫什么名字？"（有停顿）

示例2：这事你得拿主意,光说"不知道"怎么行？（无停顿）

A.7　引号用法补充规则

"丛刊""文库""系列""书系"等作为系列著作的选题名,宜用引号标引。当"丛刊"等为选题名的一部分时,放在引号之内,反之则放在引号之外。

示例1："汉译世界学术名著丛书"

示例2："中国哲学典籍文库"

示例3："20世纪心理学通览"丛书

A.8　括号用法补充规则

括号可分为句内括号和句外括号。句内括号用于注释句子里的某些词语,即本身就是句子的一部分,应紧跟在被注释的词语之后。句外括号则用于注释句子、句群或段落,即本身结构独立,不属于前面的句子、句群或段落,应位于所注释语段的句末点号之后。

示例：标点符号是辅助文字记录语言的符号,是书面语的有机组成部分,用来表示语句的停顿、语气以及标示某些成分（主要是词语）的特定性质和作用。（数学符号、货币符号、校勘符号等特殊领域的专门符号不属于标点符号。）

A.9 省略号用法补充规则

A.9.1 不能用多于两个省略号（多于 12 点）连在一起表示省略。省略号须与多点连续的连珠号相区别（后者主要是用于表示目录中标题和页码对应和连接的专门符号）。

A.9.2 省略号和"等""等等""什么的"等词语不能同时使用。在需要读出来的地方用"等""等等""什么的"等词语，不用省略号。

示例：含有铁质的食物有猪肝、大豆、油菜、菠菜……等。（误）

含有铁质的食物有猪肝、大豆、油菜、菠菜等。（正）

A.10 着重号用法补充规则

不应使用文字下加直线或波浪线等形式表示着重。文字下加直线为专名号形式（4.16）；文字下加浪纹线是特殊书名号（A.13.6）。着重号的形式统一为相应项目下加小圆点。

示例：下面对本文的理解，不正确的一项是（误）

下面对本文的理解，不正确的一项是（正）

A.11 连接号用法补充规则

浪纹线连接号用于标示数值范围时，在不引起歧义的情况下，前一数值附加符号或计量单位可省略。

示例：5 公斤～ 100 公斤（正）

5 ～ 100 公斤（正）

A.12 间隔号用法补充规则

当并列短语构成的标题中已用间隔号隔开时，不应再用"和"类连词。

示例：《水星·火星和金星》（误）

《水星·火星·金星》（正）

A.13 书名号用法补充规则

A.13.1 不能视为作品的课程、课题、奖品奖状、商标、证照、组织机构、会议、活动等名称，不应用书名号。下面均为书名号误用的示例：

示例 1：下学期本中心将开设《现代企业财务管理》《市场营销》两门课。

示例 2：明天将召开《关于"两保两挂"的多视觉理论思考》课题立项会。

示例 3：本市将向 70 岁以上（含 70 岁）老年人颁发《老年证》。

示例 4：本校共获得《最佳印象》《自我审美》《卡拉 OK》等六个奖项。

示例 5：《闪光》牌电池经久耐用。

示例 6：《文史杂志社》编辑力量比较雄厚。

示例 7：本市将召开《全国食用天然色素应用研讨会》。

示例 8：本报将于今年暑假举行《墨宝杯》书法大赛。

A.13.2 有的名称应根据指称意义的不同确定是否用书名号。如文艺晚会指一项活动时，不用书名号；而特指一种节目名称时，可用书名号。再如展览作为一种文化传播的组织形式时，不用书名号；特定情况下将某项展览作为一种创作的作品时，可用书名号。

示例 1：2008 年重阳联欢晚会受到观众的称赞和好评。

示例 2：本台将重播《2008 年重阳联欢晚会》。

示例 3："雪域明珠——中国西藏文化展"今天隆重开幕。

示例 4：《大地飞歌艺术展》是一部大型现代艺术作品。

A. 13. 3　书名后面表示该作品所属类别的普通名词不标在书名号内。

示例:《我们》杂志

A. 13. 4　书名有时带有括注。如果括注是书名、篇名等的一部分,应放在书名号之内,反之则应放在书名号之外。

示例 1:《琵琶行(并序)》

示例 2:《中华人民共和国民事诉讼法(试行)》

示例 3:《新政治协商会议筹备组织条例(草案)》

示例 4:《百科知识》(彩图本)

示例 5:《人民日报》(海外版)

A. 13. 5　书名、篇名末尾如有叹号或问号,应放在书名号之内。

示例 1:《日记何罪!》

示例 2:《如何做到同工又同酬?》

A. 13. 6　在古籍或某些文史类著作中,为与专名号配合,书名号也可改用浪线式"﹏﹏",标注在书名下方。这可以看作是特殊的专名号或特殊的书名号。

A. 14　分隔号用法补充规则

分隔号又称正斜线号,须与反斜线号"\"相区别(后者主要是用于编写计算机程序的专门符号)。使用分隔号时,紧贴着分隔号的前后通常不用点号。

附 录 B
(资料性附录)
标点符号若干用法的说明

B. 1　易混标点符号用法比较

B. 1. 1　逗号、顿号表示并列词语之间停顿的区别

逗号和顿号都表示停顿,但逗号表示的停顿长,顿号表示的停顿短。并列词语之间的停顿一般用顿号,但当并列词语较长或其后有语气词时,为了表示稍长一点的停顿,也可以用逗号。

示例 1:我喜欢吃的水果有苹果、桃子、香蕉和菠萝。

示例 2:我们需要了解全局和局部的统一,必然和偶然的统一,本质和现象的统一。

示例 3:看游记最难弄清位置和方向,前啊,后啊,左啊,右啊,看了半天,还是不明白。

B. 1. 2　逗号、顿号在表示列举省略的"等""等等"之类词语前的使用

并列成分之间用顿号,末尾的并列成分之后用"等""等等"之类词语时,"等"类词前不用顿号或其他点号;并列成分之间用逗号,末尾的并列成分之后用"等"类词时,"等"类词前应用逗号。

示例 1:现代生物学、物理学、化学、数学等基础科学的发展,带动了医学科学的进步。

示例 2:写文章前要想好,文章的主题是什么,用哪些材料,哪些详写,哪些略写,等等。

B. 1. 3　逗号、分号表示分句之间停顿的区别

当复句的表达不复杂、层次不多,相连的分句语气比较紧凑、分句内部也没有使用逗号表示停顿时,分句间的停顿多用逗号。当用逗号不易分清多重复句内部的层次(如分句内部已有逗号),而用句号又可能割裂前后关系的地方,应用分号表示停顿。

示例 1:她拿起钥匙,开了箱子上的锁,又开了首饰盒上的锁,往老地方放钱。

示例2：纵比，即以一事物的各个发展阶段作比；横比，则以此事物与彼事物相比。

B.1.4　顿号、逗号、分号在标示层次关系时的区别

句内点号中，顿号表示的停顿最短、层次最低，通常只能表示并列词语之间的停顿；分号表示的停顿最长、层次最高，可以用来表示复句的第一层分句之间的停顿；逗号介于两者之间，既可表示并列词语之间的停顿，也可表示复句中分句之间的停顿。若分句内部已用逗号，分句之间就应用分号（见B.1.3示例2）。用分号隔开的几个并列分句不能由逗号统领或总结。

示例1：有的学会烤烟，自己做挺讲究的纸烟和雪茄；有的学会蔬菜加工，做的番茄酱能吃到冬天；有的学会蔬菜腌渍、窖藏，使秋菜接上春菜。

示例2：动物吃植物的方式多种多样，有的是把整个植物吃掉，如原生动物；有的是把植物的大部分吃掉，如鼠类；有的是吃掉植物的要害部位，如鸟类吃掉植物的嫩芽。（误）。

动物吃植物的方式多种多样：有的是把整个植物吃掉，如原生动物；有的是把植物的大部分吃掉，如鼠类；有的是吃掉植物的要害部位，如鸟类吃掉植物的嫩芽。（正）。

B.1.5　冒号、逗号用于"说""道"词语后的区别

位于引文之前的"说""道"后用冒号。位于引文之后的"说""道"分两种情况：处于句末时，其后用句号；"说""道"后还有其他成分时，其后用逗号。插在话语中的"说""道"类词语后只能用逗号表示停顿。

示例1：他说："晚上就来家里吃饭吧。"

示例2："我真的很期待。"他说。

示例3："我有件事忘了说……"他说，表情有点为难。

示例4："现在请皇上脱下衣服，"两个骗子说，"好让我们为您换上新衣。"

B.1.6　不同点号表示停顿长短的排序

各种点号都表示说话时的停顿。句号、问号、叹号都表示句子完结，停顿最长。分号用于复句的分句之间，停顿长度介于句末点号和逗号之间，而短于冒号。逗号表示一句话中间的停顿，又短于分号。顿号用于并列词语之间，停顿最短。通常情况下，各种点号表示的停顿由长到短为：句号＝问号＝叹号＞冒号（指涵盖范围为一句话的冒号）＞分号＞逗号＞顿号。

B.1.7　破折号与括号表示注释或补充说明时的区别

破折号用于表示比较重要的解释说明，这种补充是正文的一部分，可与前后文连读；而括号表示比较一般的解释说明，只是注释而非正文，可不与前后文连读。

示例1：在今年——农历虎年，必须取得比去年更大的成绩。

示例2：哈雷在牛顿思想的启发下，终于认出了他所关注的彗星（该星后人称为哈雷彗星）。

B.1.8　书名号、引号在"题为……""以……为题"格式中的使用

"题为……""以……为题"中的"题"，如果是诗文、图书、报告或其他作品可作为篇名、书名看待时，可用书名号；如果是写作、科研、辩论、谈话的主题，非特定作品的标题，应用引号。即"题为……""以……为题"中的"题"应根据其类别分别按书名号和引号的用法处理。

示例1：有篇题为《柳宗元的诗》的文章，全文才2 000字，引文不实却达11处之多。

示例2：今天一个以"地球·人口·资源·环境"为题的大型宣传活动在此间举行。

示例3：《我的老师》写于1956年9月，是作者应《教师报》之约而写的。

示例4："我的老师"这类题目，同学们也许都写过。

B.2　两个标点符号连用的说明

B.2.1　行文中表示引用的引号内外的标点用法

当引文完整且独立使用,或虽不独立使用但带有问号或叹号时,引号内句末点号应保留。除此之外,引号内不用句末点号。当引文处于句子停顿处(包括句子末尾)且引号内未使用点号时,引号外应使用点号;当引文位于非停顿处或者引号内已使用句末点号时,引号外不用点号。

示例1:"沉舟侧畔千帆过,病树前头万木春。"他最喜欢这两句诗。

示例2:书价上涨令许多读者难以接受,有些人甚至发出"还买得起书吗?"的疑问。

示例3:他以"条件还不成熟,准备还不充分"为由,否决了我们的提议。

示例4:你这样"明日复明日"地要拖到什么时候?

示例5:司马迁为了完成《史记》的写作,使之"藏之名山",忍受了人间最大的侮辱。

示例6:在施工中要始终坚持"把质量当生命"。

示例7:"言之无文,行而不远"这句话,说明了文采的重要。

示例8:俗话说:"墙头一根草,风吹两边倒。"用这句话来形容此辈再恰当不过。

B.2.2　行文中括号内外的标点用法

括号内行文末尾需要时可用问号、叹号和省略号。除此之外,句内括号行文末尾通常不用标点符号。句外括号行文末尾是否用句号由括号内的语段结构决定:若语段较长、内容复杂,应用句号。句内括号外是否用点号取决于括号所处位置:若句内括号处于句子停顿处,应用点号。句外括号外通常不用点号。

示例1:如果不采取(但应如何采取呢?)十分具体的控制措施,事态将进一步扩大。

示例2:3分钟过去了(仅仅才3分钟!),从眼前穿梭而过的出租车竟达32辆!

示例3:她介绍时用了一连串比喻(有的状如树枝,有的貌似星海……),非常形象。

示例4:科技协作合同(包括科研、试制、成果推广等)根据上级主管部门或有关部门的计划签订。

示例5:应把夏朝看作原始公社向奴隶制国家过渡时期。(龙山文化遗址里,也有俯身葬。俯身者很可能就是奴隶。)

示例6:问:你对你不喜欢的上司是什么态度?

　　　答:感情上疏远,组织上服从。(掌声,笑声)

示例7:古汉语(特别是上古汉语),对于我来说,有着常人无法想象的吸引力。

示例8:由于这种推断尚未经过实践的考验,我们只能把它作为假设(或假说)提出来。

示例9:人际交往过程就是使用语词传达意义的过程。(严格说,这里的"语词"应为语词指号。)

B.2.3　破折号前后的标点用法

破折号之前通常不用点号;但根据句子结构和行文需要,有时也可分别使用句内点号或句末点号。破折号之后通常不会紧跟着使用其他点号;但当破折号表示语音的停顿或延长时,根据语气表达的需要,其后可紧接问号或叹号。

示例1:小妹说:"我现在工作得挺好,老板对我不错,工资也挺高。——我能抽支烟吗?"(表示话题的转折)

示例2:我不是自然主义者,我主张文学高于现实,能够稍稍居高临下地去看现实,因为文学的任务不仅在于反映现实。光描写现存的事物还不够,还必须记住我们所希望的和可能产生的事物。必须使现象典型化。应该把微小而有代表性的事物写成重大的和典型的事物。——这就是文学的任务。(表示对前几句话的总结)

示例3:"是他——?"石一川简直不敢相信自己的耳朵。

示例4:"我终于考上大学啦!我终于考上啦——!"金石开兴奋得快要晕过去了。

B.2.4 省略号前后的标点用法

省略号之前通常不用点号。以下两种情况例外:省略号前的句子表示强烈语气、句末使用问号或叹号时;省略号前不用点号就无法标示停顿或表明结构关系时。省略号之后通常也不用点号,但当句末表达强烈的语气或感情时,可在省略号后用问号或叹号;当省略号后还有别的话、省略的文字和后面的话不连续且有停顿时,应在省略号后用点号;当表示特定格式的成分虚缺时,省略号后可用点号。

示例1:想起这些,我就觉得一辈子都对不起你。你对梁家的好,我感激不尽!……

示例2:他进来了,……一身军装,一张朴实的脸,站在我们面前显得很高大,很年轻。

示例3:这,这是……?

示例4:动物界的规矩比人类还多,野骆驼、野猪、黄羊……,直至塔里木兔、跳鼠,都是各行其路,决不混淆。

示例5:大火被渐渐扑灭,但一片片油污又旋即出现在遇难船旁……。清污船迅速赶来,并施放围栏以控制油污。

示例6:如果……,那么……。

B.3 序次语之后的标点用法

B.3.1 "第""其"字头序次语,或"首先""其次""最后"等做序次语时,后用逗号(见4.4.3.3)。

B.3.2 不带括号的汉字数字或"天干地支"做序次语时,后用顿号(见4.5.3.2)。

B.3.3 不带括号的阿拉伯数字、拉丁字母或罗马数字做序次语时,后面用下脚点(该符号属于外文的标点符号)。

示例1:总之,语言的社会功能有三点:1. 传递信息,交流思想;2. 确定关系,调节关系;3. 组织生活,组织生产。

示例2:本课一共讲解三个要点:A. 生理停顿;B. 逻辑停顿;C. 语法停顿。

B.3.4 加括号的序次语后面不用任何点号。

示例1:受教育者应履行以下义务:(一)遵守法律、法规;(二)努力学习,完成规定的学习任务;(三)遵守所在学校或其他教育机构的制度。

示例2:科学家很重视下面几种才能:(1)想象力;(2)直觉的理解力;(3)数学能力。

B.3.5 阿拉伯数字与下脚点结合表示章节关系的序次语末尾不用任何点号。

示例:3 停顿

　　 3.1 生理停顿

　　 3.2 逻辑停顿

B.3.6 用于章节、条款的序次语后宜用空格表示停顿。

示例:第一课 春天来了

B.3.7 序次简单、叙述性较强的序次语后不用标点符号。

示例:语言的社会功能共有三点:一是传递信息;二是确定关系;三是组织生活。

B.3.8 同类数字形式的序次语,带括号的通常位于不带括号的下一层。通常第一层是带有顿号的汉字数字;第二层是带括号的汉字数字;第三层是带下脚点的阿拉伯数字;第四层是带括号的阿拉伯数字;再往下可以是带圈的阿拉伯数字或小写拉丁字母。一般可根据文章特点选择从某一层序次语开始行文,选定之后应顺着序次语的层次向下行文,但使用层次较低的序次语之后不宜反过来再使用层次更高的序次语。

示例:一、……

（一）……

1. ……

（1）……

①/a. ……

B.4　文章标题的标点用法

文章标题的末尾通常不用标点符号,但有时根据需要可用问号、叹号或省略号。

示例1:看看电脑会有多聪明,让它下盘围棋吧

示例2:猛龙过江:本店特色名菜

示例3:严防"电脑黄毒"危害少年

示例4:回家的感觉真好

——访大赛归来的本市运动员

示例5:里海是湖,还是海?

示例6:人体也是污染源!

示例7:和平协议签署之后……

附加说明:

本标准由教育部语言文字信息管理司提出并归口。

本标准主要起草单位:北京大学。

本标准主要起草人:沈阳、刘妍、于泳波、翁姗姗。

我国历代公文沿革概述

应用文在我国具有悠久的历史。晚清在河南安阳殷墟发现大量三千多年前的刻有古文字的甲骨片，记载着殷王朝从盘庚东迁以来到纣王覆灭时二百七十三年间的政治（世系、王事、征伐），经济（年成、田猎），文化（祭祀、天时、旬夕）等方面的卜辞或记事刻辞，具有原始公务文书的性质。

六经之一的《尚书》，传说是孔子所编，收录了唐、虞、夏、商、周时代的典、谟、训、诰、誓、命，是记载政绩、告贺、教戒、进谏、受命、誓众、命令等方面口头或书面的文献，这是我国最早的公务文书和政论的汇编。

春秋战国时代，君臣上下之间的文书往来，一般没有严格的界限，大都用"书"。那时的书一般都用于政事，不像后来在私事往来中广泛应用。《左传》上记载了不少书的内容，大部分是国君公卿大夫或国与国之间政治、军事、外交方面的文书。如《左传》文公十七年《郑子家告赵宣子》，范文澜断为见于史传的最早的书体；又如成公七年《巫臣自晋遗子重子反》、襄公二十四年《子产告范宣子重币》等文书，都是极其警策的公文。由于春秋战国时期列国纷争，羽檄交驰，文书的应用已日见重要。《文心雕龙》所谓"三代政暇，文翰颇疏，春秋聘繁，书介弥盛。"但由于以竹简木牍传书，沉重繁累，且难尽意，所以外交的往来，必须同时派善于辞令的舌辩之士为使节赍书前往，以口头补充君王所授之词命。《吕相绝秦》就是一篇记录魏相代表晋厉公出使秦国指谪秦穆公背信弃义的典型外交抗议书。

《论语》是春秋时期的一部少有的完整而可靠的记录文献，其中记录了孔子所述郑国外交辞令的制作过程，要经过拟稿、讨论、修饰、润色的工序（子曰："为命，裨谌草创之，世叔讨论之，行人子羽修饰之，东里子产润色之"）。说明先秦诸子对公牍撰写十分重视。

秦并六国后，规定了公文体制，改命为制，改令为诏，改书为奏、议。焚书以后，以吏为师传授法令文牍，公文从此趋向繁多的分类。

汉代继承和发展了秦代的公文体制，在秦代把书分为奏、议的基础上，又定为章、奏、表、议四种。据《文心雕龙》记载，章用于对皇帝的感谢恩典，奏用于弹劾揭发，表用于陈述下情，议用于讨论不同意见。还规定了密奏用封事，以及其他上行、平行、下行的各种文体如疏、状、白、事、露布、移、檄、教、牒等等。对于秘书人才的选拔，也规定了严格的条件：学僮年十七以上，始讽籀书九千字乃得为吏，岁终，赴郡试八体书，第一名要由郡守推荐给太史复试，合格后才能担任中书省史书令史（又称兰台令史，相当于今之秘书）。东汉时的风气更是重文吏而轻儒生，因为大乱之后，典章缺失，儒士知古而不知今，不得不依靠文吏以理烦治剧。史书上说，当时文章气节之士,如陈蕃、李膺辈,多起于掾吏。光武帝曾下诏,要丞相考核官吏,凡不熟悉吏治业务、书疏不端正的,要连同推荐人一同办罪,这也是促使重视吏治的原因。汉代的公文体制较前代逐渐完备,连文件尺寸、起首和结束语的写法及行款数目,具名姓的等级规矩,都有明确的程式。还规定了以封囊的颜色来区别文件缓急程度,如平件用青色,急件用赤白二色,密件用黑色。

汉代很多文牍出于名儒硕彦之手,但有些教令议论过高,似是而非,不切实际。如曹褒敕吏勿杀盗徒,甘以身坐全其性命;法雄禁捕虎狼谓仁义可以感化,后人讥为迂阔之论。而孔融高谈教令,"辞气温雅,可玩而诵,论事考实,难可悉行"(《三国志·崔琰传》注),这也说明公牍开始走向虚名无实,追求辞藻的歧路。

魏晋六朝文书,名目上虽然也有所兴革,但基本上仍承袭旧制,变化不大。六朝时由于文、笔之分,有能为表奏书檄而不能诗文者,也有诗文造诣极深而不能为记室参军之职的。社会上一反汉代故常,形成重文章轻笔札的风气,以致记室人才难得,公牍也深受当时文章雕绘藻饰的影响,所谓"挹之无穷,按之无实",浮文满纸。台阁重臣十之八九不能动笔。《魏书·王肃传》注说:"是时朝堂公卿以下四百余人,其能操笔者未有十人,多皆相从饱食而退。"《魏志·王粲传》注引《典略》说,像锺繇、王朗这样的卿相,连朝廷奏议都"搁笔不能措手"。《文心雕龙》指出了公牍是"艺文之末品,政事之先务",说明文人轻视公牍,而又不得不在重要政务上小心应用公牍的矛盾,这种现象在后来历代差不多都存在。

唐宋是我国封建社会的顶峰,典章文物,粲然大备,表现在公牍上,更是品目繁多。唐代仅行下之"王言",即有七种,其中"敕"占四类(发敕、敕旨、敕书、敕牒)。按《六典》,行下文书有六种:制、敕、册、令、教、符;行上文书也有六种:表、状、牋、启、辞、牒;诸司相质问,行文有三种:关、移、刺。其中辞、牒、关、刺为唐代所特有,实际上还不止于此,但已足以说明公牍体制之纷繁了。唐代帝王擅公牍者,首推太宗,文武兼备,所为诏令醇雅可诵。名臣如开元之姚、宋,大历之陆贽、令狐楚,元和之韩、柳,皆以兼擅公牍著名,尤其是韩愈文章以复古为宗旨,所为表状,亦超迈时流,"一言而为天下法"的赞语,也可以其公牍当之。

唐代重视文牍,也表现为贡举有明法科,考四项内容:身(体貌丰伟),言(言词辩证),书(楷法秀美),判(文理优长)。同时,公牍讲究书法,颜真卿的叔父颜元孙用"干禄字书"(做官须知的文牍书体),把公牍用字按四声分类,每字分正、俗、通三体,以为书判章表之用。但是,以判牍优劣为选吏标准的做法,由于判词必须以四六文写作,追求辞藻,以致产生了不少有能力的官吏因短于词判而不能褒升的弊病。由于迁转甚滞,文人多攀附藩镇,请求辟举,当时选官的制度内重外轻,这就给了不拘行检者一条捷径,所以晚唐的幕府,也就很滥,中枢不得不限制外藩荐举非,有官衔者不得录用。

唐代行文上下区别甚严。《唐律》规定:应言上而不言上,不应言上而言上,不由所管而越言上,应行下而不行下及不应行下而行下者,各杖六十。

五代文牍体制,沿袭唐人,士大夫生于干戈杀伐之际,有笔札才思的人,甚至不能苟全性命。因为武夫出身的割据者,识字不多,幕府文人又好舞文弄墨,所以难免惹祸。当时牛希济看到这一点,写了《表章论》,他认为公牍要"直指是非,坦然明白",人主并不是都能"奥学深文",有时对深文"览之茫然",必然要询问左右,倘或有人故意"改易文意",要使皇帝"逆鳞发怒"是毫不费难的。他规劝执笔的人:"但实于理",为什么一定要写那些"幽僻文繁"的奏章呢?《通鉴》也载周太祖即位时,诏文武官:凡是有益国利民之术的,都可以写出奏对,但要直截了当,不要玩辞藻。这些见解,都要求文牍浅近明白,可谓切中时弊。

宋代因从五代战乱中继承了政权,州郡长官多为不识字的武夫担任。宋人汪应辰《答张侍郎书》说:国初承五代杀伐之余,州郡官多付之武夫,有不识字而以仆从代书判者,其违法贪枉的情形可以想见。又据张舜民《画墁集·与石司理书》中所说,欧阳修被贬到夷陵,想读《史记》《汉书》,无处可借,没法消遣,就到库房去看档案,发现许多陈旧公牍中被错判的案件不可胜数。

宋代公牍体制在汉唐制度的基础上,也有一些变化。如诰命、御札、敕牓、故牒、公牒、呈状、申状、劄子诸体的创设,比前代更细了。同时,由于宋朝一批散文大师如欧阳修、王安石、苏东坡等继唐代的古文运动,反对六朝骈俪文风,多少也影响到公牍,上自制诰,下至戕启等一直为四六文统治的领域,尽管还没有彻底打破,甚至大师们自己有时也喜欢在公牍中用上几句四六文,但宋人公牍不重典实,说理明通,也使公牍面貌发生了较大变化。不过由此也带来了宋人书牍的另一缺点,就是往往冗长。即使欧阳修这样的大文学家撰写的书牍,也在所不免。从文字上讲,北宋繁于唐人,而南宋又繁于北宋,这大概和后来大为发展的理学长于辨微析奥有关系,但也有其浅显易懂的好处。如朱熹知南康军任内写的大量救荒、劝农以及晓谕逃移民户的牓文(布告),体恤民情,言辞恳切,明白易懂,不失为宋代公牍的典范。

宋代很重视牓文的宣传效果,大字楷书在闹市张挂,并在乡村粉壁上誊写,要当地耆长时常看管,不得损坏。递送公文有"橄牌",按照金字、青字、红字来区别迟速。金字牌日行四百里,接力飞递,不准留铺,昼夜兼程,用于赦书及军机要件。青字牌日行三百五十里。传说岳飞受诏班师,一天接到十二道金牌,最近有史学家以常理推测,认为不可能每隔不到一小时就发出一道诏书,大概是一日"下二道金牌"之误。

元代公牍雅俗杂出。元代帝王不通汉文,其诏书多用俗语,文义诘屈聱牙,甚至无法看懂,如至元十九年七月的中书省咨文中说:"……这般圣旨有来,在后俺根里不处奏,他每奏了的后头,分付与俺奏有来,今后依著在先体例,一处奏呵,怎奉圣旨,这般是你的勾当。……"诏令多亦如此。当然也有写得极为得体的,多是出于汉人手笔。

元代行省长官叫作丞相,亦名达鲁花赤,必须由蒙古贵族担任,以汉人(先被征服的金地人)、南人(后被征服的宋地人)为贰佐。行省长官罕有通文墨的,汉人、南人要跪起禀白。元代的书吏俸给微薄,所以利用公牍行诈徇私。《紫山大全集》载胡只通论当时的弊政是:"一语抵官,十年不绝,两家争田,连村受祸。""以曲为直,以非为是。"他指出"县令多非其材",大半不识文墨,不通案牍。胡氏认为要"先削冗文"。所谓冗文,就是不当申而申、不当下而下的公文,仅仅为了一二贯的钱谷问题,也要申状到部,五申十申,一二年得不到明确批复,往往为一二百文往返问答,费纸数千张。公文拖沓如此,可见官僚主义严重。无怪元王朝虽然霸业盖世,而其祚运竟然不及百年。

明朝公牍大体沿唐宋元制度而略有改进。臣民具疏上于朝廷者为奏本,东宫为启本。后又以不便面奏者用题本。各衙门行移之文有照会、咨呈、劄付、呈状、申状、平关、牒呈、平牒、牒上、下帖。洪武间颁定格式,但实际应用亦不尽依定式。题本之外,又有密奏用的揭帖,凡军国机要,朝廷大政,均用揭帖,由文渊阁用印封缄密进。揭帖也有用于下官向上官的密呈。到晚明,又演变为公开张贴的露简(公开信)。

明人公牍的特点是浮文繁芜,喋喋不休。洪武九年刑部主事茹太素上万言书,朱元璋使人读到六千三百七十字,还未见要领,大怒,把太素叫来杖责一番。次晚,叫人再读到一万六千五百字后,才涉及主题五项建议,有四项是可取的,朱元璋即令中书"行其言之善者",又表扬茹太素是忠臣。并规定建言格式,"颁示中外,使言者陈得失无烦文"。嘉靖、隆庆时也曾先后颁诏"令诸司奏章不许烦词""违者部院及科臣劾治之"。尽管一再申禁，实际未见收效。二十余年后的万历间，奏书仍有长达六万余言的，可见积弊难除。另一方面，自成化后，八股文盛行，迂儒入仕，公牍也受到影响。以八股文中的陈词滥调、讲章程墨拉杂行文，成为公牍中的流行病。至于以骈文作判牍，追求辞藻格律，以公牍为游戏文章，更成为一种风气。这些对清代也很有影响。

清代公牍基本上是明制的延续，行文格式也大致相同，但也有自己的发展特点。首先在形式上，奏本、题本用法更具体。题本用于言地方公事，用印；奏本言私事，不用印。顺治间规定题本、奏本不得超过三百字。贴黄（摘由）不超过百字。但后来雍正间要求上奏紧要事件的本章务求详明畅达，不限字数。各部院行文除沿用历代及明代部分体制，如移、劄、资呈、呈文、申文、照会、牒等外，尚有谕（上谕，按下达途径分为明发、明寄、廷寄、传谕等类）、堂谕、札、牌、详、谒、禀、折、谕帖等。

清承明制，但公文风格不同，因受清初学风影响甚大。从写作思想上看，有的是笃信程朱理学，所撰公牍多反复议论；有的是受朴学之风影响，以博辩考据为能事；有的折狱判牍比附经义；有的能接触实际，讲究经济，指陈郡国利病，不蹈空言。公牍风气也因时而异。清初顺治至雍正三朝，一再申重以朋党为诫，诏令频颁，处分严峻，朝臣为了避祸，故所撰奏章行文兢兢业业，模棱两可，其内容尽力揣摩，多趋避、圆滑、工巧的用语，竟不顾国家的休戚和民生的疾苦。嘉庆时，刑狱条例滋多，处分益密，很多非科目起家的官吏，不习法令，又害怕断案不当致触王法，于是就依靠幕友老吏，根据前人例案比附判决，生搬硬套，颇多失误。幕友不外刑名、钱谷二端，大都各有一套久经累积的通行成案资料汇抄，遇有新定章程必随时增补，以备参照，这些人办案对于成例非常熟悉，每当主管长官遇到棘手的案件，都要依靠他们出谋划策，照例案定谳。幕僚成为一种活字典，掌握判牍秘诀，非执业弟子不肯轻易传授。如果州县不是和藩台、臬台衙门的幕客有交情，那就很少有不被驳回的呈文；相反，如果对他们经常送礼、行贿，就能通融包涵，迅速批准。生杀予夺之权，实际操在幕友之手。这种风气从明朝开始形成了。据《日知录》引谢肇淛的话，明代中叶户部十三司里多绍兴人，掌握重权，外官不得不以绍兴人为幕友，借通声气。后人沿称幕友为"绍兴师爷"。当然，不一定所有幕友都是绍兴人，更非都是为非作歹的。有的是无意仕进的通儒，应好友之邀，也有的是困于场屋的名士，生计艰难，权宜旅食。他们充当幕友都颇有建树。如清代理学家李恕谷、词曲家李渔、考据家汪中、大诗人黄仲则，都是著名的幕友。汪、黄二人都坎坷一世，汪中有"如黄祖之腹中，在本初之弦上"的名句（《过旧苑吊马守真文》），写出了秘书工作的甘苦，黄仲则英年殂谢，尤为后人所惋惜。

民国成立之初，公文基本上仍循清代格式。民国元年迄解放前夕，历届旧政权进行过多次公文改革，最后定为十种，计下行者六种：令、训令、指令、布告、状、批；平行者两种：咨、公函；上行者一种：呈；不分上、下、平行者为代电。每次改革都有一些变化。主要体现在文体较清代简单，总的主张是种类宜少而不宜多。在前内政部颁布的《暂行公文革新办法》中，规定公文必须浅近明白："公文往来，有如晤对，无论上行、平行、下行，均以真挚明显为要。凡艰涩语句，孤僻典故，及虚伪誉词，应一律免用"。这种要求浅近通俗的观点，与前清文牍相比，无疑是一种革新。然而，旧政权是半封建半殖民地社会的支柱，它是地主、官僚、买办阶级联合统治压迫人民的反动阶级专政的工具，它的公文体制较前清虽在形式上有所改革，但其鱼肉人民的实质并没有多大区别。由于贪官污吏们借文牍以营私舞弊，上下勾结，狼狈为奸，一切前清吏治窳败的遗毒，对于民国政权的北洋军阀和国民党官僚来说，几乎是全盘继承的。

我国历代公文体制、名称和用途简介

为了让读者较系统地了解历史上公牍的种类、用途及其演变情况，我们以近人徐望之《公牍通论》中所列九十余种从三代到清末民初的公文体制为基础，参照明代吴讷《文章辨体序说》和徐师曾《文体明辨序说》中有关同一体裁的介绍，并征引近人许同莘《公牍学史》一书中的有关论述以及《辞源》和其他史籍中的资料，相互补充，撮为此篇，共介绍古代公文一百余种。其中可能有疏漏讹误或注释不确切之处，尚祈同好不吝指正。

一、春秋战国以前的公文体制

典 典常。是记述的古代帝王政法文书，如《尚书》中的《尧典》《舜典》。

谟 臣下为君主就国家大事进行策划谋议的文件。如《尚书》中的《大禹谟》《皋陶谟》。

训 是国君教导臣下的文辞。始见于《尚书·盘庚》："予告汝训汝"。孔安国《尚书序》解释曰："教导之文曰训"。有时以下戒上也可用训，如伊尹对太甲所云，也称《伊训》。

诰 教告众民，昭告诸侯，禁戒、受命之辞。如《尚书》有《汤诰》《大诰》《酒诰》，汉唐时代还偶尔使用，宋代则用为授予官职的文书。

誓 宣誓文辞，如出师告祭天地，登坛誓师和征讨敌人的檄文。《尚书》有《甘誓》《汤誓》《牧誓》。

命 是命官之辞，大曰命，小曰令。王言同称命，有的用以命官，如《尚书》中的《说命》、《冏命》；有的用以封爵，如《尚书》中的《微子之命》《蔡仲之命》；有的用以饬职，如《尚书·毕命》；有的用以赏赐，如《尚书·文侯之命》。秦并天下，改命为制。

令 小于命，始见于《尚书·冏命》："发号施令"。上古只有帝王对臣下的言词称为令，秦代以后王后太子诸侯王对下属都称为令。

教 始见于《尚书·尧典》"敬敷五教"，韦昭《国语》注："五教，谓父义、母慈、兄友、弟恭、子孝"。秦制，王侯所下达的文书称为教，大臣也可以使用，汉代薛宣以条教著称，《汉书》曾录存其《下贼曹掾教》是一篇体贴下属的教令。隋代公侯封郡县者，亦用教。

方 用木板写的文书。《仪礼·聘礼》篇："不及百名书于方"。如果写在竹简上，就称为方策。《中庸》："文武之政，布在方策"。又作方册。周代以后不用。

简 竹片做的文书，孔颖达说："简之所容，一行字耳。"一行可尽者书之于简，数行可尽者书之于方，方所不容者，书之于册。古代又以"简书"为军事上紧急求救的文书。

契 券据，这是公文中最早的一种，从象形文字"丰"开始，一根竹片上刻了许多道，用以记事立信。周代用作讼狱的判词,后来发展为两件文书用同一内容分刻期旁,合起来方完善。这是后世契据的前身。周代券据又有名傅别的,意谓傅(附)着约束于文书,分别为两。

判　《说文》刀部,释为"分"。意指一札判分为二。据《周礼·秋官朝士》:"凡有责者,有判书以治则听"。郑注:"判半分而合者,故书判为辨"。根据以上解释,则"判"作为一种古代文书有证明书、介绍信的作用,与唐宋时代的书判名同而用途实异。

符　征信的文书,《周礼·地官》:"门关用符节"。一般是用竹子做的,故从"竹"部,汉朝有"竹使符""铜虎符"。古代"合符以发征",同时也必须验看附送的文书,作为事实的说明。所以《释名》说:"符,付也,书所敕命于上,付使传引之也。"到了魏晋时代,就直接把所附的文书称作符了。唐朝作为下行文书的一种,尚书省下于州,州下于县,县下于乡,都用符。宋以后才废除。

玺书　帝五诏敕的别名。古代长途递送的文书易于破损,所以书于竹简木牍,两片合一,缚以绳,在绳结上用泥封固,钤以玺,所以称为玺书。《左传》襄人二十九年:"公还,及方城。季武子取卞,使公冶问,玺书追而与之"。秦始皇以玺书赐太子扶苏,吴讷《文章辨体序说》中说,汉初有三玺,天子用玉玺以封,故曰玺书。文帝元年,尝赐南越尉赵陀玺书。徐师曾《文体明辨序说》:"其为用,或以告谕,或以答报,或以奖劳,或以责让,而其体则以委曲恳到、能尽褒劝警饬之意为工。"后世即以为诏书之别名。唐时还间或有玺书的名称,五代以后绝不复见。

上书　战国以前臣下奏谏陈词,都用上书的名称。古代"言笔未分"之时,不分君臣,互相来往都用书,秦虽改书为奏,但因为离古代还不太远,所以仍然有人用书。唐代偶尔用"书"作为外交文书的一种。唐代以后就很少使用。

檄　军事文书。最早出现在史籍的是《史记》载张仪为檄告楚相。这种文书文辞讲究夸饰,《文心雕龙》说:"檄者,皦也。宣露于外,皦然明白也。……摇奸宄之胆,订信慎之心,使百尺之冲,摧折于咫书,万雉之城,颠坠于一檄者也。"又,汉高祖"以羽檄征天下兵",把羽毛插在檄文上,表示十万火急,又称"羽书"。在汉代,檄文有六种用处:(一)讨敌,如陈琳作讨曹操的檄文;(二)威敌,向外邦显示本朝威德;(三)征召,征发调遣臣民;(四)晓谕,以人民所重要告示事项;(五)辟吏,拔擢委任下属;(六)檄迎,迎接莅临的上司官员。

移书　春秋时的官吏互通书函往来,称为遗书。如《左传》成公七年,巫臣自晋遗楚子重子反书。又称为贻书,后转作移书,如汉刘歆移书让太常博士。魏晋以后单称为移,唐用于诸司自相质问,名称不一,故总名公移以概括。清朝用于武营往来和州县相互间交涉公事。

二、秦代开始的公文体制

制　古代王言为命,秦始皇改命为制。汉代制度:帝命有四,其二曰制书。唐朝用于大赏罚、大除授、改革旧政、宽赦降虏。宋朝专用于拜三公三省等职和罢免大臣。撰制的官员称为掌制。及元、明、清都有此公文形式。

诏　昭、告的意思。秦始皇将古代的令改为诏,凡不属于"制度之命"者,都以诏下达,为人主专用的文书。汉初帝命有四,其三曰诏,唐朝避武后讳,改称为制,但唐朝中叶还有称诏的。大凡新君即位,都诏告四方,称为即位诏,皇帝去世有遗诏。

奏　七国以前,皆称"上书"。秦始皇改书为奏,成为人臣上书于君主的一种专用文书。由秦汉一直到清朝都沿用这个体裁,它的内容大体上有陈述政事,呈献典章仪式,反映紧急事变,弹劾罪愆谬行等。

议　《尚书》说:"议事以制,政乃不迷。"决定处理事情的适宜方案,称为议,议者宜也。

最早见于文献的是李斯《上秦皇罢封建议》。到了汉代开始称为驳议。国有大事,必召集群臣进行廷议,如桓宽编著的《盐铁论》记录了汉昭帝召集贤良、文学六十多人为盐铁官营问题展开国策大辩论,即属此类。

三、汉代开始应用的公文体制

策书 汉朝命令中的一种。《汉书》载汉初帝命有四,首曰策书。注:"策者,偏简也。……以命诸侯王公;右三公以罪免,亦赐策。"它的作用是由君主自上而下颁布教令,以驱策臣下,当时只用木简写,所以称为策,又与册通。《周礼》:"凡命诸侯及公卿大夫,则策命之。"魏以后称册,隋代用于封拜、哀诔及赠谥;唐代王言有六,三曰册,立皇后、太子、封诸王,都用册;明、清亦多用于类似的册封,只是册用的玉金银铜的等级不同。

敕 含有饬、戒的意思。使臣下自觉警饬,在政事上不敢怠惰。顾炎武《金石文字记》:"敕者,自上命下之辞。"汉制,天子命令有四,其四曰戒书,就是戒敕。汉朝新太守上任,皇帝都敕书或相承约,也用于谕诰外藩及京外官员。汉朝官长对下属,祖、父对子孙也都可以用敕,如《韦贤敕子弘自免太常》《丙吉教敕乳母》《王尊教敕功曹》等,后汉改为"勒"。南北朝以后,只限于朝廷使用。唐以后,奖谕封赠也用敕,和原义不合了。

铁券 最早见于汉初,功臣受封,由朝廷颁赐给丹书铁券,誓词中把对他们及其子孙后代的信任,比作泰山、黄河一般的永恒。特别是唐代,藩镇割据,骄横跋扈,朝廷怕他们反叛,都赐以铁券,文里言明,虽有重罪,皆可赦免,以笼络他们,铁券的形状如同覆瓦,字用金屑填写。唐以后废除。

棨 汉代的"传信之符,"即今天的护照,名为棨。用缯帛或刻木制作,分成两半,在骑缝处书写,各持一半,出入关时验看,合得对才准许放行。后来发展为两联单,其一为存根,直到清朝职官就职到任,部中发给执照,亦称文凭,实际上也是护照之类。

章 汉代定礼仪有四品,其一曰章,有时也称上章,是用于谢恩的文书。到后汉时,间或用于论事进谏或庆贺。魏晋迄隋唐一直沿用,到唐代以后才废除。

表 与章性质相同。汉代开始用于陈情。东汉以后,凡属于论谏、劝请、陈乞、待罪、进献、推荐、庆贺、慰安、辞(官)解(官)、陈谢(谢官、谢赐)、讼理、弹劾等事由,唐宋迄清代,只用于陈谢、庆贺、进献。此外还有军事失败后的降表、大臣薨逝前的遗表。

封事 汉代的章奏都不封口。只有奏陈秘密事项,防止泄漏,才用黑色口袋,贴上双重封条呈进,称为封事。唐代仍用于秘密的进谏。杜甫诗:"明朝有封事,数问夜如何",遇有进呈密事,连觉也睡不着了。这种封事体裁,元明以后就少见了。后世的密奏、密呈,都是封事的一类。

疏 下情上达叫作疏上,疏是疏通的意思。也是自汉朝始创的文体,实际上即是奏的一类。唐宋到清代都有这一文体。后世又以奏疏为群臣论谏的总名。但私人书信中也有用疏的名称的,如陶渊明《与子俨等疏》。

状 陈述的意思,分条列举事实上言于皇帝,又称奏状。始创于汉,一直沿用到宋代。唐代近臣上书言事用表,也有时用状,两者的区别是表讲究文采,状比较质俗。宋代用奏状,元代各部对尚书省、明代县上府州等皆用申状。明代应天府、太常寺、翰林院等上各部的文书又称呈状。

奏记 汉制,下官言事于上级用奏记,如《后汉书》陶谦上奏记于朱隽。这是汉魏时代的一种公文,也称为牋。

白事 告明其事,汉代所用。也属于奏记一类。

露布 有四种作用：一、汉代皇帝制书用玺封，但赦令赎令均露布下州郡，《文心雕龙》所谓"露版以宣众，不可使义隐"；二、汉代臣民上书于君主，不缄封的都称为露布，是别于封缄而言的；三、汉末也把军中檄文称为露布；四、北魏迄唐代，用兵获胜向上奏捷的文书也称为露布。

牒 《说文》称为札。汉代始创，又名签，六朝时有之。唐代下达上的文书有六种，其第六种称为牒。有品秩的公文均用牒。明代诸司之间相移文书用牒。清代佐贰官及学官行府、州、县皆用牒。近代外交公牍中还保留了牒的名称，如通牒即照会。另有最后通牒（哀的美敦书）。

牋 亦作笺、牋表。如东汉时，上书皇后、太子、诸王多用牋记。又称奏笺，用于郡将（如黄香奏笺于江夏）。魏晋以后只称牋。偶尔亦有以上行下用牋的。明清两朝，只用于上书庆贺皇后、太子。

诉状 呈诉的文书。自汉以来皆有之。唐及五代或称诉状，其格式与奏状相同。宋以后只称状，入民国后，状的种类有奖状、委任状，并成为法院专用文书的一种。

辞 讼狱供招的文书称为辞，自具口供则称为自列。司马迁《报任安书》："拳拳之忠，不能自列。"但唐代《百官志》列为六种上达文书之一（表、状、牋、启、辞、牒），即不管是否为诉讼文书，都可称为辞。

章程 今人称章程，有规章制度的意义，汉人则专指工程格式而言。孔颖达说："《汉书》称高祖使张苍定章程，谓定百工用材多少之量，及制度之程品，是属章程之事。"

四、魏晋时代开始应用的公文体制

牋命 授官的文书。《世说新语·栖逸》："李廞既有高名，王丞相（导）欲招礼，故辟为府掾。廞得牋命，……。"

赦文 赦释为舍。史书上经常提到赦书的话，但流传下来的赦文最古的只有魏文帝《赦辽东吏民文》。凡赦大都由于其情节可怜悯，或者事实之可疑，或者因为合于所谓三赦三宥八议之列，所以赦免。后世有大赦之法，为文昭告四方，赦文的体制就产生了。也有人称之为"德音"。但唐代戒励风俗的帝王诏书也称为德音，所以德音与赦文实为两事。唐宋以后凡有赦免，都要行文。民国用赦令。

启 晋人以启为上言于元首的文书名称，如山涛《举崔谅等可补吏部郎启》，荐举"非但正己，当能正人"的贤才，即有名的《山公启事》。宋齐梁陈都沿用这一体裁。明代臣下言事于太子、诸王称为启本，程式与奏本同。

五、六朝时代开始应用的公文体制

贺表 国家遇有重大庆典，臣子献文颂贺，使用这种文体，多半是四六骈文，始见于六朝，唐宋以后仍然沿用。

列辞 人民讼狱陈列之辞，一般都比较俚俗，刘勰所谓"列者，陈也。陈列事情，昭然可见也。辞者，舌端之文，通己于人。"

签 见《文心雕龙》："议政未定，故短牒治谋，牒之尤密，谓之签。签者，纤密也。"（《文心雕龙·书记》）大概相当于奏记的一种。

牒状 讼辞。《魏书·源贺传附源子恭》："子恭奏曰：'徐州表投化人许团并其弟周等，究其牒状，周列云己萧衍黄门侍郎……。'案牒推理实有所疑。"南朝称为牒诉。见孔稚圭《北山移文》。

告身 委任官职的文凭。《北齐书·傅伏传》："周克并州，遣韦孝宽与其子世宽来招伏，……即给告身。"南朝称除身。唐朝，授刺补的官职，皆给以符，称为告身，是沿南北朝的遗制。后又称告词，是诰的别名。唐中叶以后，官爵冗滥，有空白告身，随时可填人名（《资治通鉴》二一七唐至德元年载）。明王世贞《委宛余编》："唐时将相告身用金花五色绫纸，至宋则用织成花绫，以品次有差。"又："至国朝，考最始给予一品至五品皆诰，六品以下敕，花色殊异。"

六、隋唐时代开始应用的公文体制

发敕　唐朝制度，凡废除或设置州县，增减官吏，发兵，授予、免除六品以上官职，皆用发敕。

敕旨　旨，意也。唐代百官奏请朝廷施行的政务，皇帝批答用敕旨。后来又称旨。自唐迄清，历代都用此名称。

敕书　唐制，皇帝行文臣僚，凡慰谕公卿，诫约朝臣者称敕书。

敕牒　始于隋唐之际，除授百官，由门下省政事堂草拟文书经中书舍人进奏画敕字，然后政事堂出牒公布于外，所以又称敕牒。宋元沿用此体。又据《资治通鉴》二一〇唐景云元年：唐制，封授三品以上官称册授；五品以上称制授；六品以下称敕授。

德音　唐宋两代，在诏敕之外，还有德音一体，用于颁降恩惠，如同后世所称的恩诏，旨在戒励风俗。

批　从唐代开始，公牍才有批。唐以前只用于私人书信，如王羲之《敬伦帖》末尾书"羲之批"。唐代君主对大臣疏奏的答复称为批，又称为批答。但自从唐太宗答刘洎之后，皆由词臣代为执笔。唐玄宗曾设置翰林待诏，掌四方批答。唐朝有给事中的官职，他的责任是对诏敕不便于下达的，涂窜而奏还，称为"涂归"。下级对于上官的符牒，不便实行的，也可以批了意见退还原件，但须是敢言的循吏。后来官府对下级机关的禀启，也用批或批示答复，以迄民国。

判　唐人集中多判词，文章用骈俪体。唐代贡举有明法科，考身、言、书、判四事。宋江少虞《宋朝事实类苑》卷三十二《典故沿革》："大率唐人风俗，自朝廷下至郡县，决事皆有词，谓之判。"

堂贴　唐代中书省所下宰相判事文书称为堂帖。节度使下行文书亦用帖，宋初也实行过，后改称劄子、堂劄子。

牓子　唐人用于奏事、通谒。唐陆贽有《牓子集》。这是大臣入觐皇帝时用以奏事的一种文体。宋人称为札子。唐人亦有将布告称为牓子的，见《太平广记》四九一所载李公佐《谢小娥传》："岁余至浔阳郡，见竹户上有纸牓子，云：'召佣者'。"

牓　用木牌悬挂揭示的文书，通作牓。唐宋两朝节度使初任命，用敕书出示晓谕管内官吏、军人、僧道、百姓、称为"布政牓"。元以后废。宋代亦用于救荒恤民，如朱熹《劝立社仓牓》；或用于保护文化古迹，如朱熹《洞学牓》。宋代又有"揭示"，用于征赋徭役，后世宣布地方公款收支用"揭示"，起源于此。清代又有应个人或团体的请求而发的保护权益、维持秩序的布告，称为"给示"，由官署或呈请人公开张贴。

咨报　唐代学士院上中书省的公文称为咨报，见宋江少虞《宋朝事实类苑·词翰书籍》："若百司申中书，皆用状，惟学士院用咨报，其实如札子，但当值学士一人押字而已，谓之咨报。此唐学士旧规也。"

笺启　唐人以笺启为上行文之一，任记室的文人多擅长此文体，大都是四六骈俪。

关　本义是由此以达彼为关，唐代诸司之间自相质问所用的公文体裁之一。宋明仍沿用，清代只有正印官（从布政司到知州、知县等各级地方长官）对佐贰（通判、州同、县丞），都司对于府、州、用之。民国后废。

刺　本义为达，见《文心雕龙·书记》："刺者，达也。"《陔余丛考》说："古人通名，本用削木书字，汉时谓之谒，汉末谓之刺。"即今之名片。但作为公文的一体不知始于何时。唐书《百官志》上说，诸司相质的文书，除关文与移文而外，尚有刺文，但程式无考。

七、宋代开始应用的公文体制

诰命　自宋代开始，凡是文武官升迁或改任职秩，内外命妇的除授及封叙赠典，均用诰命。明朝制度，三年考绩褒扬美德用诰，洪武间一品至五品皆授以诰命，六品以下授敕命，清朝仍沿用此制度。这种诰命、敕命的的文字，是预先撰定的四六文体，有固定格式，按品级填写。

御札　札，木牍。《中庸》"方策"注："简、札、牒、毕，同物而异名，札，木简之薄小者也。"宋代开始成为公文的专用体制，中书省掌宣封命令，如布告、登封、郊祀及发布君主重大号令时用，性质同于诏令。

敕榜　宋代君主诏令的又一体。用于戒饬、勉励百官，晓谕军民。

劄子　劄与札意义相通，用途稍不同。宋代劄子有三种用途：一是群臣百司上殿奏事，有时用劄，相当于唐代的牓子。《宋史·范质传》："先是宰相见天子议大政事，必命坐面议之，……及质等惮帝英睿，每事辄具劄子进呈，……由是奏御寖多，始废坐论之礼。"第二种用途是下官上书于上官，如王十朋与赵安抚《乞降版祀上虞帝舜庙劄子》。第三种用途是上行下的文体，中书指挥事，凡无皇帝降敕的称劄子，和唐代的"堂帖"相类似。诸路帅司指挥所属部下也用劄子。

故牒　故牒为上司达于下级的文书，自宋迄明清皆有之。故牒二字原用于结尾，意为"特此下牒"，后转化为专用公文名称。

公牒　宋朝六部之间相互移文用公牒。

咨　宋代始用于学士院，初尚不拘形式，略书数语犹如简帖。日久由简而繁，成为和移、牒同样重要的文件。元明清三代地位相等但不属于同一系统下的同级机关之间的往还，相反，地位相等的敌体机关则用公函而不用咨。

呈状　宋代开始使用的一种上行公文。明代应天府及太常寺、钦天监、太医院、翰林院、光禄寺、太仆寺、提刑、按察司上各部用呈状。清朝只称呈，经历、知县、县丞、主簿上书于知府用此文体。民国仍沿用。

申状　申，伸义，含有申明冤抑和舒陈曲衷的意思。宋时列为公文体制，是下级对上级的指挥措施有不同意见的申述，称为申状。如朱熹知南康军时，反对安抚转运使衙转颁尚书省劄子关于将南康军移治湖口的牒文，写了《申免移军治状》，备陈四项于民有害于官无利的理由。元时各部对于尚书省，明时县对于府州、各州对于府以及按察直隶府州上六部皆用申状，清改称申文，民国废。

八、元明两代开始应用的公文体制

劄　元朝中书省下行文书，明朝改为劄付。各军都督府对于各卫指挥使，六部对于各衙门，布政使对于所属衙门行文时都用劄付。清朝沿用，只称劄，民国废除。

敕命　明代命官，用敕不用诰，洪武二十六年定六品至七品官的任命，皆授敕命。《清会典》仍沿用此制度。

下帖　明知州下行文书用下帖，清废。

告示 上级指挥下级用示。明代官厅张贴在道路的对于人民昭告事项的文书称为告示，清仍沿用，民国改为"布告"。

牌面 元代公文名。一为由朝廷发给作为出差的凭证，驿官及差官凭以给马的文书。《元史·兵志》：无牌面而给马，或有牌面而不给者，皆罪之。二为元代发给有功者的奖牌，谓之"降宣敕牌面"。

勘合 旧时文书加盖印信，分为两半，当事双方各执一半，查验骑缝半印，作为凭证。明代用于边戍调遣，有调军勘合和军籍勘合。清代官吏使奉差出京沿途用驿站马匹，须查验邮符，亦称勘合。文官府文簿，编立字号，由上官用关防盖半印。称勘合文簿。

照会 始见于《宋史·河渠书三》，元祐八年十月："丙辰，张商英又言：'……乞取索照会'。"至明始以照会为公文书的名称。清朝使用于官厅间文武不相隶属的双方，有甲、乙两式。官阶相等用甲式，日期用墨写，称为"墨笔照会"；官阶悬殊，上对下用乙式，日期用朱写，称"朱笔照会"。亦以甲式用于对外国公使、领事。民国只有外交文书用照会。

题本 明初诸司有急切机务，不得面陈者，许具题本投进。清代沿用至光绪末年改为奏本。

揭帖 元代公布财政收支账目的文书，明代正式作为文书之名。陈眉公《闻见录》载："累朝以来，凡有密奏及奉谕登答者，皆称为揭帖。……以文渊阁印封缄进御，左右近侍莫能窥也。"似乎只有阁臣才能使用。但海瑞知淳安时，曾向巡按鄢懋卿上揭帖，揭露其出巡州府，供给奢侈，糜费里甲，怨口嗷嗷，是又不限于大臣可用。晚明又演变为露简公启。

咨呈 始于明代，凡六部行文五军都督府，各处承宣布政使司行文六部，清各省布政按察上六部皆用咨呈，民国初也曾用过，旋废。

牒呈 始于明代，应天府上都司布政司，各府上十卫指挥使按察司，按察司上布政司用之。清代各府行按察司，直隶州知州行知府，府、州、县佐贰官行府、州、县等亦用牒呈。民国废。

牒上 仅明代有此体制，凡各处守御千户所兵马指挥上各府，皆用牒上，其式与咨呈略同。

参评 长官告属吏的文书，类似古人的"教"。明人偶尔用之。

九、清代开始应用的公文体制

谕 告之使晓谕也。最早见于《左传》。汉高祖有入关告谕，但其文已佚。清制，皇帝特降的命令为谕，由于臣下奏请而批复的文书称为旨。用于晓谕中外及京官自侍郎以上、外官自知府总兵以上的黜陟调补，统称上谕。长官告其属吏也称为谕，民国机关仍沿用。

堂谕 清代州县衙门审断案件需当场提出处理批示，称为堂谕。民国初年各县知事审断轻微案件仍沿用。后废。

札 原义为古代写字的小木片，清代上级官厅对下级官厅行文饬事、委办和督催所用。

牌 清代用于下行的公文。各部行道府以下、府行州、州行县的文书都用牌，又称行牌、牌文。

揭 用于道、府、州、县纠参（弹劾）所属官吏。

详 清代始用，副将以下行提督、参将以下行总兵都用详。又下级官对上级官的报告称为详。民初曾一度采用。

禀 古代受命为禀，见《尚书·说命》："臣下罔攸禀命"。后来以下对上白事为禀，有失原意。清代下级机关向上级机关的报告文书用详文，有时不便或不必见于详文者用禀帖。《儒林外史》第五回:"汤知县把这情由细细写个禀帖,禀知按察司",可资参考。人民向官厅陈述事件也用禀帖。

折 叠也。把所写的文书折叠,以便向上递送,所以称为折。清代下官向上级有所陈述者用手折。言于元首用奏折。

谕帖 清代长官对下属六房书吏有所训示时所用,又称为传谕。

十、民国时期应用的公文体制

民国的公文几经变革,最后总结为十种,其中有沿前代名称且用法相近的,如令、咨、批等。本节为了说明这一时代公文体制的特征,以窥全貌,故未予省略。

令 中枢机关及省以上机关公布法令、任免官吏及有所指挥时用令。民国元年公布的程式中,令有七种:大总统令(法律令、教令、条约令、预算令、任免令)、院令、部令、委任令、训令、指令、处分令。民国三年又分大总统令为策、申、告、批四种。一九二七年除保留训令、指令另为二体外,其余统一为令。

训令 旧政权上级机关对所属下级机关主动下行的指示性文书,通常是"合行令仰知照,并转饬所属一体遵行"广泛发送的通令。民国三年曾规定国务卿面奉大总统谕与部院行文书,以"封寄"或"交片"行之,与各地最高级官署行文亦用封寄,后废。

指令 上级机关对下级机关呈报或请示具体问题的批复文书,用指令。无论有无意见,每件均有指令回复。虽然无意见,亦批"呈悉。此令"或"呈件均悉,件存。此令"。民国初年限于大总统或上级官对下级官有所指挥用指令,而上级官署对下级官署或职官用经。民国三年,又规定"批令",用于大总统裁答各官署之陈请事项。

布告 对于公众宣布事实或有所劝诫时用之。民国初年,官署对于人民的宣告事项用"示"下达。一九二七年改布告为通告。

任命状 任命官吏时用之,官吏计有特任官(中央大员)、简任官(厅长、专员之类)、荐任官(县长之类)、委任官(科长、科员之类)。

呈 立法、司法、行政、考试、监察五院对于国民政府,或各院所属机关对各该院,其他下级机关对于直辖上级机关,或人民对于官署有所陈请时用之。又机关内部下级对上司有所申请则用"签呈",相当于今日之内部请示报告。民国三年,曾规定一种"咨呈",用于各部院和各地方最高官署向大总统府政事堂行文。又规定下级官署或职官对于上级官署或长官(以及与之相等的官署或职官)之陈请报告用"详"或"密详"行文。各地方最高官署对于各部院之陈请报告,以"咨陈"上行,来文用"咨"。一九二八年六月废除"咨呈"、"详"、"密详"、"咨陈",统一为呈。

咨 同级机关公文来往时用之。

公函 不相隶属的机关(包括非同级)来往公文用公函。亦可用于官署对于人民或人民团体间的来往。

批 各机关对于人民陈请的事项,分别批准或驳回时用批。

代电 为遇有急事尚不须以电报传达时,不论上行、平行、下行均可用"快邮代电",此项文体格式力求简单,为公文之一创格。

校对符号及其用法

（GB/T 14706—93，国家技术监督局 1993 年 11 月 16 日批准，1994 年 7 月 1 日起实施）

1　**主要内容与适用范围**

　　本标准规定了校对各种排版校样的专用符号及其用法。

　　本标准适用于中文（包括各少数民族文字）各类校样的校对工作。

2　**引用标准**

　　GB 9851　印刷技术术语

3　**术语**

　　3.1　校对符号 proofreader's mark

　　以特定图形为主要特征的、表达校对要求的符号。

4　**校对符号及用法示例**

编　号	符号形态	符号作用	符号在文中和页边用法示例	说　明
			一、字符的改动	
1		改正	提高出版物质量. ⟶ 提 改革开放 ⟶ 放	改正的字符较多，圈起来有困难时，可用线在页边画清改正的范围 必须更换的损、坏、污字也用改正符号画出
2		删除	提高出版物物刷质量.	
3		增补	要搞好校工作. ⟶ 对	增补的字符较多，圈起来有困难时，可用线在页边画清增补的范围
4		改正上下角	$16=4_2$ H_2SO_4 尼古拉费欣 $0.25+0.25=0.5$ 举例 $1\ 2\times3=6$ $X:Y=1:2$	

续表

编　号	符号形态	符号作用	符号在文中和页边用法示例	说　明
二、字符方向位置的变动				
5		转正	字符顺要转正。	
6		对调	认真经验总结。 认真验结经总。	用于相邻的字词 用于隔开的字词
7		接排	要重视校对工作， 提高出版物质量。	
8		另段起	完成了任务。明年……	
9		转移	校对工作，提高出 版物质量要重视。 "以上引文均见中文新版《 列宁全集》。 编者　年　月 …… 各位编委	用于行间附近的转移 用于相邻行首末衔接字符的 推移 用于相邻页首末衔接行段的 推移
10	或	上下移	序号　名　称　数量 01　显微镜　2	字符上移到缺口左右水平线 处 字符下移到箭头所指的短线 处
11	或	左右移	要重视校对工 作，提高出版物质量。 3 4　5 6　5 欢呼　歌　唱	字符左移到箭头所指的短线 处 字符左移到缺口上下垂直线 处 符号画得太小时，要在页边 重标
12		排齐	校对工作非常重要。 必须提高印刷 质量，缩短印制周 期。国家标准	
13		排阶梯形	RH₂	

续表

编 号	符号形态	符号作用	符号在文中和页边用法示例	说 明
14		正图		符号横线表示水平位置,竖线表示垂直位置,箭头表示上方
			三、字符间距的改动	
15		加大空距	一、校对程序	表示在一定范围内适当加大空距 模式文字画在字头和行头之间
16		减小空距	二、校对程序	表示不空或在一定范围内适当减小空距 模式文字画在字头和行头之间
17		空 1 字距 空 1/2 字距 空 1/3 字距 空 1/4 字距	第一章 校对职责和方法 1. 责任校对	多个空距相同时的,可用引线连出,只标示一个符号
18		分开	Good morning!	用于外文
			四、其他	
19	△	保留	认真搞好校对工作。	除在原删除的字符下画△外,并在原删除符号上画两竖线
20	○ =	代替	色的程度不同,从淡色到深色具有多种层次,如天色、湖色、海色、宝色…… ○=蓝	同页内两个或多个相同的字符需要改正时,可用符号代替,并在页边注明
21	○○○	说明	改黑体 第一章 校对的职责	说明或指令性文字不要圈起来,在其字下画圈,标示不作为改正的文字。如说明文字较多时,可在首末各三字下画圈

5　使用要求

　　5.1　校对校样,必须用色笔(墨水笔、圆珠笔等)书写校对符号和示意改正的字符,但是不能用灰色铅笔书写。

　　5.2　校样上改正的字符要书写清楚。校改外文,要用印刷体。

　　5.3　校样中的校对引线要从行间画出。墨色相同的校对引线不可交叉。

参考文献

[1] 李华楠. 公务文书写作无师自通. 吉林: 吉林大学出版社, 1988

[2] 任鹰. 实用文体写作教程. 北京: 中央广播电视大学出版社, 2007

[3] 任鹰. 毕业论文写作指导. 北京: 中央广播电视大学出版社, 2006

[4] 王景科. 大学应用文写作. 济南: 山东人民出版社, 2007

[5] 陈秀香, 贺少峰. 实用应用文写作. 北京: 北京大学出版社, 2007

[6] 尹依. 新编财经写作. 北京: 中国商业出版社, 1997

[7] 霍唤民. 应用写作. 北京: 中央广播电视大学出版社, 2002

[8] 谢亚非, 刘敬瑞. 大学应用文写作. 济南: 山东大学出版, 2006

[9] 毛信德. 大学语文新编教程. 第 3 版. 杭州: 浙江大学出版社, 2004

[10] 李玉明, 刘金同, 杨保国. 大学语文. 北京: 科学出版社, 2010

[11] 安红霞, 杨立华. 大学语文. 北京: 经济科学出版社, 2010

[12] 董媛. 大学语文(实用篇). 北京: 化学工业出版社, 2008

[13] 刘庆元, 姚继超, 邓宇立. 大学语文. 北京: 北京理工大学出版社, 2010

[14] 潘艳丽, 赵君秋. 大学应用语文. 上海: 华东师范大学出版社, 2008

[15] 吴锐. 大学语文. 北京: 北京理工大学出版社, 2011

[16] 朱卉平. 大学语文. 北京: 北京理工大学出版社, 2011

[17] 于成鲲, 喻蘅, 江邈清, 等. 应用文大全. 上海: 学林出版社, 1984

[18] 刊授大学. 中国实用文体大全. 上海: 上海文化出版社, 1984

[19] 张德实. 应用写作. 北京: 高等教育出版社, 2001

[20] 岳海翔. 应用文书写作: 要领与范文. 北京: 中国言实出版社, 2008

[21] 杨忠慧, 吴晓林. 应用写作. 北京: 中国财政经济出版社, 2004

[22] 邱宣煌. 财经应用文写作. 第 4 版. 大连: 东北财经大学出版社, 2013

[23] 寿静心, 张瑞. 应用写作教程. 北京: 中共中央党校出版社, 2015

[24] 马修浩, 孙义山. 实用文体读写教程. 济南: 山东人民出版社, 2015

[25] 范高林. 应用写作. 成都: 电子科技大学出版社, 2007

[26] 黄高才. 应用写作. 北京: 北京大学出版社, 2012

[27] 周密, 卜亚丽. 应用文写作. 上海: 华东师范大学出版社, 2014

后 记

任何一部教材都有它的特定对象，这部教材也不例外。《现代实用文体写作教程》就是针对全国的高职高专，也包括其他普通本科院校的学生而编写的。

当今社会是一个信息爆炸的社会，而信息的传递、知识的传播，是离不开写作的。写作能力是现代高素质人才必须具备的一种能力，写作素养是现代人应具备的一种人文素养。当今时代是知识经济的时代，任何一种人文素养都离不开经济发展的规律。人的能力和素养是多层面、多角度的，而写作能力和素养往往是一个人各方面能力和素养的综合体现。为了培养高素质的创业创新人才，加强应用写作能力的培养就显得尤为重要。为此，我在编写本教材的过程中，首先考虑到了教材的实用性、创新性和工具性，但由于缺乏经验和时间仓促，编写过程中肯定还存在着这样和那样的缺点和不足，因此，特别需要同行和专家的批评指正。尤其欢迎在今后教学过程中，各位老师和学生提出宝贵意见，以便在今后再版时进行修改。

本教材是集体劳动和智慧的结晶，我做了绪论和部分章节的撰写及全书的构架与通稿工作，其他编写人员的分工如下：

第一章，邓翔军；第二章，赵永泉；第三章，夏丛丛、孟瑶；第四章，崔芹；第五章，厉小励；第六章，张良；第七章，厉向君、成积广；第八章，辛科；第九章，张美丽；第十章，崔芹、邵燕燕；第十一章，张良。附录的文字录入工作由刘慧老师负责。

以上参编人员，做了大量细致的工作，对此，表示由衷的感谢！

本教材在编写过程中，曾参考了国内部分高等学校的有关教材，借鉴了有关报刊、文献、网络，引用了部分例文，在此谨对这些材料的作者致以诚挚的感谢！

特别要感谢本教材主审中国写作学会理事、全国高师写作研究中心副主任、山东写作学会副会长、临沂大学的刘敬瑞教授，他在百忙之中审阅了此稿，提出了不少宝贵的意见，并参与了通稿工作。

厉向君
2015 年 7 月 24 日